第二次全国残疾人抽样调查资料

陕西卷

陕西省第二次全国残疾人抽样调查办公室 编

中国统计出版社
China Statistics Press

(京)新登字 041 号

图书在版编目（CIP）数据

第二次全国残疾人抽样调查资料. 陕西卷 / 陕西省第二次全国残疾人抽样调查办公室编.
—北京：中国统计出版社，2007.12

ISBN 978-7-5037-5306-0

Ⅰ. 第…
Ⅱ. 陕…
Ⅲ. 残疾人 - 抽样调查 - 统计资料 - 陕西省
Ⅳ. D669.69

中国版本图书馆 CIP 数据核字（2007）第 158091 号

第二次全国残疾人抽样调查资料—陕西卷

作　　者 / 陕西省第二次全国残疾人抽样调查办公室
责任编辑 / 姚　立　王振宇
封面设计 / 杨燕超
出版发行 / 中国统计出版社
通信地址 / 北京市西城区月坛南街 57 号
邮政编码 / 100826
办公地址 / 北京市丰台区西三环南路甲 6 号
网　　址 /www.stats.gov.cn/tjshujia
电　　话 / 邮购（010）63376907　书店（010）68783172
印　　刷 / 河北天普润印刷厂
经　　销 / 新华书店
开　　本 /880 × 1230 毫米　1/16
字　　数 /1560 千字
印　　张 /49.75　3 插页
版　　别 /2007 年 12 月第 1 版
版　　次 /2007 年 12 月第 1 次印刷
书　　号 /ISBN 978-7-5037-5306-0/D・187
定　　价 /350.00 元

本书附同版本 CD-ROM 一张，光盘内容以书面文字为准。

《第二次全国残疾人抽样调查资料》
（陕西卷）

编 辑 人 员

总 编 辑：明建宇

副总编辑：王占军　管　彪

编　　辑：杨金玉　颜世芳　罗经耀　樊小桂
张慧秦　张未来　齐　荣　马富春
杨志俊　常录寿　张鹏飞　乔　瑾
于国强　刘　璠　徐　红　姚　莉

陕西省第二次全国残疾人抽样调查样本县（区）分布图

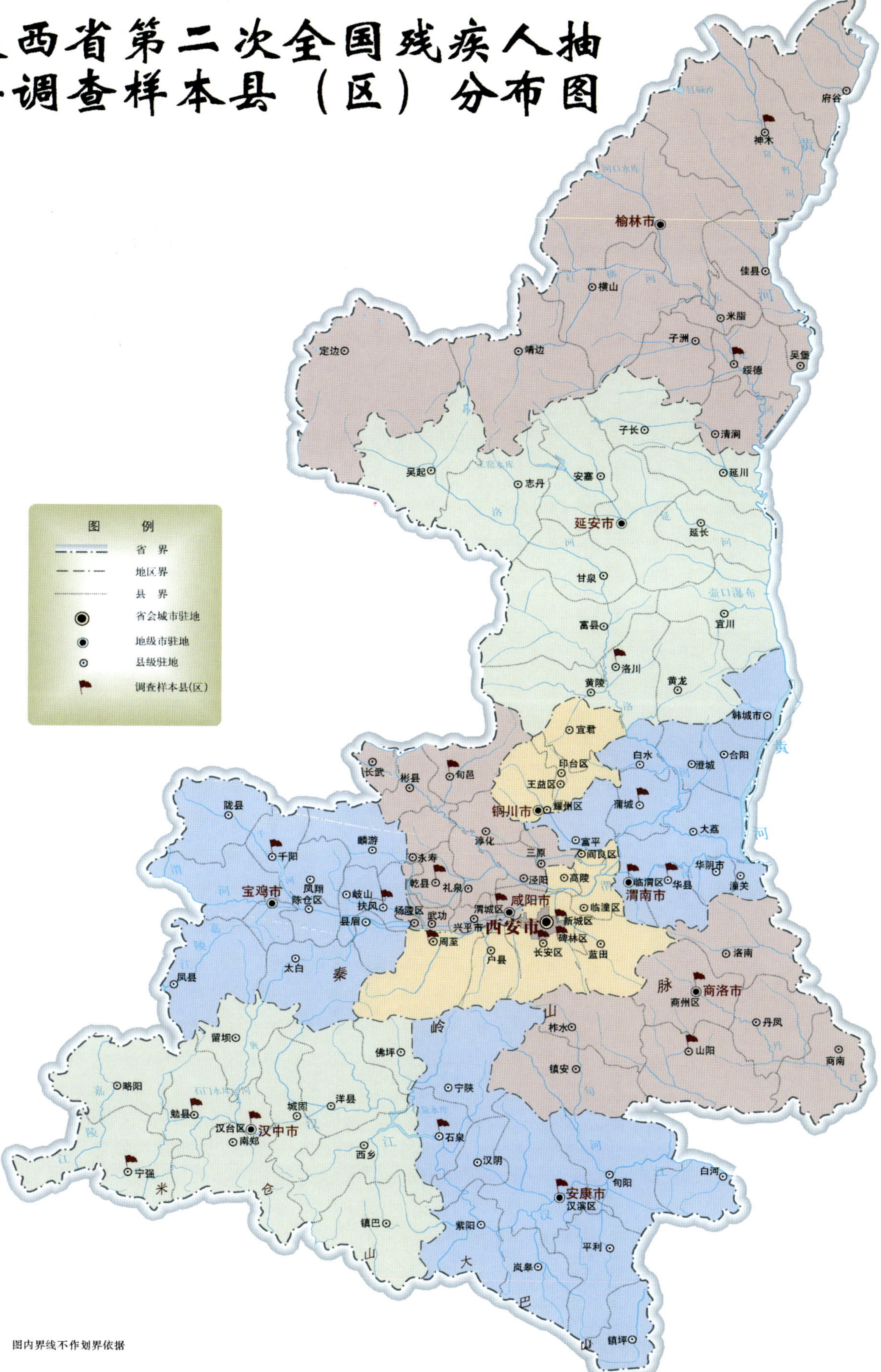

图内界线不作划界依据

陕S（2007）034号

编 辑 说 明

我国以2006年4月1日零时为标准时间进行了第二次全国残疾人抽样调查，这是1987年第一次全国残疾人抽样调查19年后进行的又一次全国范围内大规模的残疾人专项调查。在省委、省政府的领导下，在有关部门、社会各方面的大力支持配合下，按照第二次全国残疾人抽样调查领导小组的统一部署，历时两个月的时间，对抽中的22个县（区），88个乡、镇、街道的176个调查小区进行了入户调查和残疾评定。调查获得了丰富翔实的资料。为了满足政府部门、科研单位和社会各方面的需要，现将经计算机汇总处理的数据资料编辑出版。

为方便读者准确地使用本资料，现将有关情况说明如下：

一、调查的对象是具有中华人民共和国国籍，并在被抽中调查小区内常住的人（指自然人，下同）。调查采用按常住人口登记的原则，以户为单位填报，只调查家庭户，不调查集体户。此次不调查中国人民解放军现役军人和武装警察（包括军队管理的离退休干部）。

应当在本调查小区进行登记的人包括：

1.居住本调查小区，户口在本乡、镇、街道；

2．居住本调查小区半年以上，户口在外乡、镇、街道；

3.居住本调查小区不满半年，离开户口所在地半年以上；

4．居住本调查小区，户口待定。

二、第二次全国残疾人抽样调查使用三种调查表，一是《住户调查表》，二是《残疾人调查表》，三是《社区调查表》。调查项目共有52个，包括调查样本人群的家庭及其个人的状况，重点调查残疾人的致残原因、生活状况及其主要需求。

三、本资料是按照现场调查登记直接汇总的数据，未作任何调整。请读者在使用本资料时，特别是推算总体时，对以下因素予以充分注意：

1．本资料不含调查漏登的人口数；

2．本资料数据抽样比为1.97‰；

3． 作为一次多指标的抽样调查，有些分组较细的指标，代表性相对较低。

四、本次调查的城乡划分口径为：城镇包括街道和镇的居委会，农村包括乡和镇的村委会。

五、本资料中空项表示无该项数据。

六、由于计算机运算中采取四舍五入的处理，个别汇总表分栏数据之和与合计数存在微小的差别，不影响对数据的使用。

七、为帮助读者准确使用本资料，附录中编印了《陕西省第二次全国残疾人抽样调查主要数据公报》、《第二次全国残疾人抽样调查方案》、《第二次全国残疾人抽样调查残疾标准》、《第二次全国残疾人抽样调查住户调查表》和填写说明、《第二次全国残疾人抽样调查残疾人调查表》和填写说明、《第二次全国残疾人抽样调查社区调查表》和填写说明、《陕西省第二次全国残疾人抽样调查抽样实施方案》、《陕西省第二次全国残疾人抽样调查调查队组成》等。

编　者

2007年10月

目 录

第一部分 调查人口的基本状况

第二部分 残疾人口的基本状况

第五部分　社区和住户基本情况

附　录

第一部分　调查人口的基本状况

1－1 各地区调查样本基本情况

地 区	调查县(市、区)数(个)	调查乡(镇、街道)数(个)	调查小区数(个)	调查户数(户)	调查人口(人)			调查残疾人(人)		
					小计	男	女	小计	男	女
总 计	**22**	**88**	**176**	**22727**	**73425**	**37265**	**36160**	**4913**	**2593**	**2320**
西安市新城区	1	4	8	1421	3630	1807	1823	398	203	195
西安市碑林区	1	4	8	1158	3226	1565	1661	209	103	106
西安市长安区	1	4	8	1083	3621	1825	1796	210	113	97
西安市周至县	1	4	8	865	2997	1549	1448	177	94	83
宝鸡市扶风县	1	4	8	875	3055	1577	1478	196	99	97
宝鸡市千阳县	1	4	8	1098	3703	1894	1809	140	62	78
咸阳市渭城区	1	4	8	1274	4001	1959	2042	185	87	98
咸阳市乾县	1	4	8	873	3362	1773	1589	178	103	75
咸阳市旬邑县	1	4	8	881	3276	1668	1608	259	143	116
渭南市临渭区	1	4	8	950	3257	1620	1637	214	98	116
渭南市蒲城县	1	4	8	955	3232	1634	1598	288	157	131
渭南市华县	1	4	8	1036	3286	1651	1635	249	130	119
延安市洛川县	1	4	8	899	3492	1807	1685	117	60	57
榆林市绥德县	1	4	8	915	3155	1627	1528	224	129	95
榆林市神木县	1	4	8	1066	3234	1664	1570	198	116	82
汉中市汉台区	1	4	8	1234	3448	1689	1759	174	81	93
汉中市勉县	1	4	8	1048	3223	1612	1611	287	146	141
汉中市宁强县	1	4	8	909	3142	1608	1534	202	121	81
安康市汉滨区	1	4	8	1068	3352	1723	1629	235	124	111
安康市石泉县	1	4	8	1127	3583	1909	1674	299	170	129
商洛市商州区	1	4	8	971	3072	1556	1516	233	123	110
商洛市山阳县	1	4	8	1021	3078	1548	1530	241	131	110

1－2 分年龄、性别的人口

单位：人，%

年 龄	调查人口				调查残疾人			
	合计	男	女	性别比	合计	男	女	性别比
总 计	**73425**	**37265**	**36160**	**103**	**4913**	**2593**	**2320**	**112**
0-4	**3498**	**1849**	**1649**	**112**	**46**	**26**	**20**	**130**
0岁	629	333	296	113	2	1	1	100
1岁	661	359	302	119	7	2	5	40
2岁	732	376	356	106	9	5	4	125
3岁	703	345	358	96	12	9	3	300
4岁	773	436	337	129	16	9	7	129
5-9	**4314**	**2404**	**1910**	**126**	**65**	**39**	**26**	**150**
5岁	820	469	351	134	10	8	2	400
6岁	763	438	325	135	12	6	6	100
7岁	870	472	398	119	10	6	4	150
8岁	891	494	397	124	11	5	6	83
9岁	970	531	439	121	22	14	8	175
10-14	**6589**	**3632**	**2957**	**123**	**91**	**54**	**37**	**146**
10岁	1134	646	488	132	20	13	7	186
11岁	1226	689	537	128	11	3	8	38
12岁	1354	744	610	122	30	18	12	150
13岁	1376	749	627	119	13	8	5	160
14岁	1499	804	695	116	17	12	5	240
15-19	**6656**	**3523**	**3133**	**112**	**108**	**65**	**43**	**151**
15岁	1718	905	813	111	33	21	12	175
16岁	1627	861	766	112	22	13	9	144
17岁	1253	686	567	121	20	11	9	122
18岁	1178	617	561	110	17	10	7	143
19岁	880	454	426	107	16	10	6	167
20-24	**3505**	**1647**	**1858**	**89**	**90**	**48**	**42**	**114**
20岁	704	349	355	98	21	14	7	200
21岁	679	320	359	89	16	5	11	45
22岁	638	278	360	77	19	12	7	171
23岁	740	350	390	90	15	7	8	88
24岁	744	350	394	89	19	10	9	111
25-29	**3852**	**1794**	**2058**	**87**	**89**	**63**	**26**	**242**
25岁	630	274	356	77	14	7	7	100

1-2 续表 1

单位：人，%

年 龄	调查人口				调查残疾人			
	合计	男	女	性别比	合计	男	女	性别比
26岁	807	367	440	83	16	12	4	300
27岁	728	342	386	89	16	14	2	700
28岁	800	373	427	87	19	11	8	138
29岁	887	438	449	98	24	19	5	380
30-34	**6051**	**2921**	**3130**	**93**	**174**	**93**	**81**	**115**
30岁	978	451	527	86	26	14	12	117
31岁	1084	533	551	97	35	19	16	119
32岁	1197	583	614	95	36	22	14	157
33岁	1332	633	699	91	35	19	16	119
34岁	1460	721	739	98	42	19	23	83
35-39	**7033**	**3465**	**3568**	**97**	**238**	**133**	**105**	**127**
35岁	1425	681	744	92	44	23	21	110
36岁	1361	674	687	98	33	22	11	200
37岁	1584	771	813	95	63	27	36	75
38岁	1238	621	617	101	49	32	17	188
39岁	1425	718	707	102	49	29	20	145
40-44	**6459**	**3252**	**3207**	**101**	**310**	**177**	**133**	**133**
40岁	1272	631	641	98	59	30	29	103
41岁	1324	657	667	99	70	37	33	112
42岁	1532	772	760	102	76	45	31	145
43岁	1470	748	722	104	65	38	27	141
44岁	861	444	417	106	40	27	13	208
45-49	**5420**	**2749**	**2671**	**103**	**320**	**180**	**140**	**129**
45岁	982	498	484	103	34	20	14	143
46岁	1046	522	524	100	54	27	27	100
47岁	1108	558	550	101	55	35	20	175
48岁	1234	620	614	101	91	46	45	102
49岁	1050	551	499	110	86	52	34	153
50-54	**5622**	**2767**	**2855**	**97**	**464**	**266**	**198**	**134**
50岁	1144	573	571	100	90	51	39	131
51岁	1153	575	578	99	90	52	38	137
52岁	1137	549	588	93	89	51	38	134
53岁	1146	564	582	97	107	63	44	143
54岁	1042	506	536	94	88	49	39	126

1-2 续表 2

单位：人，%

年龄	调查人口				调查残疾人			
	合计	男	女	性别比	合计	男	女	性别比
55-59	**4193**	**2161**	**2032**	**106**	**379**	**200**	**179**	**112**
55岁	883	441	442	100	58	24	34	71
56岁	1001	512	489	105	89	46	43	107
57岁	768	395	373	106	67	33	34	97
58岁	729	382	347	110	73	37	36	103
59岁	812	431	381	113	92	60	32	188
60-64	**3471**	**1779**	**1692**	**105**	**510**	**280**	**230**	**122**
60岁	781	401	380	106	93	44	49	90
61岁	693	376	317	119	100	54	46	117
62岁	666	315	351	90	100	55	45	122
63岁	691	359	332	108	123	71	52	137
64岁	640	328	312	105	94	56	38	147
65-69	**2768**	**1356**	**1412**	**96**	**574**	**278**	**296**	**94**
65岁	579	301	278	108	112	54	58	93
66岁	524	250	274	91	99	47	52	90
67岁	562	266	296	90	115	49	66	74
68岁	577	297	280	106	123	67	56	120
69岁	526	242	284	85	125	61	64	95
70-74	**2048**	**1039**	**1009**	**103**	**598**	**298**	**300**	**99**
70岁	465	233	232	100	107	52	55	95
71岁	459	225	234	96	128	58	70	83
72岁	422	223	199	112	129	68	61	111
73岁	342	177	165	107	101	51	50	102
74岁	360	181	179	101	133	69	64	108
75-79	**1083**	**550**	**533**	**103**	**433**	**211**	**222**	**95**
75岁	309	158	151	105	120	59	61	97
76岁	220	117	103	114	88	48	40	120
77岁	208	103	105	98	78	37	41	90
78岁	189	96	93	103	76	34	42	81
79岁	157	76	81	94	71	33	38	87
80-84	**608**	**284**	**324**	**88**	**288**	**135**	**153**	**88**
80岁	173	75	98	77	79	33	46	72
81岁	151	66	85	78	72	31	41	76
82岁	109	51	58	88	52	25	27	93
83岁	94	52	42	124	42	24	18	133
84岁	81	40	41	98	43	22	21	105
85+	**255**	**93**	**162**	**57**	**136**	**47**	**89**	**53**

1－2a 城镇分年龄、性别的人口

单位：人，%

年 龄	调查人口				调查残疾人			
	合计	男	女	性别比	合计	男	女	性别比
总 计	**25839**	**12824**	**13015**	**99**	**1513**	**783**	**730**	**107**
0-4	**1206**	**592**	**614**	**96**	**11**	**4**	**7**	**57**
0岁	217	106	111	95				
1岁	226	114	112	102	2	1	1	100
2岁	236	103	133	77	3	1	2	50
3岁	257	123	134	92	3	2	1	200
4岁	270	146	124	118	3		3	
5-9	**1502**	**833**	**669**	**125**	**14**	**9**	**5**	**180**
5岁	298	165	133	124	1	1		
6岁	285	164	121	136	4	1	3	33
7岁	303	160	143	112	1	1		
8岁	309	165	144	115	3	2	1	200
9岁	307	179	128	140	5	4	1	400
10-14	**1720**	**960**	**760**	**126**	**12**	**8**	**4**	**200**
10岁	299	171	128	134	2	2		
11岁	365	201	164	123	2		2	
12岁	362	203	159	128	2	2		
13岁	343	199	144	138	2	1	1	100
14岁	351	186	165	113	4	3	1	300
15-19	**1814**	**944**	**870**	**109**	**22**	**13**	**9**	**144**
15岁	400	197	203	97	4	3	1	300
16岁	421	231	190	122	3	2	1	200
17岁	361	193	168	115	7	5	2	250
18岁	334	176	158	111	5	2	3	67
19岁	298	147	151	97	3	1	2	50
20-24	**1317**	**616**	**701**	**88**	**19**	**14**	**5**	**280**
20岁	243	127	116	109	6	6		
21岁	227	116	111	105	1		1	
22岁	248	96	152	63	7	6	1	600
23岁	302	137	165	83	2		2	
24岁	297	140	157	89	3	2	1	200
25-29	**1733**	**755**	**978**	**77**	**21**	**15**	**6**	**250**
25岁	271	108	163	66	3	1	2	50

1-2a 续表 1

单位：人，%

年 龄	调查人口				调查残疾人			
	合计	男	女	性别比	合计	男	女	性别比
26岁	353	149	204	73	2	2		
27岁	327	150	177	85	3	3		
28岁	389	172	217	79	4	2	2	100
29岁	393	176	217	81	9	7	2	350
30-34	**2576**	**1241**	**1335**	**93**	**36**	**22**	**14**	**157**
30岁	472	209	263	79	4	2	2	100
31岁	472	234	238	98	4	4		
32岁	503	238	265	90	7	5	2	250
33岁	541	268	273	98	9	5	4	125
34岁	588	292	296	99	12	6	6	100
35-39	**2600**	**1284**	**1316**	**98**	**60**	**40**	**20**	**200**
35岁	583	277	306	91	10	6	4	150
36岁	508	251	257	98	10	7	3	233
37岁	630	300	330	91	17	10	7	143
38岁	433	218	215	101	13	10	3	333
39岁	446	238	208	114	10	7	3	233
40-44	**2350**	**1206**	**1144**	**105**	**88**	**56**	**32**	**175**
40岁	458	230	228	101	9	5	4	125
41岁	477	231	246	94	21	11	10	110
42岁	590	314	276	114	23	19	4	475
43岁	542	283	259	109	24	14	10	140
44岁	283	148	135	110	11	7	4	175
45-49	**1904**	**951**	**953**	**100**	**84**	**47**	**37**	**127**
45岁	308	158	150	105	6	5	1	500
46岁	392	189	203	93	20	9	11	82
47岁	393	190	203	94	16	10	6	167
48岁	433	222	211	105	18	10	8	125
49岁	378	192	186	103	24	13	11	118
50-54	**1906**	**900**	**1006**	**89**	**119**	**74**	**45**	**164**
50岁	377	186	191	97	21	14	7	200
51岁	398	181	217	83	19	12	7	171
52岁	386	176	210	84	20	13	7	186
53岁	399	201	198	102	31	22	9	244
54岁	346	156	190	82	28	13	15	87

1-2a 续表 2

单位：人，%

年 龄	调查人口				调查残疾人			
	合计	男	女	性别比	合计	男	女	性别比
55-59	**1439**	**719**	**720**	**100**	**105**	**53**	**52**	**102**
55岁	307	159	148	107	15	8	7	114
56岁	378	182	196	93	24	12	12	100
57岁	255	128	127	101	22	10	12	83
58岁	220	109	111	98	20	9	11	82
59岁	279	141	138	102	24	14	10	140
60-64	**1190**	**588**	**602**	**98**	**149**	**74**	**75**	**99**
60岁	264	126	138	91	22	7	15	47
61岁	230	116	114	102	18	8	10	80
62岁	216	102	114	89	37	18	19	95
63岁	242	127	115	110	46	27	19	142
64岁	238	117	121	97	26	14	12	117
65-69	**1028**	**469**	**559**	**84**	**196**	**84**	**112**	**75**
65岁	197	94	103	91	30	13	17	76
66岁	201	93	108	86	34	15	19	79
67岁	201	79	122	65	41	9	32	28
68岁	223	110	113	97	43	25	18	139
69岁	206	93	113	82	48	22	26	85
70-74	**794**	**405**	**389**	**104**	**237**	**115**	**122**	**94**
70岁	179	88	91	97	41	18	23	78
71岁	174	85	89	96	57	25	32	78
72岁	164	87	77	113	47	29	18	161
73岁	139	75	64	117	44	21	23	91
74岁	138	70	68	103	48	22	26	85
75-79	**426**	**207**	**219**	**95**	**168**	**79**	**89**	**89**
75岁	131	60	71	85	58	25	33	76
76岁	97	47	50	94	32	18	14	129
77岁	79	40	39	103	28	12	16	75
78岁	62	30	32	94	21	9	12	75
79岁	57	30	27	111	29	15	14	107
80-84	**241**	**116**	**125**	**93**	**116**	**55**	**61**	**90**
80岁	65	32	33	97	31	13	18	72
81岁	62	31	31	100	29	13	16	81
82岁	45	21	24	88	21	12	9	133
83岁	40	18	22	82	18	10	8	125
84岁	29	14	15	93	17	7	10	70
85+	**93**	**38**	**55**	**69**	**56**	**21**	**35**	**60**

1－2b 农村分年龄、性别的人口

单位：人，%

年龄	调查人口				调查残疾人			
	合计	男	女	性别比	合计	男	女	性别比
总 计	**47586**	**24441**	**23145**	**106**	**3400**	**1810**	**1590**	**114**
0-4	**2292**	**1257**	**1035**	**121**	**35**	**22**	**13**	**169**
0岁	412	227	185	123	2	1	1	100
1岁	435	245	190	129	5	1	4	25
2岁	496	273	223	122	6	4	2	200
3岁	446	222	224	99	9	7	2	350
4岁	503	290	213	136	13	9	4	225
5-9	**2812**	**1571**	**1241**	**127**	**51**	**30**	**21**	**143**
5岁	522	304	218	139	9	7	2	350
6岁	478	274	204	134	8	5	3	167
7岁	567	312	255	122	9	5	4	125
8岁	582	329	253	130	8	3	5	60
9岁	663	352	311	113	17	10	7	143
10-14	**4869**	**2672**	**2197**	**122**	**79**	**46**	**33**	**139**
10岁	835	475	360	132	18	11	7	157
11岁	861	488	373	131	9	3	6	50
12岁	992	541	451	120	28	16	12	133
13岁	1033	550	483	114	11	7	4	175
14岁	1148	618	530	117	13	9	4	225
15-19	**4842**	**2579**	**2263**	**114**	**86**	**52**	**34**	**153**
15岁	1318	708	610	116	29	18	11	164
16岁	1206	630	576	109	19	11	8	138
17岁	892	493	399	124	13	6	7	86
18岁	844	441	403	109	12	8	4	200
19岁	582	307	275	112	13	9	4	225
20-24	**2188**	**1031**	**1157**	**89**	**71**	**34**	**37**	**92**
20岁	461	222	239	93	15	8	7	114
21岁	452	204	248	82	15	5	10	50
22岁	390	182	208	88	12	6	6	100
23岁	438	213	225	95	13	7	6	117
24岁	447	210	237	89	16	8	8	100
25-29	**2119**	**1039**	**1080**	**96**	**68**	**48**	**20**	**240**
25岁	359	166	193	86	11	6	5	120

1－2b 续表 1

单位：人，%

年 龄	调查人口				调查残疾人			
	合计	男	女	性别比	合计	男	女	性别比
26岁	454	218	236	92	14	10	4	250
27岁	401	192	209	92	13	11	2	550
28岁	411	201	210	96	15	9	6	150
29岁	494	262	232	113	15	12	3	400
30-34	**3475**	**1680**	**1795**	**94**	**138**	**71**	**67**	**106**
30岁	506	242	264	92	22	12	10	120
31岁	612	299	313	96	31	15	16	94
32岁	694	345	349	99	29	17	12	142
33岁	791	365	426	86	26	14	12	117
34岁	872	429	443	97	30	13	17	76
35-39	**4433**	**2181**	**2252**	**97**	**178**	**93**	**85**	**109**
35岁	842	404	438	92	34	17	17	100
36岁	853	423	430	98	23	15	8	188
37岁	954	471	483	98	46	17	29	59
38岁	805	403	402	100	36	22	14	157
39岁	979	480	499	96	39	22	17	129
40-44	**4109**	**2046**	**2063**	**99**	**222**	**121**	**101**	**120**
40岁	814	401	413	97	50	25	25	100
41岁	847	426	421	101	49	26	23	113
42岁	942	458	484	95	53	26	27	96
43岁	928	465	463	100	41	24	17	141
44岁	578	296	282	105	29	20	9	222
45-49	**3516**	**1798**	**1718**	**105**	**236**	**133**	**103**	**129**
45岁	674	340	334	102	28	15	13	115
46岁	654	333	321	104	34	18	16	113
47岁	715	368	347	106	39	25	14	179
48岁	801	398	403	99	73	36	37	97
49岁	672	359	313	115	62	39	23	170
50-54	**3716**	**1867**	**1849**	**101**	**345**	**192**	**153**	**125**
50岁	767	387	380	102	69	37	32	116
51岁	755	394	361	109	71	40	31	129
52岁	751	373	378	99	69	38	31	123
53岁	747	363	384	95	76	41	35	117
54岁	696	350	346	101	60	36	24	150

1－2b 续表 2

单位：人，%

年 龄	调查人口				调查残疾人			
	合计	男	女	性别比	合计	男	女	性别比
55-59	**2754**	**1442**	**1312**	**110**	**274**	**147**	**127**	**116**
55岁	576	282	294	96	43	16	27	59
56岁	623	330	293	113	65	34	31	110
57岁	513	267	246	109	45	23	22	105
58岁	509	273	236	116	53	28	25	112
59岁	533	290	243	119	68	46	22	209
60-64	**2281**	**1191**	**1090**	**109**	**361**	**206**	**155**	**133**
60岁	517	275	242	114	71	37	34	109
61岁	463	260	203	128	82	46	36	128
62岁	450	213	237	90	63	37	26	142
63岁	449	232	217	107	77	44	33	133
64岁	402	211	191	110	68	42	26	162
65-69	**1740**	**887**	**853**	**104**	**378**	**194**	**184**	**105**
65岁	382	207	175	118	82	41	41	100
66岁	323	157	166	95	65	32	33	97
67岁	361	187	174	107	74	40	34	118
68岁	354	187	167	112	80	42	38	111
69岁	320	149	171	87	77	39	38	103
70-74	**1254**	**634**	**620**	**102**	**361**	**183**	**178**	**103**
70岁	286	145	141	103	66	34	32	106
71岁	285	140	145	97	71	33	38	87
72岁	258	136	122	111	82	39	43	91
73岁	203	102	101	101	57	30	27	111
74岁	222	111	111	100	85	47	38	124
75-79	**657**	**343**	**314**	**109**	**265**	**132**	**133**	**99**
75岁	178	98	80	123	62	34	28	121
76岁	123	70	53	132	56	30	26	115
77岁	129	63	66	95	50	25	25	100
78岁	127	66	61	108	55	25	30	83
79岁	100	46	54	85	42	18	24	75
80-84	**367**	**168**	**199**	**84**	**172**	**80**	**92**	**87**
80岁	108	43	65	66	48	20	28	71
81岁	89	35	54	65	43	18	25	72
82岁	64	30	34	88	31	13	18	72
83岁	54	34	20	170	24	14	10	140
84岁	52	26	26	100	26	15	11	136
85+	**162**	**55**	**107**	**51**	**80**	**26**	**54**	**48**

1-3 调查家庭户类别

单位：户

家庭户规模	合计	一代户	二代户	三代户	四代户及以上
总　计	**22727**	**6074**	**12256**	**4272**	**125**
一人户	1772	1772			
二人户	5364	4193	1171		
三人户	6782	83	6480	219	
四人户	5089	23	3783	1280	3
五人户	2454	2	716	1715	21
六人户	983	1	90	837	55
七人户	211		16	168	27
八人户	70			51	19
九人户	2			2	

1－4 各地区分性别、户口登记状况的人口

单位：人

地　区	调查人口			住本调查小区，户口在本乡、镇、街道		
	合计	男	女	小计	男	女
总　计	**73425**	**37265**	**36160**	**65688**	**33336**	**32352**
西安市新城区	3630	1807	1823	2297	1151	1146
西安市碑林区	3226	1565	1661	2265	1091	1174
西安市长安区	3621	1825	1796	3023	1506	1517
西安市周至县	2997	1549	1448	2916	1493	1423
宝鸡市扶风县	3055	1577	1478	2981	1532	1449
宝鸡市千阳县	3703	1894	1809	3426	1764	1662
咸阳市渭城区	4001	1959	2042	3287	1619	1668
咸阳市乾县	3362	1773	1589	3261	1702	1559
咸阳市旬邑县	3276	1668	1608	3215	1626	1589
渭南市临渭区	3257	1620	1637	2949	1480	1469
渭南市蒲城县	3232	1634	1598	3115	1581	1534
渭南市华县	3286	1651	1635	3047	1511	1536
延安市洛川县	3492	1807	1685	3323	1713	1610
榆林市绥德县	3155	1627	1528	2983	1541	1442
榆林市神木县	3234	1664	1570	2938	1510	1428
汉中市汉台区	3448	1689	1759	2521	1246	1275
汉中市勉县	3223	1612	1611	2943	1468	1475
汉中市宁强县	3142	1608	1534	2947	1513	1434
安康市汉滨区	3352	1723	1629	3075	1579	1496
安康市石泉县	3583	1909	1674	3359	1797	1562
商洛市商州区	3072	1556	1516	2782	1392	1390
商洛市山阳县	3078	1548	1530	3035	1521	1514

1－4 续表

单位：人

地区	住本调查小区半年以上，户口在外乡、镇、街道			住本调查小区不满半年，离开户口所在地半年以上			住本调查小区，户口待定		
	小计	男	女	小计	男	女	小计	男	女
总计	**7341**	**3731**	**3610**	**91**	**50**	**41**	**305**	**148**	**157**
西安市新城区	1267	624	643	58	27	31	8	5	3
西安市碑林区	943	462	481	14	10	4	4	2	2
西安市长安区	584	311	273	4	3	1	10	5	5
西安市周至县	70	47	23				11	9	2
宝鸡市扶风县	35	24	11	3	3		36	18	18
宝鸡市千阳县	260	124	136	1		1	16	6	10
咸阳市渭城区	706	334	372				8	6	2
咸阳市乾县	84	60	24				17	11	6
咸阳市旬邑县	48	36	12				13	6	7
渭南市临渭区	293	133	160				15	7	8
渭南市蒲城县	105	45	60	1	1		11	7	4
渭南市华县	230	135	95				9	5	4
延安市洛川县	162	91	71				7	3	4
榆林市绥德县	169	84	85				3	2	1
榆林市神木县	281	151	130				15	3	12
汉中市汉台区	904	437	467	3	1	2	20	5	15
汉中市勉县	259	137	122				21	7	14
汉中市宁强县	172	84	88				23	11	12
安康市汉滨区	256	132	124				21	12	9
安康市石泉县	211	107	104	3	1	2	10	4	6
商洛市商州区	262	148	114	2	2		26	14	12
商洛市山阳县	40	25	15	2	2		1		1

1-5 各地区分户口登记状况、户口性质的人口

单位：人

地区	合计			住本调查小区，户口在本乡、镇、街道		
	合计	农业	非农业	小计	农业	非农业
总计	**73120**	**55053**	**18067**	**65688**	**51726**	**13962**
西安市新城区	3622	786	2836	2297	37	2260
西安市碑林区	3222	352	2870	2265	25	2240
西安市长安区	3611	2638	973	3023	2280	743
西安市周至县	2986	2904	82	2916	2882	34
宝鸡市扶风县	3019	2968	51	2981	2960	21
宝鸡市千阳县	3687	2643	1044	3426	2456	970
咸阳市渭城区	3993	1782	2211	3287	1586	1701
咸阳市乾县	3345	3251	94	3261	3245	16
咸阳市旬邑县	3263	3221	42	3215	3211	4
渭南市临渭区	3242	2378	864	2949	2294	655
渭南市蒲城县	3221	2391	830	3115	2331	784
渭南市华县	3277	3121	156	3047	3035	12
延安市洛川县	3485	3024	461	3323	2980	343
榆林市绥德县	3152	3065	87	2983	2920	63
榆林市神木县	3219	2516	703	2938	2291	647
汉中市汉台区	3428	1861	1567	2521	1616	905
汉中市勉县	3202	3035	167	2943	2887	56
汉中市宁强县	3119	2471	648	2947	2360	587
安康市汉滨区	3331	2494	837	3075	2391	684
安康市石泉县	3573	2685	888	3359	2546	813
商洛市商州区	3046	2489	557	2782	2430	352
商洛市山阳县	3077	2978	99	3035	2963	72

1－5 续表

单位：人

地 区	住本调查小区半年以上，户口在外乡、镇、街道			住本调查小区不满半年，离开户口所在地半年以上		
	小计	农业	非农业	小计	农业	非农业
总 计	**7341**	**3272**	**4069**	**91**	**55**	**36**
西安市新城区	1267	707	560	58	42	16
西安市碑林区	943	324	619	14	3	11
西安市长安区	584	354	230	4	4	
西安市周至县	70	22	48			
宝鸡市扶风县	35	8	27	3		3
宝鸡市千阳县	260	186	74	1	1	
咸阳市渭城区	706	196	510			
咸阳市乾县	84	6	78			
咸阳市旬邑县	48	10	38			
渭南市临渭区	293	84	209			
渭南市蒲城县	105	60	45	1		1
渭南市华县	230	86	144			
延安市洛川县	162	44	118			
榆林市绥德县	169	145	24			
榆林市神木县	281	225	56			
汉中市汉台区	904	245	659	3		3
汉中市勉县	259	148	111			
汉中市宁强县	172	111	61			
安康市汉滨区	256	103	153			
安康市石泉县	211	136	75	3	3	
商洛市商州区	262	59	203	2		2
商洛市山阳县	40	13	27	2	2	

1－6　6岁及以上人口分年龄、性别的受教育程度

单位：人

年　龄	调查人口			不识字			未上过学		
	合计	男	女	小计	男	女	小计	男	女
总　计	**69107**	**34947**	**34160**	**8989**	**2474**	**6515**	**263**	**116**	**147**
6-9	**3494**	**1935**	**1559**	**190**	**108**	**82**	**21**	**13**	**8**
6岁	763	438	325	162	92	70	13	7	6
7岁	870	472	398	13	5	8	2	2	
8岁	891	494	397	8	4	4	4	2	2
9岁	970	531	439	7	7		2	2	
10-14	**6589**	**3632**	**2957**	**17**	**7**	**10**	**1**		**1**
10岁	1134	646	488	5	3	2	1		1
11岁	1226	689	537	1	1				
12岁	1354	744	610	4	1	3			
13岁	1376	749	627	6	2	4			
14岁	1499	804	695	1		1			
15-19	**6656**	**3523**	**3133**	**48**	**20**	**28**	**5**	**4**	**1**
15岁	1718	905	813	12	5	7	1	1	
16岁	1627	861	766	9	5	4			
17岁	1253	686	567	8	4	4	1	1	
18岁	1178	617	561	6	2	4	1		1
19岁	880	454	426	13	4	9	2	2	
20-24	**3505**	**1647**	**1858**	**68**	**25**	**43**	**2**	**1**	**1**
20岁	704	349	355	7	7				
21岁	679	320	359	10	4	6			
22岁	638	278	360	22	7	15			
23岁	740	350	390	10	4	6	1	1	
24岁	744	350	394	19	3	16	1		1
25-29	**3852**	**1794**	**2058**	**97**	**32**	**65**	**1**	**1**	
25岁	630	274	356	10	2	8			
26岁	807	367	440	17	7	10			
27岁	728	342	386	26	12	14			
28岁	800	373	427	20	6	14			
29岁	887	438	449	24	5	19	1	1	
30-34	**6051**	**2921**	**3130**	**289**	**67**	**222**	**3**	**1**	**2**
30岁	978	451	527	39	6	33	1		1

1－6 续表 1

单位：人

年 龄	调查人口			不识字			未上过学		
	合计	男	女	小计	男	女	小计	男	女
31岁	1084	533	551	45	8	37	1	1	
32岁	1197	583	614	56	13	43			
33岁	1332	633	699	70	19	51			
34岁	1460	721	739	79	21	58	1		1
35-39	**7033**	**3465**	**3568**	**436**	**100**	**336**	**12**	**4**	**8**
35岁	1425	681	744	70	15	55	6	3	3
36岁	1361	674	687	81	17	64			
37岁	1584	771	813	100	21	79	1		1
38岁	1238	621	617	85	24	61	2		2
39岁	1425	718	707	100	23	77	3	1	2
40-44	**6459**	**3252**	**3207**	**502**	**127**	**375**	**6**	**2**	**4**
40岁	1272	631	641	90	22	68			
41岁	1324	657	667	99	31	68	2	1	1
42岁	1532	772	760	113	26	87	4	1	3
43岁	1470	748	722	107	23	84			
44岁	861	444	417	93	25	68			
45-49	**5420**	**2749**	**2671**	**773**	**180**	**593**	**21**	**7**	**14**
45岁	982	498	484	101	14	87	1		1
46岁	1046	522	524	121	20	101	3		3
47岁	1108	558	550	149	39	110	3	1	2
48岁	1234	620	614	218	56	162	7	1	6
49岁	1050	551	499	184	51	133	7	5	2
50-54	**5622**	**2767**	**2855**	**1339**	**321**	**1018**	**31**	**8**	**23**
50岁	1144	573	571	244	53	191	8	1	7
51岁	1153	575	578	232	56	176	4		4
52岁	1137	549	588	284	75	209	5		5
53岁	1146	564	582	318	79	239	6	1	5
54岁	1042	506	536	261	58	203	8	6	2
55-59	**4193**	**2161**	**2032**	**981**	**255**	**726**	**14**	**3**	**11**
55岁	883	441	442	213	57	156	4	1	3
56岁	1001	512	489	244	71	173	7	2	5
57岁	768	395	373	185	45	140	1		1
58岁	729	382	347	165	42	123	1		1
59岁	812	431	381	174	40	134	1		1

1-6 续表 2

单位：人

年龄	调查人口			不识字			未上过学		
	合计	男	女	小计	男	女	小计	男	女
60-64	**3471**	**1779**	**1692**	**949**	**240**	**709**	**27**	**14**	**13**
60岁	781	401	380	184	48	136	7	5	2
61岁	693	376	317	169	44	125	4	2	2
62岁	666	315	351	191	35	156	5	1	4
63岁	691	359	332	206	60	146	8	4	4
64岁	640	328	312	199	53	146	3	2	1
65-69	**2768**	**1356**	**1412**	**1077**	**322**	**755**	**35**	**16**	**19**
65岁	579	301	278	204	68	136	4	2	2
66岁	524	250	274	184	50	134	5	2	3
67岁	562	266	296	224	61	163	7	3	4
68岁	577	297	280	227	76	151	11	6	5
69岁	526	242	284	238	67	171	8	3	5
70-74	**2048**	**1039**	**1009**	**1026**	**318**	**708**	**39**	**16**	**23**
70岁	465	233	232	229	73	156	4		4
71岁	459	225	234	221	65	156	12	3	9
72岁	422	223	199	212	67	145	6	4	2
73岁	342	177	165	165	50	115	8	4	4
74岁	360	181	179	199	63	136	9	5	4
75-79	**1083**	**550**	**533**	**621**	**199**	**422**	**17**	**13**	**4**
75岁	309	158	151	157	44	113	3	1	2
76岁	220	117	103	124	42	82	3	2	1
77岁	208	103	105	130	42	88	2	2	
78岁	189	96	93	111	41	70	6	5	1
79岁	157	76	81	99	30	69	3	3	
80+	**863**	**377**	**486**	**576**	**153**	**423**	**28**	**13**	**15**

1-6 续表 3

单位：人

年龄	小学			初中			高中		
	小计	男	女	小计	男	女	小计	男	女
总 计	**20940**	**10569**	**10371**	**25053**	**13866**	**11187**	**8346**	**4835**	**3511**
6-9	**3281**	**1813**	**1468**	**2**	**1**	**1**			
6岁	588	339	249						
7岁	854	464	390	1	1				
8岁	879	488	391						
9岁	960	522	438	1		1			
10-14	**4143**	**2347**	**1796**	**2413**	**1272**	**1141**	**13**	**6**	**7**
10岁	1125	641	484	3	2	1			
11岁	1200	674	526	25	14	11			
12岁	1039	587	452	310	156	154			
13岁	528	303	225	840	443	397	2	1	1
14岁	251	142	109	1235	657	578	11	5	6
15-19	**484**	**226**	**258**	**3736**	**1992**	**1744**	**2085**	**1145**	**940**
15岁	149	79	70	1405	739	666	139	73	66
16岁	108	50	58	996	532	464	462	248	214
17岁	84	28	56	529	290	239	581	333	248
18岁	75	36	39	451	241	210	566	307	259
19岁	68	33	35	355	190	165	337	184	153
20-24	**425**	**173**	**252**	**1852**	**869**	**983**	**450**	**259**	**191**
20岁	74	32	42	338	154	184	155	89	66
21岁	81	32	49	379	171	208	97	60	37
22岁	78	25	53	333	153	180	67	39	28
23岁	87	36	51	398	198	200	68	38	30
24岁	105	48	57	404	193	211	63	33	30
25-29	**704**	**306**	**398**	**1834**	**900**	**934**	**422**	**217**	**205**
25岁	118	52	66	323	158	165	49	19	30
26岁	130	55	75	385	178	207	83	44	39
27岁	139	62	77	344	158	186	81	43	38
28岁	145	61	84	350	169	181	110	62	48
29岁	172	76	96	432	237	195	99	49	50
30-34	**1400**	**576**	**824**	**2778**	**1422**	**1356**	**729**	**393**	**336**
30岁	191	76	115	440	216	224	118	64	54

1－6 续表 4

单位：人

年龄	小学			初中			高中		
	小计	男	女	小计	男	女	小计	男	女
31岁	244	105	139	488	254	234	128	67	61
32岁	276	113	163	555	291	264	143	77	66
33岁	317	117	200	623	310	313	159	88	71
34岁	372	165	207	672	351	321	181	97	84
35-39	**1897**	**798**	**1099**	**3182**	**1704**	**1478**	**901**	**507**	**394**
35岁	356	144	212	658	345	313	182	90	92
36岁	368	164	204	625	333	292	178	96	82
37岁	421	175	246	681	364	317	217	125	92
38岁	346	149	197	563	311	252	147	78	69
39岁	406	166	240	655	351	304	177	118	59
40-44	**1261**	**492**	**769**	**3001**	**1642**	**1359**	**1192**	**683**	**509**
40岁	292	105	187	619	337	282	172	99	73
41岁	273	114	159	638	330	308	213	125	88
42岁	298	115	183	695	385	310	275	162	113
43岁	254	101	153	692	378	314	317	179	138
44岁	144	57	87	357	212	145	215	118	97
45-49	**1008**	**405**	**603**	**1958**	**1168**	**790**	**1348**	**791**	**557**
45岁	174	73	101	365	205	160	280	163	117
46岁	170	60	110	370	218	152	330	194	136
47岁	199	81	118	400	233	167	294	166	128
48岁	249	90	159	425	269	156	269	160	109
49岁	216	101	115	398	243	155	175	108	67
50-54	**1662**	**761**	**901**	**1732**	**1135**	**597**	**539**	**340**	**199**
50岁	313	140	173	352	235	117	163	101	62
51岁	340	154	186	383	243	140	133	84	49
52岁	320	145	175	351	224	127	108	65	43
53岁	336	159	177	337	227	110	83	55	28
54岁	353	163	190	309	206	103	52	35	17
55-59	**1663**	**874**	**789**	**1033**	**694**	**339**	**200**	**145**	**55**
55岁	313	150	163	259	174	85	39	25	14
56岁	380	203	177	260	161	99	51	35	16
57岁	310	159	151	173	119	54	45	37	8
58岁	326	176	150	162	113	49	25	19	6
59岁	334	186	148	179	127	52	40	29	11

1-6 续表 5

单位：人

年龄	小学			初中			高中		
	小计	男	女	小计	男	女	小计	男	女
60-64	**1157**	**621**	**536**	**845**	**563**	**282**	**202**	**144**	**58**
60岁	287	146	141	205	138	67	37	24	13
61岁	234	127	107	199	144	55	40	27	13
62岁	218	112	106	160	103	57	42	32	10
63岁	205	110	95	166	111	55	40	29	11
64岁	213	126	87	115	67	48	43	32	11
65-69	**908**	**521**	**387**	**344**	**224**	**120**	**123**	**84**	**39**
65岁	194	120	74	97	62	35	23	15	8
66岁	179	94	85	76	51	25	28	21	7
67岁	191	119	72	63	35	28	21	14	7
68岁	181	99	82	60	46	14	30	21	9
69岁	163	89	74	48	30	18	21	13	8
70-74	**534**	**356**	**178**	**203**	**159**	**44**	**75**	**61**	**14**
70岁	112	74	38	53	33	20	22	16	6
71岁	135	86	49	36	30	6	15	13	2
72岁	110	75	35	43	37	6	16	13	3
73岁	89	60	29	36	31	5	13	11	2
74岁	88	61	27	35	28	7	9	8	1
75-79	**252**	**178**	**74**	**90**	**74**	**16**	**43**	**39**	**4**
75岁	85	61	24	30	24	6	14	12	2
76岁	55	41	14	18	17	1	7	6	1
77岁	37	26	11	20	16	4	8	8	
78岁	39	23	16	14	10	4	9	9	
79岁	36	27	9	8	7	1	5	4	1
80+	**161**	**122**	**39**	**50**	**47**	**3**	**24**	**21**	**3**

1－6 续表 6

单位：人

年龄	中专			大学专科			大学本科			研究生		
	小计	男	女	小计	男	女	小计	男	女	小计	男	女
总　计	**2124**	**1082**	**1042**	**2241**	**1285**	**956**	**1105**	**694**	**411**	**46**	**26**	**20**
6-9												
6岁												
7岁												
8岁												
9岁												
10-14	**2**		**2**									
10岁												
11岁												
12岁	1		1									
13岁												
14岁	1		1									
15-19	**202**	**97**	**105**	**68**	**26**	**42**	**28**	**13**	**15**			
15岁	12	8	4									
16岁	46	21	25	6	5	1						
17岁	47	27	20	3	3							
18岁	53	23	30	22	8	14	4		4			
19岁	44	18	26	37	10	27	24	13	11			
20-24	**260**	**97**	**163**	**303**	**150**	**153**	**143**	**72**	**71**	**2**	**1**	**1**
20岁	45	20	25	58	33	25	27	14	13			
21岁	50	20	30	41	23	18	21	10	11			
22岁	47	14	33	68	30	38	23	10	13			
23岁	59	21	38	83	38	45	33	14	19	1		1
24岁	59	22	37	53	26	27	39	24	15	1	1	
25-29	**262**	**108**	**154**	**363**	**160**	**203**	**160**	**67**	**93**	**9**	**3**	**6**
25岁	41	13	28	58	19	39	31	11	20			
26岁	63	23	40	90	44	46	36	15	21	3	1	2
27岁	47	22	25	63	32	31	26	12	14	2	1	1
28岁	60	22	38	78	36	42	36	17	19	1		1
29岁	51	28	23	74	29	45	31	12	19	3	1	2
30-34	**251**	**126**	**125**	**418**	**230**	**188**	**169**	**98**	**71**	**14**	**8**	**6**
30岁	52	23	29	88	40	48	47	25	22	2	1	1

1-6 续表 7

单位：人

年 龄	中专			大学专科			大学本科			研究生		
	小计	男	女	小计	男	女	小计	男	女	小计	男	女
31岁	51	29	22	90	50	40	34	17	17	3	2	1
32岁	52	21	31	79	45	34	31	21	10	5	2	3
33岁	52	30	22	85	50	35	25	18	7	1	1	
34岁	44	23	21	76	45	31	32	17	15	3	2	1
35-39	**163**	**83**	**80**	**296**	**176**	**120**	**136**	**87**	**49**	**10**	**6**	**4**
35岁	45	20	25	71	40	31	34	23	11	3	1	2
36岁	32	18	14	52	30	22	25	16	9			
37岁	43	19	24	80	45	35	36	19	17	5	3	2
38岁	19	9	10	52	35	17	24	15	9			
39岁	24	17	7	41	26	15	17	14	3	2	2	
40-44	**143**	**67**	**76**	**239**	**148**	**91**	**109**	**86**	**23**	**6**	**5**	**1**
40岁	26	14	12	48	36	12	21	15	6	4	3	1
41岁	32	17	15	52	24	28	15	15				
42岁	42	16	26	68	39	29	35	26	9	2	2	
43岁	33	17	16	40	27	13	27	23	4			
44岁	10	3	7	31	22	9	11	7	4			
45-49	**117**	**70**	**47**	**145**	**89**	**56**	**47**	**37**	**10**	**3**	**2**	**1**
45岁	19	13	6	29	18	11	12	11	1	1	1	
46岁	18	11	7	28	15	13	6	4	2			
47岁	26	16	10	28	15	13	8	6	2	1	1	
48岁	23	13	10	33	23	10	10	8	2			
49岁	31	17	14	27	18	9	11	8	3	1		1
50-54	**117**	**61**	**56**	**131**	**90**	**41**	**70**	**51**	**19**	**1**		**1**
50岁	19	12	7	28	16	12	16	15	1	1		1
51岁	29	16	13	22	18	4	10	4	6			
52岁	27	14	13	25	13	12	17	13	4			
53岁	23	12	11	30	22	8	13	9	4			
54岁	19	7	12	26	21	5	14	10	4			
55-59	**174**	**91**	**83**	**77**	**65**	**12**	**51**	**34**	**17**			
55岁	23	8	15	20	17	3	12	9	3			
56岁	25	13	12	18	15	3	16	12	4			
57岁	33	19	14	17	13	4	4	3	1			
58岁	37	21	16	9	8	1	4	3	1			
59岁	56	30	26	13	12	1	15	7	8			

1－6 续表 8

单位：人

年 龄	中专			大学专科			大学本科			研究生		
	小计	男	女	小计	男	女	小计	男	女	小计	男	女
60-64	**170**	**110**	**60**	**53**	**37**	**16**	**68**	**50**	**18**			
60岁	35	23	12	15	9	6	11	8	3			
61岁	27	15	12	11	9	2	9	8	1			
62岁	27	16	11	8	6	2	15	10	5			
63岁	40	28	12	11	8	3	15	9	6			
64岁	41	28	13	8	5	3	18	15	3			
65-69	**153**	**95**	**58**	**66**	**47**	**19**	**62**	**47**	**15**			
65岁	35	16	19	7	6	1	15	12	3			
66岁	26	13	13	12	10	2	14	9	5			
67岁	30	19	11	14	7	7	12	8	4			
68岁	38	25	13	19	13	6	11	11				
69岁	24	22	2	14	11	3	10	7	3			
70-74	**79**	**55**	**24**	**50**	**40**	**10**	**42**	**34**	**8**			
70岁	22	19	3	16	12	4	7	6	1			
71岁	17	10	7	8	6	2	15	12	3			
72岁	16	9	7	10	10		9	8	1			
73岁	14	8	6	10	8	2	7	5	2			
74岁	10	9	1	6	4	2	4	3	1			
75-79	**26**	**19**	**7**	**19**	**15**	**4**	**14**	**12**	**2**	**1**	**1**	
75岁	7	5	2	6	5	1	6	5	1	1	1	
76岁	7	5	2	4	3	1	2	1	1			
77岁	3	3		7	5	2	1	1				
78岁	6	4	2	1	1		3	3				
79岁	3	2	1	1	1		2	2				
80+	**5**	**3**	**2**	**13**	**12**	**1**	**6**	**6**				

1－7 15岁及以上分年龄、性别的文盲人口

单位：人，%

年龄	调查人口			文盲人口			文盲人口占调查人口的比例		
	合计	男	女	小计	男	女	小计	男	女
总　计	**59024**	**29380**	**29644**	**8782**	**2359**	**6423**	**14.88**	**8.03**	**21.67**
15－19	**6656**	**3523**	**3133**	**48**	**20**	**28**	**0.72**	**0.57**	**0.89**
15岁	1718	905	813	12	5	7	0.70	0.55	0.86
16岁	1627	861	766	9	5	4	0.55	0.58	0.52
17岁	1253	686	567	8	4	4	0.64	0.58	0.71
18岁	1178	617	561	6	2	4	0.51	0.32	0.71
19岁	880	454	426	13	4	9	1.48	0.88	2.11
20－24	**3505**	**1647**	**1858**	**68**	**25**	**43**	**1.94**	**1.52**	**2.31**
20岁	704	349	355	7	7		0.99	2.01	
21岁	679	320	359	10	4	6	1.47	1.25	1.67
22岁	638	278	360	22	7	15	3.45	2.52	4.17
23岁	740	350	390	10	4	6	1.35	1.14	1.54
24岁	744	350	394	19	3	16	2.55	0.86	4.06
25－29	**3852**	**1794**	**2058**	**97**	**32**	**65**	**2.52**	**1.78**	**3.16**
25岁	630	274	356	10	2	8	1.59	0.73	2.25
26岁	807	367	440	17	7	10	2.11	1.91	2.27
27岁	728	342	386	26	12	14	3.57	3.51	3.63
28岁	800	373	427	20	6	14	2.50	1.61	3.28
29岁	887	438	449	24	5	19	2.71	1.14	4.23
30－34	**6051**	**2921**	**3130**	**289**	**67**	**222**	**4.78**	**2.29**	**7.09**
30岁	978	451	527	39	6	33	3.99	1.33	6.26
31岁	1084	533	551	45	8	37	4.15	1.50	6.72
32岁	1197	583	614	56	13	43	4.68	2.23	7.00
33岁	1332	633	699	70	19	51	5.26	3.00	7.30
34岁	1460	721	739	79	21	58	5.41	2.91	7.85
35－39	**7033**	**3465**	**3568**	**436**	**100**	**336**	**6.20**	**2.89**	**9.42**
35岁	1425	681	744	70	15	55	4.91	2.20	7.39
36岁	1361	674	687	81	17	64	5.95	2.52	9.32
37岁	1584	771	813	100	21	79	6.31	2.72	9.72
38岁	1238	621	617	85	24	61	6.87	3.86	9.89

1－7 续表 1

单位：人，%

年 龄	调查人口			文盲人口			文盲人口占调查人口的比例		
	合计	男	女	小计	男	女	小计	男	女
39岁	1425	718	707	100	23	77	7.02	3.20	10.89
40-44	**6459**	**3252**	**3207**	**502**	**127**	**375**	**7.77**	**3.91**	**11.69**
40岁	1272	631	641	90	22	68	7.08	3.49	10.61
41岁	1324	657	667	99	31	68	7.48	4.72	10.19
42岁	1532	772	760	113	26	87	7.38	3.37	11.45
43岁	1470	748	722	107	23	84	7.28	3.07	11.63
44岁	861	444	417	93	25	68	10.80	5.63	16.31
45-49	**5420**	**2749**	**2671**	**773**	**180**	**593**	**14.26**	**6.55**	**22.20**
45岁	982	498	484	101	14	87	10.29	2.81	17.98
46岁	1046	522	524	121	20	101	11.57	3.83	19.27
47岁	1108	558	550	149	39	110	13.45	6.99	20.00
48岁	1234	620	614	218	56	162	17.67	9.03	26.38
49岁	1050	551	499	184	51	133	17.52	9.26	26.65
50-54	**5622**	**2767**	**2855**	**1339**	**321**	**1018**	**23.82**	**11.60**	**35.66**
50岁	1144	573	571	244	53	191	21.33	9.25	33.45
51岁	1153	575	578	232	56	176	20.12	9.74	30.45
52岁	1137	549	588	284	75	209	24.98	13.66	35.54
53岁	1146	564	582	318	79	239	27.75	14.01	41.07
54岁	1042	506	536	261	58	203	25.05	11.46	37.87
55-59	**4193**	**2161**	**2032**	**981**	**255**	**726**	**23.40**	**11.80**	**35.73**
55岁	883	441	442	213	57	156	24.12	12.93	35.29
56岁	1001	512	489	244	71	173	24.38	13.87	35.38
57岁	768	395	373	185	45	140	24.09	11.39	37.53
58岁	729	382	347	165	42	123	22.63	10.99	35.45
59岁	812	431	381	174	40	134	21.43	9.28	35.17
60-64	**3471**	**1779**	**1692**	**949**	**240**	**709**	**27.34**	**13.49**	**41.90**
60岁	781	401	380	184	48	136	23.56	11.97	35.79
61岁	693	376	317	169	44	125	24.39	11.70	39.43
62岁	666	315	351	191	35	156	28.68	11.11	44.44
63岁	691	359	332	206	60	146	29.81	16.71	43.98

1-7 续表 2

单位：人，%

年 龄	调查人口			文盲人口			文盲人口占调查人口的比例		
	合计	男	女	小计	男	女	小计	男	女
64岁	640	328	312	199	53	146	31.09	16.16	46.79
65-69	**2768**	**1356**	**1412**	**1077**	**322**	**755**	**38.91**	**23.75**	**53.47**
65岁	579	301	278	204	68	136	35.23	22.59	48.92
66岁	524	250	274	184	50	134	35.11	20.00	48.91
67岁	562	266	296	224	61	163	39.86	22.93	55.07
68岁	577	297	280	227	76	151	39.34	25.59	53.93
69岁	526	242	284	238	67	171	45.25	27.69	60.21
70-74	**2048**	**1039**	**1009**	**1026**	**318**	**708**	**50.10**	**30.61**	**70.17**
70岁	465	233	232	229	73	156	49.25	31.33	67.24
71岁	459	225	234	221	65	156	48.15	28.89	66.67
72岁	422	223	199	212	67	145	50.24	30.04	72.86
73岁	342	177	165	165	50	115	48.25	28.25	69.70
74岁	360	181	179	199	63	136	55.28	34.81	75.98
75-79	**1083**	**550**	**533**	**621**	**199**	**422**	**57.34**	**36.18**	**79.17**
75岁	309	158	151	157	44	113	50.81	27.85	74.83
76岁	220	117	103	124	42	82	56.36	35.90	79.61
77岁	208	103	105	130	42	88	62.50	40.78	83.81
78岁	189	96	93	111	41	70	58.73	42.71	75.27
79岁	157	76	81	99	30	69	63.06	39.47	85.19
80-84	**608**	**284**	**324**	**392**	**120**	**272**	**64.47**	**42.25**	**83.95**
80岁	173	75	98	112	28	84	64.74	37.33	85.71
81岁	151	66	85	99	26	73	65.56	39.39	85.88
82岁	109	51	58	70	24	46	64.22	47.06	79.31
83岁	94	52	42	54	22	32	57.45	42.31	76.19
84岁	81	40	41	57	20	37	70.37	50.00	90.24
85+	**255**	**93**	**162**	**184**	**33**	**151**	**72.16**	**35.48**	**93.21**

1－7a 城镇15岁及以上分年龄、性别的文盲人口

单位：人，%

年龄	调查人口			文盲人口			文盲人口占调查人口的比例		
	合计	男	女	小计	男	女	小计	男	女
总计	**21411**	**10439**	**10972**	**1371**	**267**	**1104**	**6.40**	**2.56**	**10.06**
15-19	**1814**	**944**	**870**	**4**	**1**	**3**	**0.22**	**0.11**	**0.34**
15岁	400	197	203	1	1		0.25	0.51	
16岁	421	231	190						
17岁	361	193	168						
18岁	334	176	158	2		2	0.60		1.27
19岁	298	147	151	1		1	0.34		0.66
20-24	**1317**	**616**	**701**	**8**	**5**	**3**	**0.61**	**0.81**	**0.43**
20岁	243	127	116	2	2		0.82	1.57	
21岁	227	116	111						
22岁	248	96	152	5	3	2	2.02	3.13	1.32
23岁	302	137	165						
24岁	297	140	157	1		1	0.34		0.64
25-29	**1733**	**755**	**978**	**10**	**2**	**8**	**0.58**	**0.26**	**0.82**
25岁	271	108	163	2		2	0.74		1.23
26岁	353	149	204						
27岁	327	150	177	1		1	0.31		0.56
28岁	389	172	217	3	1	2	0.77	0.58	0.92
29岁	393	176	217	4	1	3	1.02	0.57	1.38
30-34	**2576**	**1241**	**1335**	**23**	**8**	**15**	**0.89**	**0.64**	**1.12**
30岁	472	209	263	2		2	0.42		0.76
31岁	472	234	238	4	3	1	0.85	1.28	0.42
32岁	503	238	265	5	1	4	0.99	0.42	1.51
33岁	541	268	273	6		6	1.11		2.20
34岁	588	292	296	6	4	2	1.02	1.37	0.68
35-39	**2600**	**1284**	**1316**	**40**	**10**	**30**	**1.54**	**0.78**	**2.28**
35岁	583	277	306	6	2	4	1.03	0.72	1.31
36岁	508	251	257	7		7	1.38		2.72
37岁	630	300	330	10	2	8	1.59	0.67	2.42
38岁	433	218	215	8	3	5	1.85	1.38	2.33

1－7a　续表 1

单位：人，%

年　龄	调查人口			文盲人口			文盲人口占调查人口的比例		
	合计	男	女	小计	男	女	小计	男	女
39岁	446	238	208	9	3	6	2.02	1.26	2.88
40-44	**2350**	**1206**	**1144**	**57**	**15**	**42**	**2.43**	**1.24**	**3.67**
40岁	458	230	228	11	4	7	2.40	1.74	3.07
41岁	477	231	246	9	1	8	1.89	0.43	3.25
42岁	590	314	276	12	5	7	2.03	1.59	2.54
43岁	542	283	259	14	2	12	2.58	0.71	4.63
44岁	283	148	135	11	3	8	3.89	2.03	5.93
45-49	**1904**	**951**	**953**	**77**	**17**	**60**	**4.04**	**1.79**	**6.30**
45岁	308	158	150	8	1	7	2.60	0.63	4.67
46岁	392	189	203	11	1	10	2.81	0.53	4.93
47岁	393	190	203	14	5	9	3.56	2.63	4.43
48岁	433	222	211	20	7	13	4.62	3.15	6.16
49岁	378	192	186	24	3	21	6.35	1.56	11.29
50-54	**1906**	**900**	**1006**	**170**	**35**	**135**	**8.92**	**3.89**	**13.42**
50岁	377	186	191	30	5	25	7.96	2.69	13.09
51岁	398	181	217	33	6	27	8.29	3.31	12.44
52岁	386	176	210	39	11	28	10.10	6.25	13.33
53岁	399	201	198	38	10	28	9.52	4.98	14.14
54岁	346	156	190	30	3	27	8.67	1.92	14.21
55-59	**1439**	**719**	**720**	**119**	**22**	**97**	**8.27**	**3.06**	**13.47**
55岁	307	159	148	23	2	21	7.49	1.26	14.19
56岁	378	182	196	35	11	24	9.26	6.04	12.24
57岁	255	128	127	20	3	17	7.84	2.34	13.39
58岁	220	109	111	20	3	17	9.09	2.75	15.32
59岁	279	141	138	21	3	18	7.53	2.13	13.04
60-64	**1190**	**588**	**602**	**127**	**15**	**112**	**10.67**	**2.55**	**18.60**
60岁	264	126	138	26	3	23	9.85	2.38	16.67
61岁	230	116	114	16		16	6.96		14.04
62岁	216	102	114	23	2	21	10.65	1.96	18.42
63岁	242	127	115	31	5	26	12.81	3.94	22.61

1－7a　续表 2

单位：人，%

年　龄	调查人口			文盲人口			文盲人口占调查人口的比例		
	合计	男	女	小计	男	女	小计	男	女
64岁	238	117	121	31	5	26	13.03	4.27	21.49
65-69	**1028**	**469**	**559**	**182**	**36**	**146**	**17.70**	**7.68**	**26.12**
65岁	197	94	103	26	3	23	13.20	3.19	22.33
66岁	201	93	108	28	5	23	13.93	5.38	21.30
67岁	201	79	122	43	6	37	21.39	7.59	30.33
68岁	223	110	113	38	12	26	17.04	10.91	23.01
69岁	206	93	113	47	10	37	22.82	10.75	32.74
70-74	**794**	**405**	**389**	**222**	**38**	**184**	**27.96**	**9.38**	**47.30**
70岁	179	88	91	49	8	41	27.37	9.09	45.05
71岁	174	85	89	46	6	40	26.44	7.06	44.94
72岁	164	87	77	49	8	41	29.88	9.20	53.25
73岁	139	75	64	33	7	26	23.74	9.33	40.63
74岁	138	70	68	45	9	36	32.61	12.86	52.94
75-79	**426**	**207**	**219**	**174**	**37**	**137**	**40.85**	**17.87**	**62.56**
75岁	131	60	71	49	5	44	37.40	8.33	61.97
76岁	97	47	50	43	11	32	44.33	23.40	64.00
77岁	79	40	39	37	8	29	46.84	20.00	74.36
78岁	62	30	32	21	6	15	33.87	20.00	46.88
79岁	57	30	27	24	7	17	42.11	23.33	62.96
80-84	**241**	**116**	**125**	**109**	**23**	**86**	**45.23**	**19.83**	**68.80**
80岁	65	32	33	28	6	22	43.08	18.75	66.67
81岁	62	31	31	29	6	23	46.77	19.35	74.19
82岁	45	21	24	19	5	14	42.22	23.81	58.33
83岁	40	18	22	17	2	15	42.50	11.11	68.18
84岁	29	14	15	16	4	12	55.17	28.57	80.00
85+	**93**	**38**	**55**	**49**	**3**	**46**	**52.69**	**7.89**	**83.64**

1－7b 农村15岁及以上分年龄、性别的文盲人口

单位：人，%

年龄	调查人口			文盲人口			文盲人口占调查人口的比例		
	合计	男	女	小计	男	女	小计	男	女
总 计	**37613**	**18941**	**18672**	**7411**	**2092**	**5319**	**19.70**	**11.04**	**28.49**
15-19	**4842**	**2579**	**2263**	**44**	**19**	**25**	**0.91**	**0.74**	**1.10**
15岁	1318	708	610	11	4	7	0.83	0.56	1.15
16岁	1206	630	576	9	5	4	0.75	0.79	0.69
17岁	892	493	399	8	4	4	0.90	0.81	1.00
18岁	844	441	403	4	2	2	0.47	0.45	0.50
19岁	582	307	275	12	4	8	2.06	1.30	2.91
20-24	**2188**	**1031**	**1157**	**60**	**20**	**40**	**2.74**	**1.94**	**3.46**
20岁	461	222	239	5	5		1.08	2.25	
21岁	452	204	248	10	4	6	2.21	1.96	2.42
22岁	390	182	208	17	4	13	4.36	2.20	6.25
23岁	438	213	225	10	4	6	2.28	1.88	2.67
24岁	447	210	237	18	3	15	4.03	1.43	6.33
25-29	**2119**	**1039**	**1080**	**87**	**30**	**57**	**4.11**	**2.89**	**5.28**
25岁	359	166	193	8	2	6	2.23	1.20	3.11
26岁	454	218	236	17	7	10	3.74	3.21	4.24
27岁	401	192	209	25	12	13	6.23	6.25	6.22
28岁	411	201	210	17	5	12	4.14	2.49	5.71
29岁	494	262	232	20	4	16	4.05	1.53	6.90
30-34	**3475**	**1680**	**1795**	**266**	**59**	**207**	**7.65**	**3.51**	**11.53**
30岁	506	242	264	37	6	31	7.31	2.48	11.74
31岁	612	299	313	41	5	36	6.70	1.67	11.50
32岁	694	345	349	51	12	39	7.35	3.48	11.17
33岁	791	365	426	64	19	45	8.09	5.21	10.56
34岁	872	429	443	73	17	56	8.37	3.96	12.64
35-39	**4433**	**2181**	**2252**	**396**	**90**	**306**	**8.93**	**4.13**	**13.59**
35岁	842	404	438	64	13	51	7.60	3.22	11.64
36岁	853	423	430	74	17	57	8.68	4.02	13.26
37岁	954	471	483	90	19	71	9.43	4.03	14.70
38岁	805	403	402	77	21	56	9.57	5.21	13.93

1－7b 续表 1

单位：人，%

年 龄	调查人口			文盲人口			文盲人口占调查人口的比例		
	合计	男	女	小计	男	女	小计	男	女
39岁	979	480	499	91	20	71	9.30	4.17	14.23
40-44	**4109**	**2046**	**2063**	**445**	**112**	**333**	**10.83**	**5.47**	**16.14**
40岁	814	401	413	79	18	61	9.71	4.49	14.77
41岁	847	426	421	90	30	60	10.63	7.04	14.25
42岁	942	458	484	101	21	80	10.72	4.59	16.53
43岁	928	465	463	93	21	72	10.02	4.52	15.55
44岁	578	296	282	82	22	60	14.19	7.43	21.28
45-49	**3516**	**1798**	**1718**	**696**	**163**	**533**	**19.80**	**9.07**	**31.02**
45岁	674	340	334	93	13	80	13.80	3.82	23.95
46岁	654	333	321	110	19	91	16.82	5.71	28.35
47岁	715	368	347	135	34	101	18.88	9.24	29.11
48岁	801	398	403	198	49	149	24.72	12.31	36.97
49岁	672	359	313	160	48	112	23.81	13.37	35.78
50-54	**3716**	**1867**	**1849**	**1169**	**286**	**883**	**31.46**	**15.32**	**47.76**
50岁	767	387	380	214	48	166	27.90	12.40	43.68
51岁	755	394	361	199	50	149	26.36	12.69	41.27
52岁	751	373	378	245	64	181	32.62	17.16	47.88
53岁	747	363	384	280	69	211	37.48	19.01	54.95
54岁	696	350	346	231	55	176	33.19	15.71	50.87
55-59	**2754**	**1442**	**1312**	**862**	**233**	**629**	**31.30**	**16.16**	**47.94**
55岁	576	282	294	190	55	135	32.99	19.50	45.92
56岁	623	330	293	209	60	149	33.55	18.18	50.85
57岁	513	267	246	165	42	123	32.16	15.73	50.00
58岁	509	273	236	145	39	106	28.49	14.29	44.92
59岁	533	290	243	153	37	116	28.71	12.76	47.74
60-64	**2281**	**1191**	**1090**	**822**	**225**	**597**	**36.04**	**18.89**	**54.77**
60岁	517	275	242	158	45	113	30.56	16.36	46.69
61岁	463	260	203	153	44	109	33.05	16.92	53.69
62岁	450	213	237	168	33	135	37.33	15.49	56.96
63岁	449	232	217	175	55	120	38.98	23.71	55.30

1－7b 续表 2

单位：人，%

年龄	调查人口			文盲人口			文盲人口占调查人口的比例		
	合计	男	女	小计	男	女	小计	男	女
64岁	402	211	191	168	48	120	41.79	22.75	62.83
65-69	**1740**	**887**	**853**	**895**	**286**	**609**	**51.44**	**32.24**	**71.40**
65岁	382	207	175	178	65	113	46.60	31.40	64.57
66岁	323	157	166	156	45	111	48.30	28.66	66.87
67岁	361	187	174	181	55	126	50.14	29.41	72.41
68岁	354	187	167	189	64	125	53.39	34.22	74.85
69岁	320	149	171	191	57	134	59.69	38.26	78.36
70-74	**1254**	**634**	**620**	**804**	**280**	**524**	**64.11**	**44.16**	**84.52**
70岁	286	145	141	180	65	115	62.94	44.83	81.56
71岁	285	140	145	175	59	116	61.40	42.14	80.00
72岁	258	136	122	163	59	104	63.18	43.38	85.25
73岁	203	102	101	132	43	89	65.02	42.16	88.12
74岁	222	111	111	154	54	100	69.37	48.65	90.09
75-79	**657**	**343**	**314**	**447**	**162**	**285**	**68.04**	**47.23**	**90.76**
75岁	178	98	80	108	39	69	60.67	39.80	86.25
76岁	123	70	53	81	31	50	65.85	44.29	94.34
77岁	129	63	66	93	34	59	72.09	53.97	89.39
78岁	127	66	61	90	35	55	70.87	53.03	90.16
79岁	100	46	54	75	23	52	75.00	50.00	96.30
80-84	**367**	**168**	**199**	**283**	**97**	**186**	**77.11**	**57.74**	**93.47**
80岁	108	43	65	84	22	62	77.78	51.16	95.38
81岁	89	35	54	70	20	50	78.65	57.14	92.59
82岁	64	30	34	51	19	32	79.69	63.33	94.12
83岁	54	34	20	37	20	17	68.52	58.82	85.00
84岁	52	26	26	41	16	25	78.85	61.54	96.15
85+	**162**	**55**	**107**	**135**	**30**	**105**	**83.33**	**54.55**	**98.13**

1－8 15岁及以上人口分年龄、性别的婚姻状况

单位：人

年龄	调查人口			未婚			初婚有配偶		
	合计	男	女	小计	男	女	小计	男	女
总 计	**59024**	**29380**	**29644**	**10293**	**6120**	**4173**	**43063**	**21094**	**21969**
15-19	**6656**	**3523**	**3133**	**6619**	**3518**	**3101**	**37**	**5**	**32**
15岁	1718	905	813	1717	904	813	1	1	
16岁	1627	861	766	1626	860	766	1	1	
17岁	1253	686	567	1251	686	565	2		2
18岁	1178	617	561	1170	615	555	8	2	6
19岁	880	454	426	855	453	402	25	1	24
20-24	**3505**	**1647**	**1858**	**2125**	**1263**	**862**	**1371**	**379**	**992**
20岁	704	349	355	621	339	282	83	10	73
21岁	679	320	359	505	295	210	173	25	148
22岁	638	278	360	370	216	154	267	61	206
23岁	740	350	390	356	220	136	379	127	252
24岁	744	350	394	273	193	80	469	156	313
25-29	**3852**	**1794**	**2058**	**605**	**445**	**160**	**3197**	**1331**	**1866**
25岁	630	274	356	165	102	63	462	171	291
26岁	807	367	440	160	116	44	638	248	390
27岁	728	342	386	125	100	25	598	240	358
28岁	800	373	427	82	66	16	702	301	401
29岁	887	438	449	73	61	12	797	371	426
30-34	**6051**	**2921**	**3130**	**306**	**279**	**27**	**5573**	**2549**	**3024**
30岁	978	451	527	60	56	4	901	385	516
31岁	1084	533	551	62	55	7	996	467	529
32岁	1197	583	614	82	74	8	1079	488	591
33岁	1332	633	699	46	43	3	1248	569	679
34岁	1460	721	739	56	51	5	1349	640	709
35-39	**7033**	**3465**	**3568**	**167**	**156**	**11**	**6544**	**3140**	**3404**
35岁	1425	681	744	37	35	2	1329	617	712

1-8 续表 1

单位：人

年 龄	调查人口			未婚			初婚有配偶		
	合计	男	女	小计	男	女	小计	男	女
36岁	1361	674	687	35	33	2	1267	606	661
37岁	1584	771	813	32	29	3	1466	704	762
38岁	1238	621	617	27	25	2	1156	564	592
39岁	1425	718	707	36	34	2	1326	649	677
40-44	**6459**	**3252**	**3207**	**114**	**111**	**3**	**5965**	**2973**	**2992**
40岁	1272	631	641	28	26	2	1186	582	604
41岁	1324	657	667	25	25		1223	593	630
42岁	1532	772	760	24	23	1	1423	711	712
43岁	1470	748	722	22	22		1347	683	664
44岁	861	444	417	15	15		786	404	382
45-49	**5420**	**2749**	**2671**	**117**	**115**	**2**	**4948**	**2466**	**2482**
45岁	982	498	484	16	16		911	461	450
46岁	1046	522	524	15	14	1	966	474	492
47岁	1108	558	550	27	27		1012	500	512
48岁	1234	620	614	27	27		1113	550	563
49岁	1050	551	499	32	31	1	946	481	465
50-54	**5622**	**2767**	**2855**	**115**	**112**	**3**	**5037**	**2462**	**2575**
50岁	1144	573	571	26	24	2	1029	515	514
51岁	1153	575	578	29	28	1	1029	502	527
52岁	1137	549	588	22	22		1025	486	539
53岁	1146	564	582	25	25		1013	497	516
54岁	1042	506	536	13	13		941	462	479
55-59	**4193**	**2161**	**2032**	**54**	**51**	**3**	**3626**	**1908**	**1718**
55岁	883	441	442	10	9	1	775	395	380
56岁	1001	512	489	16	15	1	884	458	426
57岁	768	395	373	8	8		667	340	327
58岁	729	382	347	8	8		630	342	288
59岁	812	431	381	12	11	1	670	373	297
60-64	**3471**	**1779**	**1692**	**33**	**32**	**1**	**2824**	**1503**	**1321**
60岁	781	401	380	6	6		667	350	317
61岁	693	376	317	11	11		569	312	257

1-8 续表 2

单位：人

年 龄	调查人口			未婚			初婚有配偶		
	合计	男	女	小计	男	女	小计	男	女
62岁	666	315	351	3	3		537	274	263
63岁	691	359	332	9	8	1	552	301	251
64岁	640	328	312	4	4		499	266	233
65-69	**2768**	**1356**	**1412**	**17**	**17**		**2000**	**1095**	**905**
65岁	579	301	278	7	7		444	244	200
66岁	524	250	274	3	3		390	213	177
67岁	562	266	296	2	2		394	209	185
68岁	577	297	280	3	3		407	235	172
69岁	526	242	284	2	2		365	194	171
70-74	**2048**	**1039**	**1009**	**10**	**10**		**1223**	**788**	**435**
70岁	465	233	232	4	4		304	183	121
71岁	459	225	234	4	4		272	167	105
72岁	422	223	199	2	2		250	173	77
73岁	342	177	165				188	127	61
74岁	360	181	179				209	138	71
75-79	**1083**	**550**	**533**	**8**	**8**		**500**	**335**	**165**
75岁	309	158	151				156	97	59
76岁	220	117	103	3	3		113	74	39
77岁	208	103	105	1	1		85	59	26
78岁	189	96	93	1	1		83	57	26
79岁	157	76	81	3	3		63	48	15
80-84	**608**	**284**	**324**	**1**	**1**		**175**	**126**	**49**
80岁	173	75	98				57	38	19
81岁	151	66	85				44	30	14
82岁	109	51	58				24	18	6
83岁	94	52	42				27	23	4
84岁	81	40	41	1	1		23	17	6
85+	**255**	**93**	**162**	**2**	**2**		**43**	**34**	**9**

1－8　续表 3

单位：人

年　龄	再婚有配偶			离婚			丧偶		
	小计	男	女	小计	男	女	小计	男	女
总　计	**1212**	**565**	**647**	**568**	**385**	**183**	**3888**	**1216**	**2672**
15－19									
15岁									
16岁									
17岁									
18岁									
19岁									
20－24	**4**	**1**	**3**	**5**	**4**	**1**			
20岁									
21岁	1		1						
22岁				1	1				
23岁	2	1	1	3	2	1			
24岁	1		1	1	1				
25－29	**26**	**6**	**20**	**22**	**12**	**10**	**2**		**2**
25岁	3	1	2						
26岁	4	1	3	5	2	3			
27岁	2		2	3	2	1			
28岁	9	2	7	6	4	2	1		1
29岁	8	2	6	8	4	4	1		1
30－34	**80**	**32**	**48**	**78**	**56**	**22**	**14**	**5**	**9**
30岁	9	3	6	8	7	1			
31岁	13	4	9	10	6	4	3	1	2
32岁	19	6	13	16	14	2	1	1	
33岁	16	6	10	18	13	5	4	2	2
34岁	23	13	10	26	16	10	6	1	5
35－39	**154**	**58**	**96**	**120**	**91**	**29**	**48**	**20**	**28**
35岁	34	12	22	19	15	4	6	2	4

1－8 续表 4

单位：人

年 龄	再婚有配偶			离婚			丧偶		
	小计	男	女	小计	男	女	小计	男	女
36岁	27	12	15	21	19	2	11	4	7
37岁	38	12	26	34	20	14	14	6	8
38岁	27	11	16	20	19	1	8	2	6
39岁	28	11	17	26	18	8	9	6	3
40-44	**175**	**69**	**106**	**99**	**60**	**39**	**106**	**39**	**67**
40岁	22	10	12	16	7	9	20	6	14
41岁	36	14	22	23	18	5	17	7	10
42岁	41	14	27	24	17	7	20	7	13
43岁	48	17	31	20	11	9	33	15	18
44岁	28	14	14	16	7	9	16	4	12
45-49	**149**	**73**	**76**	**92**	**61**	**31**	**114**	**34**	**80**
45岁	28	12	16	10	4	6	17	5	12
46岁	31	14	17	16	10	6	18	10	8
47岁	27	13	14	21	14	7	21	4	17
48岁	35	18	17	27	17	10	32	8	24
49岁	28	16	12	18	16	2	26	7	19
50-54	**176**	**73**	**103**	**62**	**38**	**24**	**232**	**82**	**150**
50岁	39	14	25	11	7	4	39	13	26
51岁	38	18	20	13	10	3	44	17	27
52岁	32	15	17	13	9	4	45	17	28
53岁	33	13	20	12	7	5	63	22	41
54岁	34	13	21	13	5	8	41	13	28
55-59	**133**	**69**	**64**	**39**	**26**	**13**	**341**	**107**	**234**
55岁	31	16	15	6	2	4	61	19	42
56岁	29	13	16	13	10	3	59	16	43
57岁	25	16	9	9	7	2	59	24	35
58岁	25	10	15	7	4	3	59	18	41
59岁	23	14	9	4	3	1	103	30	73
60-64	**108**	**55**	**53**	**18**	**12**	**6**	**488**	**177**	**311**
60岁	25	13	12	3	2	1	80	30	50
61岁	29	18	11	5	4	1	79	31	48

1-8 续表 5

单位：人

年　龄	再婚有配偶			离婚			丧偶		
	小计	男	女	小计	男	女	小计	男	女
62岁	15	6	9	3	3		108	29	79
63岁	21	10	11	4	2	2	105	38	67
64岁	18	8	10	3	1	2	116	49	67
65-69	**83**	**43**	**40**	**14**	**12**	**2**	**654**	**189**	**465**
65岁	16	8	8	4	4		108	38	70
66岁	11	5	6	1	1		119	28	91
67岁	19	5	14	2	2		145	48	97
68岁	20	15	5	2	1	1	145	43	102
69岁	17	10	7	5	4	1	137	32	105
70-74	**65**	**44**	**21**	**12**	**8**	**4**	**738**	**189**	**549**
70岁	20	13	7	3	3		134	30	104
71岁	10	7	3	4	3	1	169	44	125
72岁	13	8	5	2	1	1	155	39	116
73岁	14	11	3	3	1	2	137	38	99
74岁	8	5	3				143	38	105
75-79	**38**	**27**	**11**	**2**	**2**		**535**	**178**	**357**
75岁	12	9	3				141	52	89
76岁	9	5	4				95	35	60
77岁	4	4		1	1		117	38	79
78岁	9	7	2				96	31	65
79岁	4	2	2	1	1		86	22	64
80-84	**17**	**11**	**6**	**3**	**1**	**2**	**412**	**145**	**267**
80岁	6	4	2				110	33	77
81岁	4	2	2	1		1	102	34	68
82岁	3	2	1	1	1		81	30	51
83岁	3	2	1				64	27	37
84岁	1	1		1		1	55	21	34
85+	**4**	**4**		**2**	**2**		**204**	**51**	**153**

1－9　15岁及以上人口分性别、受教育程度的婚姻状况

单位：人

受教育程度	调查人口			未婚			初婚有配偶		
	合计	男	女	小计	男	女	小计	男	女
总　计	**59024**	**29380**	**29644**	**10293**	**6120**	**4173**	**43063**	**21094**	**21969**
不 识 字	8782	2359	6423	449	398	51	5946	1479	4467
未上过学	241	103	138	7	6	1	159	74	85
小　　学	13516	6409	7107	1048	722	326	11018	4994	6024
初　　中	22638	12593	10045	5067	2922	2145	16522	9075	7447
高　　中	8333	4829	3504	2579	1481	1098	5361	3141	2220
中　　专	2122	1082	1040	433	207	226	1542	815	727
大学专科	2241	1285	956	461	254	207	1666	962	704
大学本科	1105	694	411	241	126	115	812	533	279
研 究 生	46	26	20	8	4	4	37	21	16

1－9　续表

单位：人

受教育程度	再婚有配偶			离婚			丧偶		
	小计	男	女	小计	男	女	小计	男	女
总　计	**1212**	**565**	**647**	**568**	**385**	**183**	**3888**	**1216**	**2672**
不 识 字	221	41	180	50	35	15	2116	406	1710
未上过学	9	5	4				66	18	48
小　　学	309	130	179	131	105	26	1010	458	552
初　　中	402	221	181	198	152	46	449	223	226
高　　中	164	96	68	108	52	56	121	59	62
中　　专	44	24	20	23	10	13	80	26	54
大学专科	40	29	11	44	22	22	30	18	12
大学本科	22	18	4	14	9	5	16	8	8
研 究 生	1	1							

1－10 分年龄、性别的经济活动人口

单位：人

年龄	调查人口			在业人口			不在业人口		
	合计	男	女	小计	男	女	小计	男	女
总　计	**59024**	**29380**	**29644**	**40104**	**21500**	**18604**	**18920**	**7880**	**11040**
15-19	**6656**	**3523**	**3133**	**1531**	**783**	**748**	**5125**	**2740**	**2385**
15岁	1718	905	813	124	59	65	1594	846	748
16岁	1627	861	766	244	126	118	1383	735	648
17岁	1253	686	567	337	171	166	916	515	401
18岁	1178	617	561	412	212	200	766	405	361
19岁	880	454	426	414	215	199	466	239	227
20-24	**3505**	**1647**	**1858**	**2658**	**1282**	**1376**	**847**	**365**	**482**
20岁	704	349	355	416	190	226	288	159	129
21岁	679	320	359	487	236	251	192	84	108
22岁	638	278	360	501	225	276	137	53	84
23岁	740	350	390	616	308	308	124	42	82
24岁	744	350	394	638	323	315	106	27	79
25-29	**3852**	**1794**	**2058**	**3402**	**1700**	**1702**	**450**	**94**	**356**
25岁	630	274	356	536	257	279	94	17	77
26岁	807	367	440	714	350	364	93	17	76
27岁	728	342	386	657	327	330	71	15	56
28岁	800	373	427	712	354	358	88	19	69
29岁	887	438	449	783	412	371	104	26	78
30-34	**6051**	**2921**	**3130**	**5452**	**2807**	**2645**	**599**	**114**	**485**
30岁	978	451	527	882	441	441	96	10	86
31岁	1084	533	551	971	505	466	113	28	85
32岁	1197	583	614	1090	561	529	107	22	85
33岁	1332	633	699	1185	603	582	147	30	117
34岁	1460	721	739	1324	697	627	136	24	112
35-39	**7033**	**3465**	**3568**	**6375**	**3313**	**3062**	**658**	**152**	**506**
35岁	1425	681	744	1275	657	618	150	24	126
36岁	1361	674	687	1233	650	583	128	24	104
37岁	1584	771	813	1435	738	697	149	33	116
38岁	1238	621	617	1125	588	537	113	33	80
39岁	1425	718	707	1307	680	627	118	38	80

1－10 续表

单位：人

年龄	调查人口			在业人口			不在业人口		
	合计	男	女	小计	男	女	小计	男	女
40-44	**6459**	**3252**	**3207**	**5809**	**3054**	**2755**	**650**	**198**	**452**
40岁	1272	631	641	1151	599	552	121	32	89
41岁	1324	657	667	1190	619	571	134	38	96
42岁	1532	772	760	1382	721	661	150	51	99
43岁	1470	748	722	1318	707	611	152	41	111
44岁	861	444	417	768	408	360	93	36	57
45-49	**5420**	**2749**	**2671**	**4679**	**2522**	**2157**	**741**	**227**	**514**
45岁	982	498	484	885	473	412	97	25	72
46岁	1046	522	524	907	481	426	139	41	98
47岁	1108	558	550	956	503	453	152	55	97
48岁	1234	620	614	1051	568	483	183	52	131
49岁	1050	551	499	880	497	383	170	54	116
50-54	**5622**	**2767**	**2855**	**4451**	**2452**	**1999**	**1171**	**315**	**856**
50岁	1144	573	571	940	524	416	204	49	155
51岁	1153	575	578	946	522	424	207	53	154
52岁	1137	549	588	889	478	411	248	71	177
53岁	1146	564	582	895	493	402	251	71	180
54岁	1042	506	536	781	435	346	261	71	190
55-59	**4193**	**2161**	**2032**	**2750**	**1628**	**1122**	**1443**	**533**	**910**
55岁	883	441	442	621	355	266	262	86	176
56岁	1001	512	489	673	395	278	328	117	211
57岁	768	395	373	513	300	213	255	95	160
58岁	729	382	347	473	280	193	256	102	154
59岁	812	431	381	470	298	172	342	133	209
60-64	**3471**	**1779**	**1692**	**1690**	**1035**	**655**	**1781**	**744**	**1037**
60岁	781	401	380	435	254	181	346	147	199
61岁	693	376	317	343	219	124	350	157	193
62岁	666	315	351	330	191	139	336	124	212
63岁	691	359	332	309	191	118	382	168	214
64岁	640	328	312	273	180	93	367	148	219
65+	**6762**	**3322**	**3440**	**1307**	**924**	**383**	**5455**	**2398**	**3057**

1－11 人口分年龄、性别的职业状况

单位：人

年龄	在业人口			国家机关、党群组织、企业、事业单位负责人			专业技术人员			办事人员和有关人员		
	合计	男	女	小计	男	女	小计	男	女	小计	男	女
总　计	**40104**	**21500**	**18604**	**838**	**683**	**155**	**2078**	**1013**	**1065**	**1203**	**810**	**393**
15-19	1531	783	748				30	8	22	34	24	10
20-24	2658	1282	1376	26	16	10	197	70	127	107	51	56
25-29	3402	1700	1702	52	38	14	339	118	221	187	100	87
30-34	5452	2807	2645	112	84	28	363	164	199	214	138	76
35-39	6375	3313	3062	118	92	26	317	166	151	159	114	45
40-44	5809	3054	2755	169	140	29	278	140	138	154	100	54
45-49	4679	2522	2157	126	110	16	222	122	100	150	109	41
50-54	4451	2452	1999	145	120	25	177	95	82	105	88	17
55-59	2750	1628	1122	77	72	5	102	83	19	67	64	3
60-64	1690	1035	655	9	7	2	30	26	4	14	12	2
65+	1307	924	383	4	4		23	21	2	12	10	2

1－11 续表

单位：人

年龄	商业、服务业人员			农、林、牧、渔、水利业生产人员			生产、运输设备操作人员及有关人员			不便分类的其他从业人员		
	小计	男	女	小计	男	女	小计	男	女	小计	男	女
总　计	**5376**	**2425**	**2951**	**23445**	**10799**	**12646**	**7161**	**5768**	**1393**	**3**	**2**	**1**
15-19	454	149	305	506	260	246	507	342	165			
20-24	591	210	381	1072	411	661	664	524	140	1		1
25-29	642	257	385	1366	556	810	816	631	185			
30-34	904	406	498	2595	1025	1570	1264	990	274			
35-39	901	396	505	3516	1435	2081	1364	1110	254			
40-44	754	353	401	3352	1409	1943	1102	912	190			
45-49	476	247	229	2986	1332	1654	718	601	117	1	1	
50-54	362	217	145	3204	1512	1692	457	419	38	1	1	
55-59	138	93	45	2174	1137	1037	192	179	13			
60-64	82	52	30	1498	893	605	57	45	12			
65+	72	45	27	1176	829	347	20	15	5			

1－12 人口分性别、受教育程度的职业状况

单位：人

受教育程度	在业人口			国家机关、党群组织、企业、事业单位负责人			专业技术人员			办事人员和有关人员		
	合计	男	女	小计	男	女	小计	男	女	小计	男	女
总　计	**40104**	**21500**	**18604**	**838**	**683**	**155**	**2078**	**1013**	**1065**	**1203**	**810**	**393**
不 识 字	4647	1429	3218	1	1		4	2	2	7	2	5
未上过学	108	44	64	1	1		1	1		2	2	
小　　学	10222	5039	5183	31	26	5	26	20	6	50	40	10
初　　中	16786	9910	6876	170	148	22	216	117	99	296	234	62
高　　中	4628	2988	1640	193	152	41	274	138	136	269	190	79
中　　专	1237	630	607	65	46	19	450	189	261	124	56	68
大学专科	1679	966	713	225	180	45	707	333	374	299	185	114
大学本科	760	473	287	146	125	21	377	202	175	148	95	53
研 究 生	37	21	16	6	4	2	23	11	12	8	6	2

1－12 续表

单位：人

受教育程度	商业、服务业人员			农、林、牧、渔、水利业生产人员			生产、运输设备操作人员及有关人员			不便分类的其他从业人员		
	合计	男	女	小计	男	女	小计	男	女	小计	男	女
总　计	**5376**	**2425**	**2951**	**23445**	**10799**	**12646**	**7161**	**5768**	**1393**	**3**	**2**	**1**
不 识 字	158	44	114	4286	1237	3049	191	143	48			
未上过学	11	4	7	87	33	54	6	3	3			
小　　学	732	296	436	8000	3525	4475	1383	1132	251			
初　　中	2861	1290	1571	9407	4950	4457	3833	3169	664	3	2	1
高　　中	1128	566	562	1542	974	568	1222	968	254			
中　　专	238	104	134	100	63	37	260	172	88			
大学专科	202	97	105	23	17	6	223	154	69			
大学本科	46	24	22				43	27	16			
研 究 生												

1－13　分年龄、性别的未工作人口

单位：人

年 龄	未工作人口			在校学生			离退休		
	合计	男	女	小计	男	女	小计	男	女
总 计	**18920**	**7880**	**11040**	**5118**	**2766**	**2352**	**3785**	**2256**	**1529**
15-19	**5125**	**2740**	**2385**	**4732**	**2533**	**2199**			
15岁	1594	846	748	1508	799	709			
16岁	1383	735	648	1291	681	610			
17岁	916	515	401	839	478	361			
18岁	766	405	361	698	369	329			
19岁	466	239	227	396	206	190			
20-24	**847**	**365**	**482**	**372**	**224**	**148**			
20岁	288	159	129	197	119	78			
21岁	192	84	108	97	60	37			
22岁	137	53	84	45	27	18			
23岁	124	42	82	25	11	14			
24岁	106	27	79	8	7	1			
25-29	**450**	**94**	**356**	**9**	**5**	**4**			
25岁	94	17	77	2		2			
26岁	93	17	76	4	2	2			
27岁	71	15	56	1	1				
28岁	88	19	69						
29岁	104	26	78	2	2				
30-34	**599**	**114**	**485**	**3**	**3**				
30岁	96	10	86						
31岁	113	28	85	2	2				
32岁	107	22	85						
33岁	147	30	117	1	1				
34岁	136	24	112						
35-39	**658**	**152**	**506**	**1**	**1**		**4**		**4**
35岁	150	24	126	1	1				
36岁	128	24	104						

1－13 续表 1

单位：人

年　龄	未工作人口			在校学生			离退休		
	合计	男	女	小计	男	女	小计	男	女
37岁	149	33	116				1		1
38岁	113	33	80				1		1
39岁	118	38	80				2		2
40-44	**650**	**198**	**452**				**24**	**7**	**17**
40岁	121	32	89				2	1	1
41岁	134	38	96				1	1	
42岁	150	51	99				6	2	4
43岁	152	41	111				8	1	7
44岁	93	36	57				7	2	5
45-49	**741**	**227**	**514**				**144**	**18**	**126**
45岁	97	25	72				5		5
46岁	139	41	98				29	1	28
47岁	152	55	97				35	4	31
48岁	183	52	131				42	6	36
49岁	170	54	116				33	7	26
50-54	**1171**	**315**	**856**				**416**	**120**	**296**
50岁	204	49	155				59	13	46
51岁	207	53	154				70	15	55
52岁	248	71	177				95	27	68
53岁	251	71	180				94	25	69
54岁	261	71	190				98	40	58
55-59	**1443**	**533**	**910**	**1**		**1**	**702**	**371**	**331**
55岁	262	86	176				133	61	72
56岁	328	117	211				170	81	89
57岁	255	95	160				126	68	58
58岁	256	102	154	1		1	114	72	42
59岁	342	133	209				159	89	70
60-64	**1781**	**744**	**1037**				**785**	**535**	**250**

1-13 续表 2

单位：人

年 龄	未工作人口			在校学生			离退休		
	合计	男	女	小计	男	女	小计	男	女
60岁	346	147	199				165	113	52
61岁	350	157	193				157	111	46
62岁	336	124	212				145	95	50
63岁	382	168	214				168	118	50
64岁	367	148	219				150	98	52
65-69	**1899**	**760**	**1139**				**748**	**476**	**272**
65岁	350	143	207				144	92	52
66岁	353	136	217				143	93	50
67岁	388	150	238				147	89	58
68岁	410	176	234				162	106	56
69岁	398	155	243				152	96	56
70-74	**1716**	**790**	**926**				**550**	**408**	**142**
70岁	372	167	205				127	92	35
71岁	383	168	215				121	90	31
72岁	354	169	185				123	91	32
73岁	294	140	154				90	68	22
74岁	313	146	167				89	67	22
75-79	**996**	**485**	**511**				**256**	**193**	**63**
75岁	274	131	143				85	61	24
76岁	195	98	97				55	41	14
77岁	198	95	103				45	36	9
78岁	177	88	89				36	27	9
79岁	152	73	79				35	28	7
80-84	**592**	**272**	**320**				**122**	**97**	**25**
80岁	167	71	96				42	33	9
81岁	148	64	84				31	26	5
82岁	108	50	58				20	15	5
83岁	91	50	41				17	14	3
84岁	78	37	41				12	9	3
85+	**252**	**91**	**161**				**34**	**31**	**3**

1－13　续表 3

单位：人

年龄	料理家务			丧失劳动能力			毕业后未工作			因单位原因失去原工作		
	小计	男	女	小计	男	女	小计	男	女	小计	男	女
总　计	**5148**	**351**	**4797**	**3275**	**1574**	**1701**	**405**	**232**	**173**	**692**	**396**	**296**
15-19	**70**	**7**	**63**	**46**	**29**	**17**	**209**	**126**	**83**	**1**	**1**	
15岁	16		16	9	7	2	43	27	16	1	1	
16岁	13	2	11	8	5	3	56	37	19			
17岁	13	2	11	12	6	6	37	21	16			
18岁	8	1	7	11	7	4	39	21	18			
19岁	20	2	18	6	4	2	34	20	14			
20-24	**241**	**6**	**235**	**34**	**22**	**12**	**137**	**73**	**64**	**10**	**6**	**4**
20岁	32	2	30	5	5		37	18	19			
21岁	45		45	7	5	2	32	14	18	1	1	
22岁	49	2	47	8	6	2	29	15	14	1		1
23岁	55	2	53	5	2	3	27	19	8	2	2	
24岁	60		60	9	4	5	12	7	5	6	3	3
25-29	**306**	**4**	**302**	**36**	**31**	**5**	**36**	**22**	**14**	**23**	**14**	**9**
25岁	66		66	4	3	1	13	9	4	2	2	
26岁	60		60	7	6	1	8	3	5	4	4	
27岁	51	1	50	5	5		4	3	1	2	1	1
28岁	61	2	59	9	7	2	3	2	1	9	4	5
29岁	68	1	67	11	10	1	8	5	3	6	3	3
30-34	**396**	**5**	**391**	**53**	**33**	**20**	**16**	**6**	**10**	**82**	**40**	**42**
30岁	66	1	65	8	3	5	1		1	10	4	6
31岁	71	1	70	11	7	4	3	1	2	15	8	7
32岁	70	1	69	8	6	2	5	3	2	13	7	6
33岁	101	2	99	13	9	4	4	2	2	18	11	7
34岁	88		88	13	8	5	3		3	26	10	16
35-39	**404**	**10**	**394**	**75**	**51**	**24**	**2**	**1**	**1**	**118**	**52**	**66**
35岁	103	3	100	10	8	2	1		1	23	5	18
36岁	85	1	84	11	9	2	1	1		25	10	15

1-13 续表 4

单位：人

年 龄	料理家务			丧失劳动能力			毕业后未工作			因单位原因失去原工作		
	小计	男	女	小计	男	女	小计	男	女	小计	男	女
37岁	87	1	86	23	14	9				25	12	13
38岁	65	2	63	14	8	6				22	12	10
39岁	64	3	61	17	12	5				23	13	10
40-44	**317**	**17**	**300**	**102**	**67**	**35**	**3**	**3**		**147**	**65**	**82**
40岁	65	4	61	16	8	8				26	11	15
41岁	72	3	69	25	17	8				23	9	14
42岁	73	5	68	25	16	9	1	1		32	17	15
43岁	75	4	71	16	12	4	2	2		40	14	26
44岁	32	1	31	20	14	6				26	14	12
45-49	**295**	**21**	**274**	**99**	**64**	**35**	**1**		**1**	**156**	**97**	**59**
45岁	48	2	46	16	10	6				24	10	14
46岁	50	5	45	16	11	5				36	19	17
47岁	51	5	46	16	10	6				39	28	11
48岁	74	2	72	25	15	10				28	22	6
49岁	72	7	65	26	18	8	1		1	29	18	11
50-54	**506**	**27**	**479**	**143**	**85**	**58**	**1**	**1**		**69**	**56**	**13**
50岁	97	6	91	29	16	13				11	7	4
51岁	89	4	85	27	20	7	1	1		15	10	5
52岁	100	7	93	27	15	12				14	13	1
53岁	100	5	95	33	20	13				14	14	
54岁	120	5	115	27	14	13				15	12	3
55-59	**516**	**22**	**494**	**152**	**85**	**67**				**48**	**43**	**5**
55岁	94	5	89	23	13	10				9	6	3
56岁	110	3	107	31	19	12				12	11	1
57岁	90	6	84	25	11	14				8	8	
58岁	95	2	93	29	14	15				12	11	1
59岁	127	6	121	44	28	16				7	7	
60-64	**667**	**45**	**622**	**290**	**137**	**153**				**16**	**12**	**4**

1－13 续表 5

单位：人

年龄	料理家务			丧失劳动能力			毕业后未工作			因单位原因失去原工作		
	小计	男	女	小计	男	女	小计	男	女	小计	男	女
60岁	123	7	116	49	20	29				4	4	
61岁	129	12	117	55	30	25				4	2	2
62岁	132	6	126	54	20	34				2	1	1
63岁	141	13	128	62	29	33				4	3	1
64岁	142	7	135	70	38	32				2	2	
65-69	**677**	**67**	**610**	**452**	**208**	**244**				**6**	**2**	**4**
65岁	131	14	117	70	35	35				2	1	1
66岁	125	9	116	81	34	47						
67岁	144	14	130	91	45	46				3	1	2
68岁	142	21	121	102	46	56				1		1
69岁	135	9	126	108	48	60						
70-74	**473**	**77**	**396**	**668**	**291**	**377**				**8**	**3**	**5**
70岁	121	21	100	120	53	67				1		1
71岁	120	18	102	136	57	79				2	1	1
72岁	84	11	73	144	66	78				2		2
73岁	77	14	63	118	51	67				3	2	1
74岁	71	13	58	150	64	86						
75-79	**199**	**31**	**168**	**524**	**252**	**272**				**7**	**4**	**3**
75岁	63	7	56	122	62	60				1		1
76岁	42	5	37	92	48	44				1	1	
77岁	40	7	33	110	51	59				2		2
78岁	30	7	23	108	52	56				2	2	
79岁	24	5	19	92	39	53				1	1	
80-84	**67**	**8**	**59**	**399**	**163**	**236**				**1**	**1**	
80岁	22	1	21	101	35	66						
81岁	19	2	17	97	35	62				1	1	
82岁	8	2	6	80	33	47						
83岁	9	2	7	65	34	31						
84岁	9	1	8	56	26	30						
85+	**14**	**4**	**10**	**202**	**56**	**146**						

1－13 续表 6

单位：人

年 龄	因本人原因失去原工作			承包土地被征用			其他		
	小计	男	女	小计	男	女	小计	男	女
总 计	**198**	**121**	**77**	**44**	**22**	**22**	**255**	**162**	**93**
15-19	**4**	**3**	**1**				**63**	**41**	**22**
15岁							17	12	5
16岁							15	10	5
17岁	2	1	1				13	7	6
18岁	1	1					9	6	3
19岁	1	1					9	6	3
20-24	**15**	**5**	**10**				**38**	**29**	**9**
20岁	1		1				16	15	1
21岁	4	1	3				6	3	3
22岁	1		1				4	3	1
23岁	6	2	4				4	4	
24岁	3	2	1				8	4	4
25-29	**24**	**9**	**15**	**1**		**1**	**15**	**9**	**6**
25岁	4	1	3				3	2	1
26岁	5	1	4	1		1	4	1	3
27岁	6	3	3				2	1	1
28岁	4	3	1				2	1	1
29岁	5	1	4				4	4	
30-34	**24**	**12**	**12**				**25**	**15**	**10**
30岁	6		6				5	2	3
31岁	5	5					6	4	2
32岁	2		2				9	5	4
33岁	6	2	4				4	3	1
34岁	5	5					1	1	
35-39	**30**	**20**	**10**	**3**	**1**	**2**	**21**	**16**	**5**
35岁	7	4	3				5	3	2
36岁	3	2	1				3	1	2

1-13 续表 7

单位：人

年龄	因本人原因失去原工作			承包土地被征用			其他		
	小计	男	女	小计	男	女	小计	男	女
37岁	9	4	5	1		1	3	2	1
38岁	6	6					5	5	
39岁	5	4	1	2	1	1	5	5	
40-44	**38**	**25**	**13**	**6**	**4**	**2**	**13**	**10**	**3**
40岁	6	5	1	1		1	5	3	2
41岁	7	2	5	3	3		3	3	
42岁	11	9	2				2	1	1
43岁	7	5	2	1		1	3	3	
44岁	7	4	3	1	1				
45-49	**29**	**20**	**9**	**8**	**2**	**6**	**9**	**5**	**4**
45岁	3	2	1				1	1	
46岁	4	4		1		1	3	1	2
47岁	8	7	1	1		1	2	1	1
48岁	10	6	4	3	1	2	1		1
49岁	4	1	3	3	1	2	2	2	
50-54	**19**	**14**	**5**	**8**	**5**	**3**	**9**	**7**	**2**
50岁	4	3	1	3	3		1	1	
51岁	3	2	1	2	1	1			
52岁	8	6	2	2	1	1	2	2	
53岁	4	3	1	1		1	5	4	1
54岁							1		1
55-59	**6**	**5**	**1**	**7**	**3**	**4**	**11**	**4**	**7**
55岁	1		1				2	1	1
56岁	1	1		3	2	1	1		1
57岁	1	1		2		2	3	1	2
58岁	1	1		1		1	3	2	1
59岁	2	2		1	1		2		2
60-64	**4**	**4**		**6**	**4**	**2**	**13**	**7**	**6**

1-13 续表 8

单位：人

年 龄	因本人原因失去原工作			承包土地被征用			其他		
	小计	男	女	小计	男	女	小计	男	女
60岁	1	1		2	1	1	2	1	1
61岁	1	1					4	1	3
62岁	2	2					1		1
63岁				3	2	1	4	3	1
64岁				1	1		2	2	
65-69	**2**	**2**		**3**	**2**	**1**	**11**	**3**	**8**
65岁				1	1		2		2
66岁							4		4
67岁				1	1		2		2
68岁	1	1					2	2	
69岁	1	1		1		1	1	1	
70-74	**1**		**1**	**1**	**1**		**15**	**10**	**5**
70岁							3	1	2
71岁	1		1				3	2	1
72岁							1	1	
73岁				1	1		5	4	1
74岁							3	2	1
75-79	**1**	**1**		**1**		**1**	**8**	**4**	**4**
75岁				1		1	2	1	1
76岁	1	1					4	2	2
77岁							1	1	
78岁							1		1
79岁									
80-84	**1**	**1**					**2**	**2**	
80岁	1	1					1	1	
81岁									
82岁									
83岁									
84岁							1	1	
85+							**2**		**2**

1－14 分年龄、性别的未工作者主要生活来源

单位:人

年　龄	未工作人口			离退休金			领取基本生活费		
	合计	男	女	小计	男	女	小计	男	女
总　计	**18920**	**7880**	**11040**	**3756**	**2245**	**1511**	**756**	**377**	**379**
15-19	**5125**	**2740**	**2385**				**15**	**9**	**6**
15岁	1594	846	748				6	4	2
16岁	1383	735	648				3	2	1
17岁	916	515	401				3	2	1
18岁	766	405	361				3	1	2
19岁	466	239	227						
20-24	**847**	**365**	**482**				**10**	**6**	**4**
20岁	288	159	129				1	1	
21岁	192	84	108						
22岁	137	53	84				3	1	2
23岁	124	42	82				3	2	1
24岁	106	27	79				3	2	1
25-29	**450**	**94**	**356**				**13**	**5**	**8**
25岁	94	17	77				1		1
26岁	93	17	76				4	2	2
27岁	71	15	56						
28岁	88	19	69				5	1	4
29岁	104	26	78				3	2	1
30-34	**599**	**114**	**485**				**50**	**18**	**32**
30岁	96	10	86				5	2	3
31岁	113	28	85				8	2	6
32岁	107	22	85				9	1	8
33岁	147	30	117				12	6	6
34岁	136	24	112				16	7	9
35-39	**658**	**152**	**506**	**4**		**4**	**82**	**40**	**42**
35岁	150	24	126				16	6	10

1-14 续表 1

单位:人

年 龄	未工作人口			离退休金			领取基本生活费		
	合计	男	女	小计	男	女	小计	男	女
36岁	128	24	104				13	4	9
37岁	149	33	116	1		1	20	12	8
38岁	113	33	80	1		1	15	8	7
39岁	118	38	80	2		2	18	10	8
40-44	**650**	**198**	**452**	**21**	**7**	**14**	**106**	**54**	**52**
40岁	121	32	89	2	1	1	17	9	8
41岁	134	38	96	1	1		13	6	7
42岁	150	51	99	6	2	4	28	19	9
43岁	152	41	111	7	1	6	28	12	16
44岁	93	36	57	5	2	3	20	8	12
45-49	**741**	**227**	**514**	**143**	**19**	**124**	**123**	**73**	**50**
45岁	97	25	72	5		5	20	10	10
46岁	139	41	98	29	2	27	24	15	9
47岁	152	55	97	35	4	31	28	20	8
48岁	183	52	131	41	6	35	29	15	14
49岁	170	54	116	33	7	26	22	13	9
50-54	**1171**	**315**	**856**	**411**	**116**	**295**	**68**	**49**	**19**
50岁	204	49	155	58	13	45	15	9	6
51岁	207	53	154	68	14	54	10	7	3
52岁	248	71	177	94	26	68	13	11	2
53岁	251	71	180	93	24	69	16	13	3
54岁	261	71	190	98	39	59	14	9	5
55-59	**1443**	**533**	**910**	**691**	**367**	**324**	**63**	**42**	**21**
55岁	262	86	176	131	61	70	11	6	5
56岁	328	117	211	168	81	87	14	6	8
57岁	255	95	160	124	67	57	11	10	1
58岁	256	102	154	111	70	41	14	12	2
59岁	342	133	209	157	88	69	13	8	5

1－14 续表 2

单位:人

年 龄	未工作人口			离退休金			领取基本生活费		
	合计	男	女	小计	男	女	小计	男	女
60-64	**1781**	**744**	**1037**	**783**	**531**	**252**	**35**	**15**	**20**
60岁	346	147	199	163	112	51	7	5	2
61岁	350	157	193	158	111	47	8	1	7
62岁	336	124	212	145	93	52	4	2	2
63岁	382	168	214	168	118	50	9	5	4
64岁	367	148	219	149	97	52	7	2	5
65-69	**1899**	**760**	**1139**	**738**	**470**	**268**	**43**	**15**	**28**
65岁	350	143	207	142	90	52	4	3	1
66岁	353	136	217	143	93	50	10	2	8
67岁	388	150	238	146	88	58	6	4	2
68岁	410	176	234	158	105	53	11	2	9
69岁	398	155	243	149	94	55	12	4	8
70-74	**1716**	**790**	**926**	**548**	**409**	**139**	**61**	**20**	**41**
70岁	372	167	205	126	92	34	10	3	7
71岁	383	168	215	120	90	30	14	3	11
72岁	354	169	185	122	91	31	11	2	9
73岁	294	140	154	91	69	22	16	8	8
74岁	313	146	167	89	67	22	10	4	6
75-79	**996**	**485**	**511**	**256**	**192**	**64**	**49**	**21**	**28**
75岁	274	131	143	84	60	24	12	5	7
76岁	195	98	97	56	41	15	7	2	5
77岁	198	95	103	45	36	9	12	5	7
78岁	177	88	89	36	27	9	12	8	4
79岁	152	73	79	35	28	7	6	1	5
80-84	**592**	**272**	**320**	**124**	**100**	**24**	**28**	**7**	**21**
80岁	167	71	96	41	33	8	6	2	4
81岁	148	64	84	31	26	5	7		7
82岁	108	50	58	20	15	5	5	4	1
83岁	91	50	41	18	15	3	6	1	5
84岁	78	37	41	14	11	3	4		4
85+	**252**	**91**	**161**	**37**	**34**	**3**	**10**	**3**	**7**

1－14 续表 3

单位:人

年龄	家庭其他成员供养			财产性收入			保险收入			其他		
	小计	男	女	小计	男	女	小计	男	女	小计	男	女
总　计	**14065**	**5064**	**9001**	**109**	**51**	**58**	**3**	**3**		**231**	**140**	**91**
15-19	**5100**	**2722**	**2378**							**10**	**9**	**1**
15岁	1586	841	745							2	1	1
16岁	1377	730	647							3	3	
17岁	909	509	400							4	4	
18岁	763	404	359									
19岁	465	238	227							1	1	
20-24	**826**	**355**	**471**	**3**	**1**	**2**				**8**	**3**	**5**
20岁	286	157	129	1	1							
21岁	190	84	106	1		1				1		1
22岁	134	52	82									
23岁	118	39	79	1		1				2	1	1
24岁	98	23	75							5	2	3
25-29	**421**	**79**	**342**	**4**	**2**	**2**				**12**	**8**	**4**
25岁	90	15	75							3	2	1
26岁	89	15	74									
27岁	66	13	53	1		1				4	2	2
28岁	78	14	64	3	2	1				2	2	
29岁	98	22	76							3	2	1
30-34	**516**	**74**	**442**	**3**	**3**					**30**	**19**	**11**
30岁	87	6	81							4	2	2
31岁	94	18	76	2	2					9	6	3
32岁	91	17	74							7	4	3
33岁	127	19	108	1	1					7	4	3
34岁	117	14	103							3	3	
35-39	**539**	**94**	**445**	**11**	**6**	**5**				**22**	**12**	**10**
35岁	130	17	113	2		2				2	1	1

1-14 续表 4

单位:人

年龄	家庭其他成员供养			财产性收入			保险收入			其他		
	小计	男	女	小计	男	女	小计	男	女	小计	男	女
36岁	111	18	93	1	1					3	1	2
37岁	120	18	102	2	1	1				6	2	4
38岁	88	20	68	2	1	1				7	4	3
39岁	90	21	69	4	3	1				4	4	
40-44	**485**	**113**	**372**	**15**	**8**	**7**				**23**	**16**	**7**
40岁	97	18	79	1		1				4	4	
41岁	111	25	86	6	4	2				3	2	1
42岁	108	27	81	2		2				6	3	3
43岁	104	20	84	5	3	2				8	5	3
44岁	65	23	42	1	1					2	2	
45-49	**439**	**110**	**329**	**12**	**6**	**6**				**24**	**19**	**5**
45岁	69	13	56							3	2	1
46岁	76	17	59	4	2	2				6	5	1
47岁	83	25	58							6	6	
48岁	107	27	80	5	3	2				1	1	
49岁	104	28	76	3	1	2				8	5	3
50-54	**659**	**126**	**533**	**12**	**7**	**5**	**2**	**2**		**19**	**15**	**4**
50岁	123	20	103	5	4	1				3	3	
51岁	125	29	96	2	1	1				2	2	
52岁	131	28	103	3	1	2	1	1		6	4	2
53岁	137	31	106	2	1	1				3	2	1
54岁	143	18	125				1	1		5	4	1
55-59	**659**	**109**	**550**	**15**	**6**	**9**	**1**	**1**		**14**	**8**	**6**
55岁	118	18	100	1		1				1	1	
56岁	136	24	112	6	3	3	1	1		3	2	1
57岁	116	17	99	2		2				2	1	1
58岁	126	17	109	2	1	1				3	2	1
59岁	163	33	130	4	2	2				5	2	3

1-14 续表 5

单位:人

年 龄	家庭其他成员供养			财产性收入			保险收入			其他		
	小计	男	女	小计	男	女	小计	男	女	小计	男	女
60-64	**934**	**184**	**750**	**12**	**5**	**7**				**17**	**9**	**8**
60岁	172	28	144	2	1	1				2	1	1
61岁	179	43	136	1		1				4	2	2
62岁	181	27	154	4	1	3				2	1	1
63岁	196	40	156	5	3	2				4	2	2
64岁	206	46	160							5	3	2
65-69	**1094**	**267**	**827**	**11**	**4**	**7**				**13**	**4**	**9**
65岁	197	47	150	5	3	2				2		2
66岁	196	41	155	1		1				3		3
67岁	230	56	174	3	1	2				3	1	2
68岁	237	67	170	1		1				3	2	1
69岁	234	56	178	1		1				2	1	1
70-74	**1082**	**349**	**733**	**7**	**2**	**5**				**18**	**10**	**8**
70岁	230	71	159	2	1	1				4		4
71岁	243	73	170	2		2				4	2	2
72岁	215	72	143	2	1	1				4	3	1
73岁	183	61	122	1		1				3	2	1
74岁	211	72	139							3	3	
75-79	**674**	**265**	**409**	**2**	**1**	**1**				**15**	**6**	**9**
75岁	173	64	109	1		1				4	2	2
76岁	127	53	74	1	1					4	1	3
77岁	137	52	85							4	2	2
78岁	128	53	75							1		1
79岁	109	43	66							2	1	1
80-84	**434**	**164**	**270**	**2**		**2**				**4**	**1**	**3**
80岁	117	36	81	2		2				1		1
81岁	109	38	71							1		1
82岁	81	30	51							2	1	1
83岁	67	34	33									
84岁	60	26	34									
85+	**203**	**53**	**150**							**2**	**1**	**1**

第二部分　残疾人口的基本状况

2－1 各地区分性别、残疾类别的残疾人

单位：人

地区	残疾人			视力残疾人			听力残疾人			言语残疾人		
	合计	男	女	小计	男	女	小计	男	女	小计	男	女
总 计	**4913**	**2593**	**2320**	**580**	**211**	**369**	**1574**	**861**	**713**	**62**	**40**	**22**
西安市新城区	398	203	195	17	6	11	286	140	146	3	3	
西安市碑林区	209	103	106	8	4	4	93	44	49	4	4	
西安市长安区	210	113	97	38	13	25	53	30	23	2	1	1
西安市周至县	177	94	83	21	6	15	48	26	22	1	1	
宝鸡市扶风县	196	99	97	20	5	15	69	34	35	2	1	1
宝鸡市千阳县	140	62	78	17	6	11	41	21	20	2	2	
咸阳市渭城区	185	87	98	17	7	10	71	33	38	1		1
咸阳市乾县	178	103	75	25	8	17	38	24	14	4	2	2
咸阳市旬邑县	259	143	116	35	14	21	80	51	29	3	2	1
渭南市临渭区	214	98	116	34	11	23	66	32	34	2	1	1
渭南市蒲城县	288	157	131	16	6	10	60	36	24	2	2	
渭南市华县	249	130	119	18	7	11	71	35	36	2	1	1
延安市洛川县	117	60	57	22	7	15	21	10	11			
榆林市绥德县	224	129	95	35	14	21	61	47	14	2	1	1
榆林市神木县	198	116	82	24	15	9	36	27	9	2	2	
汉中市汉台区	174	81	93	42	10	32	57	32	25	3	3	
汉中市勉县	287	146	141	38	15	23	85	51	34	3	2	1
汉中市宁强县	202	121	81	20	8	12	59	34	25	5	3	2
安康市汉滨区	235	124	111	21	6	15	79	37	42	4	2	2
安康市石泉县	299	170	129	39	18	21	68	37	31	7	2	5
商洛市商州区	233	123	110	34	12	22	63	40	23	6	5	1
商洛市山阳县	241	131	110	39	13	26	69	40	29	2		2

2-1 续表

单位：人

地区	肢体残疾人			智力残疾人			精神残疾人			多重残疾人		
	小计	男	女	小计	男	女	小计	男	女	小计	男	女
总计	**1180**	**689**	**491**	**330**	**198**	**132**	**339**	**168**	**171**	**848**	**426**	**422**
西安市新城区	30	21	9	9	4	5	10	8	2	43	21	22
西安市碑林区	49	23	26	4	1	3	15	11	4	36	16	20
西安市长安区	54	35	19	11	9	2	15	6	9	37	19	18
西安市周至县	43	25	18	13	11	2	14	3	11	37	22	15
宝鸡市扶风县	54	33	21	14	9	5	17	8	9	20	9	11
宝鸡市千阳县	31	14	17	10	5	5	16	4	12	23	10	13
咸阳市渭城区	54	29	25	5	4	1	8	3	5	29	11	18
咸阳市乾县	77	48	29	8	6	2	13	7	6	13	8	5
咸阳市旬邑县	68	40	28	13	6	7	16	7	9	44	23	21
渭南市临渭区	55	30	25	10	5	5	15	6	9	32	13	19
渭南市蒲城县	134	78	56	8	3	5	27	11	16	41	21	20
渭南市华县	69	43	26	46	22	24	16	11	5	27	11	16
延安市洛川县	42	28	14	11	4	7	8	3	5	13	8	5
榆林市绥德县	58	37	21	16	9	7	9	3	6	43	18	25
榆林市神木县	83	41	42	16	11	5	6	2	4	31	18	13
汉中市汉台区	24	14	10	8	4	4	8	4	4	32	14	18
汉中市勉县	37	18	19	18	11	7	19	11	8	87	38	49
汉中市宁强县	35	23	12	44	33	11	12	8	4	27	12	15
安康市汉滨区	42	26	16	7	2	5	29	17	12	53	34	19
安康市石泉县	70	43	27	14	10	4	27	17	10	74	43	31
商洛市商州区	33	17	16	18	11	7	33	16	17	46	22	24
商洛市山阳县	38	23	15	27	18	9	6	2	4	60	35	25

2-2 分年龄、性别、残疾类别的残疾人

单位：人

年 龄	残疾人			视力残疾人			听力残疾人			言语残疾人		
	合计	男	女	小计	男	女	小计	男	女	小计	男	女
总 计	**4913**	**2593**	**2320**	**580**	**211**	**369**	**1574**	**861**	**713**	**62**	**40**	**22**
0-4	**46**	**26**	**20**				**1**		**1**	**5**	**5**	
0岁	2	1	1									
1岁	7	2	5									
2岁	9	5	4				1		1			
3岁	12	9	3							3	3	
4岁	16	9	7							2	2	
5-9	**65**	**39**	**26**	**3**	**2**	**1**	**5**	**3**	**2**	**5**	**5**	
5岁	10	8	2				1	1		1	1	
6岁	12	6	6				1	1		2	2	
7岁	10	6	4									
8岁	11	5	6	2	1	1	1	1		1	1	
9岁	22	14	8	1	1		2		2	1	1	
10-14	**91**	**54**	**37**	**2**		**2**	**3**	**2**	**1**	**5**	**3**	**2**
10岁	20	13	7							2	2	
11岁	11	3	8	1		1	1	1		1		1
12岁	30	18	12						1			
13岁	13	8	5	1		1						
14岁	17	12	5				1	1		2	1	1
15-19	**108**	**65**	**43**	**5**	**2**	**3**	**7**	**5**	**2**	**4**	**1**	**3**
15岁	33	21	12	3	2	1	3	3		1		1
16岁	22	13	9				1	1		2	1	1
17岁	20	11	9									
18岁	17	10	7	1		1	3	1	2	1		1
19岁	16	10	6	1		1						
20-24	**90**	**48**	**42**	**5**	**4**	**1**	**1**		**1**			
20岁	21	14	7	2	2							
21岁	16	5	11									
22岁	19	12	7	1		1						
23岁	15	7	8	2	2		1		1			
24岁	19	10	9									
25-29	**89**	**63**	**26**	**7**	**4**	**3**	**2**	**1**	**1**	**4**	**3**	**1**
25岁	14	7	7	1	1		1		1			

2-2 续表 1

单位：人

年 龄	残疾人			视力残疾人			听力残疾人			言语残疾人		
	合计	男	女	小计	男	女	小计	男	女	小计	男	女
26岁	16	12	4									
27岁	16	14	2	2	1	1				1	1	
28岁	19	11	8									
29岁	24	19	5	4	2	2	1	1		3	2	1
30-34	**174**	**93**	**81**	**14**	**4**	**10**	**11**	**7**	**4**	**3**	**1**	**2**
30岁	26	14	12	2		2						
31岁	35	19	16	3	1	2	4	2	2	1		1
32岁	36	22	14	1		1	4	2	2	1	1	
33岁	35	19	16	4	2	2	2	2				
34岁	42	19	23	4	1	3	1	1		1		1
35-39	**238**	**133**	**105**	**18**	**9**	**9**	**22**	**13**	**9**	**4**	**2**	**2**
35岁	44	23	21	1	1		4	3	1	2	1	1
36岁	33	22	11	2	1	1	3	1	2	1		1
37岁	63	27	36	8	2	6	7	4	3			
38岁	49	32	17	2	1	1	4	3	1	1	1	
39岁	49	29	20	5	4	1	4	2	2			
40-44	**310**	**177**	**133**	**26**	**11**	**15**	**41**	**16**	**25**	**7**	**7**	
40岁	59	30	29	2	1	1	6	2	4	1	1	
41岁	70	37	33	6	1	5	11	3	8			
42岁	76	45	31	3	2	1	15	6	9	2	2	
43岁	65	38	27	7	2	5	7	3	4	2	2	
44岁	40	27	13	8	5	3	2	2		2	2	
45-49	**320**	**180**	**140**	**24**	**9**	**15**	**55**	**30**	**25**	**5**	**1**	**4**
45岁	34	20	14	4	2	2	4	3	1			
46岁	54	27	27	3		3	9	6	3			
47岁	55	35	20	5	1	4	7	5	2	1	1	
48岁	91	46	45	6	3	3	21	8	13	2		2
49岁	86	52	34	6	3	3	14	8	6	2		2
50-54	**464**	**266**	**198**	**43**	**21**	**22**	**132**	**82**	**50**	**6**	**2**	**4**
50岁	90	51	39	7	3	4	29	15	14	1		1
51岁	90	52	38	6	2	4	28	19	9			
52岁	89	51	38	4	2	2	27	15	12			
53岁	107	63	44	16	7	9	28	20	8	4	2	2
54岁	88	49	39	10	7	3	20	13	7	1		1

2-2 续表 2

单位：人

年龄	残疾人			视力残疾人			听力残疾人			言语残疾人		
	合计	男	女	小计	男	女	小计	男	女	小计	男	女
55-59	**379**	**200**	**179**	**59**	**21**	**38**	**119**	**63**	**56**	**3**	**2**	**1**
55岁	58	24	34	12	2	10	12	6	6	1		1
56岁	89	46	43	16	7	9	25	12	13	1	1	
57岁	67	33	34	7	2	5	28	15	13	1	1	
58岁	73	37	36	12	3	9	27	14	13			
59岁	92	60	32	12	7	5	27	16	11			
60-64	**510**	**280**	**230**	**84**	**37**	**47**	**183**	**120**	**63**	**3**	**1**	**2**
60岁	93	44	49	13	4	9	29	19	10	1	1	
61岁	100	54	46	9	4	5	33	19	14			
62岁	100	55	45	20	9	11	40	27	13	1		1
63岁	123	71	52	22	12	10	45	29	16	1		1
64岁	94	56	38	20	8	12	36	26	10			
65-69	**574**	**278**	**296**	**81**	**32**	**49**	**268**	**133**	**135**	**5**	**4**	**1**
65岁	112	54	58	19	9	10	46	22	24	1	1	
66岁	99	47	52	14	5	9	45	24	21	1	1	
67岁	115	49	66	15	5	10	62	25	37	2	1	1
68岁	123	67	56	11	5	6	57	31	26			
69岁	125	61	64	22	8	14	58	31	27	1	1	
70-74	**598**	**298**	**300**	**96**	**20**	**76**	**300**	**167**	**133**	**2**	**2**	
70岁	107	52	55	22	4	18	51	26	25	1	1	
71岁	128	58	70	21	6	15	65	32	33			
72岁	129	68	61	17	5	12	66	39	27			
73岁	101	51	50	13	2	11	51	31	20	1	1	
74岁	133	69	64	23	3	20	67	39	28			
75-79	**433**	**211**	**222**	**53**	**21**	**32**	**220**	**115**	**105**			
75岁	120	59	61	9	5	4	65	31	34			
76岁	88	48	40	12	7	5	48	28	20			
77岁	78	37	41	9	1	8	43	25	18			
78岁	76	34	42	11	2	9	33	16	17			
79岁	71	33	38	12	6	6	31	15	16			
80-84	**288**	**135**	**153**	**41**	**9**	**32**	**141**	**80**	**61**			
80岁	79	33	46	14	3	11	42	20	22			
81岁	72	31	41	9	1	8	34	19	15			
82岁	52	25	27	10	2	8	26	17	9			
83岁	42	24	18	6	2	4	23	15	8			
84岁	43	22	21	2	1	1	16	9	7			
85+	**136**	**47**	**89**	**19**	**5**	**14**	**63**	**24**	**39**	**1**	**1**	

2-2 续表 3

单位：人

年龄	肢体残疾人			智力残疾人			精神残疾人			多重残疾人		
	小计	男	女	小计	男	女	小计	男	女	小计	男	女
总 计	**1180**	**689**	**491**	**330**	**198**	**132**	**339**	**168**	**171**	**848**	**426**	**422**
0–4	**5**	**2**	**3**	**19**	**8**	**11**	**2**		**2**	**14**	**11**	**3**
0岁				2	1	1						
1岁				5		5				2	2	
2岁	1	1		5	3	2	1		1	1	1	
3岁	2	1	1	3	2	1				4	3	1
4岁	2		2	4	2	2	1		1	7	5	2
5–9	**8**	**2**	**6**	**19**	**12**	**7**	**4**	**2**	**2**	**21**	**13**	**8**
5岁				3	2	1	1		1	4	4	
6岁				2		2	1		1	6	3	3
7岁	4	2	2				2	2		4	2	2
8岁	2		2	2	1	1				3	1	2
9岁	2		2	12	9	3				4	3	1
10–14	**17**	**10**	**7**	**32**	**19**	**13**	**5**	**3**	**2**	**27**	**17**	**10**
10岁	3	2	1	9	6	3				6	3	3
11岁	4	1	3	2	1	1	1		1	1		1
12岁	6	4	2	12	6	6	2	2		9	6	3
13岁	1	1		4	3	1	1		1	6	4	2
14岁	3	2	1	5	3	2	1	1		5	4	1
15–19	**19**	**15**	**4**	**36**	**24**	**12**	**6**	**5**	**1**	**31**	**13**	**18**
15岁	7	5	2	13	10	3				6	1	5
16岁	3	3		6	3	3	2	1	1	8	4	4
17岁	2	2		9	5	4	1	1		8	3	5
18岁	4	4		3	1	2	1	1		4	3	1
19岁	3	1	2	5	5		2	2		5	2	3
20–24	**21**	**12**	**9**	**25**	**12**	**13**	**13**	**6**	**7**	**25**	**14**	**11**
20岁	7	3	4	3	3		1	1		8	5	3
21岁	4	1	3	5	3	2	4	1	3	3		3
22岁	3	2	1	6	3	3	2	1	1	7	6	1
23岁	1	1		6	2	4	4	2	2	1		1
24岁	6	5	1	5	1	4	2	1	1	6	3	3
25–29	**24**	**19**	**5**	**19**	**11**	**8**	**18**	**13**	**5**	**15**	**12**	**3**
25岁	2	2		5	1	4	3	1	2	2	2	

2-2 续表 4

单位：人

年　龄	肢体残疾人			智力残疾人			精神残疾人			多重残疾人		
	小计	男	女	小计	男	女	小计	男	女	小计	男	女
26岁	8	5	3	2	2		3	3		3	2	1
27岁	4	4		3	3		3	2	1	3	3	
28岁	7	5	2	6	2	4	1	1		5	3	2
29岁	3	3		3	3		8	6	2	2	2	
30-34	**59**	**39**	**20**	**24**	**13**	**11**	**43**	**23**	**20**	**20**	**6**	**14**
30岁	8	6	2	2	1	1	8	5	3	6	2	4
31岁	15	10	5	3	2	1	6	2	4	3	2	1
32岁	10	7	3	5	5		12	7	5	3		3
33岁	10	7	3	8	3	5	8	4	4	3	1	2
34岁	16	9	7	6	2	4	9	5	4	5	1	4
35-39	**83**	**57**	**26**	**24**	**12**	**12**	**51**	**24**	**27**	**36**	**16**	**20**
35岁	13	7	6	6	2	4	11	5	6	7	4	3
36岁	13	10	3	4	2	2	7	6	1	3	2	1
37岁	21	13	8	5	3	2	15	4	11	7	1	6
38岁	19	17	2	5	3	2	10	3	7	8	4	4
39岁	17	10	7	4	2	2	8	6	2	11	5	6
40-44	**103**	**69**	**34**	**28**	**22**	**6**	**41**	**23**	**18**	**64**	**29**	**35**
40岁	15	9	6	4	3	1	13	7	6	18	7	11
41岁	22	17	5	7	5	2	12	6	6	12	5	7
42岁	26	18	8	6	5	1	9	5	4	15	7	8
43岁	25	16	9	5	4	1	6	4	2	13	7	6
44岁	15	9	6	6	5	1	1	1		6	3	3
45-49	**106**	**61**	**45**	**21**	**16**	**5**	**42**	**22**	**20**	**67**	**41**	**26**
45岁	15	9	6	1	1		5	3	2	5	2	3
46岁	28	13	15	2	2		7	4	3	5	2	3
47岁	16	9	7	4	2	2	9	7	2	13	10	3
48岁	20	10	10	7	6	1	12	6	6	23	13	10
49岁	27	20	7	7	5	2	9	2	7	21	14	7
50-54	**141**	**87**	**54**	**37**	**19**	**18**	**38**	**15**	**23**	**67**	**40**	**27**
50岁	26	18	8	6	3	3	6	2	4	15	10	5
51岁	28	15	13	10	4	6	3	1	2	15	11	4
52岁	26	18	8	8	4	4	13	6	7	11	6	5
53岁	30	19	11	6	4	2	9	4	5	14	7	7
54岁	31	17	14	7	4	3	7	2	5	12	6	6

2-2 续表 5

单位：人

年龄	肢体残疾人			智力残疾人			精神残疾人			多重残疾人		
	小计	男	女	小计	男	女	小计	男	女	小计	男	女
55-59	**100**	**54**	**46**	**20**	**11**	**9**	**23**	**11**	**12**	**55**	**38**	**17**
55岁	21	11	10	1		1	4	2	2	7	3	4
56岁	22	11	11	8	4	4	4	2	2	13	9	4
57岁	22	11	11				4	2	2	5	2	3
58岁	10	4	6	6	2	4	3	1	2	15	13	2
59岁	25	17	8	5	5		8	4	4	15	11	4
60-64	**130**	**68**	**62**	**15**	**11**	**4**	**26**	**9**	**17**	**69**	**34**	**35**
60岁	28	11	17	3	2	1	8	3	5	11	4	7
61岁	30	14	16	5	4	1	5	2	3	18	11	7
62岁	21	9	12	3	2	1	6	2	4	9	6	3
63岁	31	20	11	2	2		5	2	3	17	6	11
64岁	20	14	6	2	1	1	2		2	14	7	7
65-69	**126**	**71**	**55**	**5**	**4**	**1**	**12**	**3**	**9**	**77**	**31**	**46**
65岁	23	10	13	2	2		2		2	19	10	9
66岁	15	10	5	3	2	1	3		3	18	5	13
67岁	25	13	12							11	5	6
68岁	35	21	14				4	1	3	16	9	7
69岁	28	17	11				3	2	1	13	2	11
70-74	**100**	**60**	**40**	**1**	**1**		**7**	**5**	**2**	**92**	**43**	**49**
70岁	16	11	5				3	1	2	14	9	5
71岁	22	13	9							20	7	13
72岁	22	10	12	1	1		3	3		20	10	10
73岁	16	9	7							20	8	12
74岁	24	17	7				1	1		18	9	9
75-79	**83**	**39**	**44**	**4**	**2**	**2**	**6**	**3**	**3**	**67**	**31**	**36**
75岁	25	12	13				1	1		20	10	10
76岁	14	6	8	1		1	1	1		12	6	6
77岁	11	6	5				1	1		14	4	10
78岁	20	10	10	1	1		1		1	10	5	5
79岁	13	5	8	2	1	1	2		2	11	6	5
80-84	**39**	**17**	**22**	**1**	**1**		**2**	**1**	**1**	**64**	**27**	**37**
80岁	5	1	4				1		1	17	9	8
81岁	12	7	5							17	4	13
82岁	7	2	5							9	4	5
83岁	7	4	3							6	3	3
84岁	8	3	5	1	1		1	1		15	7	8
85+	**16**	**7**	**9**							**37**	**10**	**27**

2－2a 城镇分年龄、性别、残疾类别的残疾人

单位：人

年 龄	残疾人			视力残疾人			听力残疾人			言语残疾人		
	合计	男	女	小计	男	女	小计	男	女	小计	男	女
总 计	**1513**	**783**	**730**	**141**	**45**	**96**	**673**	**350**	**323**	**16**	**14**	**2**
0-4	**11**	**4**	**7**							**1**	**1**	
0岁												
1岁	2	1	1									
2岁	3	1	2									
3岁	3	2	1							1	1	
4岁	3		3									
5-9	**14**	**9**	**5**	**2**	**2**		**2**	**1**	**1**			
5岁	1	1					1	1				
6岁	4	1	3									
7岁	1	1										
8岁	3	2	1	1	1							
9岁	5	4	1	1	1		1		1			
10-14	**12**	**8**	**4**				**1**	**1**		**1**	**1**	
10岁	2	2								1	1	
11岁	2		2									
12岁	2	2										
13岁	2	1	1									
14岁	4	3	1				1	1				
15-19	**22**	**13**	**9**	**2**		**2**	**2**	**1**	**1**			
15岁	4	3	1									
16岁	3	2	1				1	1				
17岁	7	5	2									
18岁	5	2	3	1		1	1		1			
19岁	3	1	2	1		1						
20-24	**19**	**14**	**5**									
20岁	6	6										
21岁	1		1									
22岁	7	6	1									
23岁	2		2									
24岁	3	2	1									
25-29	**21**	**15**	**6**	**1**		**1**				**1**	**1**	
25岁	3	1	2									

2－2a 续表 1

单位：人

年 龄	残疾人			视力残疾人			听力残疾人			言语残疾人		
	合计	男	女	小计	男	女	小计	男	女	小计	男	女
26岁	2	2										
27岁	3	3										
28岁	4	2	2									
29岁	9	7	2	1		1				1	1	
30-34	**36**	**22**	**14**	**2**		**2**	**4**	**3**	**1**			
30岁	4	2	2	1		1						
31岁	4	4					1	1				
32岁	7	5	2				1		1			
33岁	9	5	4	1		1	1	1				
34岁	12	6	6				1	1				
35-39	**60**	**40**	**20**	**7**	**2**	**5**	**9**	**6**	**3**	**1**	**1**	
35岁	10	6	4				3	2	1	1	1	
36岁	10	7	3	1		1	1		1			
37岁	17	10	7	3		3	2	2				
38岁	13	10	3				3	2	1			
39岁	10	7	3	3	2	1						
40-44	**88**	**56**	**32**	**8**	**3**	**5**	**10**	**6**	**4**	**3**	**3**	
40岁	9	5	4									
41岁	21	11	10	1		1	6	3	3			
42岁	23	19	4	2	1	1	1	1		2	2	
43岁	24	14	10	3	1	2	3	2	1	1	1	
44岁	11	7	4	2	1	1						
45-49	**84**	**47**	**37**	**3**		**3**	**12**	**5**	**7**	**1**	**1**	
45岁	6	5	1				1	1				
46岁	20	9	11	1		1	4	2	2			
47岁	16	10	6				1	1		1	1	
48岁	18	10	8	1		1	3	1	2			
49岁	24	13	11	1		1	3		3			
50-54	**119**	**74**	**45**	**12**	**6**	**6**	**45**	**32**	**13**	**2**	**1**	**1**
50岁	21	14	7	2	1	1	11	8	3			
51岁	19	12	7	1		1	10	8	2			
52岁	20	13	7	2	2		5	3	2			
53岁	31	22	9	4	3	1	11	8	3	1	1	
54岁	28	13	15	3		3	8	5	3	1		1
55-59	**105**	**53**	**52**	**16**	**5**	**11**	**41**	**18**	**23**	**1**	**1**	

2－2a 续表 2

单位：人

年龄	残疾人			视力残疾人			听力残疾人			言语残疾人		
	合计	男	女	小计	男	女	小计	男	女	小计	男	女
55岁	15	8	7	2		2	5	2	3			
56岁	24	12	12	5	1	4	6	2	4			
57岁	22	10	12	2		2	13	7	6	1	1	
58岁	20	9	11	4	2	2	8	3	5			
59岁	24	14	10	3	2	1	9	4	5			
60-64	**149**	**74**	**75**	**18**	**10**	**8**	**64**	**36**	**28**			
60岁	22	7	15	2		2	10	5	5			
61岁	18	8	10	2	2		6	2	4			
62岁	37	18	19	7	3	4	14	7	7			
63岁	46	27	19	5	5		23	14	9			
64岁	26	14	12	2		2	11	8	3			
65-69	**196**	**84**	**112**	**21**	**6**	**15**	**131**	**59**	**72**	**4**	**3**	**1**
65岁	30	13	17	6	2	4	15	7	8	1	1	
66岁	34	15	19	2		2	24	13	11			
67岁	41	9	32	7	2	5	28	6	22	2	1	1
68岁	43	25	18	1		1	29	17	12			
69岁	48	22	26	5	2	3	35	16	19	1	1	
70-74	**237**	**115**	**122**	**27**	**6**	**21**	**145**	**78**	**67**	**1**	**1**	
70岁	41	18	23	6	1	5	21	10	11	1	1	
71岁	57	25	32	11	4	7	35	18	17			
72岁	47	29	18	2		2	33	22	11			
73岁	44	21	23	3		3	27	15	12			
74岁	48	22	26	5	1	4	29	13	16			
75-79	**168**	**79**	**89**	**11**	**2**	**9**	**107**	**55**	**52**			
75岁	58	25	33	3	1	2	39	17	22			
76岁	32	18	14	2		2	23	15	8			
77岁	28	12	16	2		2	17	8	9			
78岁	21	9	12	1		1	12	5	7			
79岁	29	15	14	3	1	2	16	10	6			
80-84	**116**	**55**	**61**	**5**	**1**	**4**	**71**	**38**	**33**			
80岁	31	13	18	2		2	23	10	13			
81岁	29	13	16				15	8	7			
82岁	21	12	9	2	1	1	14	9	5			
83岁	18	10	8	1		1	13	8	5			
84岁	17	7	10				6	3	3			
85+	**56**	**21**	**35**	**6**	**2**	**4**	**29**	**11**	**18**			

2－2a 续表 3

单位：人

年 龄	肢体残疾人			智力残疾人			精神残疾人			多重残疾人		
	小计	男	女	小计	男	女	小计	男	女	小计	男	女
总 计	**325**	**191**	**134**	**43**	**22**	**21**	**86**	**52**	**34**	**229**	**109**	**120**
0-4	**1**		**1**	**7**	**2**	**5**				**2**	**1**	**1**
0岁												
1岁				1		1				1	1	
2岁				3	1	2						
3岁				2	1	1						
4岁	1		1	1		1				1		1
5-9	**2**	**1**	**1**	**1**	**1**		**1**		**1**	**6**	**4**	**2**
5岁												
6岁							1		1	3	1	2
7岁	1	1										
8岁	1		1							1	1	
9岁				1	1					2	2	
10-14	**1**	**1**		**1**		**1**	**1**		**1**	**7**	**5**	**2**
10岁										1	1	
11岁				1		1				1		1
12岁	1	1								1	1	
13岁							1		1	1	1	
14岁										3	2	1
15-19	**7**	**6**	**1**	**6**	**3**	**3**	**1**	**1**		**4**	**2**	**2**
15岁	2	1	1	2	2							
16岁	1	1								1		1
17岁	1	1		3	1	2	1	1		2	2	
18岁	2	2		1		1						
19岁	1	1								1		1
20-24	**6**	**5**	**1**	**4**	**1**	**3**	**2**	**2**		**7**	**6**	**1**
20岁	2	2					1	1		3	3	
21岁	1		1									
22岁	1	1		2	1	1	1	1		3	3	
23岁				2		2						
24岁	2	2								1		1
25-29	**6**	**5**	**1**	**2**	**1**	**1**	**6**	**4**	**2**	**5**	**4**	**1**
25岁				1		1	1		1	1	1	

2－2a 续表 4

单位：人

年龄	肢体残疾人			智力残疾人			精神残疾人			多重残疾人		
	小计	男	女	小计	男	女	小计	男	女	小计	男	女
26岁	2	2										
27岁	2	2		1	1							
28岁	1		1							3	2	1
29岁	1	1					5	4	1	1	1	
30-34	**21**	**12**	**9**	**2**	**2**		**4**	**4**		**3**	**1**	**2**
30岁	2	1	1				1	1				
31岁	1	1		1	1		1	1				
32岁	4	4					1	1		1		1
33岁	5	3	2							2	1	1
34岁	9	3	6	1	1		1	1				
35-39	**20**	**15**	**5**	**4**	**2**	**2**	**14**	**11**	**3**	**5**	**3**	**2**
35岁	2	1	1	1		1	1	1		2	1	1
36岁	4	3	1				4	4				
37岁	6	5	1	2	1	1	2	1	1	2	1	1
38岁	7	6	1				3	2	1			
39岁	1		1	1	1		4	3	1	1	1	
40-44	**40**	**26**	**14**	**6**	**5**	**1**	**8**	**5**	**3**	**13**	**8**	**5**
40岁	4	3	1				1		1	4	2	2
41岁	10	5	5				3	2	1	1	1	
42岁	9	7	2	2	2		2	2		5	4	1
43岁	13	8	5	1	1		2	1	1	1		1
44岁	4	3	1	3	2	1				2	1	1
45-49	**43**	**26**	**17**	**3**		**3**	**15**	**10**	**5**	**7**	**5**	**2**
45岁	3	2	1				2	2				
46岁	11	4	7				2	2		2	1	1
47岁	8	5	3	2		2	4	3	1			
48岁	6	4	2	1		1	3	2	1	4	3	1
49岁	15	11	4				4	1	3	1	1	
50-54	**32**	**20**	**12**	**4**	**3**	**1**	**10**	**5**	**5**	**14**	**7**	**7**
50岁	2	2					2	1	1	4	2	2
51岁	5	2	3				1		1	2	2	
52岁	5	3	2	3	2	1	3	2	1	2	1	1
53岁	9	6	3				2	2		4	2	2
54岁	11	7	4	1	1		2		2	2		2
55-59	**21**	**15**	**6**	**1**	**1**		**9**	**4**	**5**	**16**	**9**	**7**

2－2a 续表 5

单位：人

年 龄	肢体残疾人			智力残疾人			精神残疾人			多重残疾人		
	小计	男	女	小计	男	女	小计	男	女	小计	男	女
55岁	5	5					2	1	1	1		1
56岁	8	4	4	1	1		2	2		2	2	
57岁	2	2					1		1	3		3
58岁	3	1	2				2	1	1	3	2	1
59岁	3	3					2		2	7	5	2
60-64	**39**	**18**	**21**				**6**	**2**	**4**	**22**	**8**	**14**
60岁	7	2	5				2		2	1		1
61岁	5	2	3				1		1	4	2	2
62岁	9	3	6				2	2		5	3	2
63岁	9	6	3				1		1	8	2	6
64岁	9	5	4							4	1	3
65-69	**18**	**8**	**10**				**1**		**1**	**21**	**8**	**13**
65岁	4		4							4	3	1
66岁	3	2	1							5		5
67岁	2		2							2		2
68岁	7	4	3				1		1	5	4	1
69岁	2	2								5	1	4
70-74	**23**	**11**	**12**	**1**	**1**		**3**	**1**	**2**	**37**	**17**	**20**
70岁	5	2	3				2		2	6	4	2
71岁	4	1	3							7	2	5
72岁	3	2	1	1	1		1	1		7	3	4
73岁	4	2	2							10	4	6
74岁	7	4	3							7	4	3
75-79	**24**	**12**	**12**	**1**		**1**	**3**	**2**	**1**	**22**	**8**	**14**
75岁	7	4	3				1	1		8	2	6
76岁	2		2	1		1	1	1		3	2	1
77岁	3	2	1							6	2	4
78岁	7	4	3							1		1
79岁	5	2	3				1		1	4	2	2
80-84	**14**	**7**	**7**				**2**	**1**	**1**	**24**	**8**	**16**
80岁							1		1	5	3	2
81岁	8	4	4							6	1	5
82岁	1		1							4	2	2
83岁	3	2	1							1		1
84岁	2	1	1				1	1		8	2	6
85+	**7**	**3**	**4**							**14**	**5**	**9**

2－2b 农村分年龄、性别、残疾类别的残疾人

单位：人

年龄	残疾人			视力残疾人			听力残疾人			言语残疾人		
	合计	男	女	小计	男	女	小计	男	女	小计	男	女
总计	**3400**	**1810**	**1590**	**439**	**166**	**273**	**901**	**511**	**390**	**46**	**26**	**20**
0-4	**35**	**22**	**13**				**1**		**1**	**4**	**4**	
0岁	2	1	1									
1岁	5	1	4									
2岁	6	4	2				1		1			
3岁	9	7	2							2	2	
4岁	13	9	4							2	2	
5-9	**51**	**30**	**21**	**1**		**1**	**3**	**2**	**1**	**5**	**5**	
5岁	9	7	2							1	1	
6岁	8	5	3				1	1		2	2	
7岁	9	5	4									
8岁	8	3	5	1		1	1	1		1	1	
9岁	17	10	7				1		1	1	1	
10-14	**79**	**46**	**33**	**2**		**2**	**2**	**1**	**1**	**4**	**2**	**2**
10岁	18	11	7							1	1	
11岁	9	3	6	1		1	1	1		1		1
12岁	28	16	12				1		1			
13岁	11	7	4	1		1						
14岁	13	9	4							2	1	1
15-19	**86**	**52**	**34**	**3**	**2**	**1**	**5**	**4**	**1**	**4**	**1**	**3**
15岁	29	18	11	3	2	1	3	3		1		1
16岁	19	11	8							2	1	1
17岁	13	6	7									
18岁	12	8	4				2	1	1	1		1
19岁	13	9	4									
20-24	**71**	**34**	**37**	**5**	**4**	**1**	**1**		**1**			
20岁	15	8	7	2	2							
21岁	15	5	10									
22岁	12	6	6	1		1						
23岁	13	7	6	2	2		1		1			
24岁	16	8	8									
25-29	**68**	**48**	**20**	**6**	**4**	**2**	**2**	**1**	**1**	**3**	**2**	**1**
25岁	11	6	5	1	1		1		1			
26岁	14	10	4									

2－2b 续表 1

单位：人

年 龄	残疾人			视力残疾人			听力残疾人			言语残疾人		
	合计	男	女	小计	男	女	小计	男	女	小计	男	女
27岁	13	11	2	2	1	1				1	1	
28岁	15	9	6									
29岁	15	12	3	3	2	1	1	1		2	1	1
30-34	**138**	**71**	**67**	**12**	**4**	**8**	**7**	**4**	**3**	**3**	**1**	**2**
30岁	22	12	10	1		1						
31岁	31	15	16	3	1	2	3	1	2	1		1
32岁	29	17	12	1		1	3	2	1	1	1	
33岁	26	14	12	3	2	1	1	1				
34岁	30	13	17	4	1	3				1		1
35-39	**178**	**93**	**85**	**11**	**7**	**4**	**13**	**7**	**6**	**3**	**1**	**2**
35岁	34	17	17	1	1		1	1		1		1
36岁	23	15	8	1	1		2	1	1	1		1
37岁	46	17	29	5	2	3	5	2	3			
38岁	36	22	14	2	1	1	1	1		1	1	
39岁	39	22	17	2	2		4	2	2			
40-44	**222**	**121**	**101**	**18**	**8**	**10**	**31**	**10**	**21**	**4**	**4**	
40岁	50	25	25	2	1	1	6	2	4	1	1	
41岁	49	26	23	5	1	4	5		5			
42岁	53	26	27	1	1		14	5	9			
43岁	41	24	17	4	1	3	4	1	3	1	1	
44岁	29	20	9	6	4	2	2	2		2	2	
45-49	**236**	**133**	**103**	**21**	**9**	**12**	**43**	**25**	**18**	**4**		**4**
45岁	28	15	13	4	2	2	3	2	1			
46岁	34	18	16	2		2	5	4	1			
47岁	39	25	14	5	1	4	6	4	2			
48岁	73	36	37	5	3	2	18	7	11	2		2
49岁	62	39	23	5	3	2	11	8	3	2		2
50-54	**345**	**192**	**153**	**31**	**15**	**16**	**87**	**50**	**37**	**4**	**1**	**3**
50岁	69	37	32	5	2	3	18	7	11	1		1
51岁	71	40	31	5	2	3	18	11	7			
52岁	69	38	31	2		2	22	12	10			
53岁	76	41	35	12	4	8	17	12	5	3	1	2
54岁	60	36	24	7	7		12	8	4			
55-59	**274**	**147**	**127**	**43**	**16**	**27**	**78**	**45**	**33**	**2**	**1**	**1**
55岁	43	16	27	10	2	8	7	4	3	1		1

2－2b 续表 2

单位：人

年龄	残疾人			视力残疾人			听力残疾人			言语残疾人		
	合计	男	女	小计	男	女	小计	男	女	小计	男	女
56岁	65	34	31	11	6	5	19	10	9	1	1	
57岁	45	23	22	5	2	3	15	8	7			
58岁	53	28	25	8	1	7	19	11	8			
59岁	68	46	22	9	5	4	18	12	6			
60-64	**361**	**206**	**155**	**66**	**27**	**39**	**119**	**84**	**35**	**3**	**1**	**2**
60岁	71	37	34	11	4	7	19	14	5	1	1	
61岁	82	46	36	7	2	5	27	17	10			
62岁	63	37	26	13	6	7	26	20	6	1		1
63岁	77	44	33	17	7	10	22	15	7	1		1
64岁	68	42	26	18	8	10	25	18	7			
65-69	**378**	**194**	**184**	**60**	**26**	**34**	**137**	**74**	**63**	**1**	**1**	
65岁	82	41	41	13	7	6	31	15	16			
66岁	65	32	33	12	5	7	21	11	10	1	1	
67岁	74	40	34	8	3	5	34	19	15			
68岁	80	42	38	10	5	5	28	14	14			
69岁	77	39	38	17	6	11	23	15	8			
70-74	**361**	**183**	**178**	**69**	**14**	**55**	**155**	**89**	**66**	**1**	**1**	
70岁	66	34	32	16	3	13	30	16	14			
71岁	71	33	38	10	2	8	30	14	16			
72岁	82	39	43	15	5	10	33	17	16			
73岁	57	30	27	10	2	8	24	16	8	1	1	
74岁	85	47	38	18	2	16	38	26	12			
75-79	**265**	**132**	**133**	**42**	**19**	**23**	**113**	**60**	**53**			
75岁	62	34	28	6	4	2	26	14	12			
76岁	56	30	26	10	7	3	25	13	12			
77岁	50	25	25	7	1	6	26	17	9			
78岁	55	25	30	10	2	8	21	11	10			
79岁	42	18	24	9	5	4	15	5	10			
80-84	**172**	**80**	**92**	**36**	**8**	**28**	**70**	**42**	**28**			
80岁	48	20	28	12	3	9	19	10	9			
81岁	43	18	25	9	1	8	19	11	8			
82岁	31	13	18	8	1	7	12	8	4			
83岁	24	14	10	5	2	3	10	7	3			
84岁	26	15	11	2	1	1	10	6	4			
85+	**80**	**26**	**54**	**13**	**3**	**10**	**34**	**13**	**21**	**1**	**1**	

2－2b 续表 3

单位：人

年龄	肢体残疾人			智力残疾人			精神残疾人			多重残疾人		
	小计	男	女	小计	男	女	小计	男	女	小计	男	女
总　计	**855**	**498**	**357**	**287**	**176**	**111**	**253**	**116**	**137**	**619**	**317**	**302**
0-4	**4**	**2**	**2**	**12**	**6**	**6**	**2**		**2**	**12**	**10**	**2**
0岁				2	1	1						
1岁				4		4				1	1	
2岁	1	1		2	2		1		1	1	1	
3岁	2	1	1	1	1					4	3	1
4岁	1		1	3	2	1	1		1	6	5	1
5-9	**6**	**1**	**5**	**18**	**11**	**7**	**3**	**2**	**1**	**15**	**9**	**6**
5岁				3	2	1	1		1	4	4	
6岁				2		2				3	2	1
7岁	3	1	2				2	2		4	2	2
8岁	1		1	2	1	1				2		2
9岁	2		2	11	8	3				2	1	1
10-14	**16**	**9**	**7**	**31**	**19**	**12**	**4**	**3**	**1**	**20**	**12**	**8**
10岁	3	2	1	9	6	3				5	2	3
11岁	4	1	3	1	1		1		1			
12岁	5	3	2	12	6	6	2	2		8	5	3
13岁	1	1		4	3	1				5	3	2
14岁	3	2	1	5	3	2	1	1		2	2	
15-19	**12**	**9**	**3**	**30**	**21**	**9**	**5**	**4**	**1**	**27**	**11**	**16**
15岁	5	4	1	11	8	3				6	1	5
16岁	2	2		6	3	3	2	1	1	7	4	3
17岁	1	1		6	4	2				6	1	5
18岁	2	2		2	1	1	1	1		4	3	1
19岁	2		2	5	5		2	2		4	2	2
20-24	**15**	**7**	**8**	**21**	**11**	**10**	**11**	**4**	**7**	**18**	**8**	**10**
20岁	5	1	4	3	3					5	2	3
21岁	3	1	2	5	3	2	4	1	3	3		3
22岁	2	1	1	4	2	2	1		1	4	3	1
23岁	1	1		4	2	2	4	2	2	1		1
24岁	4	3	1	5	1	4	2	1	1	5	3	2
25-29	**18**	**14**	**4**	**17**	**10**	**7**	**12**	**9**	**3**	**10**	**8**	**2**
25岁	2	2		4	1	3	2	1	1	1	1	
26岁	6	3	3	2	2		3	3		3	2	1

2－2b 续表 4

单位：人

年 龄	肢体残疾人			智力残疾人			精神残疾人			多重残疾人		
	小计	男	女	小计	男	女	小计	男	女	小计	男	女
27岁	2	2		2	2		3	2	1	3	3	
28岁	6	5	1	6	2	4	1	1		2	1	1
29岁	2	2		3	3		3	2	1	1	1	
30-34	**38**	**27**	**11**	**22**	**11**	**11**	**39**	**19**	**20**	**17**	**5**	**12**
30岁	6	5	1	2	1	1	7	4	3	6	2	4
31岁	14	9	5	2	1	1	5	1	4	3	2	1
32岁	6	3	3	5	5		11	6	5	2		2
33岁	5	4	1	8	3	5	8	4	4	1		1
34岁	7	6	1	5	1	4	8	4	4	5	1	4
35-39	**63**	**42**	**21**	**20**	**10**	**10**	**37**	**13**	**24**	**31**	**13**	**18**
35岁	11	6	5	5	2	3	10	4	6	5	3	2
36岁	9	7	2	4	2	2	3	2	1	3	2	1
37岁	15	8	7	3	2	1	13	3	10	5		5
38岁	12	11	1	5	3	2	7	1	6	8	4	4
39岁	16	10	6	3	1	2	4	3	1	10	4	6
40-44	**63**	**43**	**20**	**22**	**17**	**5**	**33**	**18**	**15**	**51**	**21**	**30**
40岁	11	6	5	4	3	1	12	7	5	14	5	9
41岁	12	12		7	5	2	9	4	5	11	4	7
42岁	17	11	6	4	3	1	7	3	4	10	3	7
43岁	12	8	4	4	3	1	4	3	1	12	7	5
44岁	11	6	5	3	3		1	1		4	2	2
45-49	**63**	**35**	**28**	**18**	**16**	**2**	**27**	**12**	**15**	**60**	**36**	**24**
45岁	12	7	5	1	1		3	1	2	5	2	3
46岁	17	9	8	2	2		5	2	3	3	1	2
47岁	8	4	4	2	2		5	4	1	13	10	3
48岁	14	6	8	6	6		9	4	5	19	10	9
49岁	12	9	3	7	5	2	5	1	4	20	13	7
50-54	**109**	**67**	**42**	**33**	**16**	**17**	**28**	**10**	**18**	**53**	**33**	**20**
50岁	24	16	8	6	3	3	4	1	3	11	8	3
51岁	23	13	10	10	4	6	2	1	1	13	9	4
52岁	21	15	6	5	2	3	10	4	6	9	5	4
53岁	21	13	8	6	4	2	7	2	5	10	5	5
54岁	20	10	10	6	3	3	5	2	3	10	6	4
55-59	**79**	**39**	**40**	**19**	**10**	**9**	**14**	**7**	**7**	**39**	**29**	**10**
55岁	16	6	10	1		1	2	1	1	6	3	3

2－2b 续表 5

单位：人

年龄	肢体残疾人			智力残疾人			精神残疾人			多重残疾人		
	小计	男	女	小计	男	女	小计	男	女	小计	男	女
56岁	14	7	7	7	3	4	2		2	11	7	4
57岁	20	9	11				3	2	1	2	2	
58岁	7	3	4	6	2	4	1		1	12	11	1
59岁	22	14	8	5	5		6	4	2	8	6	2
60–64	**91**	**50**	**41**	**15**	**11**	**4**	**20**	**7**	**13**	**47**	**26**	**21**
60岁	21	9	12	3	2	1	6	3	3	10	4	6
61岁	25	12	13	5	4	1	4	2	2	14	9	5
62岁	12	6	6	3	2	1	4		4	4	3	1
63岁	22	14	8	2	2		4	2	2	9	4	5
64岁	11	9	2	2	1	1	2		2	10	6	4
65–69	**108**	**63**	**45**	**5**	**4**	**1**	**11**	**3**	**8**	**56**	**23**	**33**
65岁	19	10	9	2	2		2		2	15	7	8
66岁	12	8	4	3	2	1	3		3	13	5	8
67岁	23	13	10							9	5	4
68岁	28	17	11				3	1	2	11	5	6
69岁	26	15	11				3	2	1	8	1	7
70–74	**77**	**49**	**28**				**4**	**4**		**55**	**26**	**29**
70岁	11	9	2				1	1		8	5	3
71岁	18	12	6							13	5	8
72岁	19	8	11				2	2		13	7	6
73岁	12	7	5							10	4	6
74岁	17	13	4				1	1		11	5	6
75–79	**59**	**27**	**32**	**3**	**2**	**1**	**3**	**1**	**2**	**45**	**23**	**22**
75岁	18	8	10							12	8	4
76岁	12	6	6							9	4	5
77岁	8	4	4				1	1		8	2	6
78岁	13	6	7	1	1		1		1	9	5	4
79岁	8	3	5	2	1	1	1		1	7	4	3
80–84	**25**	**10**	**15**	**1**	**1**					**40**	**19**	**21**
80岁	5	1	4							12	6	6
81岁	4	3	1							11	3	8
82岁	6	2	4							5	2	3
83岁	4	2	2							5	3	2
84岁	6	2	4	1	1					7	5	2
85+	**9**	**4**	**5**							**23**	**5**	**18**

2－3　多重残疾人的残疾类别组合

单位：人，%

残疾类别组合	多重残疾人			占多重残疾人总数的比重
	合计	男	女	
总　计	**848**	**426**	**422**	**100.00**
二种残疾类别组合人数小计	**677**	**325**	**352**	**79.83**
视力、听力	144	59	85	16.98
视力、言语				
视力、肢体	39	15	24	4.60
视力、智力	11	4	7	1.30
视力、精神	6	1	5	0.71
听力、言语	153	79	74	18.04
听力、智力	25	12	13	2.95
听力、肢体	103	53	50	12.15
听力、精神	24	9	15	2.83
言语、智力	58	32	26	6.84
言语、肢体	33	22	11	3.89
言语、精神	4	2	2	0.47
智力、肢体	28	15	13	3.30
智力、精神	36	15	21	4.25
肢体、精神	13	7	6	1.53
三种残疾类别组合人数小计	**147**	**89**	**58**	**17.33**
视力、听力、言语	3	1	2	0.35
视力、听力、肢体	17	6	11	2.00
视力、听力、智力	3	1	2	0.35

2-3 续表

单位：人，%

残疾类别组合	多重残疾人数			占多重残疾人总数的比重
	合计	男	女	
视力、听力、精神				
视力、言语、肢体				
视力、言语、智力	2	2		0.24
视力、言语、精神				
视力、肢体、智力				
视力、肢体、精神	1	1		0.12
视力、智力、精神				
听力、言语、肢体	7	6	1	0.83
听力、言语、智力	76	50	26	8.96
听力、言语、精神	3	1	2	0.35
听力、肢体、智力	4	4		0.47
听力、肢体、精神	1	1		0.12
听力、智力、精神	1		1	0.12
言语、肢体、智力	18	8	10	2.12
言语、肢体、精神	4	4		0.47
言语、智力、精神	6	3	3	0.71
肢体、智力、精神	1	1		0.12
四种残疾类别组合人数小计	**20**	**9**	**11**	**2.36**
五种残疾类别组合人数小计	**3**	**2**	**1**	**0.35**
六种残疾类别组合人数小计	**1**	**1**		**0.12**

2－4 各地区分民族、性别的残疾人

单位：人

地 区	残疾人			汉族			蒙古族		
	合计	男	女	小计	男	女	小计	男	女
总 计	**4913**	**2593**	**2320**	**4875**	**2574**	**2301**			
西安市新城区	398	203	195	390	200	190			
西安市碑林区	209	103	106	206	100	106			
西安市长安区	210	113	97	210	113	97			
西安市周至县	177	94	83	177	94	83			
宝鸡市扶风县	196	99	97	196	99	97			
宝鸡市千阳县	140	62	78	138	62	76			
咸阳市渭城区	185	87	98	185	87	98			
咸阳市乾县	178	103	75	178	103	75			
咸阳市旬邑县	259	143	116	259	143	116			
渭南市临渭区	214	98	116	214	98	116			
渭南市蒲城县	288	157	131	288	157	131			
渭南市华县	249	130	119	248	129	119			
延安市洛川县	117	60	57	117	60	57			
榆林市绥德县	224	129	95	223	129	94			
榆林市神木县	198	116	82	198	116	82			
汉中市汉台区	174	81	93	173	81	92			
汉中市勉县	287	146	141	287	146	141			
汉中市宁强县	202	121	81	202	121	81			
安康市汉滨区	235	124	111	215	113	102			
安康市石泉县	299	170	129	297	169	128			
商洛市商州区	233	123	110	233	123	110			
商洛市山阳县	241	131	110	241	131	110			

2－4 续表 1

单位：人

地 区	回族			藏族			维吾尔族		
	小计	男	女	小计	男	女	小计	男	女
总 计	**34**	**16**	**18**	**1**		**1**			
西安市新城区	7	2	5						
西安市碑林区	2	2							
西安市长安区									
西安市周至县									
宝鸡市扶风县									
宝鸡市千阳县	2		2						
咸阳市渭城区									
咸阳市乾县									
咸阳市旬邑县									
渭南市临渭区									
渭南市蒲城县									
渭南市华县									
延安市洛川县									
榆林市绥德县				1		1			
榆林市神木县									
汉中市汉台区	1		1						
汉中市勉县									
汉中市宁强县									
安康市汉滨区	20	11	9						
安康市石泉县	2	1	1						
商洛市商州区									
商洛市山阳县									

2-4 续表 2

单位：人

地 区	苗族			彝族			壮族		
	小计	男	女	小计	男	女	小计	男	女
总 计									
西安市新城区									
西安市碑林区									
西安市长安区									
西安市周至县									
宝鸡市扶风县									
宝鸡市千阳县									
咸阳市渭城区									
咸阳市乾县									
咸阳市旬邑县									
渭南市临渭区									
渭南市蒲城县									
渭南市华县									
延安市洛川县									
榆林市绥德县									
榆林市神木县									
汉中市汉台区									
汉中市勉县									
汉中市宁强县									
安康市汉滨区									
安康市石泉县									
商洛市商州区									
商洛市山阳县									

2－4 续表 3

单位：人

地　区	布依族			朝鲜族			满族			其他少数民族		
	小计	男	女	小计	男	女	小计	男	女	小计	男	女
总　计	**1**	**1**					**2**	**2**				
西安市新城区							1	1				
西安市碑林区							1	1				
西安市长安区												
西安市周至县												
宝鸡市扶风县												
宝鸡市千阳县												
咸阳市渭城区												
咸阳市乾县												
咸阳市旬邑县												
渭南市临渭区												
渭南市蒲城县												
渭南市华县	1	1										
延安市洛川县												
榆林市绥德县												
榆林市神木县												
汉中市汉台区												
汉中市勉县												
汉中市宁强县												
安康市汉滨区												
安康市石泉县												
商洛市商州区												
商洛市山阳县												

2－5　各地区分性别、户口登记状况的残疾人

单位：人

地　区	残疾人			住本调查小区，户口在本乡、镇、街道		
	合计	男	女	小计	男	女
总　计	**4913**	**2593**	**2320**	**4566**	**2401**	**2165**
西安市新城区	398	203	195	332	169	163
西安市碑林区	209	103	106	169	88	81
西安市长安区	210	113	97	185	93	92
西安市周至县	177	94	83	173	90	83
宝鸡市扶风县	196	99	97	194	97	97
宝鸡市千阳县	140	62	78	129	55	74
咸阳市渭城区	185	87	98	154	72	82
咸阳市乾县	178	103	75	171	96	75
咸阳市旬邑县	259	143	116	249	135	114
渭南市临渭区	214	98	116	194	89	105
渭南市蒲城县	288	157	131	282	154	128
渭南市华县	249	130	119	232	118	114
延安市洛川县	117	60	57	113	56	57
榆林市绥德县	224	129	95	220	127	93
榆林市神木县	198	116	82	190	112	78
汉中市汉台区	174	81	93	139	65	74
汉中市勉县	287	146	141	282	142	140
汉中市宁强县	202	121	81	196	118	78
安康市汉滨区	235	124	111	225	121	104
安康市石泉县	299	170	129	282	160	122
商洛市商州区	233	123	110	219	115	104
商洛市山阳县	241	131	110	236	129	107

2-5 续表

单位：人

地区	住本调查小区半年以上，户口在外乡、镇、街道			住本调查小区不满半年，离开户口所在地半年以上			住本调查小区，户口待定		
	小计	男	女	小计	男	女	小计	男	女
总计	**338**	**187**	**151**	**2**	**2**		**7**	**3**	**4**
西安市新城区	66	34	32						
西安市碑林区	40	15	25						
西安市长安区	25	20	5						
西安市周至县	4	4							
宝鸡市扶风县	2	2							
宝鸡市千阳县	10	6	4				1	1	
咸阳市渭城区	31	15	16						
咸阳市乾县	7	7							
咸阳市旬邑县	10	8	2						
渭南市临渭区	20	9	11						
渭南市蒲城县	6	3	3						
渭南市华县	17	12	5						
延安市洛川县	4	4							
榆林市绥德县	4	2	2						
榆林市神木县	8	4	4						
汉中市汉台区	35	16	19						
汉中市勉县	5	4	1						
汉中市宁强县	3	2	1				3	1	2
安康市汉滨区	9	3	6				1		1
安康市石泉县	17	10	7						
商洛市商州区	12	7	5				2	1	1
商洛市山阳县	3		3	2	2				

2－6 各地区分性别、户口性质的残疾人

单位：人

地 区	残疾人			农业户口			非农业户口			户口性质待定		
	合计	男	女	小计	男	女	小计	男	女	小计	男	女
总 计	**4913**	**2593**	**2320**	**3695**	**1925**	**1770**	**1211**	**665**	**546**	**7**	**3**	**4**
西安市新城区	398	203	195	29	13	16	369	190	179			
西安市碑林区	209	103	106	13	7	6	196	96	100			
西安市长安区	210	113	97	131	69	62	79	44	35			
西安市周至县	177	94	83	172	89	83	5	5				
宝鸡市扶风县	196	99	97	194	97	97	2	2				
宝鸡市千阳县	140	62	78	119	51	68	20	10	10	1	1	
咸阳市渭城区	185	87	98	98	44	54	87	43	44			
咸阳市乾县	178	103	75	168	93	75	10	10				
咸阳市旬邑县	259	143	116	252	136	116	7	7				
渭南市临渭区	214	98	116	168	75	93	46	23	23			
渭南市蒲城县	288	157	131	218	113	105	70	44	26			
渭南市华县	249	130	119	237	121	116	12	9	3			
延安市洛川县	117	60	57	105	49	56	12	11	1			
榆林市绥德县	224	129	95	215	121	94	9	8	1			
榆林市神木县	198	116	82	167	97	70	31	19	12			
汉中市汉台区	174	81	93	111	51	60	63	30	33			
汉中市勉县	287	146	141	278	138	140	9	8	1			
汉中市宁强县	202	121	81	156	91	65	43	29	14	3	1	2
安康市汉滨区	235	124	111	192	103	89	42	21	21	1		1
安康市石泉县	299	170	129	224	128	96	75	42	33			
商洛市商州区	233	123	110	212	110	102	19	12	7	2	1	1
商洛市山阳县	241	131	110	236	129	107	5	2	3			

2－7　有残疾人的家庭户类别

单位：户

家庭户类型	合计	一代户				二代户			
		小计	只有1个残疾人的户	有2个残疾人的户	有3人以上残疾人的户	小计	只有1个残疾人的户	有2个残疾人的户	有3人以上残疾人的户
总　计	**4324**	**1254**	**1095**	**159**		**1613**	**1437**	**156**	**20**
一人户	346	346	346						
二人户	1086	876	725	151		210	188	22	
三人户	936	25	20	5		832	738	85	9
四人户	861	6	4	2		427	384	35	8
五人户	670					120	108	10	2
六人户	316	1		1		21	16	4	1
七人户	85					3	3		
八人户	24								
九人户									

2－7　续表

单位：户

家庭户类型	三代户				四代户及以上			
	小计	只有1个残疾人的户	有2个残疾人的户	有3人以上残疾人的户	小计	只有1个残疾人的户	有2个残疾人的户	有3人以上残疾人的户
总　计	**1391**	**1195**	**178**	**18**	**66**	**53**	**12**	**1**
一人户								
二人户								
三人户	79	72	7					
四人户	426	370	52	4	2	2		
五人户	539	466	70	3	11	10	1	
六人户	269	229	32	8	25	18	7	
七人户	65	48	14	3	17	16	1	
八人户	13	10	3		11	7	3	1
九人户								

2－7a 城镇有残疾人的家庭户类别

单位：户

家庭户类型	合计	一代户				二代户			
		小计	只有1个残疾人的户	有2个残疾人的户	有3人以上残疾人的户	小计	只有1个残疾人的户	有2个残疾人的户	有3人以上残疾人的户
总　计	**1338**	**508**	**442**	**66**		**475**	**428**	**44**	**3**
一人户	131	131	131						
二人户	443	370	306	64		73	68	5	
三人户	329	5	4	1		287	261	23	3
四人户	231	2	1	1		94	82	12	
五人户	133					19	15	4	
六人户	50					2	2		
七人户	16								
八人户	5								
九人户									

2－7a 续表

单位：户

家庭户类型	三代户				四代户及以上			
	小计	只有1个残疾人的户	有2个残疾人的户	有3人以上残疾人的户	小计	只有1个残疾人的户	有2个残疾人的户	有3人以上残疾人的户
总　计	**346**	**296**	**44**	**6**	**9**	**8**	**1**	
一人户								
二人户								
三人户	37	32	5					
四人户	135	118	15	2				
五人户	112	96	16		2	2		
六人户	45	36	6	3	3	2	1	
七人户	14	11	2	1	2	2		
八人户	3	3			2	2		
九人户								

2－7b 农村有残疾人的家庭户类别

单位：户

家庭户类型	合计	一代户				二代户			
		小计	只有1个残疾人的户	有2个残疾人的户	有3人以上残疾人的户	小计	只有1个残疾人的户	有2个残疾人的户	有3人以上残疾人的户
总　计	**2986**	**746**	**653**	**93**		**1138**	**1009**	**112**	**17**
一人户	215	215	215						
二人户	643	506	419	87		137	120	17	
三人户	607	20	16	4		545	477	62	6
四人户	630	4	3	1		333	302	23	8
五人户	537					101	93	6	2
六人户	266	1		1		19	14	4	1
七人户	69					3	3		
八人户	19								
九人户									

2－7b 续表

单位：户

家庭户类型	三代户				四代户及以上			
	小计	只有1个残疾人的户	有2个残疾人的户	有3人以上残疾人的户	小计	只有1个残疾人的户	有2个残疾人的户	有3人以上残疾人的户
总　计	**1045**	**899**	**134**	**12**	**57**	**45**	**11**	**1**
一人户								
二人户								
三人户	42	40	2					
四人户	291	252	37	2	2	2		
五人户	427	370	54	3	9	8	1	
六人户	224	193	26	5	22	16	6	
七人户	51	37	12	2	15	14	1	
八人户	10	7	3		9	5	3	1
九人户								

2－8　6岁及以上残疾人分年龄、性别的受教育程度

单位：人

年　龄	残疾人			不识字			未上过学		
	合计	男	女	小计	男	女	小计	男	女
总　计	**4857**	**2559**	**2298**	**2116**	**780**	**1336**	**67**	**32**	**35**
6岁	12	6	6	7	3	4	1		1
7岁	10	6	4	6	2	4			
8岁	11	5	6	5	2	3	1	1	
9岁	22	14	8	7	7				
10岁	20	13	7	5	3	2			
11岁	11	3	8						
12岁	30	18	12	4	1	3			
13岁	13	8	5	5	2	3			
14岁	17	12	5						
15岁	33	21	12	9	5	4			
16岁	22	13	9	7	5	2			
17岁	20	11	9	7	3	4			
18岁	17	10	7	6	2	4			
19岁	16	10	6	6	4	2			
20岁	21	14	7	6	6				
21岁	16	5	11	7	3	4			
22岁	19	12	7	11	6	5			
23岁	15	7	8	4	2	2			
24岁	19	10	9	7	2	5			
25岁	14	7	7	4	1	3			
26岁	16	12	4	6	4	2			
27岁	16	14	2	4	4				
28岁	19	11	8	8	4	4			
29岁	24	19	5	8	5	3	1	1	
30岁	26	14	12	8	3	5			

2-8 续表 1

单位：人

年 龄	残疾人			不识字			未上过学		
	小计	男	女	小计	男	女	小计	男	女
31岁	35	19	16	7	3	4			
32岁	36	22	14	7	3	4			
33岁	35	19	16	10	4	6			
34岁	42	19	23	15	6	9			
35岁	44	23	21	12	5	7			
36岁	33	22	11	10	5	5			
37岁	63	27	36	15	2	13			
38岁	49	32	17	17	10	7			
39岁	49	29	20	13	5	8			
40岁	59	30	29	22	9	13			
41岁	70	37	33	29	14	15			
42岁	76	45	31	21	10	11			
43岁	65	38	27	21	10	11			
44岁	40	27	13	18	11	7			
45岁	34	20	14	13	4	9			
46岁	54	27	27	11	4	7			
47岁	55	35	20	16	10	6			
48岁	91	46	45	39	19	20			
49岁	86	52	34	39	22	17			
50岁	90	51	39	33	13	20	1		1
51岁	90	52	38	35	17	18			
52岁	89	51	38	40	15	25			
53岁	107	63	44	56	26	30			
54岁	88	49	39	33	14	19	1		1
55岁	58	24	34	29	8	21			
56岁	89	46	43	36	19	17			
57岁	67	33	34	24	10	14			
58岁	73	37	36	25	10	15	1		1

2-8 续表 2

单位：人

年 龄	残疾人			不识字			未上过学		
	小计	男	女	小计	男	女	小计	男	女
59岁	92	60	32	27	13	14			
60岁	93	44	49	38	12	26	2	2	
61岁	100	54	46	42	13	29	1	1	
62岁	100	55	45	32	10	22	1	1	
63岁	123	71	52	44	22	22	4	3	1
64岁	94	56	38	39	17	22	1	1	
65岁	112	54	58	50	15	35	1		1
66岁	99	47	52	41	13	28	2		2
67岁	115	49	66	53	18	35	3	2	1
68岁	123	67	56	53	18	35	2		2
69岁	125	61	64	58	20	38	2		2
70岁	107	52	55	55	18	37			
71岁	128	58	70	64	15	49	5	1	4
72岁	129	68	61	59	12	47	5	3	2
73岁	101	51	50	51	17	34	4	1	3
74岁	133	69	64	72	28	44	6	2	4
75岁	120	59	61	60	17	43	2	1	1
76岁	88	48	40	58	19	39	2	1	1
77岁	78	37	41	50	17	33	1	1	
78岁	76	34	42	51	15	36	2	2	
79岁	71	33	38	44	13	31	1	1	
80岁	79	33	46	52	15	37	4	1	3
81岁	72	31	41	45	10	35	2		2
82岁	52	25	27	37	13	24	1	1	
83岁	42	24	18	24	11	13	3	1	2
84岁	43	22	21	28	9	19			
85+	136	47	89	96	13	83	4	4	

2-8 续表 3

单位：人

年 龄	小学			初中			高中		
	小计	男	女	小计	男	女	小计	男	女
总 计	**1361**	**820**	**541**	**841**	**594**	**247**	**266**	**191**	**75**
6岁	4	3	1						
7岁	4	4							
8岁	5	2	3						
9岁	15	7	8						
10岁	15	10	5						
11岁	11	3	8						
12岁	26	17	9						
13岁	8	6	2						
14岁	12	9	3	5	3	2			
15岁	12	9	3	10	6	4	2	1	1
16岁	9	3	6	6	5	1			
17岁	8	4	4	5	4	1			
18岁	1		1	7	5	2	3	3	
19岁	4	3	1	5	3	2	1		1
20岁	6	1	5	7	5	2			
21岁	4		4	5	2	3			
22岁	4	3	1	2	1	1	2	2	
23岁	1	1		8	3	5			
24岁	3	2	1	8	5	3	1	1	
25岁	2	1	1	7	4	3			
26岁	6	4	2	3	3				
27岁	5	3	2	4	4				
28岁	6	4	2	5	3	2			
29岁	5	4	1	5	5		3	2	1
30岁	7	3	4	11	8	3			

2-8 续表 4

单位：人

年龄	小学			初中			高中		
	小计	男	女	小计	男	女	小计	男	女
31岁	12	5	7	11	6	5	4	4	
32岁	10	6	4	14	9	5	4	3	1
33岁	13	9	4	7	4	3	3	2	1
34岁	13	6	7	10	6	4	3	1	2
35岁	15	10	5	12	4	8	5	4	1
36岁	5	5		10	6	4	5	3	2
37岁	20	8	12	17	12	5	8	3	5
38岁	14	8	6	13	11	2	2	1	1
39岁	14	8	6	18	13	5	3	2	1
40岁	13	5	8	16	9	7	5	4	1
41岁	13	6	7	18	11	7	7	5	2
42岁	22	11	11	23	16	7	9	7	2
43岁	13	9	4	23	15	8	7	3	4
44岁	8	5	3	10	8	2	4	3	1
45岁	6	4	2	5	4	1	9	7	2
46岁	8	2	6	21	10	11	11	9	2
47岁	17	9	8	13	10	3	6	4	2
48岁	17	4	13	25	16	9	9	6	3
49岁	10	6	4	22	16	6	13	7	6
50岁	21	10	11	18	16	2	15	11	4
51岁	29	12	17	15	13	2	9	8	1
52岁	23	18	5	15	11	4	9	5	4
53岁	30	19	11	19	17	2	2	1	1
54岁	25	13	12	25	21	4	2	1	1
55岁	15	5	10	11	9	2	1	1	
56岁	35	14	21	16	12	4	1	1	
57岁	24	11	13	11	9	2	3	1	2
58岁	29	17	12	12	8	4	1	1	

2－8 续表 5

单位：人

年 龄	小学			初中			高中		
	小计	男	女	小计	男	女	小计	男	女
59岁	36	22	14	16	14	2	5	4	1
60岁	28	13	15	20	13	7	3	3	
61岁	22	14	8	31	24	7	2	2	
62岁	33	23	10	24	16	8	5	3	2
63岁	34	19	15	25	17	8	6	5	1
64岁	31	20	11	9	7	2	5	3	2
65岁	39	24	15	19	12	7	2	2	
66岁	30	19	11	15	7	8	5	4	1
67岁	34	18	16	14	6	8	3	1	2
68岁	38	26	12	14	11	3	5	4	1
69岁	34	19	15	15	12	3	6	3	3
70岁	28	19	9	11	5	6	4	4	
71岁	37	27	10	7	5	2	2	1	1
72岁	46	35	11	12	11	1	2	2	
73岁	25	15	10	9	9		5	5	
74岁	35	23	12	12	9	3	4	3	1
75岁	33	22	11	11	8	3	7	5	2
76岁	20	20		3	3		3	3	
77岁	15	10	5	5	3	2	3	3	
78岁	13	10	3	5	3	2	2	2	
79岁	17	12	5	4	3	1	2	2	
80岁	11	8	3	6	6		4	2	2
81岁	14	10	4	7	7		1	1	
82岁	11	9	2				1		1
83岁	9	6	3	3	3		3	3	
84岁	9	7	2	3	3		2	2	
85+	22	19	3	8	6	2	2	2	

2－8 续表 6

单位：人

年龄	中专			大学专科			大学本科			研究生		
	小计	男	女	小计	男	女	小计	男	女	小计	男	女
总 计	**105**	**63**	**42**	**62**	**47**	**15**	**39**	**32**	**7**			
6岁												
7岁												
8岁												
9岁												
10岁												
11岁												
12岁												
13岁												
14岁												
15岁												
16岁												
17岁												
18岁												
19岁												
20岁	1	1		1	1							
21岁												
22岁												
23岁	2	1	1									
24岁												
25岁				1	1							
26岁				1	1							
27岁	2	2		1	1							
28岁												
29岁	1	1					1	1				
30岁												

2-8 续表 7

单位：人

年 龄	中专			大学专科			大学本科			研究生		
	小计	男	女	小计	男	女	小计	男	女	小计	男	女
31岁				1	1							
32岁				1	1							
33岁	1		1	1		1						
34岁				1		1						
35岁												
36岁	2	2		1	1							
37岁	1		1	1	1		1	1				
38岁	2	1	1	1	1							
39岁				1	1							
40岁	2	2		1	1							
41岁	1		1	1		1	1	1				
42岁				1	1							
43岁				1	1							
44岁												
45岁				1	1							
46岁	1	1		2	1	1						
47岁	1	1		2	1	1						
48岁	1	1										
49岁	1		1	1	1							
50岁	1	1		1		1						
51岁	2	2										
52岁				1	1		1	1				
53岁												
54岁	2		2									
55岁				1		1	1	1				
56岁	1		1									
57岁	2	1	1	2	1	1	1		1			
58岁	4	1	3	1		1						

2-8 续表 8

单位：人

年龄	中专			大学专科			大学本科			研究生		
	小计	男	女	小计	男	女	小计	男	女	小计	男	女
59岁	5	4	1	2	2		1	1				
60岁	1		1	1	1							
61岁	2		2									
62岁	3	1	2	1	1		1		1			
63岁	7	3	4	3	2	1						
64岁	5	4	1	1	1		3	3				
65岁				1	1							
66岁	5	3	2				1	1				
67岁	7	3	4				1	1				
68岁	6	3	3	2	2		3	3				
69岁	4	4		3	2	1	3	1	2			
70岁	4	3	1	4	2	2	1	1				
71岁	6	4	2	1	1		6	4	2			
72岁	1	1		2	2		2	2				
73岁	5	2	3	2	2							
74岁	3	3		1	1							
75岁	1	1		1	1		5	4	1			
76岁				1	1		1	1				
77岁	2	2		2	1	1						
78岁	2	1	1				1	1				
79岁	3	2	1									
80岁	1		1	1	1							
81岁				2	2		1	1				
82岁							2	2				
83岁												
84岁							1	1				
85+	1	1		3	2	1						

2－8a 城镇6岁及以上残疾人分年龄、性别的受教育程度

单位：人

年龄	残疾人			不识字			未上过学		
	合计	男	女	小计	男	女	小计	男	女
总计	**1501**	**778**	**723**	**395**	**106**	**289**	**37**	**15**	**22**
6岁	4	1	3	3	1	2			
7岁	1	1							
8岁	3	2	1				1	1	
9岁	5	4	1	2	2				
10岁	2	2		1	1				
11岁	2		2						
12岁	2	2							
13岁	2	1	1	1	1				
14岁	4	3	1						
15岁	4	3	1	1	1				
16岁	3	2	1						
17岁	7	5	2						
18岁	5	2	3	2		2			
19岁	3	1	2						
20岁	6	6		2	2				
21岁	1		1						
22岁	7	6	1	3	2	1			
23岁	2		2						
24岁	3	2	1						
25岁	3	1	2	1		1			
26岁	2	2							
27岁	3	3							
28岁	4	2	2	2	1	1			
29岁	9	7	2	2	1	1	1	1	
30岁	4	2	2						

2－8a 续表 1

单位：人

年龄	残疾人			不识字			未上过学		
	小计	男	女	小计	男	女	小计	男	女
31岁	4	4		1	1				
32岁	7	5	2						
33岁	9	5	4						
34岁	12	6	6	2	2				
35岁	10	6	4	4	2	2			
36岁	10	7	3						
37岁	17	10	7	2	1	1			
38岁	13	10	3	1		1			
39岁	10	7	3	1	1				
40岁	9	5	4	3	2	1			
41岁	21	11	10	3	1	2			
42岁	23	19	4	3	2	1			
43岁	24	14	10	3		3			
44岁	11	7	4	4	2	2			
45岁	6	5	1						
46岁	20	9	11	2	1	1			
47岁	16	10	6	2	1	1			
48岁	18	10	8	2	2				
49岁	24	13	11	4	1	3			
50岁	21	14	7	2		2			
51岁	19	12	7	3	2	1			
52岁	20	13	7	6	4	2			
53岁	31	22	9	10	6	4			
54岁	28	13	15	5	1	4	1		1
55岁	15	8	7	1		1			
56岁	24	12	12	6	4	2			
57岁	22	10	12	4	2	2			
58岁	20	9	11	1		1			

2－8a 续表 2

单位：人

年 龄	残疾人			不识字			未上过学		
	小计	男	女	小计	男	女	小计	男	女
59岁	24	14	10	3		3			
60岁	22	7	15	5	1	4			
61岁	18	8	10	3		3			
62岁	37	18	19	7	1	6			
63岁	46	27	19	8	3	5	1	1	
64岁	26	14	12	4	1	3			
65岁	30	13	17	8	1	7			
66岁	34	15	19	7	2	5	1		1
67岁	41	9	32	15	2	13	1		1
68岁	43	25	18	4	2	2	1		1
69岁	48	22	26	11	3	8			
70岁	41	18	23	11	1	10			
71岁	57	25	32	18	2	16	3		3
72岁	47	29	18	10	1	9	2	1	1
73岁	44	21	23	13	3	10	4	1	3
74岁	48	22	26	15	3	12	5	2	3
75岁	58	25	33	22	2	20	2	1	1
76岁	32	18	14	17	4	13	2	1	1
77岁	28	12	16	14	4	10			
78岁	21	9	12	8	1	7	2	2	
79岁	29	15	14	13	4	9			
80岁	31	13	18	13	3	10	3		3
81岁	29	13	16	13	2	11	2		2
82岁	21	12	9	11	5	6			
83岁	18	10	8	7	2	5	2	1	1
84岁	17	7	10	10	2	8			
85+	56	21	35	30	1	29	3	3	

2－8a 续表 3

单位：人

年龄	小学			初中			高中		
	小计	男	女	小计	男	女	小计	男	女
总计	**387**	**208**	**179**	**342**	**224**	**118**	**168**	**113**	**55**
6岁	1		1						
7岁	1	1							
8岁	2	1	1						
9岁	3	2	1						
10岁	1	1							
11岁	2		2						
12岁	2	2							
13岁	1		1						
14岁	1	1		3	2	1			
15岁	2	2					1		1
16岁	1		1	2	2				
17岁	4	2	2	3	3				
18岁				2	1	1	1	1	
19岁	1		1	2	1	1			
20岁				2	2				
21岁	1		1						
22岁	2	2					2	2	
23岁				2		2			
24岁				2	1	1	1	1	
25岁	2	1	1						
26岁	1	1		1	1				
27岁	1	1							
28岁	1	1		1		1			
29岁	2	1	1	1	1		2	2	
30岁	1	1		3	1	2			

2－8a 续表 4

单位：人

年 龄	小学			初中			高中		
	小计	男	女	小计	男	女	小计	男	女
31岁							2	2	
32岁	2	1	1	1	1		3	2	1
33岁	3	2	1	1	1		3	2	1
34岁	2	1	1	4	2	2	3	1	2
35岁	1		1	2	1	1	3	3	
36岁	1	1		2		2	4	3	1
37岁	1	1		5	4	1	6	2	4
38岁	3	2	1	5	5		1	1	
39岁	1		1	6	4	2	1	1	
40岁	2		2				3	2	1
41岁	4	2	2	7	3	4	5	4	1
42岁	5	4	1	9	8	1	5	4	1
43岁	3	3		11	8	3	6	2	4
44岁	1		1	3	3		3	2	1
45岁				1	1		4	3	1
46岁	1		1	7	1	6	7	5	2
47岁	2		2	5	4	1	4	3	1
48岁	3		3	8	5	3	5	3	2
49岁	1	1		8	5	3	9	5	4
50岁	1	1		6	5	1	11	8	3
51岁	3		3	5	3	2	6	5	1
52岁	4	3	1	4	2	2	5	3	2
53岁	9	7	2	11	9	2	1		1
54岁	6	2	4	12	9	3	2	1	1
55岁	6	2	4	6	5	1			
56岁	6	1	5	10	6	4	1	1	
57岁	8	2	6	5	5		2	1	1
58岁	8	5	3	6	3	3			

2-8a 续表 5

单位：人

年 龄	小学			初中			高中		
	小计	男	女	小计	男	女	小计	男	女
59岁	6	2	4	5	4	1	2	1	1
60岁	6	1	5	8	3	5	1	1	
61岁	7	3	4	6	5	1			
62岁	11	7	4	11	6	5	3	2	1
63岁	10	7	3	17	11	6	2	1	1
64岁	7	3	4	4	2	2	3	1	2
65岁	10	4	6	10	6	4	1	1	
66岁	7	4	3	10	3	7	4	3	1
67岁	9	2	7	8	2	6	2		2
68岁	19	9	10	8	6	2	3	3	
69岁	15	6	9	10	7	3	5	2	3
70岁	12	7	5	7	2	5	2	2	
71岁	17	11	6	5	3	2	2	1	1
72岁	22	15	7	7	6	1	2	2	
73岁	14	7	7	5	5		1	1	
74岁	13	6	7	8	5	3	3	2	1
75岁	14	7	7	9	7	2	5	3	2
76岁	6	6		2	2		3	3	
77岁	7	4	3	3	1	2	1	1	
78岁	4	2	2	4	2	2	1	1	
79岁	9	6	3	4	3	1	1	1	
80岁	4	2	2	6	6		3	1	2
81岁	8	5	3	4	4		1	1	
82岁	7	5	2				1		1
83岁	6	4	2	2	2		1	1	
84岁	5	3	2				1	1	
85+	12	9	3	5	3	2	2	2	

2－8a 续表 6

单位：人

年 龄	中专			大学专科			大学本科			研究生		
	小计	男	女	小计	男	女	小计	男	女	小计	男	女
总 计	**84**	**46**	**38**	**52**	**37**	**15**	**36**	**29**	**7**			
6岁												
7岁												
8岁												
9岁												
10岁												
11岁												
12岁												
13岁												
14岁												
15岁												
16岁												
17岁												
18岁												
19岁												
20岁	1	1		1	1							
21岁												
22岁												
23岁												
24岁												
25岁												
26岁												
27岁	2	2										
28岁												
29岁	1	1										
30岁												

2－8a 续表 7

单位：人

年龄	中专			大学专科			大学本科			研究生		
	小计	男	女	小计	男	女	小计	男	女	小计	男	女
31岁				1	1							
32岁				1	1							
33岁	1		1	1		1						
34岁				1		1						
35岁												
36岁	2	2		1	1							
37岁	1		1	1	1		1	1				
38岁	2	1	1	1	1							
39岁				1	1							
40岁	1	1										
41岁				1		1	1	1				
42岁				1	1							
43岁				1	1							
44岁												
45岁				1	1							
46岁	1	1		2	1	1						
47岁	1	1		2	1	1						
48岁												
49岁	1		1	1	1							
50岁				1		1						
51岁	2	2										
52岁				1	1							
53岁												
54岁	2		2									
55岁				1		1	1	1				
56岁	1		1									
57岁	1		1	1		1	1		1			
58岁	4	1	3	1		1						

2－8a　续表 8

单位：人

年龄	中专			大学专科			大学本科			研究生		
	小计	男	女	小计	男	女	小计	男	女	小计	男	女
59岁	5	4	1	2	2		1	1				
60岁	1		1	1	1							
61岁	2		2									
62岁	3	1	2	1	1		1		1			
63岁	6	3	3	2	1	1						
64岁	4	3	1	1	1		3	3				
65岁				1	1							
66岁	4	2	2				1	1				
67岁	5	2	3				1	1				
68岁	4	1	3	1	1		3	3				
69岁	1	1		3	2	1	3	1	2			
70岁	4	3	1	4	2	2	1	1				
71岁	5	3	2	1	1		6	4	2			
72岁	1	1		1	1		2	2				
73岁	5	2	3	2	2							
74岁	3	3		1	1							
75岁	1	1		1	1		4	3	1			
76岁				1	1		1	1				
77岁	1	1		2	1	1						
78岁	1		1				1	1				
79岁	2	1	1									
80岁	1		1	1	1							
81岁							1	1				
82岁							2	2				
83岁												
84岁							1	1				
85+	1	1		3	2	1						

2-8b 农村6岁及以上残疾人分年龄、性别的受教育程度

单位：人

年龄	残疾人			不识字			未上过学		
	合计	男	女	小计	男	女	小计	男	女
总 计	**3356**	**1781**	**1575**	**1721**	**674**	**1047**	**30**	**17**	**13**
6岁	8	5	3	4	2	2	1		1
7岁	9	5	4	6	2	4			
8岁	8	3	5	5	2	3			
9岁	17	10	7	5	5				
10岁	18	11	7	4	2	2			
11岁	9	3	6						
12岁	28	16	12	4	1	3			
13岁	11	7	4	4	1	3			
14岁	13	9	4						
15岁	29	18	11	8	4	4			
16岁	19	11	8	7	5	2			
17岁	13	6	7	7	3	4			
18岁	12	8	4	4	2	2			
19岁	13	9	4	6	4	2			
20岁	15	8	7	4	4				
21岁	15	5	10	7	3	4			
22岁	12	6	6	8	4	4			
23岁	13	7	6	4	2	2			
24岁	16	8	8	7	2	5			
25岁	11	6	5	3	1	2			
26岁	14	10	4	6	4	2			
27岁	13	11	2	4	4				
28岁	15	9	6	6	3	3			
29岁	15	12	3	6	4	2			
30岁	22	12	10	8	3	5			

2-8b 续表 1

单位：人

年　龄	残疾人			不识字			未上过学		
	小计	男	女	小计	男	女	小计	男	女
31岁	31	15	16	6	2	4			
32岁	29	17	12	7	3	4			
33岁	26	14	12	10	4	6			
34岁	30	13	17	13	4	9			
35岁	34	17	17	8	3	5			
36岁	23	15	8	10	5	5			
37岁	46	17	29	13	1	12			
38岁	36	22	14	16	10	6			
39岁	39	22	17	12	4	8			
40岁	50	25	25	19	7	12			
41岁	49	26	23	26	13	13			
42岁	53	26	27	18	8	10			
43岁	41	24	17	18	10	8			
44岁	29	20	9	14	9	5			
45岁	28	15	13	13	4	9			
46岁	34	18	16	9	3	6			
47岁	39	25	14	14	9	5			
48岁	73	36	37	37	17	20			
49岁	62	39	23	35	21	14			
50岁	69	37	32	31	13	18	1		1
51岁	71	40	31	32	15	17			
52岁	69	38	31	34	11	23			
53岁	76	41	35	46	20	26			
54岁	60	36	24	28	13	15			
55岁	43	16	27	28	8	20			
56岁	65	34	31	30	15	15			
57岁	45	23	22	20	8	12			
58岁	53	28	25	24	10	14	1		1

2－8b 续表 2

单位：人

年龄	残疾人			不识字			未上过学		
	小计	男	女	小计	男	女	小计	男	女
59岁	68	46	22	24	13	11			
60岁	71	37	34	33	11	22	2	2	
61岁	82	46	36	39	13	26	1	1	
62岁	63	37	26	25	9	16	1	1	
63岁	77	44	33	36	19	17	3	2	1
64岁	68	42	26	35	16	19	1	1	
65岁	82	41	41	42	14	28	1		1
66岁	65	32	33	34	11	23	1		1
67岁	74	40	34	38	16	22	2	2	
68岁	80	42	38	49	16	33	1		1
69岁	77	39	38	47	17	30	2		2
70岁	66	34	32	44	17	27			
71岁	71	33	38	46	13	33	2	1	1
72岁	82	39	43	49	11	38	3	2	1
73岁	57	30	27	38	14	24			
74岁	85	47	38	57	25	32	1		1
75岁	62	34	28	38	15	23			
76岁	56	30	26	41	15	26			
77岁	50	25	25	36	13	23	1	1	
78岁	55	25	30	43	14	29			
79岁	42	18	24	31	9	22	1	1	
80岁	48	20	28	39	12	27	1	1	
81岁	43	18	25	32	8	24			
82岁	31	13	18	26	8	18	1	1	
83岁	24	14	10	17	9	8	1		1
84岁	26	15	11	18	7	11			
85+	80	26	54	66	12	54	1	1	

2－8b 续表 3

单位：人

年 龄	小学			初中			高中		
	小计	男	女	小计	男	女	小计	男	女
总 计	**974**	**612**	**362**	**499**	**370**	**129**	**98**	**78**	**20**
6岁	3	3							
7岁	3	3							
8岁	3	1	2						
9岁	12	5	7						
10岁	14	9	5						
11岁	9	3	6						
12岁	24	15	9						
13岁	7	6	1						
14岁	11	8	3	2	1	1			
15岁	10	7	3	10	6	4	1	1	
16岁	8	3	5	4	3	1			
17岁	4	2	2	2	1	1			
18岁	1		1	5	4	1	2	2	
19岁	3	3		3	2	1	1		1
20岁	6	1	5	5	3	2			
21岁	3		3	5	2	3			
22岁	2	1	1	2	1	1			
23岁	1	1		6	3	3			
24岁	3	2	1	6	4	2			
25岁				7	4	3			
26岁	5	3	2	2	2				
27岁	4	2	2	4	4				
28岁	5	3	2	4	3	1			
29岁	3	3		4	4		1		1
30岁	6	2	4	8	7	1			

2－8b 续表 4

单位：人

年 龄	小学			初中			高中		
	小计	男	女	小计	男	女	小计	男	女
31岁	12	5	7	11	6	5	2	2	
32岁	8	5	3	13	8	5	1	1	
33岁	10	7	3	6	3	3			
34岁	11	5	6	6	4	2			
35岁	14	10	4	10	3	7	2	1	1
36岁	4	4		8	6	2	1		1
37岁	19	7	12	12	8	4	2	1	1
38岁	11	6	5	8	6	2	1		1
39岁	13	8	5	12	9	3	2	1	1
40岁	11	5	6	16	9	7	2	2	
41岁	9	4	5	11	8	3	2	1	1
42岁	17	7	10	14	8	6	4	3	1
43岁	10	6	4	12	7	5	1	1	
44岁	7	5	2	7	5	2	1	1	
45岁	6	4	2	4	3	1	5	4	1
46岁	7	2	5	14	9	5	4	4	
47岁	15	9	6	8	6	2	2	1	1
48岁	14	4	10	17	11	6	4	3	1
49岁	9	5	4	14	11	3	4	2	2
50岁	20	9	11	12	11	1	4	3	1
51岁	26	12	14	10	10		3	3	
52岁	19	15	4	11	9	2	4	2	2
53岁	21	12	9	8	8		1	1	
54岁	19	11	8	13	12	1			
55岁	9	3	6	5	4	1	1	1	
56岁	29	13	16	6	6				
57岁	16	9	7	6	4	2	1		1
58岁	21	12	9	6	5	1	1	1	

2-8b 续表 5

单位：人

年 龄	小学			初中			高中		
	小计	男	女	小计	男	女	小计	男	女
59岁	30	20	10	11	10	1	3	3	
60岁	22	12	10	12	10	2	2	2	
61岁	15	11	4	25	19	6	2	2	
62岁	22	16	6	13	10	3	2	1	1
63岁	24	12	12	8	6	2	4	4	
64岁	24	17	7	5	5		2	2	
65岁	29	20	9	9	6	3	1	1	
66岁	23	15	8	5	4	1	1	1	
67岁	25	16	9	6	4	2	1	1	
68岁	19	17	2	6	5	1	2	1	1
69岁	19	13	6	5	5		1	1	
70岁	16	12	4	4	3	1	2	2	
71岁	20	16	4	2	2				
72岁	24	20	4	5	5				
73岁	11	8	3	4	4		4	4	
74岁	22	17	5	4	4		1	1	
75岁	19	15	4	2	1	1	2	2	
76岁	14	14		1	1				
77岁	8	6	2	2	2		2	2	
78岁	9	8	1	1	1		1	1	
79岁	8	6	2				1	1	
80岁	7	6	1				1	1	
81岁	6	5	1	3	3				
82岁	4	4							
83岁	3	2	1	1	1		2	2	
84岁	4	4		3	3		1	1	
85+	10	10		3	3				

2－8b 续表 6

单位：人

年龄	中专			大学专科			大学本科			研究生		
	小计	男	女	小计	男	女	小计	男	女	小计	男	女
总 计	**21**	**17**	**4**	**10**	**10**		**3**	**3**				
6岁												
7岁												
8岁												
9岁												
10岁												
11岁												
12岁												
13岁												
14岁												
15岁												
16岁												
17岁												
18岁												
19岁												
20岁												
21岁												
22岁												
23岁	2	1	1									
24岁												
25岁				1	1							
26岁				1	1							
27岁				1	1							
28岁												
29岁							1	1				
30岁												

2-8b 续表 7

单位：人

年龄	中专			大学专科			大学本科			研究生		
	小计	男	女	小计	男	女	小计	男	女	小计	男	女
31岁												
32岁												
33岁												
34岁												
35岁												
36岁												
37岁												
38岁												
39岁												
40岁	1	1		1	1							
41岁	1		1									
42岁												
43岁												
44岁												
45岁												
46岁												
47岁												
48岁	1	1										
49岁												
50岁	1	1										
51岁												
52岁							1	1				
53岁												
54岁												
55岁												
56岁												
57岁	1	1		1	1							
58岁												

2－8b 续表 8

单位：人

年龄	中专			大学专科			大学本科			研究生		
	小计	男	女	小计	男	女	小计	男	女	小计	男	女
59岁												
60岁												
61岁												
62岁												
63岁	1		1	1	1							
64岁	1	1										
65岁												
66岁	1	1										
67岁	2	1	1									
68岁	2	2		1	1							
69岁	3	3										
70岁												
71岁	1	1										
72岁				1	1							
73岁												
74岁												
75岁							1	1				
76岁												
77岁	1	1										
78岁	1	1										
79岁	1	1										
80岁												
81岁				2	2							
82岁												
83岁												
84岁												
85+												

2－9　各地区6岁及以上残疾人分性别的受教育程度

单位：人

地　区	残疾人			不识字			未上过学		
	合计	男	女	小计	男	女	小计	男	女
总　计	**4857**	**2559**	**2298**	**2116**	**780**	**1336**	**67**	**32**	**35**
西安市新城区	396	202	194	75	9	66	21	7	14
西安市碑林区	207	101	106	50	10	40	3	1	2
西安市长安区	209	113	96	47	18	29			
西安市周至县	172	89	83	88	33	55	1	1	
宝鸡市扶风县	194	98	96	84	22	62	2		2
宝鸡市千阳县	138	60	78	60	20	40	5	3	2
咸阳市渭城区	184	86	98	55	15	40	1	1	
咸阳市乾县	176	102	74	84	33	51			
咸阳市旬邑县	255	139	116	147	63	84	3	2	1
渭南市临渭区	212	96	116	58	14	44	3		3
渭南市蒲城县	286	157	129	98	29	69	3	1	2
渭南市华县	238	123	115	84	26	58	3	1	2
延安市洛川县	115	59	56	43	12	31			
榆林市绥德县	223	129	94	134	57	77	2	2	
榆林市神木县	197	116	81	119	57	62	2	2	
汉中市汉台区	172	80	92	75	20	55	3	1	2
汉中市勉县	287	146	141	186	72	114	2	1	1
汉中市宁强县	199	120	79	118	57	61	4	4	
安康市汉滨区	232	123	109	129	54	75	4	4	
安康市石泉县	296	170	126	133	61	72	1		1
商洛市商州区	230	121	109	108	40	68	4	1	3
商洛市山阳县	239	129	110	141	58	83			

2-9 续表 1

单位：人

地　区	小学			初中			高中		
	小计	男	女	小计	男	女	小计	男	女
总　计	**1361**	**820**	**541**	**841**	**594**	**247**	**266**	**191**	**75**
西安市新城区	100	50	50	92	57	35	52	39	13
西安市碑林区	52	27	25	42	27	15	37	21	16
西安市长安区	51	26	25	51	33	18	28	20	8
西安市周至县	45	25	20	26	18	8	9	9	
宝鸡市扶风县	67	43	24	36	28	8	3	3	
宝鸡市千阳县	46	18	28	16	11	5	3	2	1
咸阳市渭城区	53	29	24	46	22	24	19	12	7
咸阳市乾县	58	39	19	22	18	4	8	8	
咸阳市旬邑县	68	43	25	27	23	4	8	6	2
渭南市临渭区	76	38	38	57	34	23	9	5	4
渭南市蒲城县	98	62	36	72	52	20	6	6	
渭南市华县	84	46	38	49	36	13	13	10	3
延安市洛川县	35	21	14	22	16	6	9	5	4
榆林市绥德县	50	40	10	32	26	6	3	2	1
榆林市神木县	24	16	8	38	31	7	7	5	2
汉中市汉台区	46	26	20	34	23	11	6	6	
汉中市勉县	60	43	17	33	24	9	4	4	
汉中市宁强县	51	39	12	21	17	4	4	2	2
安康市汉滨区	65	45	20	25	17	8	5	1	4
安康市石泉县	99	59	40	40	30	10	14	13	1
商洛市商州区	69	41	28	34	28	6	13	9	4
商洛市山阳县	64	44	20	26	23	3	6	3	3

2-9 续表 2

单位：人

地　区	中专			大学专科			大学本科			研究生		
	小计	男	女	小计	男	女	小计	男	女	小计	男	女
总　计	**105**	**63**	**42**	**62**	**47**	**15**	**39**	**32**	**7**			
西安市新城区	23	14	9	21	16	5	12	10	2			
西安市碑林区	6	3	3	6	3	3	11	9	2			
西安市长安区	14	4	10	12	7	5	6	5	1			
西安市周至县	1	1		1	1		1	1				
宝鸡市扶风县	1	1		1	1							
宝鸡市千阳县	6	4	2	1	1		1	1				
咸阳市渭城区	4	2	2	4	3	1	2	2				
咸阳市乾县	2	2		2	2							
咸阳市旬邑县				2	2							
渭南市临渭区	6	3	3				3	2	1			
渭南市蒲城县	9	7	2									
渭南市华县	4	3	1				1	1				
延安市洛川县	4	3	1	2	2							
榆林市绥德县	2	2										
榆林市神木县	3	1	2	4	4							
汉中市汉台区	5	2	3	1	1		2	1	1			
汉中市勉县	2	2										
汉中市宁强县	1	1										
安康市汉滨区	3	2	1	1		1						
安康市石泉县	7	5	2	2	2							
商洛市商州区				2	2							
商洛市山阳县	2	1	1									

2-10 各地区15岁及以上残疾人分性别的文盲人口

单位：人，%

地　区	残疾人口			文盲人口			文盲人口占残疾人口的比例		
	合计	男	女	小计	男	女	总比例	男	女
总　计	**4711**	**2474**	**2237**	**2077**	**760**	**1317**	**44.09**	**30.72**	**58.87**
西安市新城区	393	200	193	74	9	65	18.83	4.50	33.68
西安市碑林区	204	98	106	49	9	40	24.02	9.18	37.74
西安市长安区	202	108	94	45	17	28	22.28	15.74	29.79
西安市周至县	163	83	80	87	32	55	53.37	38.55	68.75
宝鸡市扶风县	185	91	94	82	22	60	44.32	24.18	63.83
宝鸡市千阳县	135	59	76	59	19	40	43.70	32.20	52.63
咸阳市渭城区	182	85	97	54	15	39	29.67	17.65	40.21
咸阳市乾县	167	97	70	83	32	51	49.70	32.99	72.86
咸阳市旬邑县	245	133	112	145	63	82	59.18	47.37	73.21
渭南市临渭区	208	94	114	57	13	44	27.40	13.83	38.60
渭南市蒲城县	277	150	127	95	26	69	34.30	17.33	54.33
渭南市华县	230	118	112	82	24	58	35.65	20.34	51.79
延安市洛川县	105	54	51	40	12	28	38.10	22.22	54.90
榆林市绥德县	218	125	93	133	56	77	61.01	44.80	82.80
榆林市神木县	195	115	80	119	57	62	61.03	49.57	77.50
汉中市汉台区	167	78	89	73	19	54	43.71	24.36	60.67
汉中市勉县	284	146	138	185	72	113	65.14	49.32	81.88
汉中市宁强县	194	119	75	117	57	60	60.31	47.90	80.00
安康市汉滨区	224	120	104	128	54	74	57.14	45.00	71.15
安康市石泉县	288	167	121	132	61	71	45.83	36.53	58.68
商洛市商州区	215	113	102	101	36	65	46.98	31.86	63.73
商洛市山阳县	230	121	109	137	55	82	59.57	45.45	75.23

2－10a 各地区城镇15岁及以上残疾人分性别的文盲人口

单位：人，%

地 区	残疾人口			文盲人口			文盲人口占残疾人口的比例		
	合计	男	女	小计	男	女	总比例	男	女
总 计	**1476**	**762**	**714**	**388**	**101**	**287**	**26.29**	**13.25**	**40.20**
西安市新城区	393	200	193	74	9	65	18.83	4.50	33.68
西安市碑林区	204	98	106	49	9	40	24.02	9.18	37.74
西安市长安区	131	69	62	24	10	14	18.32	14.49	22.58
西安市周至县									
宝鸡市扶风县	24	13	11	7	2	5	29.17	15.38	45.45
宝鸡市千阳县	22	11	11	5	1	4	22.73	9.09	36.36
咸阳市渭城区	119	54	65	33	8	25	27.73	14.81	38.46
咸阳市乾县									
咸阳市旬邑县									
渭南市临渭区	39	15	24	6	1	5	15.38	6.67	20.83
渭南市蒲城县	66	41	25	25	11	14	37.88	26.83	56.00
渭南市华县									
延安市洛川县	19	13	6	5	1	4	26.32	7.69	66.67
榆林市绥德县	42	24	18	21	7	14	50.00	29.17	77.78
榆林市神木县	33	20	13	6	1	5	18.18	5.00	38.46
汉中市汉台区	140	65	75	60	16	44	42.86	24.62	58.67
汉中市勉县	13	6	7	5		5	38.46		71.43
汉中市宁强县	43	29	14	9	2	7	20.93	6.90	50.00
安康市汉滨区	41	21	20	17	9	8	41.46	42.86	40.00
安康市石泉县	91	55	36	27	11	16	29.67	20.00	44.44
商洛市商州区	37	24	13	4	3	1	10.81	12.50	7.69
商洛市山阳县	19	4	15	11		11	57.89		73.33

2－10b 各地区农村15岁及以上残疾人分性别的文盲人口

单位：人，%

地区	残疾人口			文盲人口			文盲人口占残疾人口的比例		
	合计	男	女	小计	男	女	总比例	男	女
总计	**3235**	**1712**	**1523**	**1689**	**659**	**1030**	**52.21**	**38.49**	**67.63**
西安市新城区									
西安市碑林区									
西安市长安区	71	39	32	21	7	14	29.58	17.95	43.75
西安市周至县	163	83	80	87	32	55	53.37	38.55	68.75
宝鸡市扶风县	161	78	83	75	20	55	46.58	25.64	66.27
宝鸡市千阳县	113	48	65	54	18	36	47.79	37.50	55.38
咸阳市渭城区	63	31	32	21	7	14	33.33	22.58	43.75
咸阳市乾县	167	97	70	83	32	51	49.70	32.99	72.86
咸阳市旬邑县	245	133	112	145	63	82	59.18	47.37	73.21
渭南市临渭区	169	79	90	51	12	39	30.18	15.19	43.33
渭南市蒲城县	211	109	102	70	15	55	33.18	13.76	53.92
渭南市华县	230	118	112	82	24	58	35.65	20.34	51.79
延安市洛川县	86	41	45	35	11	24	40.70	26.83	53.33
榆林市绥德县	176	101	75	112	49	63	63.64	48.51	84.00
榆林市神木县	162	95	67	113	56	57	69.75	58.95	85.07
汉中市汉台区	27	13	14	13	3	10	48.15	23.08	71.43
汉中市勉县	271	140	131	180	72	108	66.42	51.43	82.44
汉中市宁强县	151	90	61	108	55	53	71.52	61.11	86.89
安康市汉滨区	183	99	84	111	45	66	60.66	45.45	78.57
安康市石泉县	197	112	85	105	50	55	53.30	44.64	64.71
商洛市商州区	178	89	89	97	33	64	54.49	37.08	71.91
商洛市山阳县	211	117	94	126	55	71	59.72	47.01	75.53

2－11 15岁及以上残疾人分年龄、性别的文盲人口

单位：人，%

年龄	残疾人口			文盲人口			文盲人口占残疾人口的比例		
	合计	男	女	小计	男	女	总比例	男	女
总计	**4711**	**2474**	**2237**	**2077**	**760**	**1317**	**44.09**	**30.72**	**58.87**
15-19	**108**	**65**	**43**	**35**	**19**	**16**	**32.41**	**29.23**	**37.21**
15岁	33	21	12	9	5	4	27.27	23.81	33.33
16岁	22	13	9	7	5	2	31.82	38.46	22.22
17岁	20	11	9	7	3	4	35.00	27.27	44.44
18岁	17	10	7	6	2	4	35.29	20.00	57.14
19岁	16	10	6	6	4	2	37.50	40.00	33.33
20-24	**90**	**48**	**42**	**35**	**19**	**16**	**38.89**	**39.58**	**38.10**
20岁	21	14	7	6	6		28.57	42.86	
21岁	16	5	11	7	3	4	43.75	60.00	36.36
22岁	19	12	7	11	6	5	57.89	50.00	71.43
23岁	15	7	8	4	2	2	26.67	28.57	25.00
24岁	19	10	9	7	2	5	36.84	20.00	55.56
25-29	**89**	**63**	**26**	**30**	**18**	**12**	**33.71**	**28.57**	**46.15**
25岁	14	7	7	4	1	3	28.57	14.29	42.86
26岁	16	12	4	6	4	2	37.50	33.33	50.00
27岁	16	14	2	4	4		25.00	28.57	
28岁	19	11	8	8	4	4	42.11	36.36	50.00
29岁	24	19	5	8	5	3	33.33	26.32	60.00
30-34	**174**	**93**	**81**	**47**	**19**	**28**	**27.01**	**20.43**	**34.57**
30岁	26	14	12	8	3	5	30.77	21.43	41.67
31岁	35	19	16	7	3	4	20.00	15.79	25.00
32岁	36	22	14	7	3	4	19.44	13.64	28.57
33岁	35	19	16	10	4	6	28.57	21.05	37.50
34岁	42	19	23	15	6	9	35.71	31.58	39.13
35-39	**238**	**133**	**105**	**67**	**27**	**40**	**28.15**	**20.30**	**38.10**
35岁	44	23	21	12	5	7	27.27	21.74	33.33
36岁	33	22	11	10	5	5	30.30	22.73	45.45

2－11 续表 1

单位：人，%

年 龄	残疾人口			文盲人口			文盲人口占残疾人口的比例		
	合计	男	女	小计	男	女	总比例	男	女
37岁	63	27	36	15	2	13	23.81	7.41	36.11
38岁	49	32	17	17	10	7	34.69	31.25	41.18
39岁	49	29	20	13	5	8	26.53	17.24	40.00
40-44	**310**	**177**	**133**	**111**	**54**	**57**	**35.81**	**30.51**	**42.86**
40岁	59	30	29	22	9	13	37.29	30.00	44.83
41岁	70	37	33	29	14	15	41.43	37.84	45.45
42岁	76	45	31	21	10	11	27.63	22.22	35.48
43岁	65	38	27	21	10	11	32.31	26.32	40.74
44岁	40	27	13	18	11	7	45.00	40.74	53.85
45-49	**320**	**180**	**140**	**118**	**59**	**59**	**36.88**	**32.78**	**42.14**
45岁	34	20	14	13	4	9	38.24	20.00	64.29
46岁	54	27	27	11	4	7	20.37	14.81	25.93
47岁	55	35	20	16	10	6	29.09	28.57	30.00
48岁	91	46	45	39	19	20	42.86	41.30	44.44
49岁	86	52	34	39	22	17	45.35	42.31	50.00
50-54	**464**	**266**	**198**	**197**	**85**	**112**	**42.46**	**31.95**	**56.57**
50岁	90	51	39	33	13	20	36.67	25.49	51.28
51岁	90	52	38	35	17	18	38.89	32.69	47.37
52岁	89	51	38	40	15	25	44.94	29.41	65.79
53岁	107	63	44	56	26	30	52.34	41.27	68.18
54岁	88	49	39	33	14	19	37.50	28.57	48.72
55-59	**379**	**200**	**179**	**141**	**60**	**81**	**37.20**	**30.00**	**45.25**
55岁	58	24	34	29	8	21	50.00	33.33	61.76
56岁	89	46	43	36	19	17	40.45	41.30	39.53
57岁	67	33	34	24	10	14	35.82	30.30	41.18
58岁	73	37	36	25	10	15	34.25	27.03	41.67
59岁	92	60	32	27	13	14	29.35	21.67	43.75
60-64	**510**	**280**	**230**	**195**	**74**	**121**	**38.24**	**26.43**	**52.61**
60岁	93	44	49	38	12	26	40.86	27.27	53.06

2－11 续表 2

单位：人，%

年龄	残疾人口			文盲人口			文盲人口占残疾人口的比例		
	合计	男	女	小计	男	女	总比例	男	女
61岁	100	54	46	42	13	29	42.00	24.07	63.04
62岁	100	55	45	32	10	22	32.00	18.18	48.89
63岁	123	71	52	44	22	22	35.77	30.99	42.31
64岁	94	56	38	39	17	22	41.49	30.36	57.89
65-69	**574**	**278**	**296**	**255**	**84**	**171**	**44.43**	**30.22**	**57.77**
65岁	112	54	58	50	15	35	44.64	27.78	60.34
66岁	99	47	52	41	13	28	41.41	27.66	53.85
67岁	115	49	66	53	18	35	46.09	36.73	53.03
68岁	123	67	56	53	18	35	43.09	26.87	62.50
69岁	125	61	64	58	20	38	46.40	32.79	59.38
70-74	**598**	**298**	**300**	**301**	**90**	**211**	**50.33**	**30.20**	**70.33**
70岁	107	52	55	55	18	37	51.40	34.62	67.27
71岁	128	58	70	64	15	49	50.00	25.86	70.00
72岁	129	68	61	59	12	47	45.74	17.65	77.05
73岁	101	51	50	51	17	34	50.50	33.33	68.00
74岁	133	69	64	72	28	44	54.14	40.58	68.75
75-79	**433**	**211**	**222**	**263**	**81**	**182**	**60.74**	**38.39**	**81.98**
75岁	120	59	61	60	17	43	50.00	28.81	70.49
76岁	88	48	40	58	19	39	65.91	39.58	97.50
77岁	78	37	41	50	17	33	64.10	45.95	80.49
78岁	76	34	42	51	15	36	67.11	44.12	85.71
79岁	71	33	38	44	13	31	61.97	39.39	81.58
80-84	**288**	**135**	**153**	**186**	**58**	**128**	**64.58**	**42.96**	**83.66**
80岁	79	33	46	52	15	37	65.82	45.45	80.43
81岁	72	31	41	45	10	35	62.50	32.26	85.37
82岁	52	25	27	37	13	24	71.15	52.00	88.89
83岁	42	24	18	24	11	13	57.14	45.83	72.22
84岁	43	22	21	28	9	19	65.12	40.91	90.48
85+	**136**	**47**	**89**	**96**	**13**	**83**	**70.59**	**27.66**	**93.26**

2－12　15岁及以上残疾人分年龄、性别的婚姻状况

单位：人

年　龄	残疾人			未婚			初婚有配偶		
	合计	男	女	小计	男	女	小计	男	女
总　计	**4711**	**2474**	**2237**	**581**	**500**	**81**	**2812**	**1507**	**1305**
15-19	**108**	**65**	**43**	**107**	**65**	**42**	**1**		**1**
15岁	33	21	12	33	21	12			
16岁	22	13	9	22	13	9			
17岁	20	11	9	20	11	9			
18岁	17	10	7	16	10	6	1		1
19岁	16	10	6	16	10	6			
20-24	**90**	**48**	**42**	**68**	**46**	**22**	**22**	**2**	**20**
20岁	21	14	7	19	14	5	2		2
21岁	16	5	11	12	5	7	4		4
22岁	19	12	7	14	12	2	5		5
23岁	15	7	8	11	6	5	4	1	3
24岁	19	10	9	12	9	3	7	1	6
25-29	**89**	**63**	**26**	**49**	**44**	**5**	**37**	**18**	**19**
25岁	14	7	7	7	5	2	6	2	4
26岁	16	12	4	10	9	1	6	3	3
27岁	16	14	2	9	9		7	5	2
28岁	19	11	8	9	8	1	8	2	6
29岁	24	19	5	14	13	1	10	6	4
30-34	**174**	**93**	**81**	**46**	**44**	**2**	**117**	**43**	**74**
30岁	26	14	12	8	7	1	17	7	10
31岁	35	19	16	6	6		26	12	14
32岁	36	22	14	11	10	1	23	10	13
33岁	35	19	16	11	11		22	7	15
34岁	42	19	23	10	10		29	7	22
35-39	**238**	**133**	**105**	**49**	**46**	**3**	**165**	**70**	**95**
35岁	44	23	21	9	8	1	30	11	19
36岁	33	22	11	9	9		22	11	11

2-12 续表 1

单位：人

年龄	残疾人			未婚			初婚有配偶		
	合计	男	女	小计	男	女	小计	男	女
37岁	63	27	36	9	8	1	45	15	30
38岁	49	32	17	9	8	1	37	22	15
39岁	49	29	20	13	13		31	11	20
40-44	**310**	**177**	**133**	**64**	**62**	**2**	**217**	**101**	**116**
40岁	59	30	29	14	12	2	40	15	25
41岁	70	37	33	14	14		50	20	30
42岁	76	45	31	14	14		57	28	29
43岁	65	38	27	13	13		43	21	22
44岁	40	27	13	9	9		27	17	10
45-49	**320**	**180**	**140**	**64**	**63**	**1**	**218**	**93**	**125**
45岁	34	20	14	6	6		24	11	13
46岁	54	27	27	6	6		39	15	24
47岁	55	35	20	15	15		34	17	17
48岁	91	46	45	17	17		64	23	41
49岁	86	52	34	20	19	1	57	27	30
50-54	**464**	**266**	**198**	**68**	**66**	**2**	**352**	**174**	**178**
50岁	90	51	39	15	14	1	65	33	32
51岁	90	52	38	19	18	1	66	30	36
52岁	89	51	38	9	9		71	36	35
53岁	107	63	44	17	17		79	41	38
54岁	88	49	39	8	8		71	34	37
55-59	**379**	**200**	**179**	**27**	**26**	**1**	**293**	**150**	**143**
55岁	58	24	34	3	3		46	19	27
56岁	89	46	43	8	8		65	31	34
57岁	67	33	34	2	2		57	28	29
58岁	73	37	36	6	6		58	26	32
59岁	92	60	32	8	7	1	67	46	21
60-64	**510**	**280**	**230**	**22**	**21**	**1**	**370**	**207**	**163**
60岁	93	44	49	5	5		72	33	39
61岁	100	54	46	6	6		74	41	33
62岁	100	55	45	2	2		75	46	29

2-12 续表 2

单位：人

年龄	残疾人			未婚			初婚有配偶		
	合计	男	女	小计	男	女	小计	男	女
63岁	123	71	52	6	5	1	83	48	35
64岁	94	56	38	3	3		66	39	27
65-69	**574**	**278**	**296**	**8**	**8**		**386**	**225**	**161**
65岁	112	54	58	4	4		76	42	34
66岁	99	47	52	2	2		64	39	25
67岁	115	49	66	1	1		74	34	40
68岁	123	67	56	1	1		92	59	33
69岁	125	61	64				80	51	29
70-74	**598**	**298**	**300**	**4**	**4**		**342**	**220**	**122**
70岁	107	52	55	3	3		66	41	25
71岁	128	58	70	1	1		69	41	28
72岁	129	68	61				77	54	23
73岁	101	51	50				57	36	21
74岁	133	69	64				73	48	25
75-79	**433**	**211**	**222**	**4**	**4**		**190**	**131**	**59**
75岁	120	59	61				59	40	19
76岁	88	48	40	2	2		45	32	13
77岁	78	37	41				29	22	7
78岁	76	34	42	1	1		28	16	12
79岁	71	33	38	1	1		29	21	8
80-84	**288**	**135**	**153**				**85**	**59**	**26**
80岁	79	33	46				23	16	7
81岁	72	31	41				21	14	7
82岁	52	25	27				11	8	3
83岁	42	24	18				15	12	3
84岁	43	22	21				15	9	6
85+	**136**	**47**	**89**	**1**	**1**		**17**	**14**	**3**

2－12 续表 3

单位：人

年龄	再婚有配偶			离婚			丧偶		
	小计	男	女	小计	男	女	小计	男	女
总 计	**129**	**70**	**59**	**97**	**78**	**19**	**1092**	**319**	**773**
15－19									
15岁									
16岁									
17岁									
18岁									
19岁									
20－24									
20岁									
21岁									
22岁									
23岁									
24岁									
25－29	**2**		**2**	**1**	**1**				
25岁	1		1						
26岁									
27岁									
28岁	1		1	1	1				
29岁									
30－34	**3**		**3**	**8**	**6**	**2**			
30岁				1		1			
31岁	1		1	2	1	1			
32岁				2	2				
33岁	1		1	1	1				
34岁	1		1	2	2				
35－39	**4**	**1**	**3**	**19**	**16**	**3**	**1**		**1**
35岁				5	4	1			
36岁				2	2				

2－12 续表 4

单位：人

年 龄	再婚有配偶			离婚			丧偶		
	小计	男	女	小计	男	女	小计	男	女
37岁	2		2	6	4	2	1		1
38岁	1		1	2	2				
39岁	1	1		4	4				
40-44	**7**	**3**	**4**	**11**	**8**	**3**	**11**	**3**	**8**
40岁				3	2	1	2	1	1
41岁	1		1	3	2	1	2	1	1
42岁	2	2		1	1		2		2
43岁	3		3	4	3	1	2	1	1
44岁	1	1					3		3
45-49	**9**	**4**	**5**	**19**	**17**	**2**	**10**	**3**	**7**
45岁	2	2		1	1		1		1
46岁	3	1	2	4	3	1	2	2	
47岁	1		1	3	3		2		2
48岁	3	1	2	5	5		2		2
49岁				6	5	1	3	1	2
50-54	**14**	**9**	**5**	**12**	**9**	**3**	**18**	**8**	**10**
50岁	3	1	2	1	1		6	2	4
51岁	2	2		1	1		2	1	1
52岁	1	1		4	2	2	4	3	1
53岁	4	1	3	3	3		4	1	3
54岁	4	4		3	2	1	2	1	1
55-59	**11**	**8**	**3**	**6**	**5**	**1**	**42**	**11**	**31**
55岁	2	2		1		1	6		6
56岁	5	2	3	1	1		10	4	6
57岁	1	1		1	1		6	1	5
58岁	1	1		1	1		7	3	4
59岁	2	2		2	2		13	3	10
60-64	**20**	**7**	**13**	**8**	**6**	**2**	**90**	**39**	**51**
60岁	6	2	4	1	1		9	3	6
61岁	4	3	1	1	1		15	3	12
62岁	3	1	2	2	2		18	4	14

2－12 续表 5

单位：人

年 龄	再婚有配偶			离婚			丧偶		
	小计	男	女	小计	男	女	小计	男	女
63岁	4	1	3	2	1	1	28	16	12
64岁	3		3	2	1	1	20	13	7
65-69	**12**	**4**	**8**	**3**	**2**	**1**	**165**	**39**	**126**
65岁	3	1	2	1	1		28	6	22
66岁							33	6	27
67岁	5	1	4				35	13	22
68岁	1		1				29	7	22
69岁	3	2	1	2	1	1	40	7	33
70-74	**19**	**15**	**4**	**5**	**4**	**1**	**228**	**55**	**173**
70岁	3	1	2				35	7	28
71岁	3	3		3	3		52	10	42
72岁	3	3					49	11	38
73岁	5	5		2	1	1	37	9	28
74岁	5	3	2				55	18	37
75-79	**16**	**11**	**5**	**2**	**2**		**221**	**63**	**158**
75岁	4	3	1				57	16	41
76岁	5	4	1				36	10	26
77岁	1	1		1	1		47	13	34
78岁	5	3	2				42	14	28
79岁	1		1	1	1		39	10	29
80-84	**10**	**6**	**4**	**2**	**1**	**1**	**191**	**69**	**122**
80岁	4	3	1				52	14	38
81岁	3	1	2				48	16	32
82岁	3	2	1	1	1		37	14	23
83岁							27	12	15
84岁				1		1	27	13	14
85+	**2**	**2**		**1**	**1**		**115**	**29**	**86**

2－13 残疾人分年龄、性别的经济活动人口

单位：人

年龄	残疾人口			在业人口			不在业人口		
	合计	男	女	小计	男	女	小计	男	女
总　计	**4711**	**2474**	**2237**	**1593**	**1009**	**584**	**3118**	**1465**	**1653**
15－19	**108**	**65**	**43**	**17**	**7**	**10**	**91**	**58**	**33**
15岁	33	21	12	4	2	2	29	19	10
16岁	22	13	9	3	1	2	19	12	7
17岁	20	11	9	3	1	2	17	10	7
18岁	17	10	7	2		2	15	10	5
19岁	16	10	6	5	3	2	11	7	4
20－24	**90**	**48**	**42**	**41**	**21**	**20**	**49**	**27**	**22**
20岁	21	14	7	8	5	3	13	9	4
21岁	16	5	11	5	1	4	11	4	7
22岁	19	12	7	11	5	6	8	7	1
23岁	15	7	8	9	5	4	6	2	4
24岁	19	10	9	8	5	3	11	5	6
25－29	**89**	**63**	**26**	**42**	**29**	**13**	**47**	**34**	**13**
25岁	14	7	7	4	3	1	10	4	6
26岁	16	12	4	9	6	3	7	6	1
27岁	16	14	2	9	8	1	7	6	1
28岁	19	11	8	9	3	6	10	8	2
29岁	24	19	5	11	9	2	13	10	3
30－34	**174**	**93**	**81**	**104**	**60**	**44**	**70**	**33**	**37**
30岁	26	14	12	16	10	6	10	4	6
31岁	35	19	16	22	12	10	13	7	6
32岁	36	22	14	22	16	6	14	6	8
33岁	35	19	16	18	10	8	17	9	8
34岁	42	19	23	26	12	14	16	7	9
35－39	**238**	**133**	**105**	**139**	**85**	**54**	**99**	**48**	**51**
35岁	44	23	21	30	16	14	14	7	7
36岁	33	22	11	21	17	4	12	5	7

2－13 续表 1

单位：人

年龄	残疾人口			在业人口			不在业人口		
	合计	男	女	小计	男	女	小计	男	女
37岁	63	27	36	35	16	19	28	11	17
38岁	49	32	17	29	22	7	20	10	10
39岁	49	29	20	24	14	10	25	15	10
40-44	**310**	**177**	**133**	**180**	**101**	**79**	**130**	**76**	**54**
40岁	59	30	29	33	18	15	26	12	14
41岁	70	37	33	39	17	22	31	20	11
42岁	76	45	31	47	27	20	29	18	11
43岁	65	38	27	41	24	17	24	14	10
44岁	40	27	13	20	15	5	20	12	8
45-49	**320**	**180**	**140**	**191**	**111**	**80**	**129**	**69**	**60**
45岁	34	20	14	17	11	6	17	9	8
46岁	54	27	27	32	15	17	22	12	10
47岁	55	35	20	36	23	13	19	12	7
48岁	91	46	45	52	27	25	39	19	20
49岁	86	52	34	54	35	19	32	17	15
50-54	**464**	**266**	**198**	**274**	**177**	**97**	**190**	**89**	**101**
50岁	90	51	39	55	32	23	35	19	16
51岁	90	52	38	55	34	21	35	18	17
52岁	89	51	38	55	35	20	34	16	18
53岁	107	63	44	62	42	20	45	21	24
54岁	88	49	39	47	34	13	41	15	26
55-59	**379**	**200**	**179**	**176**	**111**	**65**	**203**	**89**	**114**
55岁	58	24	34	32	15	17	26	9	17
56岁	89	46	43	50	30	20	39	16	23
57岁	67	33	34	29	21	8	38	12	26
58岁	73	37	36	35	19	16	38	18	20
59岁	92	60	32	30	26	4	62	34	28

2-13 续表 2

单位：人

年 龄	残疾人口			在业人口			不在业人口		
	合计	男	女	小计	男	女	小计	男	女
60-64	**510**	**280**	**230**	**201**	**143**	**58**	**309**	**137**	**172**
60岁	93	44	49	45	26	19	48	18	30
61岁	100	54	46	39	26	13	61	28	33
62岁	100	55	45	42	31	11	58	24	34
63岁	123	71	52	44	34	10	79	37	42
64岁	94	56	38	31	26	5	63	30	33
65-69	**574**	**278**	**296**	**140**	**94**	**46**	**434**	**184**	**250**
65岁	112	54	58	32	20	12	80	34	46
66岁	99	47	52	30	20	10	69	27	42
67岁	115	49	66	29	18	11	86	31	55
68岁	123	67	56	27	20	7	96	47	49
69岁	125	61	64	22	16	6	103	45	58
70-74	**598**	**298**	**300**	**57**	**45**	**12**	**541**	**253**	**288**
70岁	107	52	55	14	10	4	93	42	51
71岁	128	58	70	8	5	3	120	53	67
72岁	129	68	61	16	15	1	113	53	60
73岁	101	51	50	10	7	3	91	44	47
74岁	133	69	64	9	8	1	124	61	63
75-79	**433**	**211**	**222**	**24**	**19**	**5**	**409**	**192**	**217**
75岁	120	59	61	6	4	2	114	55	59
76岁	88	48	40	8	7	1	80	41	39
77岁	78	37	41	5	4	1	73	33	40
78岁	76	34	42	4	3	1	72	31	41
79岁	71	33	38	1	1		70	32	38
80-84	**288**	**135**	**153**	**6**	**5**	**1**	**282**	**130**	**152**
80岁	79	33	46	3	3		76	30	46
81岁	72	31	41	2	1	1	70	30	40
82岁	52	25	27				52	25	27
83岁	42	24	18	1	1		41	23	18
84岁	43	22	21				43	22	21
85+	**136**	**47**	**89**	**1**	**1**		**135**	**46**	**89**

2－13a 城镇残疾人分年龄、性别的经济活动人口

单位：人

年 龄	残疾人口			在业人口			不在业人口		
	合计	男	女	小计	男	女	小计	男	女
总 计	**1476**	**762**	**714**	**278**	**199**	**79**	**1198**	**563**	**635**
15-19	**22**	**13**	**9**	**3**		**3**	**19**	**13**	**6**
15岁	4	3	1				4	3	1
16岁	3	2	1				3	2	1
17岁	7	5	2	1		1	6	5	1
18岁	5	2	3	1		1	4	2	2
19岁	3	1	2	1		1	2	1	1
20-24	**19**	**14**	**5**	**5**	**4**	**1**	**14**	**10**	**4**
20岁	6	6		2	2		4	4	
21岁	1		1				1		1
22岁	7	6	1	1	1		6	5	1
23岁	2		2				2		2
24岁	3	2	1	2	1	1	1	1	
25-29	**21**	**15**	**6**	**8**	**5**	**3**	**13**	**10**	**3**
25岁	3	1	2				3	1	2
26岁	2	2		2	2				
27岁	3	3		1	1		2	2	
28岁	4	2	2	3	1	2	1	1	
29岁	9	7	2	2	1	1	7	6	1
30-34	**36**	**22**	**14**	**17**	**12**	**5**	**19**	**10**	**9**
30岁	4	2	2	3	1	2	1	1	
31岁	4	4		2	2		2	2	
32岁	7	5	2	3	3		4	2	2
33岁	9	5	4	3	2	1	6	3	3
34岁	12	6	6	6	4	2	6	2	4
35-39	**60**	**40**	**20**	**32**	**26**	**6**	**28**	**14**	**14**
35岁	10	6	4	8	5	3	2	1	1
36岁	10	7	3	4	4		6	3	3

2－13a 续表 1

单位：人

年龄	残疾人口			在业人口			不在业人口		
	合计	男	女	小计	男	女	小计	男	女
37岁	17	10	7	7	6	1	10	4	6
38岁	13	10	3	8	8		5	2	3
39岁	10	7	3	5	3	2	5	4	1
40-44	**88**	**56**	**32**	**41**	**28**	**13**	**47**	**28**	**19**
40岁	9	5	4	4	3	1	5	2	3
41岁	21	11	10	10	5	5	11	6	5
42岁	23	19	4	11	9	2	12	10	2
43岁	24	14	10	12	8	4	12	6	6
44岁	11	7	4	4	3	1	7	4	3
45-49	**84**	**47**	**37**	**38**	**22**	**16**	**46**	**25**	**21**
45岁	6	5	1	2	2		4	3	1
46岁	20	9	11	12	6	6	8	3	5
47岁	16	10	6	8	6	2	8	4	4
48岁	18	10	8	6	2	4	12	8	4
49岁	24	13	11	10	6	4	14	7	7
50-54	**119**	**74**	**45**	**55**	**50**	**5**	**64**	**24**	**40**
50岁	21	14	7	10	8	2	11	6	5
51岁	19	12	7	8	8		11	4	7
52岁	20	13	7	7	7		13	6	7
53岁	31	22	9	17	16	1	14	6	8
54岁	28	13	15	13	11	2	15	2	13
55-59	**105**	**53**	**52**	**27**	**18**	**9**	**78**	**35**	**43**
55岁	15	8	7	9	5	4	6	3	3
56岁	24	12	12	9	5	4	15	7	8
57岁	22	10	12	3	3		19	7	12
58岁	20	9	11	2	2		18	7	11
59岁	24	14	10	4	3	1	20	11	9
60-64	**149**	**74**	**75**	**30**	**22**	**8**	**119**	**52**	**67**

2－13a 续表 2

单位：人

年 龄	残疾人口			在业人口			不在业人口		
	合计	男	女	小计	男	女	小计	男	女
60岁	22	7	15	5	2	3	17	5	12
61岁	18	8	10	5	4	1	13	4	9
62岁	37	18	19	5	3	2	32	15	17
63岁	46	27	19	11	10	1	35	17	18
64岁	26	14	12	4	3	1	22	11	11
65–69	**196**	**84**	**112**	**13**	**9**	**4**	**183**	**75**	**108**
65岁	30	13	17	3	2	1	27	11	16
66岁	34	15	19	4	3	1	30	12	18
67岁	41	9	32	2		2	39	9	30
68岁	43	25	18	3	3		40	22	18
69岁	48	22	26	1	1		47	21	26
70–74	**237**	**115**	**122**	**6**	**1**	**5**	**231**	**114**	**117**
70岁	41	18	23	4	1	3	37	17	20
71岁	57	25	32	1		1	56	25	31
72岁	47	29	18				47	29	18
73岁	44	21	23	1		1	43	21	22
74岁	48	22	26				48	22	26
75–79	**168**	**79**	**89**	**2**	**2**		**166**	**77**	**89**
75岁	58	25	33				58	25	33
76岁	32	18	14	1	1		31	17	14
77岁	28	12	16	1	1		27	11	16
78岁	21	9	12				21	9	12
79岁	29	15	14				29	15	14
80–84	**116**	**55**	**61**	**1**		**1**	**115**	**55**	**60**
80岁	31	13	18				31	13	18
81岁	29	13	16	1		1	28	13	15
82岁	21	12	9				21	12	9
83岁	18	10	8				18	10	8
84岁	17	7	10				17	7	10
85+	**56**	**21**	**35**				**56**	**21**	**35**

2－13b　农村残疾人分年龄、性别的经济活动人口

单位：人

年　龄	残疾人口			在业人口			不在业人口		
	合计	男	女	小计	男	女	小计	男	女
总　计	**3235**	**1712**	**1523**	**1315**	**810**	**505**	**1920**	**902**	**1018**
15－19	**86**	**52**	**34**	**14**	**7**	**7**	**72**	**45**	**27**
15岁	29	18	11	4	2	2	25	16	9
16岁	19	11	8	3	1	2	16	10	6
17岁	13	6	7	2	1	1	11	5	6
18岁	12	8	4	1		1	11	8	3
19岁	13	9	4	4	3	1	9	6	3
20－24	**71**	**34**	**37**	**36**	**17**	**19**	**35**	**17**	**18**
20岁	15	8	7	6	3	3	9	5	4
21岁	15	5	10	5	1	4	10	4	6
22岁	12	6	6	10	4	6	2	2	
23岁	13	7	6	9	5	4	4	2	2
24岁	16	8	8	6	4	2	10	4	6
25－29	**68**	**48**	**20**	**34**	**24**	**10**	**34**	**24**	**10**
25岁	11	6	5	4	3	1	7	3	4
26岁	14	10	4	7	4	3	7	6	1
27岁	13	11	2	8	7	1	5	4	1
28岁	15	9	6	6	2	4	9	7	2
29岁	15	12	3	9	8	1	6	4	2
30－34	**138**	**71**	**67**	**87**	**48**	**39**	**51**	**23**	**28**
30岁	22	12	10	13	9	4	9	3	6
31岁	31	15	16	20	10	10	11	5	6
32岁	29	17	12	19	13	6	10	4	6
33岁	26	14	12	15	8	7	11	6	5
34岁	30	13	17	20	8	12	10	5	5
35－39	**178**	**93**	**85**	**107**	**59**	**48**	**71**	**34**	**37**
35岁	34	17	17	22	11	11	12	6	6
36岁	23	15	8	17	13	4	6	2	4

2－13b 续表 1

单位：人

年 龄	残疾人口			在业人口			不在业人口		
	合计	男	女	小计	男	女	小计	男	女
37岁	46	17	29	28	10	18	18	7	11
38岁	36	22	14	21	14	7	15	8	7
39岁	39	22	17	19	11	8	20	11	9
40-44	**222**	**121**	**101**	**139**	**73**	**66**	**83**	**48**	**35**
40岁	50	25	25	29	15	14	21	10	11
41岁	49	26	23	29	12	17	20	14	6
42岁	53	26	27	36	18	18	17	8	9
43岁	41	24	17	29	16	13	12	8	4
44岁	29	20	9	16	12	4	13	8	5
45-49	**236**	**133**	**103**	**153**	**89**	**64**	**83**	**44**	**39**
45岁	28	15	13	15	9	6	13	6	7
46岁	34	18	16	20	9	11	14	9	5
47岁	39	25	14	28	17	11	11	8	3
48岁	73	36	37	46	25	21	27	11	16
49岁	62	39	23	44	29	15	18	10	8
50-54	**345**	**192**	**153**	**219**	**127**	**92**	**126**	**65**	**61**
50岁	69	37	32	45	24	21	24	13	11
51岁	71	40	31	47	26	21	24	14	10
52岁	69	38	31	48	28	20	21	10	11
53岁	76	41	35	45	26	19	31	15	16
54岁	60	36	24	34	23	11	26	13	13
55-59	**274**	**147**	**127**	**149**	**93**	**56**	**125**	**54**	**71**
55岁	43	16	27	23	10	13	20	6	14
56岁	65	34	31	41	25	16	24	9	15
57岁	45	23	22	26	18	8	19	5	14
58岁	53	28	25	33	17	16	20	11	9
59岁	68	46	22	26	23	3	42	23	19
60-64	**361**	**206**	**155**	**171**	**121**	**50**	**190**	**85**	**105**

2－13b 续表 2

单位：人

年 龄	残疾人口			在业人口			不在业人口		
	合计	男	女	小计	男	女	小计	男	女
60岁	71	37	34	40	24	16	31	13	18
61岁	82	46	36	34	22	12	48	24	24
62岁	63	37	26	37	28	9	26	9	17
63岁	77	44	33	33	24	9	44	20	24
64岁	68	42	26	27	23	4	41	19	22
65-69	**378**	**194**	**184**	**127**	**85**	**42**	**251**	**109**	**142**
65岁	82	41	41	29	18	11	53	23	30
66岁	65	32	33	26	17	9	39	15	24
67岁	74	40	34	27	18	9	47	22	25
68岁	80	42	38	24	17	7	56	25	31
69岁	77	39	38	21	15	6	56	24	32
70-74	**361**	**183**	**178**	**51**	**44**	**7**	**310**	**139**	**171**
70岁	66	34	32	10	9	1	56	25	31
71岁	71	33	38	7	5	2	64	28	36
72岁	82	39	43	16	15	1	66	24	42
73岁	57	30	27	9	7	2	48	23	25
74岁	85	47	38	9	8	1	76	39	37
75-79	**265**	**132**	**133**	**22**	**17**	**5**	**243**	**115**	**128**
75岁	62	34	28	6	4	2	56	30	26
76岁	56	30	26	7	6	1	49	24	25
77岁	50	25	25	4	3	1	46	22	24
78岁	55	25	30	4	3	1	51	22	29
79岁	42	18	24	1	1		41	17	24
80-84	**172**	**80**	**92**	**5**	**5**		**167**	**75**	**92**
80岁	48	20	28	3	3		45	17	28
81岁	43	18	25	1	1		42	17	25
82岁	31	13	18				31	13	18
83岁	24	14	10	1	1		23	13	10
84岁	26	15	11				26	15	11
85+	**80**	**26**	**54**	**1**	**1**		**79**	**25**	**54**

2－14　残疾人分年龄、性别的职业状况

单位：人

年　龄	在业残疾人			国家机关、党群组织、企业、事业单位负责人			专业技术人员			办事人员和有关人员		
	合计	男	女	合计	男	女	合计	男	女	小计	男	女
总　计	**1593**	**1009**	**584**	**18**	**17**	**1**	**39**	**28**	**11**	**28**	**23**	**5**
15-19	17	7	10				3		3			
20-24	41	21	20				1	1				
25-29	42	29	13									
30-34	104	60	44	2	2		6	4	2	2	2	
35-39	139	85	54	1	1		5	5		2	2	
40-44	180	101	79	2	2		4	2	2	5	4	1
45-49	191	111	80	3	3		8	4	4	8	7	1
50-54	274	177	97	7	6	1	4	4		3	2	1
55-59	176	111	65	2	2		4	4				
60-64	201	143	58				2	2		4	4	
65+	228	164	64	1	1		2	2		4	2	2

2－14　续表

单位：人

年　龄	商业、服务业人员			农、林、牧、渔、水利业生产人员			生产、运输设备操作人员及有关人员			不便分类的其他从业人员		
	小计	男	女	小计	男	女	小计	男	女	合计	男	女
总　计	**126**	**83**	**43**	**1262**	**752**	**510**	**120**	**106**	**14**			
15-19	1		1	13	7	6						
20-24	6	3	3	30	13	17	4	4				
25-29	7	4	3	24	15	9	11	10	1			
30-34	7	5	2	76	37	39	11	10	1			
35-39	20	15	5	94	47	47	17	15	2			
40-44	23	13	10	129	64	65	17	16	1			
45-49	13	6	7	137	74	63	22	17	5			
50-54	19	18	1	217	124	93	24	23	1			
55-59	6	3	3	158	96	62	6	6				
60-64	11	9	2	178	124	54	6	4	2			
65+	13	7	6	206	151	55	2	1	1			

2－15 残疾人分性别、受教育程度的职业状况

单位：人

受教育程度	在业残疾人			国家机关、党群组织、企业、事业单位负责人			专业技术人员			办事人员和有关人员		
	合计	男	女	小计	男	女	小计	男	女	小计	男	女
总　计	**1593**	**1009**	**584**	**18**	**17**	**1**	**39**	**28**	**11**	**28**	**23**	**5**
不识字	550	278	272				2	1	1	2		2
未上过学	8	6	2							1	1	
小学	514	329	185	3	3		1	1		6	6	
初中	386	291	95	8	8		10	7	3	3	3	
高中	99	78	21	2	2		8	6	2	13	11	2
中专	18	13	5	3	2	1	6	4	2	1	1	
大学专科	14	10	4	2	2		8	5	3	2	1	1
大学本科	4	4					4	4				
研究生												

2－15 续表

单位：人

受教育程度	商业、服务业人员			农、林、牧、渔、水利业生产人员			生产、运输设备操作人员及有关人员			不便分类的其他从业人员		
	小计	男	女	小计	男	女	小计	男	女	小计	男	女
总　计	**126**	**83**	**43**	**1262**	**752**	**510**	**120**	**106**	**14**			
不识字	19	11	8	508	249	259	19	17	2			
未上过学				6	5	1	1		1			
小学	26	19	7	451	277	174	27	23	4			
初中	58	40	18	251	184	67	56	49	7			
高中	19	10	9	44	36	8	13	13				
中专	3	2	1	1		1	4	4				
大学专科	1	1		1	1							
大学本科												
研究生												

2－16 各地区残疾人分性别的未工作状况

单位：人

地　区	未工作残疾人			在校学生			离退休		
	合计	男	女	小计	男	女	小计	男	女
总　计	**3118**	**1465**	**1653**	**34**	**24**	**10**	**627**	**414**	**213**
西安市新城区	347	165	182	2	1	1	236	137	99
西安市碑林区	185	87	98				105	55	50
西安市长安区	129	61	68				48	31	17
西安市周至县	91	41	50	3	2	1	4	4	
宝鸡市扶风县	120	42	78	3	1	2	2	2	
宝鸡市千阳县	83	37	46	2	2		7	6	1
咸阳市渭城区	135	60	75				45	32	13
咸阳市乾县	140	77	63	1	1		10	10	
咸阳市旬邑县	103	45	58	2	2		7	7	
渭南市临渭区	138	58	80	1	1		29	20	9
渭南市蒲城县	195	97	98	2	2		31	30	1
渭南市华县	147	64	83				10	9	1
延安市洛川县	54	27	27	2	1	1	4	4	
榆林市绥德县	158	75	83	1		1	8	8	
榆林市神木县	107	57	50	2	1	1	9	7	2
汉中市汉台区	129	52	77	2	2		26	15	11
汉中市勉县	162	75	87	1		1	6	6	
汉中市宁强县	133	82	51	1	1		6	6	
安康市汉滨区	132	60	72	2	2		12	7	5
安康市石泉县	167	81	86	3	3		12	10	2
商洛市商州区	131	62	69	1		1	7	6	1
商洛市山阳县	132	60	72	3	2	1	3	2	1

2－16　续表 1

单位：人

地　区	料理家务			丧失劳动能力			毕业后未工作		
	小计	男	女	小计	男	女	小计	男	女
总　计	**615**	**75**	**540**	**1695**	**855**	**840**	**10**	**7**	**3**
西安市新城区	46	2	44	32	9	23	3	2	1
西安市碑林区	24	7	17	42	18	24			
西安市长安区	21	1	20	57	27	30			
西安市周至县	20	6	14	63	28	35	1	1	
宝鸡市扶风县	28	3	25	83	34	49			
宝鸡市千阳县	23	3	20	48	24	24			
咸阳市渭城区	35	5	30	48	20	28	1		1
咸阳市乾县	21	3	18	106	61	45	2	2	
咸阳市旬邑县	26	2	24	67	34	33			
渭南市临渭区	34	4	30	68	29	39			
渭南市蒲城县	44	3	41	110	57	53			
渭南市华县	40	4	36	95	50	45	1		1
延安市洛川县	11	2	9	36	19	17			
榆林市绥德县	27	2	25	111	56	55			
榆林市神木县	9	2	7	84	44	40	1	1	
汉中市汉台区	32	5	27	63	25	38	1	1	
汉中市勉县	26		26	126	67	59			
汉中市宁强县	17	2	15	102	66	36			
安康市汉滨区	37	8	29	76	40	36			
安康市石泉县	47	5	42	97	58	39			
商洛市商州区	23	6	17	94	45	49			
商洛市山阳县	24		24	87	44	43			

2-16 续表 2

单位：人

地 区	因单位原因失去原工作			因本人原因失去原工作			承包土地被征用			其他		
	小计	男	女	小计	男	女	小计	男	女	小计	男	女
总 计	**40**	**26**	**14**	**32**	**23**	**9**	**5**	**4**	**1**	**60**	**37**	**23**
西安市新城区	12	6	6	10	7	3	1	1		5		5
西安市碑林区	6	1	5	4	3	1	4	3	1			
西安市长安区	2	1	1	1	1							
西安市周至县												
宝鸡市扶风县				3	1	2				1	1	
宝鸡市千阳县				1	1					2	1	1
咸阳市渭城区	4	3	1	1		1				1		1
咸阳市乾县												
咸阳市旬邑县										1		1
渭南市临渭区	1	1		4	2	2				1	1	
渭南市蒲城县	1	1		1	1					6	3	3
渭南市华县										1	1	
延安市洛川县	1	1										
榆林市绥德县										11	9	2
榆林市神木县	2	2										
汉中市汉台区	3	2	1	1	1					1	1	
汉中市勉县	1	1		1	1					1		1
汉中市宁强县	3	3								4	4	
安康市汉滨区				1	1					4	2	2
安康市石泉县	2	2		2	2					4	1	3
商洛市商州区	2	2		2	2					2	1	1
商洛市山阳县										15	12	3

2－16a 各地区城镇残疾人分性别的未工作状况

单位：人

地 区	未工作残疾人			在校学生			离退休		
	合计	男	女	小计	男	女	小计	男	女
总 计	**1198**	**563**	**635**	**10**	**7**	**3**	**549**	**338**	**211**
西安市新城区	347	165	182	2	1	1	236	137	99
西安市碑林区	185	87	98				105	55	50
西安市长安区	87	41	46				42	25	17
西安市周至县									
宝鸡市扶风县	15	5	10						
宝鸡市千阳县	19	8	11	1	1		4	3	1
咸阳市渭城区	97	42	55				43	30	13
咸阳市乾县									
咸阳市旬邑县									
渭南市临渭区	37	13	24				18	9	9
渭南市蒲城县	58	34	24				30	29	1
渭南市华县									
延安市洛川县	12	7	5	2	1	1	2	2	
榆林市绥德县	26	12	14				3	3	
榆林市神木县	25	14	11	2	1	1	9	7	2
汉中市汉台区	110	45	65	1	1		26	15	11
汉中市勉县	8	2	6						
汉中市宁强县	33	21	12				3	3	
安康市汉滨区	32	15	17				11	6	5
安康市石泉县	63	31	32	2	2		10	8	2
商洛市商州区	31	20	11				6	5	1
商洛市山阳县	13	1	12				1	1	

2－16a 续表 1

单位：人

地　区	料理家务			丧失劳动能力			毕业后未工作		
	小计	男	女	小计	男	女	小计	男	女
总　计	**219**	**20**	**199**	**332**	**144**	**188**	**5**	**3**	**2**
西安市新城区	46	2	44	32	9	23	3	2	1
西安市碑林区	24	7	17	42	18	24			
西安市长安区	14		14	29	14	15			
西安市周至县									
宝鸡市扶风县	1		1	14	5	9			
宝鸡市千阳县	6		6	8	4	4			
咸阳市渭城区	23	2	21	24	7	17	1		1
咸阳市乾县									
咸阳市旬邑县									
渭南市临渭区	11		11	8	4	4			
渭南市蒲城县	20	1	19	2	1	1			
渭南市华县									
延安市洛川县	1	1		7	3	4			
榆林市绥德县	5		5	16	7	9			
榆林市神木县	4		4	8	4	4			
汉中市汉台区	27	4	23	50	20	30	1	1	
汉中市勉县	1		1	6	1	5			
汉中市宁强县	5	1	4	20	12	8			
安康市汉滨区	7		7	10	7	3			
安康市石泉县	16	1	15	30	16	14			
商洛市商州区	5	1	4	18	12	6			
商洛市山阳县	3		3	8		8			

2－16a 续表 2

单位：人

地区	因单位原因失去原工作			因本人原因失去原工作			承包土地被征用			其他		
	小计	男	女	小计	男	女	小计	男	女	小计	男	女
总　计	**36**	**23**	**13**	**22**	**17**	**5**	**5**	**4**	**1**	**20**	**7**	**13**
西安市新城区	12	6	6	10	7	3	1	1		5		5
西安市碑林区	6	1	5	4	3	1	4	3	1			
西安市长安区	1	1		1	1							
西安市周至县												
宝鸡市扶风县												
宝鸡市千阳县												
咸阳市渭城区	4	3	1	1		1				1		1
咸阳市乾县												
咸阳市旬邑县												
渭南市临渭区												
渭南市蒲城县	1	1		1	1					4	1	3
渭南市华县												
延安市洛川县												
榆林市绥德县										2	2	
榆林市神木县	2	2										
汉中市汉台区	3	2	1	1	1					1	1	
汉中市勉县	1	1										
汉中市宁强县	3	3								2	2	
安康市汉滨区				1	1					3	1	2
安康市石泉县	2	2		2	2					1		1
商洛市商州区	1	1		1	1							
商洛市山阳县										1		1

2－16b 各地区农村残疾人分性别的未工作状况

单位：人

地 区	未工作残疾人			在校学生			离退休		
	合计	男	女	小计	男	女	小计	男	女
总 计	**1920**	**902**	**1018**	**24**	**17**	**7**	**78**	**76**	**2**
西安市新城区									
西安市碑林区									
西安市长安区	42	20	22				6	6	
西安市周至县	91	41	50	3	2	1	4	4	
宝鸡市扶风县	105	37	68	3	1	2	2	2	
宝鸡市千阳县	64	29	35	1	1		3	3	
咸阳市渭城区	38	18	20				2	2	
咸阳市乾县	140	77	63	1	1		10	10	
咸阳市旬邑县	103	45	58	2	2		7	7	
渭南市临渭区	101	45	56	1	1		11	11	
渭南市蒲城县	137	63	74	2	2		1	1	
渭南市华县	147	64	83				10	9	1
延安市洛川县	42	20	22				2	2	
榆林市绥德县	132	63	69	1		1	5	5	
榆林市神木县	82	43	39						
汉中市汉台区	19	7	12	1	1				
汉中市勉县	154	73	81	1		1	6	6	
汉中市宁强县	100	61	39	1	1		3	3	
安康市汉滨区	100	45	55	2	2		1	1	
安康市石泉县	104	50	54	1	1		2	2	
商洛市商州区	100	42	58	1		1	1	1	
商洛市山阳县	119	59	60	3	2	1	2	1	1

2－16b 续表 1

单位：人

地　区	料理家务			丧失劳动能力			毕业后未工作		
	小计	男	女	小计	男	女	小计	男	女
总　计	**396**	**55**	**341**	**1363**	**711**	**652**	**5**	**4**	**1**
西安市新城区									
西安市碑林区									
西安市长安区	7	1	6	28	13	15			
西安市周至县	20	6	14	63	28	35	1	1	
宝鸡市扶风县	27	3	24	69	29	40			
宝鸡市千阳县	17	3	14	40	20	20			
咸阳市渭城区	12	3	9	24	13	11			
咸阳市乾县	21	3	18	106	61	45	2	2	
咸阳市旬邑县	26	2	24	67	34	33			
渭南市临渭区	23	4	19	60	25	35			
渭南市蒲城县	24	2	22	108	56	52			
渭南市华县	40	4	36	95	50	45	1		1
延安市洛川县	10	1	9	29	16	13			
榆林市绥德县	22	2	20	95	49	46			
榆林市神木县	5	2	3	76	40	36	1	1	
汉中市汉台区	5	1	4	13	5	8			
汉中市勉县	25		25	120	66	54			
汉中市宁强县	12	1	11	82	54	28			
安康市汉滨区	30	8	22	66	33	33			
安康市石泉县	31	4	27	67	42	25			
商洛市商州区	18	5	13	76	33	43			
商洛市山阳县	21		21	79	44	35			

2－16b 续表 2

单位：人

地区	因单位原因失去原工作			因本人原因失去原工作			承包土地被征用			其他		
	小计	男	女	小计	男	女	小计	男	女	小计	男	女
总计	**4**	**3**	**1**	**10**	**6**	**4**				**40**	**30**	**10**
西安市新城区												
西安市碑林区												
西安市长安区	1		1									
西安市周至县												
宝鸡市扶风县				3	1	2				1	1	
宝鸡市千阳县				1	1					2	1	1
咸阳市渭城区												
咸阳市乾县												
咸阳市旬邑县										1		1
渭南市临渭区	1	1		4	2	2				1	1	
渭南市蒲城县										2	2	
渭南市华县										1	1	
延安市洛川县	1	1										
榆林市绥德县										9	7	2
榆林市神木县												
汉中市汉台区												
汉中市勉县				1	1					1		1
汉中市宁强县										2	2	
安康市汉滨区										1	1	
安康市石泉县										3	1	2
商洛市商州区	1	1		1	1					2	1	1
商洛市山阳县										14	12	2

2－17 残疾人分年龄、性别的未工作状况

单位：人

年 龄	未工作残疾人			在校学生			离退休		
	合计	男	女	小计	男	女	小计	男	女
总 计	**3118**	**1465**	**1653**	**34**	**24**	**10**	**627**	**414**	**213**
15-19	91	58	33	32	23	9			
20-24	49	27	22	2	1	1			
25-29	47	34	13						
30-34	70	33	37						
35-39	99	48	51						
40-44	130	76	54				1	1	
45-49	129	69	60				5	1	4
50-54	190	89	101				19	8	11
55-59	203	89	114				50	29	21
60-64	309	137	172				72	45	27
65-69	434	184	250				138	82	56
70-74	541	253	288				161	113	48
75-79	409	192	217				108	76	32
80-84	282	130	152				54	43	11
85+	135	46	89				19	16	3

2－17 续表 1

单位：人

年 龄	料理家务			丧失劳动能力			毕业后未工作		
	小计	男	女	小计	男	女	小计	男	女
总 计	**615**	**75**	**540**	**1695**	**855**	**840**	**10**	**7**	**3**
15-19	5	1	4	37	21	16	2	1	1
20-24	9		9	32	21	11	1	1	
25-29	8		8	31	27	4	4	4	
30-34	17	1	16	43	28	15	2	1	1
35-39	25	2	23	59	39	20			
40-44	25	4	21	85	55	30			
45-49	31	7	24	78	52	26	1		1
50-54	51	4	47	108	67	41			
55-59	61	7	54	84	46	38			
60-64	84	11	73	141	72	69			
65-69	96	5	91	188	92	96			
70-74	113	22	91	261	115	146			
75-79	53	6	47	242	109	133			
80-84	31	4	27	196	82	114			
85+	6	1	5	110	29	81			

2-17 续表 2

单位：人

年龄	因单位原因失去原工作			因本人原因失去原工作			承包土地被征用			其他		
	小计	男	女	小计	男	女	小计	男	女	小计	男	女
总　计	**40**	**26**	**14**	**32**	**23**	**9**	**5**	**4**	**1**	**60**	**37**	**23**
15-19	1	1								14	11	3
20-24										5	4	1
25-29				1		1				3	3	
30-34	3	1	2	2	1	1				3	1	2
35-39	2		2	5	3	2				8	4	4
40-44	6	4	2	6	6		1	1		6	5	1
45-49	5	3	2	7	5	2				2	1	1
50-54	4	4		6	4	2				2	2	
55-59	6	6		1	1					1		1
60-64	2	2		3	3		1	1		6	3	3
65-69	5	2	3				2	2		5	1	4
70-74	3	2	1	1		1				2	1	1
75-79	2		2				1		1	3	1	2
80-84	1	1										
85+												

2-17a 城镇残疾人分年龄、性别的未工作状况

单位：人

年龄	未工作残疾人			在校学生			离退休		
	合计	男	女	小计	男	女	小计	男	女
总　计	**1198**	**563**	**635**	**10**	**7**	**3**	**549**	**338**	**211**
15-19	19	13	6	9	6	3			
20-24	14	10	4	1	1				
25-29	13	10	3						
30-34	19	10	9						
35-39	28	14	14						
40-44	47	28	19				1	1	
45-49	46	25	21				5	1	4
50-54	64	24	40				16	5	11
55-59	78	35	43				39	18	21
60-64	119	52	67				63	37	26
65-69	183	75	108				120	65	55
70-74	231	114	117				144	96	48
75-79	166	77	89				96	64	32
80-84	115	55	60				48	37	11
85+	56	21	35				17	14	3

2-17a 续表 1

单位：人

年 龄	料理家务			丧失劳动能力			毕业后未工作		
	小计	男	女	小计	男	女	小计	男	女
总 计	**219**	**20**	**199**	**332**	**144**	**188**	**5**	**3**	**2**
15-19	1		1	6	5	1	1	1	
20-24	2		2	9	7	2	1	1	
25-29	2		2	9	8	1	1	1	
30-34	5		5	9	7	2	1		1
35-39	6		6	16	11	5			
40-44	12	1	11	23	17	6			
45-49	11	5	6	17	12	5	1		1
50-54	19	1	18	21	11	10			
55-59	15	3	12	16	7	9			
60-64	30	6	24	18	4	14			
65-69	30	1	29	22	5	17			
70-74	38	1	37	44	15	29			
75-79	25		25	40	13	27			
80-84	19	2	17	47	15	32			
85+	4		4	35	7	28			

2-17a 续表 2

单位：人

年 龄	因单位原因失去原工作			因本人原因失去原工作			承包土地被征用			其他		
	小计	男	女	小计	男	女	小计	男	女	小计	男	女
总 计	**36**	**23**	**13**	**22**	**17**	**5**	**5**	**4**	**1**	**20**	**7**	**13**
15-19										2	1	1
20-24										1	1	
25-29										1	1	
30-34	2	1	1	1	1					1	1	
35-39	2		2	3	2	1				1	1	
40-44	6	4	2	4	4		1	1				
45-49	5	3	2	6	4	2				1		1
50-54	2	2		5	4	1				1	1	
55-59	6	6		1	1					1		1
60-64	2	2		1	1		1	1		4	1	3
65-69	5	2	3				2	2		4		4
70-74	3	2	1	1		1				1		1
75-79	2		2				1		1	2		2
80-84	1	1										
85+												

2－17b 农村残疾人分年龄、性别的未工作状况

单位：人

年龄	未工作残疾人			在校学生			离退休		
	合计	男	女	小计	男	女	小计	男	女
总计	**1920**	**902**	**1018**	**24**	**17**	**7**	**78**	**76**	**2**
15-19	72	45	27	23	17	6			
20-24	35	17	18	1		1			
25-29	34	24	10						
30-34	51	23	28						
35-39	71	34	37						
40-44	83	48	35						
45-49	83	44	39						
50-54	126	65	61				3	3	
55-59	125	54	71				11	11	
60-64	190	85	105				9	8	1
65-69	251	109	142				18	17	1
70-74	310	139	171				17	17	
75-79	243	115	128				12	12	
80-84	167	75	92				6	6	
85+	79	25	54				2	2	

2－17b 续表 1

单位：人

年龄	料理家务			丧失劳动能力			毕业后未工作		
	小计	男	女	小计	男	女	小计	男	女
总计	**396**	**55**	**341**	**1363**	**711**	**652**	**5**	**4**	**1**
15-19	4	1	3	31	16	15	1		1
20-24	7		7	23	14	9			
25-29	6		6	22	19	3	3	3	
30-34	12	1	11	34	21	13	1	1	
35-39	19	2	17	43	28	15			
40-44	13	3	10	62	38	24			
45-49	20	2	18	61	40	21			
50-54	32	3	29	87	56	31			
55-59	46	4	42	68	39	29			
60-64	54	5	49	123	68	55			
65-69	66	4	62	166	87	79			
70-74	75	21	54	217	100	117			
75-79	28	6	22	202	96	106			
80-84	12	2	10	149	67	82			
85+	2	1	1	75	22	53			

2－17b　续表 2

单位：人

年龄	因单位原因失去原工作			因本人原因失去原工作			承包土地被征用			其他		
	小计	男	女	小计	男	女	小计	男	女	小计	男	女
总 计	**4**	**3**	**1**	**10**	**6**	**4**				**40**	**30**	**10**
15-19	1	1								12	10	2
20-24										4	3	1
25-29				1		1				2	2	
30-34	1		1	1		1				2		2
35-39				2	1	1				7	3	4
40-44				2	2					6	5	1
45-49				1	1					1	1	
50-54	2	2		1		1				1	1	
55-59												
60-64				2	2					2	2	
65-69										1	1	
70-74										1	1	
75-79										1	1	
80-84												
85+												

2－18　各地区分性别、未工作残疾人的主要生活来源

单位：人

地　区	未工作残疾人			离退休金			领取基本生活费		
	合计	男	女	小计	男	女	小计	男	女
总　计	**3118**	**1465**	**1653**	**632**	**419**	**213**	**162**	**97**	**65**
西安市新城区	347	165	182	235	137	98	36	14	22
西安市碑林区	185	87	98	106	55	51	24	13	11
西安市长安区	129	61	68	48	31	17	4	2	2
西安市周至县	91	41	50	4	4				
宝鸡市扶风县	120	42	78	3	3				
宝鸡市千阳县	83	37	46	8	7	1	5	5	
咸阳市渭城区	135	60	75	46	33	13	3		3
咸阳市乾县	140	77	63	9	9		1	1	
咸阳市旬邑县	103	45	58	6	6		1	1	
渭南市临渭区	138	58	80	29	20	9	1	1	
渭南市蒲城县	195	97	98	33	32	1	2	2	
渭南市华县	147	64	83	9	8	1	3	3	
延安市洛川县	54	27	27	5	5				
榆林市绥德县	158	75	83	8	8		5	3	2
榆林市神木县	107	57	50	11	9	2	8	4	4
汉中市汉台区	129	52	77	26	15	11	10	6	4
汉中市勉县	162	75	87	6	6		3	3	
汉中市宁强县	133	82	51	6	6		23	19	4
安康市汉滨区	132	60	72	13	8	5	10	5	5
安康市石泉县	167	81	86	12	10	2	16	11	5
商洛市商州区	131	62	69	6	5	1	3	3	
商洛市山阳县	132	60	72	3	2	1	4	1	3

2－18 续表

单位：人

地区	家庭其他成员供养			财产性收入			保险收入			其他		
	小计	男	女	小计	男	女	小计	男	女	小计	男	女
总 计	**2252**	**903**	**1349**	**14**	**8**	**6**				**58**	**38**	**20**
西安市新城区	66	11	55	7	3	4				3		3
西安市碑林区	51	16	35	4	3	1						
西安市长安区	77	28	49									
西安市周至县	85	36	49							2	1	1
宝鸡市扶风县	117	39	78									
宝鸡市千阳县	68	23	45							2	2	
咸阳市渭城区	86	27	59									
咸阳市乾县	130	67	63									
咸阳市旬邑县	96	38	58									
渭南市临渭区	106	37	69							2		2
渭南市蒲城县	156	62	94							4	1	3
渭南市华县	134	52	82							1	1	
延安市洛川县	49	22	27									
榆林市绥德县	140	60	80							5	4	1
榆林市神木县	82	38	44							6	6	
汉中市汉台区	91	29	62	1	1					1	1	
汉中市勉县	149	63	86							4	3	1
汉中市宁强县	101	54	47	1	1					2	2	
安康市汉滨区	103	42	61							6	5	1
安康市石泉县	137	58	79							2	2	
商洛市商州区	116	51	65	1		1				5	3	2
商洛市山阳县	112	50	62							13	7	6

2－19　分年龄、性别、未工作残疾人的主要生活来源

单位：人

年　龄	未工作残疾人			离退休金			领取基本生活费		
	合计	男	女	小计	男	女	小计	男	女
总　计	**3118**	**1465**	**1653**	**632**	**419**	**213**	**162**	**97**	**65**
15–19	91	58	33						
20–24	49	27	22				1		1
25–29	47	34	13						
30–34	70	33	37				8	3	5
35–39	99	48	51				11	7	4
40–44	130	76	54	1	1		14	11	3
45–49	129	69	60	5	1	4	21	18	3
50–54	190	89	101	20	9	11	14	12	2
55–59	203	89	114	48	26	22	16	13	3
60–64	309	137	172	73	46	27	9	5	4
65–69	434	184	250	138	82	56	11	5	6
70–74	541	253	288	162	114	48	18	9	9
75–79	409	192	217	108	76	32	21	9	12
80–84	282	130	152	56	46	10	11	3	8
85+	135	46	89	21	18	3	7	2	5

2－19　续表

单位：人

年　龄	家庭其他成员供养			财产性收入			保险收入			其他		
	小计	男	女	小计	男	女	小计	男	女	小计	男	女
总　计	**2252**	**903**	**1349**	**14**	**8**	**6**				**58**	**38**	**20**
15–19	89	57	32							2	1	1
20–24	47	27	20							1		1
25–29	47	34	13									
30–34	60	28	32							2	2	
35–39	82	38	44							6	3	3
40–44	107	57	50	2	2					6	5	1
45–49	99	47	52	1	1					3	2	1
50–54	149	61	88							7	7	
55–59	131	45	86	1		1				7	5	2
60–64	218	80	138	3	2	1				6	4	2
65–69	281	95	186	2	2					2		2
70–74	352	126	226	3	1	2				6	3	3
75–79	274	103	171	1		1				5	4	1
80–84	211	80	131	1		1				3	1	2
85+	105	25	80							2	1	1

2－19a 城镇分年龄、性别、未工作残疾人的主要生活来源

单位：人

年 龄	未工作残疾人			离退休金			领取基本生活费		
	合计	男	女	小计	男	女	小计	男	女
总 计	**1198**	**563**	**635**	**554**	**343**	**211**	**114**	**58**	**56**
15-19	19	13	6						
20-24	14	10	4				1		1
25-29	13	10	3						
30-34	19	10	9				7	3	4
35-39	28	14	14				5	3	2
40-44	47	28	19	1	1		11	8	3
45-49	46	25	21	5	1	4	15	13	2
50-54	64	24	40	17	6	11	11	9	2
55-59	78	35	43	40	18	22	11	8	3
60-64	119	52	67	64	38	26	5	2	3
65-69	183	75	108	119	64	55	7	2	5
70-74	231	114	117	145	97	48	9	2	7
75-79	166	77	89	96	64	32	15	3	12
80-84	115	55	60	49	39	10	11	3	8
85+	56	21	35	18	15	3	6	2	4

2－19a 续表

单位：人

年 龄	家庭其他成员供养			财产性收入			保险收入			其他		
	小计	男	女	小计	男	女	小计	男	女	小计	男	女
总 计	**503**	**148**	**355**	**13**	**8**	**5**				**14**	**6**	**8**
15-19	19	13	6									
20-24	13	10	3									
25-29	13	10	3									
30-34	11	6	5							1	1	
35-39	19	9	10							4	2	2
40-44	32	16	16	2	2					1	1	
45-49	24	10	14	1	1					1		1
50-54	35	8	27							1	1	
55-59	25	8	17	1		1				1	1	
60-64	47	10	37	2	2					1		1
65-69	54	7	47	2	2					1		1
70-74	73	14	59	3	1	2				1		1
75-79	53	10	43	1		1				1		1
80-84	53	13	40	1		1				1		1
85+	32	4	28									

2－19b 农村分年龄、性别、未工作残疾人的主要生活来源

单位：人

年龄	未工作残疾人			离退休金			领取基本生活费		
	合计	男	女	小计	男	女	小计	男	女
总计	**1920**	**902**	**1018**	**78**	**76**	**2**	**48**	**39**	**9**
15-19	72	45	27						
20-24	35	17	18						
25-29	34	24	10						
30-34	51	23	28				1		1
35-39	71	34	37				6	4	2
40-44	83	48	35				3	3	
45-49	83	44	39				6	5	1
50-54	126	65	61	3	3		3	3	
55-59	125	54	71	8	8		5	5	
60-64	190	85	105	9	8	1	4	3	1
65-69	251	109	142	19	18	1	4	3	1
70-74	310	139	171	17	17		9	7	2
75-79	243	115	128	12	12		6	6	
80-84	167	75	92	7	7				
85+	79	25	54	3	3		1		1

2－19b 续表

单位：人

年龄	家庭其他成员供养			财产性收入			保险收入			其他		
	小计	男	女	小计	男	女	小计	男	女	小计	男	女
总计	**1749**	**755**	**994**	**1**		**1**				**44**	**32**	**12**
15-19	70	44	26							2	1	1
20-24	34	17	17							1		1
25-29	34	24	10									
30-34	49	22	27							1	1	
35-39	63	29	34							2	1	1
40-44	75	41	34							5	4	1
45-49	75	37	38							2	2	
50-54	114	53	61							6	6	
55-59	106	37	69							6	4	2
60-64	171	70	101	1		1				5	4	1
65-69	227	88	139							1		1
70-74	279	112	167							5	3	2
75-79	221	93	128							4	4	
80-84	158	67	91							2	1	1
85+	73	21	52							2	1	1

2－20　0－14岁残疾儿童及其家庭基本情况

指　　标	单位	数量
0－14岁残疾儿童总人数	人	202
有残疾儿童的家庭户	户	196
残疾类别		
视力残疾人	人	5
听力残疾人	人	9
言语残疾人	人	15
肢体残疾人	人	30
智力残疾人	人	70
精神残疾人	人	11
多重残疾人	人	62
性别		
男	人	119
女	人	83
性别比(以女性为100)		143
年龄		
0-5岁	人	56
6岁	人	12
7-14岁	人	134
民族		
汉族	人	200
少数民族	人	2
户口性质		
农业	人	179
非农业	人	21
户口待定	人	2
受教育程度		
未上过学	人	2
小学	人	100
初中	人	5
在校生接受义务教育情况		
普通教育学校普通班	人	94
普通教育学校特教班	人	4
特殊教育学校	人	8
其他	人	3
残疾儿童家庭户2005年人均收入水平		
户人均收入	元	1728
城市	元	2847
农村	元	1508
人均收入在0-683元之间	户	25
人均收入在684-994元之间	户	18

2－21　15岁及以上残疾妇女及其家庭基本情况

指　　标	单位	数量
15岁及以上残疾妇女总人数	人	2237
有残疾妇女的家庭户	户	2191
残疾类别		
视力残疾人	人	366
听力残疾人	人	709
言语残疾人	人	20
肢体残疾人	人	475
智力残疾人	人	101
精神残疾人	人	165
多重残疾人	人	401
年龄		
15-49岁	人	570
50-59岁	人	377
60-74岁	人	826
75-89岁	人	448
90岁及以上	人	16
民族		
汉族	人	2220
少数民族	人	17
户口性质		
农业	人	1697
非农业	人	537
户口待定	人	3
文盲人口	人	1317
受教育程度		
未上过学	人	34
小学	人	502
初中	人	245

2－21 续表

指　　标	单位	数量
高中	人	75
中专	人	42
大学专科	人	15
大学本科	人	7
研究生	人	
婚姻状况		
未婚	人	81
初婚有配偶	人	1305
再婚有配偶	人	59
离婚	人	19
丧偶	人	773
当前工作状况		
当前有工作	人	584
当前无工作	人	1653
当前无工作者主要生活来源		
离退休金	人	213
领取基本生活费	人	65
家庭其他成员供养	人	1349
财产性收入	人	6
保险收入	人	
其他	人	20
残疾妇女家庭户2005年人均收入水平		
户人均收入	元	2315
城市	元	4085
农村	元	1616
人均收入在0–683元之间	户	366
人均收入在684–994元之间	户	150

2－22　60岁及以上老年残疾人及其家庭基本情况

指　　标	单位	数量
60岁及以上老年残疾人总数	人	2539
有老年残疾人的家庭户	户	2340
残疾类别		
视力残疾人	人	374
听力残疾人	人	1175
言语残疾人	人	11
肢体残疾人	人	494
智力残疾人	人	26
精神残疾人	人	53
多重残疾人	人	406
性别		
男	人	1249
女	人	1290
性别比(以女性为100)		97
年龄		
60-74岁	人	1682
75-89岁	人	834
90岁及以上	人	23
民族		
汉族	人	2520
少数民族	人	19
户口性质		
农业	人	1733
非农业	人	803
户口待定	人	3
文盲人口	人	1296
受教育程度		
未上过学	人	61
小学	人	668

2－22　续表

指　　标	单位	数量
初中	人	292
高中	人	89
中专	人	69
大学专科	人	32
大学本科	人	32
研究生	人	
婚姻状况		
未婚	人	39
初婚有配偶	人	1390
再婚有配偶	人	79
离婚	人	21
丧偶	人	1010
当前工作状况		
当前有工作	人	429
当前无工作	人	2110
当前无工作者主要生活来源		
离退休金	人	558
领取基本生活费	人	77
家庭其他成员供养	人	1441
财产性收入	人	10
保险收入	人	
其他	人	24
老年残疾人家庭户2005年人均收入水平		
户人均收入	元	2537
城市	元	4590
农村	元	1616
人均收入在0–683元之间	户	381
人均收入在684–994元之间	户	173

第三部分　残疾人的残疾类别、等级和主要致残原因

3－1　各地区残疾人分残疾类别、残疾等级分布

单位：人

地　区	视力残疾					听力残疾				
	小计	一级	二级	三级	四级	小计	一级	二级	三级	四级
总　计	**580**	**168**	**50**	**32**	**330**	**1574**	**69**	**109**	**571**	**825**
西安市新城区	17		1	1	15	286		7	55	224
西安市碑林区	8	4	2	1	1	93	3	1	25	64
西安市长安区	38	6	1	3	28	53	3	4	16	30
西安市周至县	21	7	2	2	10	48	1	3	16	28
宝鸡市扶风县	20	4		3	13	69	3	3	32	31
宝鸡市千阳县	17	9	2		6	41	1	3	26	11
咸阳市渭城区	17	4	1		12	71	2	5	32	32
咸阳市乾县	25	8	3	4	10	38	1	3	16	18
咸阳市旬邑县	35	12	5	1	17	80	2	1	26	51
渭南市临渭区	34	13			21	66	7	8	30	21
渭南市蒲城县	16	9	1	2	4	60	1	5	28	26
渭南市华县	18	7			11	71	2	2	36	31
延安市洛川县	22	4		2	16	21	1	4	11	5
榆林市绥德县	35	5	11	2	17	61	4	9	26	22
榆林市神木县	24	8			16	36	1	3	11	21
汉中市汉台区	42	13	6		23	57		4	11	42
汉中市勉县	38	12	2	1	23	85	11	8	36	30
汉中市宁强县	20	7	6	1	6	59	6	4	29	20
安康市汉滨区	21	11		1	9	79	2	7	27	43
安康市石泉县	39	13	4	4	18	68		10	30	28
商洛市商州区	34	6	2	2	24	63	11	5	30	17
商洛市山阳县	39	6	1	2	30	69	7	10	22	30

3－1 续表 1

单位：人

地 区	言语残疾					肢体残疾				
	小计	一级	二级	三级	四级	小计	一级	二级	三级	四级
总 计	**62**	**16**	**7**	**9**	**30**	**1180**	**48**	**120**	**266**	**746**
西安市新城区	3				3	30		1	5	24
西安市碑林区	4		1	1	2	49	6	6	9	28
西安市长安区	2		1		1	54	5	6	9	34
西安市周至县	1	1				43	3	3	12	25
宝鸡市扶风县	2	1			1	54	1	14	9	30
宝鸡市千阳县	2			1	1	31	3	5	7	16
咸阳市渭城区	1	1				54		5	9	40
咸阳市乾县	4	2	1	1		77	3	5	15	54
咸阳市旬邑县	3				3	68	2	3	19	44
渭南市临渭区	2	1	1			55	1	7	9	38
渭南市蒲城县	2				2	134	1	16	29	88
渭南市华县	2			1	1	69	1	7	21	40
延安市洛川县						42	3	5	14	20
榆林市绥德县	2				2	58	2	2	10	44
榆林市神木县	2		1		1	83		12	28	43
汉中市汉台区	3	1		1	1	24	2	1	5	16
汉中市勉县	3			1	2	37	7	2	16	12
汉中市宁强县	5	3			2	35	2	3	9	21
安康市汉滨区	4	3			1	42	2	5	6	29
安康市石泉县	7	1	2	2	2	70	1	3	13	53
商洛市商州区	6	2		1	3	33	2	1	5	25
商洛市山阳县	2				2	38	1	8	7	22

3-1 续表 2

单位：人

地 区	智力残疾					精神残疾				
	小计	一级	二级	三级	四级	小计	一级	二级	三级	四级
总 计	**330**	**32**	**74**	**121**	**103**	**339**	**91**	**40**	**51**	**157**
西安市新城区	9		2	2	5	10	7	1		2
西安市碑林区	4			3	1	15	3	2	2	8
西安市长安区	11	3	1	4	3	15	3	2	2	8
西安市周至县	13		2	7	4	14	5		2	7
宝鸡市扶风县	14	1	1	5	7	17	11	3	2	1
宝鸡市千阳县	10		7	1	2	16	1		2	13
咸阳市渭城区	5		3	2		8	2	1	2	3
咸阳市乾县	8	1		4	3	13	6	2		5
咸阳市旬邑县	13		3	5	5	16	5	1	2	8
渭南市临渭区	10		3	2	5	15	4	3	1	7
渭南市蒲城县	8		3	2	3	27			4	23
渭南市华县	46	4	10	17	15	16	4	4	3	5
延安市洛川县	11		1	2	8	8	1	2	1	4
榆林市绥德县	16	1	2	8	5	9			1	8
榆林市神木县	16	1	3	11	1	6	1	2	1	2
汉中市汉台区	8	1		2	5	8	5	2		1
汉中市勉县	18	1	4	8	5	19	5	2	5	7
汉中市宁强县	44	18	18	7	1	12	4	2	1	5
安康市汉滨区	7	1	1	4	1	29	5	3	9	12
安康市石泉县	14		1	7	6	27	7	5	6	9
商洛市商州区	18		5	4	9	33	12	3	3	15
商洛市山阳县	27		4	14	9	6			2	4

3－1 续表 3

单位：人

地区	多重残疾				
	小计	一级	二级	三级	四级
总计	**848**	**426**	**133**	**179**	**110**
西安市新城区	43	14	3	11	15
西安市碑林区	36	11	5	10	10
西安市长安区	37	15	4	9	9
西安市周至县	37	19	9	5	4
宝鸡市扶风县	20	7	2	10	1
宝鸡市千阳县	23	15		4	4
咸阳市渭城区	29	14	4	7	4
咸阳市乾县	13	11	1		1
咸阳市旬邑县	44	29	3	9	3
渭南市临渭区	32	12	10	7	3
渭南市蒲城县	41	14	7	14	6
渭南市华县	27	9	5	6	7
延安市洛川县	13	10	1	2	
榆林市绥德县	43	15	10	14	4
榆林市神木县	31	9	6	10	6
汉中市汉台区	32	16	4	5	7
汉中市勉县	87	60	7	12	8
汉中市宁强县	27	19	6	2	
安康市汉滨区	53	43	3	7	
安康市石泉县	74	27	22	17	8
商洛市商州区	46	24	12	5	5
商洛市山阳县	60	33	9	13	5

3－1a　各地区城镇残疾人分残疾类别、残疾等级的分布

单位：人

地　区	视力残疾					听力残疾				
	小计	一级	二级	三级	四级	小计	一级	二级	三级	四级
总　计	**141**	**32**	**11**	**7**	**91**	**673**	**15**	**36**	**189**	**433**
西安市新城区	17		1	1	15	286		7	55	224
西安市碑林区	8	4	2	1	1	93	3	1	25	64
西安市长安区	17	3			14	38	2	4	15	17
西安市周至县										
宝鸡市扶风县	3				3	8		2	3	3
宝鸡市千阳县	1	1				7			4	3
咸阳市渭城区	8	1	1		6	52	2	3	23	24
咸阳市乾县										
咸阳市旬邑县										
渭南市临渭区	8	2			6	16	1	1	4	10
渭南市蒲城县	6	2		1	3	26		3	10	13
渭南市华县										
延安市洛川县	2	1			1	6		1	3	2
榆林市绥德县	10	2	1	1	6	8	1	2	3	2
榆林市神木县	2				2	5		1	2	2
汉中市汉台区	32	10	4		18	52		4	9	39
汉中市勉县	2				2	3			3	
汉中市宁强县	5	1	1		3	18	2	1	9	6
安康市汉滨区	6	3		1	2	13		1	4	8
安康市石泉县	11	2	1	2	6	22		1	11	10
商洛市商州区	2				2	12	3	2	5	2
商洛市山阳县	1				1	8	1	2	1	4

3－1a 续表 1

单位：人

地区	言语残疾					肢体残疾				
	小计	一级	二级	三级	四级	小计	一级	二级	三级	四级
总　计	**16**	**4**	**2**	**3**	**7**	**325**	**19**	**29**	**68**	**209**
西安市新城区	3				3	30		1	5	24
西安市碑林区	4		1	1	2	49	6	6	9	28
西安市长安区						40	4	3	8	25
西安市周至县										
宝鸡市扶风县						8		2	4	2
宝鸡市千阳县						8	2		2	4
咸阳市渭城区	1	1				35		5	5	25
咸阳市乾县										
咸阳市旬邑县										
渭南市临渭区						8		1	3	4
渭南市蒲城县						21		3	4	14
渭南市华县										
延安市洛川县						8		1	1	6
榆林市绥德县						15	1		3	11
榆林市神木县						19		3	6	10
汉中市汉台区	3	1		1	1	19	2		5	12
汉中市勉县						4	2		1	1
汉中市宁强县	1	1				14	1	2	3	8
安康市汉滨区						7		2	2	3
安康市石泉县	2		1		1	31			6	25
商洛市商州区	2	1		1		7	1		1	5
商洛市山阳县						2				2

3－1a　续表 2

单位：人

地　区	智力残疾					精神残疾				
	小计	一级	二级	三级	四级	小计	一级	二级	三级	四级
总　计	**43**	**4**	**7**	**17**	**15**	**86**	**31**	**10**	**16**	**29**
西安市新城区	9		2	2	5	10	7	1		2
西安市碑林区	4			3	1	15	3	2	2	8
西安市长安区	9	2		4	3	7	2	1	2	2
西安市周至县										
宝鸡市扶风县	1			1		2	1			1
宝鸡市千阳县	1		1			2	1		1	
咸阳市渭城区	4		3	1		7	2	1	1	3
咸阳市乾县										
咸阳市旬邑县										
渭南市临渭区	1				1	1	1			
渭南市蒲城县						1			1	
渭南市华县										
延安市洛川县										
榆林市绥德县	2	1		1		1				1
榆林市神木县	1			1		2	1		1	
汉中市汉台区	5	1		1	3	8	5	2		1
汉中市勉县						1			1	
汉中市宁强县	1			1		3	2			1
安康市汉滨区	2		1	1		6	1	1	2	2
安康市石泉县	2				2	10	2	2	4	2
商洛市商州区						9	3		1	5
商洛市山阳县	1			1		1				1

3－1a　续表 3

单位：人

地　区	多重残疾				
	小计	一级	二级	三级	四级
总　计	**229**	**95**	**29**	**58**	**47**
西安市新城区	43	14	3	11	15
西安市碑林区	36	11	5	10	10
西安市长安区	25	8	1	9	7
西安市周至县					
宝鸡市扶风县	2	2			
宝鸡市千阳县	3	2			1
咸阳市渭城区	13	8	2	3	
咸阳市乾县					
咸阳市旬邑县					
渭南市临渭区	5	2	2	1	
渭南市蒲城县	13	5	1	5	2
渭南市华县					
延安市洛川县	3	1	1	1	
榆林市绥德县	9	5	1	3	
榆林市神木县	5	1	1	2	1
汉中市汉台区	28	13	4	4	7
汉中市勉县	3	2		1	
汉中市宁强县	2	1		1	
安康市汉滨区	9	6	1	2	
安康市石泉县	18	8	4	4	2
商洛市商州区	5	2	2		1
商洛市山阳县	7	4	1	1	1

3－1b　各地区农村残疾人分残疾类别、残疾等级的分布

单位：人

地　区	视力残疾					听力残疾				
	小计	一级	二级	三级	四级	小计	一级	二级	三级	四级
总　计	**439**	**136**	**39**	**25**	**239**	**901**	**54**	**73**	**382**	**392**
西安市新城区										
西安市碑林区										
西安市长安区	21	3	1	3	14	15	1		1	13
西安市周至县	21	7	2	2	10	48	1	3	16	28
宝鸡市扶风县	17	4		3	10	61	3	1	29	28
宝鸡市千阳县	16	8	2		6	34	1	3	22	8
咸阳市渭城区	9	3			6	19		2	9	8
咸阳市乾县	25	8	3	4	10	38	1	3	16	18
咸阳市旬邑县	35	12	5	1	17	80	2	1	26	51
渭南市临渭区	26	11			15	50	6	7	26	11
渭南市蒲城县	10	7	1	1	1	34	1	2	18	13
渭南市华县	18	7			11	71	2	2	36	31
延安市洛川县	20	3		2	15	15	1	3	8	3
榆林市绥德县	25	3	10	1	11	53	3	7	23	20
榆林市神木县	22	8			14	31	1	2	9	19
汉中市汉台区	10	3	2		5	5			2	3
汉中市勉县	36	12	2	1	21	82	11	8	33	30
汉中市宁强县	15	6	5	1	3	41	4	3	20	14
安康市汉滨区	15	8			7	66	2	6	23	35
安康市石泉县	28	11	3	2	12	46		9	19	18
商洛市商州区	32	6	2	2	22	51	8	3	25	15
商洛市山阳县	38	6	1	2	29	61	6	8	21	26

3－1b 续表 1

单位：人

地区	言语残疾					肢体残疾				
	小计	一级	二级	三级	四级	小计	一级	二级	三级	四级
总　计	**46**	**12**	**5**	**6**	**23**	**855**	**29**	**91**	**198**	**537**
西安市新城区										
西安市碑林区										
西安市长安区	2		1		1	14	1	3	1	9
西安市周至县	1	1				43	3	3	12	25
宝鸡市扶风县	2	1			1	46	1	12	5	28
宝鸡市千阳县	2			1	1	23	1	5	5	12
咸阳市渭城区						19			4	15
咸阳市乾县	4	2	1	1		77	3	5	15	54
咸阳市旬邑县	3				3	68	2	3	19	44
渭南市临渭区	2	1	1			47	1	6	6	34
渭南市蒲城县	2				2	113	1	13	25	74
渭南市华县	2			1	1	69	1	7	21	40
延安市洛川县						34	3	4	13	14
榆林市绥德县	2				2	43	1	2	7	33
榆林市神木县	2		1		1	64		9	22	33
汉中市汉台区						5		1		4
汉中市勉县	3			1	2	33	5	2	15	11
汉中市宁强县	4	2			2	21	1	1	6	13
安康市汉滨区	4	3			1	35	2	3	4	26
安康市石泉县	5	1	1	2	1	39	1	3	7	28
商洛市商州区	4	1			3	26	1	1	4	20
商洛市山阳县	2				2	36	1	8	7	20

3－1b 续表 2

单位：人

地 区	智力残疾					精神残疾				
	小计	一级	二级	三级	四级	小计	一级	二级	三级	四级
总 计	**287**	**28**	**67**	**104**	**88**	**253**	**60**	**30**	**35**	**128**
西安市新城区										
西安市碑林区										
西安市长安区	2	1	1			8	1	1		6
西安市周至县	13		2	7	4	14	5		2	7
宝鸡市扶风县	13	1	1	4	7	15	10	3	2	
宝鸡市千阳县	9		6	1	2	14			1	13
咸阳市渭城区	1			1		1			1	
咸阳市乾县	8	1		4	3	13	6	2		5
咸阳市旬邑县	13		3	5	5	16	5	1	2	8
渭南市临渭区	9		3	2	4	14	3	3	1	7
渭南市蒲城县	8		3	2	3	26			3	23
渭南市华县	46	4	10	17	15	16	4	4	3	5
延安市洛川县	11		1	2	8	8	1	2	1	4
榆林市绥德县	14		2	7	5	8			1	7
榆林市神木县	15	1	3	10	1	4		2		2
汉中市汉台区	3			1	2					
汉中市勉县	18	1	4	8	5	18	5	2	4	7
汉中市宁强县	43	18	18	6	1	9	2	2	1	4
安康市汉滨区	5	1		3	1	23	4	2	7	10
安康市石泉县	12		1	7	4	17	5	3	2	7
商洛市商州区	18		5	4	9	24	9	3	2	10
商洛市山阳县	26		4	13	9	5			2	3

3－1b 续表 3

单位：人

地 区	多重残疾				
	小计	一级	二级	三级	四级
总 计	**619**	**331**	**104**	**121**	**63**
西安市新城区					
西安市碑林区					
西安市长安区	12	7	3		2
西安市周至县	37	19	9	5	4
宝鸡市扶风县	18	5	2	10	1
宝鸡市千阳县	20	13		4	3
咸阳市渭城区	16	6	2	4	4
咸阳市乾县	13	11	1		1
咸阳市旬邑县	44	29	3	9	3
渭南市临渭区	27	10	8	6	3
渭南市蒲城县	28	9	6	9	4
渭南市华县	27	9	5	6	7
延安市洛川县	10	9		1	
榆林市绥德县	34	10	9	11	4
榆林市神木县	26	8	5	8	5
汉中市汉台区	4	3		1	
汉中市勉县	84	58	7	11	8
汉中市宁强县	25	18	6	1	
安康市汉滨区	44	37	2	5	
安康市石泉县	56	19	18	13	6
商洛市商州区	41	22	10	5	4
商洛市山阳县	53	29	8	12	4

3－2　残疾人分残疾类别、残疾等级的年龄构成

单位：人

年　龄	视力残疾					听力残疾				
	小计	一级	二级	三级	四级	小计	一级	二级	三级	四级
总　计	**580**	**168**	**50**	**32**	**330**	**1574**	**69**	**109**	**571**	**825**
0岁										
1岁										
2岁						1	1			
3岁										
4岁										
5岁						1				1
6岁						1			1	
7岁										
8岁	2				2	1			1	
9岁	1	1				2				2
10岁										
11岁	1				1	1			1	
12岁						1				1
13岁	1	1								
14岁						1	1			
15岁	3	1			2	3			2	1
16岁						1			1	
17岁										
18岁	1	1				3			1	2
19岁	1				1					
20岁	2				2					
21岁										
22岁	1				1					
23岁	2	1			1	1			1	
24岁										
25岁	1				1	1				1
26岁										

3-2 续表 1

单位：人

年龄	视力残疾					听力残疾				
	小计	一级	二级	三级	四级	小计	一级	二级	三级	四级
27岁	2	1			1					
28岁										
29岁	4	3		1		1			1	
30岁	2	2								
31岁	3				3	4			2	2
32岁	1	1				4		1	3	
33岁	4		2		2	2				2
34岁	4	1			3	1			1	
35岁	1				1	4	1		1	2
36岁	2				2	3	1		1	1
37岁	8	1		1	6	7			3	4
38岁	2				2	4			3	1
39岁	5	1			4	4		1	3	
40岁	2	1		1		6		1	3	2
41岁	6	2		1	3	11	1	1	6	3
42岁	3	2			1	15	1	2	7	5
43岁	7	3	1		3	7	1		5	1
44岁	8	3		1	4	2			2	
45岁	4	3			1	4				4
46岁	3				3	9	1	1	1	6
47岁	5	2			3	7		1	3	3
48岁	6	1			5	21		1	10	10
49岁	6	1		1	4	14			7	7
50岁	7			1	6	29		2	8	19
51岁	6	2	1		3	28		8	5	15
52岁	4	2			2	27		1	9	17
53岁	16	1	2	3	10	28	1	1	12	14
54岁	10	4	1	1	4	20	3		7	10

3-2 续表 2

单位：人

年龄	视力残疾					听力残疾				
	小计	一级	二级	三级	四级	小计	一级	二级	三级	四级
55岁	12	4		1	7	12		1	2	9
56岁	16	6	1		9	25	2	4	5	14
57岁	7	3			4	28	2	2	8	16
58岁	12	5			7	27	1	1	9	16
59岁	12	3	1		8	27	2	1	9	15
60岁	13	5			8	29	3	2	12	12
61岁	9	2	2	1	4	33	1	2	11	19
62岁	20	4	3	1	12	40	5	2	9	24
63岁	22	6	1	1	14	45	1	5	20	19
64岁	20	2	1		17	36		4	13	19
65岁	19	4	3	1	11	46	5	2	11	28
66岁	14	2	1	1	10	45	2	3	16	24
67岁	15	6	3	1	5	62		1	20	41
68岁	11	1	1		9	57	1	3	15	38
69岁	22	6	3	2	11	58	2	4	13	39
70岁	22	2	4	1	15	51	1	4	22	24
71岁	21	3	2	4	12	65	3	3	17	42
72岁	17	4	1	1	11	66	2	4	23	37
73岁	13	2		3	8	51	2	3	19	27
74岁	23	11	3		9	67	1	4	22	40
75岁	9	2			7	65	5	10	15	35
76岁	12	3			9	48	1	3	25	19
77岁	9	4	1		4	43	2	2	14	25
78岁	11	3	2		6	33	1	2	17	13
79岁	12	4	1		7	31	1	2	17	11
80岁	14	6	1	3	4	42		1	20	21
81岁	9	4	2		3	34	1	1	18	14
82岁	10	4	1		5	26	3	1	10	12
83岁	6	3	1		2	23	1	3	6	13
84岁	2	1			1	16	1	2	7	6
85+	19	11	4		4	63	5	6	35	17

3-2 续表 3

单位：人

年 龄	言语残疾					肢体残疾				
	小计	一级	二级	三级	四级	小计	一级	二级	三级	四级
总 计	**62**	**16**	**7**	**9**	**30**	**1180**	**48**	**120**	**266**	**746**
0岁										
1岁										
2岁						1				1
3岁	3			1	2	2			1	1
4岁	2		1		1	2				2
5岁	1				1					
6岁	2				2					
7岁						4	1		2	1
8岁	1	1				2				2
9岁	1				1	2			1	1
10岁	2				2	3		1	1	1
11岁	1				1	4				4
12岁						6	1	1		4
13岁						1		1		
14岁	2	1		1		3			2	1
15岁	1				1	7	1		2	4
16岁	2	1			1	3		1	1	1
17岁						2				2
18岁	1				1	4				4
19岁						3		1		2
20岁						7		1	2	4
21岁						4			2	2
22岁						3				3
23岁						1			1	
24岁						6			3	3
25岁						2			1	1
26岁						8			2	6

3-2 续表 4

单位：人

年龄	言语残疾					肢体残疾				
	小计	一级	二级	三级	四级	小计	一级	二级	三级	四级
27岁	1				1	4	1		1	2
28岁						7		1	2	4
29岁	3	2			1	3				3
30岁						8			3	5
31岁	1				1	15		1	5	9
32岁	1				1	10		1	2	7
33岁						10	2		1	7
34岁	1		1			16	1	1	3	11
35岁	2	1			1	13		2	2	9
36岁	1				1	13		1	3	9
37岁						21	2	1	2	16
38岁	1		1			19	2	1	8	8
39岁						17	1	2	4	10
40岁	1				1	15	1	1	2	11
41岁						22	3		4	15
42岁	2				2	26		1	4	21
43岁	2				2	25	1	1	7	16
44岁	2	1		1		15		1	3	11
45岁						15			5	10
46岁						28		4	4	20
47岁	1				1	16	1		3	12
48岁	2	2				20	1	1	3	15
49岁	2	2				27		1	6	20
50岁	1	1				26		2	6	18
51岁						28		3	4	21
52岁						26		1	5	20
53岁	4			2	2	30		4	6	20
54岁	1		1			31	4	4	7	16

3-2 续表 5

单位：人

年龄	言语残疾					肢体残疾				
	小计	一级	二级	三级	四级	小计	一级	二级	三级	四级
55岁	1		1			21		4	5	12
56岁	1				1	22	1	1	5	15
57岁	1	1				22		3	4	15
58岁						10		1	2	7
59岁						25		5	5	15
60岁	1		1			28	2	2	3	21
61岁						30	1	1	7	21
62岁	1	1				21	3	4	3	11
63岁	1				1	31		4	5	22
64岁						20		2	6	12
65岁	1	1				23	2	4	5	12
66岁	1				1	15		1	4	10
67岁	2	1		1		25	2	2	8	13
68岁						35	2	7	11	15
69岁	1		1			28	1	3	9	15
70岁	1			1		16	2	1	2	11
71岁						22	1	2	6	13
72岁						22		3	7	12
73岁	1			1		16		1	5	10
74岁						24	1	8	4	11
75岁						25	1	4	5	15
76岁						14	1	1	5	7
77岁						11	1	2	1	7
78岁						20	1	4	10	5
79岁						13		1	3	9
80岁						5		2		3
81岁						12	1	3	2	6
82岁						7			2	5
83岁						7		1	1	5
84岁						8	1		1	6
85+	1			1		16	1	2	4	9

3-2 续表 6

单位：人

年 龄	智力残疾					精神残疾				
	小计	一级	二级	三级	四级	小计	一级	二级	三级	四级
总 计	**330**	**32**	**74**	**121**	**103**	**339**	**91**	**40**	**51**	**157**
0岁	2			1	1					
1岁	5		1		4					
2岁	5			2	3	1		1		
3岁	3		2		1					
4岁	4			1	3	1		1		
5岁	3			1	2	1				1
6岁	2				2	1				1
7岁						2	1	1		
8岁	2		2							
9岁	12	1	4	2	5					
10岁	9	1		2	6					
11岁	2			1	1	1				1
12岁	12		5	1	6	2	1			1
13岁	4			2	2	1				1
14岁	5			3	2	1			1	
15岁	13	2	7	2	2					
16岁	6	1		4	1	2			1	1
17岁	9	1	1	3	4	1				1
18岁	3		2	1		1				1
19岁	5	1	1	1	2	2				2
20岁	3			2	1	1	1			
21岁	5		2	3		4	2			2
22岁	6	1	1	4		2	1			1
23岁	6	1		3	2	4	1		1	2
24岁	5		1	2	2	2	1			1
25岁	5		1		4	3	2			1
26岁	2	1		1		3				3

3-2 续表 7

单位：人

年龄	智力残疾					精神残疾				
	小计	一级	二级	三级	四级	小计	一级	二级	三级	四级
27岁	3		1	1	1	3	1		1	1
28岁	6	1	1	2	2	1	1			
29岁	3			1	2	8	3	2		3
30岁	2			2		8	4	1	1	2
31岁	3	1		1	1	6	2		1	3
32岁	5			3	2	12	3	2	1	6
33岁	8		3	3	2	8	3	2		3
34岁	6			4	2	9	3		3	3
35岁	6		1	4	1	11	2			9
36岁	4	1	1	2		7		1		6
37岁	5		2	3		15	3	3	1	8
38岁	5		2	1	2	10	3	1	1	5
39岁	4	1	1	2		8	4		2	2
40岁	4			2	2	13	5	2		6
41岁	7	3	2	1	1	12	3	1	1	7
42岁	6	1	1	2	2	9	1		3	5
43岁	5	1		3	1	6			2	4
44岁	6	2	1	2	1	1	1			
45岁	1			1		5	3	1		1
46岁	2			1	1	7	1	1		5
47岁	4			3	1	9	5	1		3
48岁	7	3	1	1	2	12	2	2	4	4
49岁	7	1	1	2	3	9	1	1	3	4
50岁	6	2	1	2	1	6		2	3	1
51岁	10	3	2	3	2	3	2	1		
52岁	8		2	2	4	13	3	2	3	5
53岁	6		1	4	1	9		1	3	5
54岁	7	1		4	2	7			2	5

3-2 续表 8

单位：人

年 龄	智力残疾					精神残疾				
	小计	一级	二级	三级	四级	小计	一级	二级	三级	四级
55岁	1			1		4	2			2
56岁	8		5	2	1	4	2	1		1
57岁						4	2		1	1
58岁	6		2	3	1	3	1			2
59岁	5		2	2	1	8	2	1	2	3
60岁	3		1	1	1	8	2		1	5
61岁	5		2	3		5	1	1	2	1
62岁	3		2		1	6	3			3
63岁	2	1		1		5	1		1	3
64岁	2		2			2		1	1	
65岁	2			1	1	2	1			1
66岁	3		2		1	3		1		2
67岁										
68岁						4			2	2
69岁						3	1	1	1	
70岁						3	1	1		1
71岁										
72岁	1			1		3		2		1
73岁										
74岁						1				1
75岁						1	1			
76岁	1				1	1				1
77岁						1			1	
78岁	1			1		1			1	
79岁	2		1	1		2	1			1
80岁						1		1		
81岁										
82岁										
83岁										
84岁	1		1			1	1			
85+										

3-2 续表 9

单位：人

年 龄	多重残疾				
	小计	一级	二级	三级	四级
总 计	**848**	**426**	**133**	**179**	**110**
0岁					
1岁	2	1		1	
2岁	1				1
3岁	4	3	1		
4岁	7	4	2		1
5岁	4		3	1	
6岁	6	5			1
7岁	4	3	1		
8岁	3	1	1	1	
9岁	4	1	2	1	
10岁	6	3	1		2
11岁	1	1			
12岁	9	5	2	2	
13岁	6	5		1	
14岁	5	1		3	1
15岁	6	3	1	2	
16岁	8	5	2	1	
17岁	8	5	1	2	
18岁	4	3	1		
19岁	5	4	1		
20岁	8	4	1	2	1
21岁	3	2		1	
22岁	7	5	1	1	
23岁	1	1			
24岁	6	2	1	2	1
25岁	2	1	1		
26岁	3	1	1	1	

3-2 续表 10

单位：人

年 龄	多重残疾				
	小计	一级	二级	三级	四级
27岁	3	2		1	
28岁	5	2	1	1	1
29岁	2	2			
30岁	6	3	2		1
31岁	3	2	1		
32岁	3	2		1	
33岁	3	3			
34岁	5	4		1	
35岁	7	3	1	2	1
36岁	3	1	1	1	
37岁	7	5		2	
38岁	8	3	3	2	
39岁	11	9		1	1
40岁	18	13	3	2	
41岁	12	5	3	2	2
42岁	15	12	1	1	1
43岁	13	11	1	1	
44岁	6	3	1	1	1
45岁	5	3	1	1	
46岁	5	2		3	
47岁	13	8	2	3	
48岁	23	21		2	
49岁	21	13	7	1	
50岁	15	12	1	2	
51岁	15	13	2		
52岁	11	9	1	1	
53岁	14	8	4	2	
54岁	12	6	2	3	1

3-2 续表 11

单位：人

年 龄	多重残疾				
	小计	一级	二级	三级	四级
55岁	7	5	1	1	
56岁	13	8	2	1	2
57岁	5	4		1	
58岁	15	8	3	2	2
59岁	15	7	4	2	2
60岁	11	6	2	2	1
61岁	18	8	2	7	1
62岁	9	3		5	1
63岁	17	9		2	6
64岁	14	4	5	4	1
65岁	19	10	2	4	3
66岁	18	6	4	1	7
67岁	11	5		2	4
68岁	16	5	3	3	5
69岁	13	7	2	3	1
70岁	14	7	1	4	2
71岁	20	6	3	6	5
72岁	20	6	3	8	3
73岁	20	4	4	3	9
74岁	18	6	2	4	6
75岁	20	7	4	4	5
76岁	12	4		6	2
77岁	14	4	2	3	5
78岁	10	1	3	2	4
79岁	11	4	2	5	
80岁	17	4	1	9	3
81岁	17	5	3	5	4
82岁	9	2	1	5	1
83岁	6	1	2	3	
84岁	15	6	2	4	3
85+	37	15	8	9	5

3－2a 残疾人分残疾类别、残疾等级的年龄构成(男性)

单位：人

年 龄	视力残疾					听力残疾				
	小计	一级	二级	三级	四级	小计	一级	二级	三级	四级
总 计	**211**	**63**	**14**	**11**	**123**	**861**	**38**	**69**	**313**	**441**
0岁										
1岁										
2岁										
3岁										
4岁										
5岁						1				1
6岁						1			1	
7岁										
8岁	1				1	1			1	
9岁	1	1								
10岁										
11岁						1			1	
12岁										
13岁										
14岁						1	1			
15岁	2	1			1	3			2	1
16岁						1			1	
17岁										
18岁						1				1
19岁										
20岁	2				2					
21岁										
22岁										
23岁	2	1			1					
24岁										
25岁	1				1					
26岁										

3-2a 续表 1

单位：人

年龄	视力残疾					听力残疾				
	小计	一级	二级	三级	四级	小计	一级	二级	三级	四级
27岁	1				1					
28岁										
29岁	2	1		1		1			1	
30岁										
31岁	1				1	2			1	1
32岁						2		1	1	
33岁	2		2			2				2
34岁	1	1				1			1	
35岁	1				1	3	1		1	1
36岁	1				1	1				1
37岁	2	1			1	4			1	3
38岁	1				1	3			2	1
39岁	4				4	2			2	
40岁	1			1		2		1		1
41岁	1	1				3			2	1
42岁	2	1			1	6			2	4
43岁	2	2				3			3	
44岁	5	3			2	2			2	
45岁	2	2				3				3
46岁						6	1	1		4
47岁	1	1				5		1	2	2
48岁	3	1			2	8		1	3	4
49岁	3	1			2	8			4	4
50岁	3				3	15		1	6	8
51岁	2	1	1			19		5	4	10
52岁	2	1			1	15		1	3	11
53岁	7		1	1	5	20		1	10	9
54岁	7	2	1	1	3	13	3		5	5

3－2a　续表 2

单位：人

年　龄	视力残疾					听力残疾				
	小计	一级	二级	三级	四级	小计	一级	二级	三级	四级
55岁	2	1			1	6		1	1	4
56岁	7	3			4	12	1	1	2	8
57岁	2				2	15		2	2	11
58岁	3	2			1	14	1	1	4	8
59岁	7	2			5	16	1	1	4	10
60岁	4	2			2	19	2		10	7
61岁	4	1		1	2	19	1	1	9	8
62岁	9	2	1	1	5	27	3	1	7	16
63岁	12	4	1	1	6	29	1	3	12	13
64岁	8		1		7	26		3	10	13
65岁	9	3	1		5	22	2	1	4	15
66岁	5				5	24	2	2	8	12
67岁	5	2			3	25		1	9	15
68岁	5	1			4	31	1	1	11	18
69岁	8	1	1	1	5	31	2	4	8	17
70岁	4	1			3	26	1	2	10	13
71岁	6	1	2	2	1	32	2	2	9	19
72岁	5	1			4	39		3	13	23
73岁	2				2	31	1	3	10	17
74岁	3	2			1	39	1	2	10	26
75岁	5	2			3	31	3	6	7	15
76岁	7	2			5	28		2	17	9
77岁	1				1	25	1	2	10	12
78岁	2	1			1	16	1	2	7	6
79岁	6	1			5	15		1	7	7
80岁	3	1		1	1	20			10	10
81岁	1		1			19	1	1	12	5
82岁	2	2				17	3	1	7	6
83岁	2	1			1	15		3	2	10
84岁	1				1	9		1	3	5
85+	5	2	1		2	24	1	2	16	5

3－2a 续表 3

单位：人

年 龄	言语残疾					肢体残疾				
	小计	一级	二级	三级	四级	小计	一级	二级	三级	四级
总 计	**40**	**7**	**4**	**8**	**21**	**689**	**24**	**76**	**154**	**435**
0岁										
1岁										
2岁						1				1
3岁	3			1	2	1			1	
4岁	2		1		1					
5岁	1				1					
6岁	2				2					
7岁						2	1			1
8岁	1	1								
9岁	1				1					
10岁	2				2	2			1	1
11岁						1				1
12岁						4	1	1		2
13岁						1		1		
14岁	1			1		2			1	1
15岁						5	1		1	3
16岁	1	1				3		1	1	1
17岁						2				2
18岁						4				4
19岁						1		1		
20岁						3		1	1	1
21岁						1			1	
22岁						2				2
23岁						1			1	
24岁						5			3	2
25岁						2			1	1
26岁						5			1	4

3－2a 续表 4

单位：人

年 龄	言语残疾					肢体残疾				
	小计	一级	二级	三级	四级	小计	一级	二级	三级	四级
27岁	1				1	4	1		1	2
28岁						5		1	2	2
29岁	2	2				3				3
30岁						6			3	3
31岁						10		1	3	6
32岁	1				1	7			1	6
33岁						7			1	6
34岁						9		1	2	6
35岁	1				1	7		1	2	4
36岁						10		1	3	6
37岁						13	1	1	2	9
38岁	1		1			17	2	1	7	7
39岁						10	1	2	2	5
40岁	1				1	9			1	8
41岁						17	3		3	11
42岁	2				2	18		1	2	15
43岁	2				2	16	1		4	11
44岁	2	1		1		9		1	1	7
45岁						9			3	6
46岁						13		4	1	8
47岁	1				1	9	1		2	6
48岁						10			3	7
49岁						20			5	15
50岁						18			6	12
51岁						15		3	2	10
52岁						18		1	3	14
53岁	2			1	1	19		1	6	12
54岁						17	2	3	4	8

3－2a 续表 5

单位：人

年 龄	言语残疾					肢体残疾				
	小计	一级	二级	三级	四级	小计	一级	二级	三级	四级
55岁						11		2	1	8
56岁	1				1	11		1	1	9
57岁	1	1				11		2		9
58岁						4		1	1	2
59岁						17		5	3	9
60岁	1		1			11		1		10
61岁						14	1	1	3	9
62岁						9	2	1	1	5
63岁						20		1	4	15
64岁						14		1	5	8
65岁	1	1				10	1	3		6
66岁	1				1	10		1	1	8
67岁	1			1		13	1	1	6	5
68岁						21	2	4	6	9
69岁	1		1			17		2	4	11
70岁	1			1		11		1	1	9
71岁						13		2	5	6
72岁						10		2	3	5
73岁	1			1		9		1	2	6
74岁						17		8	2	7
75岁						12	1	2	3	6
76岁						6			2	4
77岁						6		1		5
78岁						10		2	5	3
79岁						5			2	3
80岁						1				1
81岁						7		1	1	5
82岁						2				2
83岁						4			1	3
84岁						3	1			2
85+	1			1		7		1	3	3

3－2a 续表 6

单位：人

年龄	智力残疾					精神残疾				
	小计	一级	二级	三级	四级	小计	一级	二级	三级	四级
总计	**198**	**25**	**46**	**68**	**59**	**168**	**55**	**20**	**26**	**67**
0岁	1			1						
1岁										
2岁	3			1	2					
3岁	2		1		1					
4岁	2			1	1					
5岁	2			1	1					
6岁										
7岁						2	1	1		
8岁	1		1							
9岁	9	1	4	2	2					
10岁	6	1		1	4					
11岁	1			1						
12岁	6		2		4	2	1			1
13岁	3			2	1					
14岁	3			1	2	1			1	
15岁	10	2	5	2	1					
16岁	3	1		1	1	1				1
17岁	5		1		4	1				1
18岁	1			1		1				1
19岁	5	1	1	1	2	2				2
20岁	3			2	1	1	1			
21岁	3		1	2		1	1			
22岁	3	1		2		1	1			
23岁	2			1	1	2			1	1
24岁	1			1		1				1
25岁	1		1			1	1			
26岁	2	1		1		3				3

3－2a　续表 7

单位：人

年　龄	智力残疾					精神残疾				
	小计	一级	二级	三级	四级	小计	一级	二级	三级	四级
27岁	3		1	1	1	2			1	1
28岁	2		1	1		1	1			
29岁	3			1	2	6	3	1		2
30岁	1			1		5	3		1	1
31岁	2	1			1	2			1	1
32岁	5			3	2	7	2	1	1	3
33岁	3		2		1	4	3			1
34岁	2			2		5	1		3	1
35岁	2		1	1		5				5
36岁	2	1		1		6		1		5
37岁	3		1	2		4	1		1	2
38岁	3		1	1	1	3	2			1
39岁	2	1		1		6	4		1	1
40岁	3			2	1	7	3	2		2
41岁	5	2	2		1	6	2	1	1	2
42岁	5	1	1	1	2	5	1		2	2
43岁	4	1		2	1	4			1	3
44岁	5	2	1	1	1	1	1			
45岁	1			1		3	2	1		
46岁	2			1	1	4	1	1		2
47岁	2			1	1	7	4	1		2
48岁	6	3	1	1	1	6		2	1	3
49岁	5	1		1	3	2			1	1
50岁	3	1		1	1	2		1	1	
51岁	4	1	1	2		1		1		
52岁	4		2		2	6	2		3	1
53岁	4		1	2	1	4		1	2	1
54岁	4	1		2	1	2				2

3－2a 续表 8

单位：人

年 龄	智力残疾					精神残疾				
	小计	一级	二级	三级	四级	小计	一级	二级	三级	四级
55岁						2	1			1
56岁	4		2	1	1	2	2			
57岁						2	1			1
58岁	2		1		1	1	1			
59岁	5		2	2	1	4	2			2
60岁	2		1		1	3	1		1	1
61岁	4		2	2		2	1	1		
62岁	2		1		1	2	1			1
63岁	2	1		1		2	1			1
64岁	1		1							
65岁	2			1	1					
66岁	2		2							
67岁										
68岁						1				1
69岁						2		1	1	
70岁						1		1		
71岁										
72岁	1			1		3		2		1
73岁										
74岁						1				1
75岁						1	1			
76岁						1				1
77岁						1			1	
78岁	1			1						
79岁	1			1						
80岁										
81岁										
82岁										
83岁										
84岁	1		1			1	1			
85+										

3－2a 续表 9

单位：人

年龄	多重残疾				
	小计	一级	二级	三级	四级
总 计	**426**	**213**	**60**	**96**	**57**
0岁					
1岁	2	1		1	
2岁	1				1
3岁	3	2	1		
4岁	5	2	2		1
5岁	4		3	1	
6岁	3	2			1
7岁	2	1	1		
8岁	1		1		
9岁	3	1	1	1	
10岁	3	1			2
11岁					
12岁	6	3	1	2	
13岁	4	3		1	
14岁	4	1		2	1
15岁	1			1	
16岁	4	2	1	1	
17岁	3	3			
18岁	3	2	1		
19岁	2	2			
20岁	5	3	1	1	
21岁					
22岁	6	5	1		
23岁					
24岁	3			2	1
25岁	2	1	1		
26岁	2	1		1	

3－2a　续表 10

单位：人

年　龄	多重残疾				
	小计	一级	二级	三级	四级
27岁	3	2		1	
28岁	3	1	1	1	
29岁	2	2			
30岁	2	1			1
31岁	2	1	1		
32岁					
33岁	1	1			
34岁	1			1	
35岁	4	2		1	1
36岁	2	1	1		
37岁	1			1	
38岁	4	2	1	1	
39岁	5	3		1	1
40岁	7	4	2	1	
41岁	5	2	1		2
42岁	7	6			1
43岁	7	7			
44岁	3	2			1
45岁	2		1	1	
46岁	2			2	
47岁	10	8	1	1	
48岁	13	11		2	
49岁	14	11	3		
50岁	10	9		1	
51岁	11	9	2		
52岁	6	4	1	1	
53岁	7	6		1	
54岁	6	2	2	1	1

3－2a 续表 11

单位：人

年 龄	多重残疾				
	小计	一级	二级	三级	四级
55岁	3	2		1	
56岁	9	6	1	1	1
57岁	2	1		1	
58岁	13	6	3	2	2
59岁	11	6	2	1	2
60岁	4	2	2		
61岁	11	4	1	5	1
62岁	6	2		4	
63岁	6	2		2	2
64岁	7	2	5		
65岁	10	6		2	2
66岁	5	1	1		3
67岁	5	2		2	1
68岁	9	4		2	3
69岁	2	1		1	
70岁	9	5	1	1	2
71岁	7	2	1	3	1
72岁	10	3	1	3	3
73岁	8	3	2	2	1
74岁	9	1	2	3	3
75岁	10	4	1	3	2
76岁	6	2		4	
77岁	4	2	1		1
78岁	5		1		4
79岁	6	3		3	
80岁	9	3		3	3
81岁	4		2		2
82岁	4			3	1
83岁	3	1		2	
84岁	7	2		4	1
85+	10	2	1	6	1

3－2b 残疾人分残疾类别、残疾等级的年龄构成(女性)

单位：人

年 龄	视力残疾					听力残疾				
	小计	一级	二级	三级	四级	小计	一级	二级	三级	四级
总 计	**369**	**105**	**36**	**21**	**207**	**713**	**31**	**40**	**258**	**384**
0岁										
1岁										
2岁						1	1			
3岁										
4岁										
5岁										
6岁										
7岁										
8岁	1				1					
9岁						2				2
10岁										
11岁	1				1					
12岁						1				1
13岁	1	1								
14岁										
15岁	1				1					
16岁										
17岁										
18岁	1	1				2			1	1
19岁	1				1					
20岁										
21岁										
22岁	1				1					
23岁						1			1	
24岁										
25岁						1				1
26岁										

3－2b 续表 1

单位：人

年龄	视力残疾					听力残疾				
	小计	一级	二级	三级	四级	小计	一级	二级	三级	四级
27岁	1	1								
28岁										
29岁	2	2								
30岁	2	2								
31岁	2				2	2			1	1
32岁	1	1				2			2	
33岁	2				2					
34岁	3				3					
35岁						1				1
36岁	1				1	2	1		1	
37岁	6			1	5	3			2	1
38岁	1				1	1			1	
39岁	1	1				2		1	1	
40岁	1	1				4			3	1
41岁	5	1		1	3	8	1	1	4	2
42岁	1	1				9	1	2	5	1
43岁	5	1	1		3	4	1		2	1
44岁	3			1	2					
45岁	2	1			1	1				1
46岁	3				3	3			1	2
47岁	4	1			3	2			1	1
48岁	3				3	13			7	6
49岁	3			1	2	6			3	3
50岁	4			1	3	14		1	2	11
51岁	4	1			3	9		3	1	5
52岁	2	1			1	12			6	6
53岁	9	1	1	2	5	8	1		2	5
54岁	3	2			1	7			2	5

3－2b　续表 2

单位：人

年　龄	视力残疾					听力残疾				
	小计	一级	二级	三级	四级	小计	一级	二级	三级	四级
55岁	10	3		1	6	6			1	5
56岁	9	3	1		5	13	1	3	3	6
57岁	5	3			2	13	2		6	5
58岁	9	3			6	13			5	8
59岁	5	1	1		3	11	1		5	5
60岁	9	3			6	10	1	2	2	5
61岁	5	1	2		2	14		1	2	11
62岁	11	2	2		7	13	2	1	2	8
63岁	10	2			8	16		2	8	6
64岁	12	2			10	10		1	3	6
65岁	10	1	2	1	6	24	3	1	7	13
66岁	9	2	1	1	5	21		1	8	12
67岁	10	4	3	1	2	37			11	26
68岁	6		1		5	26		2	4	20
69岁	14	5	2	1	6	27			5	22
70岁	18	1	4	1	12	25		2	12	11
71岁	15	2		2	11	33	1	1	8	23
72岁	12	3	1	1	7	27	2	1	10	14
73岁	11	2		3	6	20	1		9	10
74岁	20	9	3		8	28		2	12	14
75岁	4				4	34	2	4	8	20
76岁	5	1			4	20	1	1	8	10
77岁	8	4	1		3	18	1		4	13
78岁	9	2	2		5	17			10	7
79岁	6	3	1		2	16	1	1	10	4
80岁	11	5	1	2	3	22		1	10	11
81岁	8	4	1		3	15			6	9
82岁	8	2	1		5	9			3	6
83岁	4	2	1		1	8	1		4	3
84岁	1	1				7	1	1	4	1
85+	14	9	3		2	39	4	4	19	12

3-2b 续表 3

单位：人

年 龄	言语残疾					肢体残疾				
	小计	一级	二级	三级	四级	小计	一级	二级	三级	四级
总 计	**22**	**9**	**3**	**1**	**9**	**491**	**24**	**44**	**112**	**311**
0岁										
1岁										
2岁										
3岁						1				1
4岁						2				2
5岁										
6岁										
7岁						2			2	
8岁						2				2
9岁						2			1	1
10岁						1		1		
11岁	1				1	3				3
12岁						2				2
13岁										
14岁	1	1				1			1	
15岁	1				1	2			1	1
16岁	1				1					
17岁										
18岁	1				1					
19岁						2				2
20岁						4			1	3
21岁						3			1	2
22岁						1				1
23岁										
24岁						1				1
25岁										
26岁						3			1	2

3-2b 续表 4

单位：人

年 龄	言语残疾					肢体残疾				
	小计	一级	二级	三级	四级	小计	一级	二级	三级	四级
27岁										
28岁						2				2
29岁	1				1					
30岁						2				2
31岁	1				1	5			2	3
32岁						3		1	1	1
33岁						3	2			1
34岁	1		1			7	1		1	5
35岁	1	1				6		1		5
36岁	1				1	3				3
37岁						8	1			7
38岁						2			1	1
39岁						7			2	5
40岁						6	1	1	1	3
41岁						5			1	4
42岁						8			2	6
43岁						9		1	3	5
44岁						6			2	4
45岁						6			2	4
46岁						15			3	12
47岁						7			1	6
48岁	2	2				10	1	1		8
49岁	2	2				7		1	1	5
50岁	1	1				8		2		6
51岁						13			2	11
52岁						8			2	6
53岁	2			1	1	11		3		8
54岁	1		1			14	2	1	3	8

3－2b 续表 5

单位：人

年 龄	言语残疾					肢体残疾				
	小计	一级	二级	三级	四级	小计	一级	二级	三级	四级
55岁	1		1			10		2	4	4
56岁						11	1		4	6
57岁						11		1	4	6
58岁						6			1	5
59岁						8			2	6
60岁						17	2	1	3	11
61岁						16			4	12
62岁	1	1				12	1	3	2	6
63岁	1				1	11		3	1	7
64岁						6		1	1	4
65岁						13	1	1	5	6
66岁						5			3	2
67岁	1	1				12	1	1	2	8
68岁						14		3	5	6
69岁						11	1	1	5	4
70岁						5	2		1	2
71岁						9	1		1	7
72岁						12		1	4	7
73岁						7			3	4
74岁						7	1		2	4
75岁						13		2	2	9
76岁						8	1	1	3	3
77岁						5	1	1	1	2
78岁						10	1	2	5	2
79岁						8		1	1	6
80岁						4		2		2
81岁						5	1	2	1	1
82岁						5			2	3
83岁						3		1		2
84岁						5			1	4
85+						9	1	1	1	6

3-2b 续表 6

单位：人

年 龄	智力残疾					精神残疾				
	小计	一级	二级	三级	四级	小计	一级	二级	三级	四级
总 计	**132**	**7**	**28**	**53**	**44**	**171**	**36**	**20**	**25**	**90**
0岁	1				1					
1岁	5		1		4					
2岁	2			1	1	1		1		
3岁	1		1							
4岁	2				2	1		1		
5岁	1				1	1				1
6岁	2				2	1				1
7岁										
8岁	1		1							
9岁	3				3					
10岁	3			1	2					
11岁	1				1	1				1
12岁	6		3	1	2					
13岁	1				1	1				1
14岁	2			2						
15岁	3		2		1					
16岁	3			3		1			1	
17岁	4	1		3						
18岁	2		2							
19岁										
20岁										
21岁	2		1	1		3	1			2
22岁	3		1	2		1				1
23岁	4	1		2	1	2	1			1
24岁	4		1	1	2	1	1			
25岁	4				4	2	1			1
26岁										

3－2b 续表 7

单位：人

年 龄	智力残疾					精神残疾				
	小计	一级	二级	三级	四级	小计	一级	二级	三级	四级
27岁						1	1			
28岁	4	1		1	2					
29岁						2		1		1
30岁	1			1		3	1	1		1
31岁	1			1		4	2			2
32岁						5	1	1		3
33岁	5		1	3	1	4		2		2
34岁	4			2	2	4	2			2
35岁	4			3	1	6	2			4
36岁	2		1	1		1				1
37岁	2		1	1		11	2	3		6
38岁	2		1		1	7	1	1	1	4
39岁	2		1	1		2			1	1
40岁	1				1	6	2			4
41岁	2	1		1		6	1			5
42岁	1			1		4			1	3
43岁	1			1		2			1	1
44岁	1			1						
45岁						2	1			1
46岁						3				3
47岁	2			2		2	1			1
48岁	1				1	6	2		3	1
49岁	2		1	1		7	1	1	2	3
50岁	3	1	1	1		4		1	2	1
51岁	6	2	1	1	2	2	2			
52岁	4			2	2	7	1	2		4
53岁	2			2		5			1	4
54岁	3			2	1	5			2	3

3－2b 续表 8

单位：人

年龄	智力残疾					精神残疾				
	小计	一级	二级	三级	四级	小计	一级	二级	三级	四级
55岁	1			1		2	1			1
56岁	4		3	1		2		1		1
57岁						2	1		1	
58岁	4		1	3		2				2
59岁						4		1	2	1
60岁	1			1		5	1			4
61岁	1			1		3			2	1
62岁	1		1			4	2			2
63岁						3			1	2
64岁	1		1			2		1	1	
65岁						2	1			1
66岁	1				1	3		1		2
67岁										
68岁						3			2	1
69岁						1	1			
70岁						2	1			1
71岁										
72岁										
73岁										
74岁										
75岁										
76岁	1				1					
77岁										
78岁						1			1	
79岁	1		1			2	1			1
80岁						1		1		
81岁										
82岁										
83岁										
84岁										
85+										

3－2b 续表 9

单位：人

年 龄	多重残疾				
	小计	一级	二级	三级	四级
总 计	**422**	**213**	**73**	**83**	**53**
0岁					
1岁					
2岁					
3岁	1	1			
4岁	2	2			
5岁					
6岁	3	3			
7岁	2	2			
8岁	2	1		1	
9岁	1		1		
10岁	3	2	1		
11岁	1	1			
12岁	3	2	1		
13岁	2	2			
14岁	1			1	
15岁	5	3	1	1	
16岁	4	3	1		
17岁	5	2	1	2	
18岁	1	1			
19岁	3	2	1		
20岁	3	1		1	1
21岁	3	2		1	
22岁	1			1	
23岁	1	1			
24岁	3	2	1		
25岁					
26岁	1		1		

3-2b 续表 10

单位：人

年龄	多重残疾				
	小计	一级	二级	三级	四级
27岁					
28岁	2	1			1
29岁					
30岁	4	2	2		
31岁	1	1			
32岁	3	2		1	
33岁	2	2			
34岁	4	4			
35岁	3	1	1	1	
36岁	1			1	
37岁	6	5		1	
38岁	4	1	2	1	
39岁	6	6			
40岁	11	9	1	1	
41岁	7	3	2	2	
42岁	8	6	1	1	
43岁	6	4	1	1	
44岁	3	1	1	1	
45岁	3	3			
46岁	3	2		1	
47岁	3		1	2	
48岁	10	10			
49岁	7	2	4	1	
50岁	5	3	1	1	
51岁	4	4			
52岁	5	5			
53岁	7	2	4	1	
54岁	6	4		2	

3－2b 续表 11

单位：人

年龄	多重残疾				
	小计	一级	二级	三级	四级
55岁	4	3	1		
56岁	4	2	1		1
57岁	3	3			
58岁	2	2			
59岁	4	1	2	1	
60岁	7	4		2	1
61岁	7	4	1	2	
62岁	3	1		1	1
63岁	11	7			4
64岁	7	2		4	1
65岁	9	4	2	2	1
66岁	13	5	3	1	4
67岁	6	3			3
68岁	7	1	3	1	2
69岁	11	6	2	2	1
70岁	5	2		3	
71岁	13	4	2	3	4
72岁	10	3	2	5	
73岁	12	1	2	1	8
74岁	9	5		1	3
75岁	10	3	3	1	3
76岁	6	2		2	2
77岁	10	2	1	3	4
78岁	5	1	2	2	
79岁	5	1	2	2	
80岁	8	1	1	6	
81岁	13	5	1	5	2
82岁	5	2	1	2	
83岁	3		2	1	
84岁	8	4	2		2
85+	27	13	7	3	4

3－3 各地区多重残疾人分残疾类别、残疾等级的分布

单位：人

地 区	视力残疾					听力残疾				
	小计	一级	二级	三级	四级	小计	一级	二级	三级	四级
总 计	**239**	**67**	**26**	**25**	**121**	**585**	**222**	**69**	**158**	**136**
西安市新城区	18	4			14	39	5	3	12	19
西安市碑林区	11	1		2	8	20	1	1	4	14
西安市长安区	9	1	1		7	25	6	3	7	9
西安市周至县	11	3	1	1	6	24	12	1	4	7
宝鸡市扶风县	4	2	1	1		10	3		6	1
宝鸡市千阳县	7	5			2	13	4		7	2
咸阳市渭城区	10	3		1	6	22	9	2	5	6
咸阳市乾县	1	1				9	8	1		
咸阳市旬邑县	20	10	1	2	7	37	17	2	12	6
渭南市临渭区	7	3			4	10	3	2	4	1
渭南市蒲城县	10	1	4		5	24	4	4	9	7
渭南市华县	8	2	1	1	4	20	4	5	5	6
延安市洛川县	2	1			1	8	4		3	1
榆林市绥德县	14	5	2	4	3	26	4	8	9	5
榆林市神木县	13	1	1		11	17	4	2	4	7
汉中市汉台区	13	2	1	1	9	22	4	3	4	11
汉中市勉县	22	8	1	2	11	63	38	2	14	9
汉中市宁强县	3	2			1	18	7	4	7	
安康市汉滨区	5	2	1	1	1	43	28	5	5	5
安康市石泉县	16	3	5	3	5	52	17	11	18	6
商洛市商州区	14	2	4	2	6	34	18	3	5	8
商洛市山阳县	21	5	2	4	10	49	22	7	14	6

3-3 续表 1

单位：人

地区	言语残疾					肢体残疾				
	小计	一级	二级	三级	四级	小计	一级	二级	三级	四级
总　计	**388**	**251**	**66**	**40**	**31**	**288**	**36**	**48**	**73**	**131**
西安市新城区	10	9			1	14	2	1	2	9
西安市碑林区	10	3	3	2	2	25	5	4	10	6
西安市长安区	13	7	1	3	2	15	2	1	4	8
西安市周至县	23	12	9		2	10	2	3	2	3
宝鸡市扶风县	7	2	2	3		7			3	4
宝鸡市千阳县	10	7	1	1	1	10	2	1	1	6
咸阳市渭城区	14	10	4			13	1	1	6	5
咸阳市乾县	7	5	1		1	5			3	2
咸阳市旬邑县	18	15	2		1	11	1	2	3	5
渭南市临渭区	16	6	3	4	3	13		5	2	6
渭南市蒲城县	10	5	2	2	1	25	2		8	15
渭南市华县	8	5	1	1	1	10		2	3	5
延安市洛川县	6	3	1		2	8	1	3	3	1
榆林市绥德县	15	9		2	4	18	1	4	4	9
榆林市神木县	8	2	4	2		14	1	2	2	9
汉中市汉台区	14	9	2	3		5	4		1	
汉中市勉县	50	40	5	3	2	17	4	5	4	4
汉中市宁强县	21	16	3	2		2	1			1
安康市汉滨区	36	33	3			8	1	3	1	3
安康市石泉县	44	21	9	9	5	21		2	6	13
商洛市商州区	22	13	7	1	1	13		2	1	10
商洛市山阳县	26	19	3	2	2	24	6	7	4	7

3－3 续表 2

单位：人

地 区	智力残疾					精神残疾				
	小计	一级	二级	三级	四级	小计	一级	二级	三级	四级
总 计	**286**	**72**	**74**	**86**	**54**	**110**	**58**	**12**	**19**	**21**
西安市新城区	10	2	3	2	3	1	1			
西安市碑林区	4		1	2	1	11	8	1	1	1
西安市长安区	7	4		2	1	9	5	1	1	2
西安市周至县	8	1	2	3	2	4	2	1		1
宝鸡市扶风县	10		2	2	6	3	2		1	
宝鸡市千阳县	6	5			1	8	3		1	4
咸阳市渭城区	4	1	1	1	1	1			1	
咸阳市乾县	1			1		3	3			
咸阳市旬邑县	12	2	2	3	5	1		1		
渭南市临渭区	17	1	4	8	4	8	3	2	1	2
渭南市蒲城县	11	3	2	5	1	6	4			2
渭南市华县	8		3	2	3	2	1	1		
延安市洛川县	2	1			1	2	2			
榆林市绥德县	17		8	5	4	6		1	3	2
榆林市神木县	11	2	4	3	2	5	2		3	
汉中市汉台区	10	1	4	3	2	4	4			
汉中市勉县	51	26	13	6	6	12	8		3	1
汉中市宁强县	13	5	6	2		2	1		1	
安康市汉滨区	24	4	7	12	1	8	5		2	1
安康市石泉县	30		7	17	6	8	3	2	1	2
商洛市商州区	17	11	1	3	2	4	1	2		1
商洛市山阳县	13	3	4	4	2	2				2

3－3a 各地区城镇多重残疾人分残疾类别、残疾等级的分布

单位：人

地 区	视力残疾					听力残疾				
	小计	一级	二级	三级	四级	小计	一级	二级	三级	四级
总 计	**73**	**15**	**3**	**6**	**49**	**161**	**35**	**14**	**46**	**66**
西安市新城区	18	4			14	39	5	3	12	19
西安市碑林区	11	1		2	8	20	1	1	4	14
西安市长安区	5				5	19	4		6	9
西安市周至县										
宝鸡市扶风县						1	1			
宝鸡市千阳县	2	1			1	2	1		1	
咸阳市渭城区	3	1		1	1	12	7	1	3	1
咸阳市乾县										
咸阳市旬邑县										
渭南市临渭区						3		1	1	1
渭南市蒲城县	4	1			3	8	1	2	4	1
渭南市华县										
延安市洛川县						2	1		1	
榆林市绥德县	1	1				4	1	1	2	
榆林市神木县	4				4	4		1	2	1
汉中市汉台区	12	1	1	1	9	20	3	3	3	11
汉中市勉县	1			1						
汉中市宁强县	1	1				2			2	
安康市汉滨区	1		1			5	3			2
安康市石泉县	5	2		1	2	10	4		4	2
商洛市商州区	4	1	1		2	4	1	1		2
商洛市山阳县	1	1				6	2		1	3

3－3a 续表 1

单位：人

地区	言语残疾					肢体残疾				
	小计	一级	二级	三级	四级	小计	一级	二级	三级	四级
总计	**83**	**54**	**13**	**10**	**6**	**102**	**14**	**14**	**28**	**46**
西安市新城区	10	9			1	14	2	1	2	9
西安市碑林区	10	3	3	2	2	25	5	4	10	6
西安市长安区	8	5		2	1	11	1		4	6
西安市周至县										
宝鸡市扶风县	1	1								
宝鸡市千阳县	1	1				1				1
咸阳市渭城区	9	7	2			5			2	3
咸阳市乾县										
咸阳市旬邑县										
渭南市临渭区	2	2				4		1	1	2
渭南市蒲城县	3	2	1			8			2	6
渭南市华县										
延安市洛川县	1				1	3		2	1	
榆林市绥德县	6	4		1	1	4	1	1	1	1
榆林市神木县	1		1			3	1			2
汉中市汉台区	12	7	2	3		3	3			
汉中市勉县	2	2				3		2	1	
汉中市宁强县						1				1
安康市汉滨区	4	4				1		1		
安康市石泉县	11	5	4	2		8		1	2	5
商洛市商州区						3				3
商洛市山阳县	2	2				5	1	1	2	1

3－3a 续表 2

单位：人

地区	智力残疾					精神残疾				
	小计	一级	二级	三级	四级	小计	一级	二级	三级	四级
总计	**50**	**9**	**15**	**15**	**11**	**36**	**24**	**3**	**4**	**5**
西安市新城区	10	2	3	2	3	1	1			
西安市碑林区	4		1	2	1	11	8	1	1	1
西安市长安区	4	1		2	1	6	3	1	1	1
西安市周至县										
宝鸡市扶风县	1			1		1	1			
宝鸡市千阳县	1	1								
咸阳市渭城区	1		1							
咸阳市乾县										
咸阳市旬邑县										
渭南市临渭区	2	1		1		2	1	1		
渭南市蒲城县	3	1	1	1		3	2			1
渭南市华县										
延安市洛川县										
榆林市绥德县	4		1	1	2					
榆林市神木县	1	1								
汉中市汉台区	9	1	4	2	2	4	4			
汉中市勉县										
汉中市宁强县										
安康市汉滨区	4		1	2	1	5	2		2	1
安康市石泉县	5		3	1	1	3	2			1
商洛市商州区										
商洛市山阳县	1	1								

3－3b　各地区农村多重残疾人分残疾类别、残疾等级的分布

单位：人

地　区	视力残疾					听力残疾				
	小计	一级	二级	三级	四级	小计	一级	二级	三级	四级
总　计	**166**	**52**	**23**	**19**	**72**	**424**	**187**	**55**	**112**	**70**
西安市新城区										
西安市碑林区										
西安市长安区	4	1	1		2	6	2	3	1	
西安市周至县	11	3	1	1	6	24	12	1	4	7
宝鸡市扶风县	4	2	1	1		9	2		6	1
宝鸡市千阳县	5	4			1	11	3		6	2
咸阳市渭城区	7	2			5	10	2	1	2	5
咸阳市乾县	1	1				9	8	1		
咸阳市旬邑县	20	10	1	2	7	37	17	2	12	6
渭南市临渭区	7	3			4	7	3	1	3	
渭南市蒲城县	6		4		2	16	3	2	5	6
渭南市华县	8	2	1	1	4	20	4	5	5	6
延安市洛川县	2	1			1	6	3		2	1
榆林市绥德县	13	4	2	4	3	22	3	7	7	5
榆林市神木县	9	1	1		7	13	4	1	2	6
汉中市汉台区	1	1				2	1		1	
汉中市勉县	21	8	1	1	11	63	38	2	14	9
汉中市宁强县	2	1			1	16	7	4	5	
安康市汉滨区	4	2		1	1	38	25	5	5	3
安康市石泉县	11	1	5	2	3	42	13	11	14	4
商洛市商州区	10	1	3	2	4	30	17	2	5	6
商洛市山阳县	20	4	2	4	10	43	20	7	13	3

3－3b 续表 1

单位：人

地区	言语残疾					肢体残疾				
	小计	一级	二级	三级	四级	小计	一级	二级	三级	四级
总计	**305**	**197**	**53**	**30**	**25**	**186**	**22**	**34**	**45**	**85**
西安市新城区										
西安市碑林区										
西安市长安区	5	2	1	1	1	4	1	1		2
西安市周至县	23	12	9		2	10	2	3	2	3
宝鸡市扶风县	6	1	2	3		7			3	4
宝鸡市千阳县	9	6	1	1	1	9	2	1	1	5
咸阳市渭城区	5	3	2			8	1	1	4	2
咸阳市乾县	7	5	1		1	5			3	2
咸阳市旬邑县	18	15	2		1	11	1	2	3	5
渭南市临渭区	14	4	3	4	3	9		4	1	4
渭南市蒲城县	7	3	1	2	1	17	2		6	9
渭南市华县	8	5	1	1	1	10		2	3	5
延安市洛川县	5	3	1		1	5	1	1	2	1
榆林市绥德县	9	5		1	3	14		3	3	8
榆林市神木县	7	2	3	2		11		2	2	7
汉中市汉台区	2	2				2	1		1	
汉中市勉县	48	38	5	3	2	14	4	3	3	4
汉中市宁强县	21	16	3	2		1	1			
安康市汉滨区	32	29	3			7	1	2	1	3
安康市石泉县	33	16	5	7	5	13		1	4	8
商洛市商州区	22	13	7	1	1	10		2	1	7
商洛市山阳县	24	17	3	2	2	19	5	6	2	6

3－3b 续表 2

单位：人

地 区	智力残疾					精神残疾				
	小计	一级	二级	三级	四级	小计	一级	二级	三级	四级
总 计	**236**	**63**	**59**	**71**	**43**	**74**	**34**	**9**	**15**	**16**
西安市新城区										
西安市碑林区										
西安市长安区	3	3				3	2			1
西安市周至县	8	1	2	3	2	4	2	1		1
宝鸡市扶风县	9		2	1	6	2	1		1	
宝鸡市千阳县	5	4			1	8	3		1	4
咸阳市渭城区	3	1		1	1	1			1	
咸阳市乾县	1			1		3	3			
咸阳市旬邑县	12	2	2	3	5	1		1		
渭南市临渭区	15		4	7	4	6	2	1	1	2
渭南市蒲城县	8	2	1	4	1	3	2			1
渭南市华县	8		3	2	3	2	1	1		
延安市洛川县	2	1			1	2	2			
榆林市绥德县	13		7	4	2	6		1	3	2
榆林市神木县	10	1	4	3	2	5	2		3	
汉中市汉台区	1			1						
汉中市勉县	51	26	13	6	6	12	8		3	1
汉中市宁强县	13	5	6	2		2	1		1	
安康市汉滨区	20	4	6	10		3	3			
安康市石泉县	25		4	16	5	5	1	2	1	1
商洛市商州区	17	11	1	3	2	4	1	2		1
商洛市山阳县	12	2	4	4	2	2				2

3－4　多重残疾人分残疾类别、残疾等级的年龄构成

单位：人

年　龄	视力残疾					听力残疾				
	小计	一级	二级	三级	四级	小计	一级	二级	三级	四级
总　计	**239**	**67**	**26**	**25**	**121**	**585**	**222**	**69**	**158**	**136**
0岁										
1岁	1	1								
2岁										
3岁						3	2	1		
4岁						1			1	
5岁										
6岁						2	2			
7岁	1		1							
8岁						1	1			
9岁	1				1					
10岁	1			1		1	1			
11岁						1	1			
12岁						5	5			
13岁						4	1		2	1
14岁						2	1			1
15岁	2			1	1	2	1	1		
16岁						5	2	2		1
17岁						2	1		1	
18岁						2	2			
19岁						2	1	1		
20岁						3	2		1	
21岁						2	2			
22岁						4	3			1
23岁						1	1			
24岁						3	1			2
25岁						1	1			
26岁						1			1	

3-4 续表 1

单位：人

年龄	视力残疾					听力残疾				
	小计	一级	二级	三级	四级	小计	一级	二级	三级	四级
27岁						1		1		
28岁						2	2			
29岁						1	1			
30岁	2		1		1	3	2	1		
31岁						3	1	2		
32岁	1	1				2	1		1	
33岁						2	2			
34岁						2	1	1		
35岁	1				1	4	3		1	
36岁						1	1			
37岁						6	3	1	2	
38岁						5	1	2	2	
39岁	1				1	5	5			
40岁						12	7	3	2	
41岁	2				2	7	3	1	2	1
42岁						12	8		3	1
43岁	1			1		9	6	2	1	
44岁	2			1	1	3	2			1
45岁						2	2			
46岁						4	2		1	1
47岁						7	7			
48岁						18	17	1		
49岁						15	10	3	2	
50岁	1	1				12	8	2	2	
51岁	2			1	1	15	10	2	3	
52岁						8	5	2	1	
53岁						9	5	2	2	
54岁	3	1	1		1	8	3		3	2

3-4 续表 2

单位：人

年 龄	视力残疾					听力残疾				
	小计	一级	二级	三级	四级	小计	一级	二级	三级	四级
55岁	1	1				6	4	1		1
56岁	3				3	11	6	3	1	1
57岁	2	2				4	2		1	1
58岁	2				2	11	5	2	3	1
59岁	5	1	1	1	2	6	3			3
60岁	3	2	1			6	3	1		2
61岁	4	1		1	2	10	3		4	3
62岁	3	1			2	6	2		3	1
63岁	8	2			6	8	3		1	4
64岁	2		1	1		11	4	1	5	1
65岁	6	2	1		3	13	4	1	6	2
66岁	5		1		4	13	2	3	1	7
67岁	5	2		1	2	8	1		4	3
68岁	8	2	1		5	11	1	2	1	7
69岁	7	4	1		2	11	3	1	6	1
70岁	4	2			2	11	2	1	5	3
71岁	12	2	1	1	8	18	3	1	7	7
72岁	11	3	1	2	5	17	2	1	9	5
73岁	13		2	1	10	19	2	2	6	9
74岁	10	3	1		6	14	2	2	3	7
75岁	8	3	1		4	15	3	1	4	7
76岁	5	3			2	10	3		5	2
77岁	9	3	2		4	13			4	9
78岁	8			2	6	9	1	3	1	4
79岁	4	1	1	1	1	10	1	2	4	3
80岁	8	2		2	4	16		1	11	4
81岁	13	4	1	3	5	14	1		4	9
82岁	7	2			5	7		1	4	2
83岁	4		1		3	6	1	1	4	
84岁	11	4	1	2	4	13		3	4	6
85+	26	11	4	2	9	32	6	4	13	9

3-4 续表 3

单位：人

年　龄	言语残疾					肢体残疾				
	小计	一级	二级	三级	四级	小计	一级	二级	三级	四级
总　计	**388**	**251**	**66**	**40**	**31**	**288**	**36**	**48**	**73**	**131**
0岁										
1岁						1			1	
2岁										
3岁	4	2	2							
4岁	5	1	3		1	2	2			
5岁	3		2	1		3		2		1
6岁	5	5				1		1		
7岁	3	3				2	2			
8岁	2	1		1		1			1	
9岁	3	1	1	1						
10岁	3	3				1				1
11岁	1	1								
12岁	8	5	2		1	1			1	
13岁	4	4				3	2		1	
14岁	4	1		2	1					
15岁	3	2	1							
16岁	8	4	3	1						
17岁	4	2	2			3			3	
18岁	2	2				2		2		
19岁	4	2	1	1		2	1		1	
20岁	7	4	1		2	2			1	1
21岁	3	1	1		1	1			1	
22岁	6	5	1							
23岁	1	1								
24岁	6	2	1	2	1	1	1			
25岁	1	1				1			1	
26岁	2	1		1		1		1		

3-4 续表 4

单位：人

年 龄	言语残疾					肢体残疾				
	小计	一级	二级	三级	四级	小计	一级	二级	三级	四级
27岁	2	1		1		1				1
28岁	4	2	1		1	1		1		
29岁	2	1	1							
30岁	4	3	1			1				1
31岁	2	2				1			1	
32岁	2	1			1					
33岁	2	2				1	1			
34岁	2	1		1		1		1		
35岁	4	3			1	3	1		1	1
36岁	3	1		2						
37岁	5	5				1				1
38岁	4	2		1	1	1				1
39岁	5	5				3	1		1	1
40岁	16	11	3	1	1	4	1	1	1	1
41岁	9	4	3	1	1	1				1
42岁	12	9	2		1	1	1			
43岁	10	9		1		2			1	1
44岁	2	2				2			2	
45岁	4	2	1	1		1		1		
46岁	3	1		1	1	1				1
47岁	10	7	1	2		2				2
48岁	20	18		1	1	2				2
49岁	17	10	6	1		2				2
50岁	12	8	1	3		2		1	1	
51岁	13	10	3			2			1	1
52岁	9	8	1			1	1			
53岁	11	7	3	1		2		1	1	
54岁	6	3		2	1	1		1		

3-4 续表 5

单位：人

年龄	言语残疾					肢体残疾				
	小计	一级	二级	三级	四级	小计	一级	二级	三级	四级
55岁	4	3			1	1				1
56岁	5	4			1	1				1
57岁	3	1	1	1		1				1
58岁	7	3	2		2	5		2		3
59岁	8	4	2	2		10	1	3	4	2
60岁	4	3	1			4	1		1	2
61岁	9	7		1	1	8	1	1	3	3
62岁	3	2		1		4			1	3
63岁	7	6			1	11	3		2	6
64岁	6	2	1	2	1	7		2	1	4
65岁	8	5			3	11	2	3	3	3
66岁	6	5			1	11	2	2	1	6
67岁						5		1	1	3
68岁	2		2			12	1	3	3	5
69岁	2	2				4			1	3
70岁	3	2	1			9	2		2	5
71岁	2	1			1	9		3		6
72岁	2		2			8	1	1	2	4
73岁	5	3	1	1		10	2	1	1	6
74岁	3	2			1	12		2	2	8
75岁	3		2	1		12	2	1	2	7
76岁	1	1				8		1	3	4
77岁	1	1				6			2	4
78岁	1	1				2			1	1
79岁						6			3	3
80岁	3		1	1	1	10	1	1	2	6
81岁	1		1			6		3	1	2
82岁						4			3	1
83岁						2		1		1
84岁	1		1			5	1		2	2
85+	1	1				16	2	4	5	5

3-4 续表 6

单位：人

年 龄	智力残疾					精神残疾				
	小计	一级	二级	三级	四级	小计	一级	二级	三级	四级
总 计	**286**	**72**	**74**	**86**	**54**	**110**	**58**	**12**	**19**	**21**
0岁										
1岁	2	1			1					
2岁	1				1	1				1
3岁	2				2					
4岁	7	2	2	2	1	1		1		
5岁	4			1	3					
6岁	5	3			2	1				1
7岁	4	2	2							
8岁	2		1		1					
9岁	4		3	1		1				1
10岁	5	2	1		2	1				1
11岁										
12岁	4		1	3		1				1
13岁	4	2		1	1					
14岁	3			1	2	1			1	
15岁	4	1	1	2		1		1		
16岁	3		1	2		2		1	1	
17岁	7	3	1	2	1	2	1		1	
18岁	1			1		1	1			
19岁	3	1		2		1	1			
20岁	5	2		2	1	2	1			1
21岁										
22岁	4	1	2	1		1				1
23岁	1			1						
24岁	4	1	1	1	1					
25岁	1			1		1		1		
26岁	3	1	1		1					

3－4 续表 7

单位：人

年龄	智力残疾					精神残疾				
	小计	一级	二级	三级	四级	小计	一级	二级	三级	四级
27岁	2		1	1		1	1			
28岁	2			1	1	1				1
29岁	2		2							
30岁	3		2		1					
31岁										
32岁	2	1	1			1	1			
33岁						1	1			
34岁	5	3		2		1	1			
35岁	3	1	1		1	2			1	1
36岁	3		1	1	1					
37岁	3	1	1	1		1			1	
38岁	5	2		2	1	2		1	1	
39岁	7	1	3	1	2	3	3			
40岁	9	2	3	2	2	3	1	1	1	
41岁	4		2		2	2	2			
42岁	7	5	1		1	2	1		1	
43岁	9	1	4	4		1		1		
44岁	3		2	1		1	1			
45岁	2			1	1	2	1		1	
46岁	2			2						
47岁	11	4	3	1	3	1			1	
48岁	12	2	6	4		4	3		1	
49岁	14	6	3	5		1			1	
50岁	7	1	1	3	2	2	2			
51岁	5	2	2	1		2	1			1
52岁	6	3	2	1		3	2		1	
53岁	11	4	1	3	3	3	1			2
54岁	6		1	4	1	3	2		1	

3－4 续表 8

单位：人

年 龄	智力残疾					精神残疾				
	小计	一级	二级	三级	四级	小计	一级	二级	三级	四级
55岁	3	1		2						
56岁	4	1		2	1	3	1	1		1
57岁	1			1						
58岁	5	2		3		3	2			1
59岁	2	1	1			1	1			
60岁	3			3		2			1	1
61岁	6	1	2	2	1	3	1		1	1
62岁	2			2						
63岁	5	1	1	1	2	2	2			
64岁	3		2		1	2			1	1
65岁	5	1	1	1	2	4	4			
66岁	1	1				1	1			
67岁	1				1	3	2			1
68岁						2	2			
69岁	2	1			1	2	2			
70岁	1			1		3	1	1		1
71岁	1		1			1				1
72岁	2			2		1	1			
73岁										
74岁						1				1
75岁	2				2	2	1		1	
76岁	3		1	1	1					
77岁						1	1			
78岁						1	1			
79岁						3	2	1		
80岁						1	1			
81岁	1		1							
82岁										
83岁										
84岁	1	1				2	1	1		
85+	4		4			5	3	1	1	

3－5 残疾(含多重)人分残疾类别、残疾等级的残疾发现年龄

单位：人

残疾发现年龄	视力残疾					听力残疾				
	小计	一级	二级	三级	四级	小计	一级	二级	三级	四级
总 计	**819**	**235**	**76**	**57**	**451**	**2159**	**291**	**178**	**729**	**961**
0岁	24	9	3	2	10	59	38	3	13	5
1岁	8	4			4	45	34	7	1	3
2岁	6	4			2	62	36	15	6	5
3岁	9	5			4	50	23	5	17	5
4岁	8	1		2	5	17	10	2	4	1
5岁	3		2		1	18	7	3	7	1
6岁	5	1			4	22	9	1	5	7
7岁	3				3	12	2	1	7	2
8岁	11	4		1	6	21	3	1	10	7
9岁	2		1	1		8	3	1	2	2
10岁	4			2	2	9	1		3	5
11岁	3	2	1			9	2	2	4	1
12岁	5	3	2			14	6		5	3
13岁	3	1	1		1	13	5	2	4	2
14岁						6	1	1	2	2
15岁	2	1			1	4		1	2	1
16岁	4	1	1		2	4	2		2	
17岁	3			1	2	7		2	1	4
18岁	7	1			6	4	1	1	2	
19岁	3	1			2	9	1	2	3	3
20岁	2	1			1	10	1		6	3
21岁						5	2		2	1
22岁	1				1	5	2		2	1
23岁	3	2			1	8	2	1	2	3
24岁	3	3				4	2		1	1
25岁	4	1		2	1	7	2		3	2
26岁	2	2				15		2	5	8

3-5 续表 1

单位：人

残疾发现年龄	视力残疾					听力残疾				
	小计	一级	二级	三级	四级	小计	一级	二级	三级	四级
27岁	2	1		1		8			4	4
28岁	1				1	8	1		2	5
29岁	4	1		1	2	7			5	2
30岁	1	1				14		3	5	6
31岁	6	1			5	9		4	2	3
32岁	5	3		1	1	7		1	4	2
33岁	2				2	7	1		5	1
34岁	1	1				6	1		2	3
35岁	4		1		3	10	1	2	5	2
36岁	3	1		1	1	12	1	2	7	2
37岁	6	1			5	11	2	1	3	5
38岁	7	2			5	11	1		2	8
39岁	8	2		1	5	13	2	2	4	5
40岁	7	4			3	12		1	4	7
41岁	3	1			2	7	1		4	2
42岁	7	1	1		5	12		2	5	5
43岁	4				4	18	4	2	7	5
44岁	7	1	1	1	4	18	1	1	4	12
45岁	4	1			3	21	1	2	9	9
46岁	12	4	1	2	5	26	2	3	8	13
47岁	8	2			6	11	1	1	3	6
48岁	11	5			6	19	6	1	3	9
49岁	6	2			4	28	1	3	9	15
50岁	15	5	1	2	7	23	4	2	6	11
51岁	12	3	1		8	32	3	5	8	16
52岁	14	5	1		8	20	2	2	8	8
53岁	16	7	3		6	19		3	5	11
54岁	12	1		1	10	29	1	1	13	14

3－5 续表 2

单位：人

残疾发现年龄	视力残疾					听力残疾				
	小计	一级	二级	三级	四级	小计	一级	二级	三级	四级
55岁	12	2	1	1	8	27		1	9	17
56岁	20	8	3	1	8	35	4	1	13	17
57岁	17	6		3	8	38	2	3	11	22
58岁	10	2	2		6	32	4	4	11	13
59岁	14	5	1	1	7	42	1	2	18	21
60岁	17	1	2	1	13	44		5	14	25
61岁	28	8	4		16	33	3	2	10	18
62岁	19	2	3	2	12	39	3		14	22
63岁	17	1	4		12	56		5	17	34
64岁	16	5			11	55	2	6	15	32
65岁	21	4	1	3	13	55	1	1	16	37
66岁	30	11	1	3	15	52	1	4	10	37
67岁	29	6	4	2	17	66		4	24	38
68岁	15	5	2	1	7	51	2	4	18	27
69岁	24	3	3	2	16	56	2	3	20	31
70岁	20	4	3		13	75	4		33	38
71岁	19	6	1	4	8	58	3	2	22	31
72岁	16	4		1	11	59	4	2	21	32
73岁	23	5	1		17	45	2		24	19
74岁	17	4	2	2	9	52	1	4	19	28
75岁	18	4	2	2	10	48	3	6	14	25
76岁	11	2		2	7	44	3	5	15	21
77岁	13	7	4		2	34		3	15	16
78岁	10	3	1		6	35	2	2	14	17
79岁	13	3	2	2	6	32	1	2	20	9
80岁	12	5	2		5	34		1	15	18
81岁	9	4		1	4	22		2	6	14
82岁	6	2	1		3	18	1		8	9
83岁	5		2		3	12		1	4	7
84岁	5	2			3	13	5	2	1	5
85岁+	17	8	3	1	5	32	5	4	11	12

3－5 续表 3

单位：人

残疾发现年龄	言语残疾					肢体残疾				
	小计	一级	二级	三级	四级	小计	一级	二级	三级	四级
总　计	**450**	**267**	**73**	**49**	**61**	**1468**	**84**	**168**	**339**	**877**
0岁	53	41	8		4	88	7	6	22	53
1岁	40	28	5	4	3	66	3	5	12	46
2岁	71	46	11	5	9	48	3	5	11	29
3岁	98	59	12	12	15	38	2	3	6	27
4岁	33	20	3	8	2	13	2		2	9
5岁	18	9	3	2	4	19		1	6	12
6岁	11	8	2		1	14		1	3	10
7岁	6	2	3		1	7		1	1	5
8岁	10	4	3	2	1	15	1	1	3	10
9岁	5	3	1		1	6		2		4
10岁	2	1	1			12		1	3	8
11岁	1			1		7	1		2	4
12岁	5	3		1	1	7			1	6
13岁	6	3		1	2	9			2	7
14岁	2	2				13			4	9
15岁	1			1		13		1	3	9
16岁	2		1	1		14			5	9
17岁						9		1	3	5
18岁						18	1	1	5	11
19岁						14	1		1	12
20岁	1				1	18			4	14
21岁	1		1			18	1	2	4	11
22岁	1	1				11	1		5	5
23岁						10			3	7
24岁						20	1	3	3	13
25岁						15			4	11
26岁						11		1	4	6

3－5 续表 4

单位：人

残疾发现年龄	言语残疾					肢体残疾				
	小计	一级	二级	三级	四级	小计	一级	二级	三级	四级
27岁	1				1	9	1		3	5
28岁						10	1		3	6
29岁	2		1		1	7	1		3	3
30岁						10	1	2	3	4
31岁						13	2	1	2	8
32岁						12			3	9
33岁						13	1		1	11
34岁						10			2	8
35岁						14		1	5	8
36岁	1	1				14	1	1	3	9
37岁	1			1		11		1	2	8
38岁						15	1	1	3	10
39岁	1	1				15	1	1	2	11
40岁						18		3	5	10
41岁	1			1		9			3	6
42岁	1		1			17	1	1		15
43岁	2	1			1	23	2	2	5	14
44岁	2		1		1	14		5	1	8
45岁						16	1	2	6	7
46岁						10		2	2	6
47岁	3	2			1	24		3	4	17
48岁	3	3				18	1		5	12
49岁	2				2	17		3	3	11
50岁	5	3	1	1		18	1	3	1	13
51岁	6	4	1		1	20	1	3	9	7
52岁	2	1		1		12	1	3	4	4
53岁	1			1		21	2	6	3	10
54岁	1	1				16	1		3	12

3－5 续表 5

单位：人

残疾发现年龄	言语残疾					肢体残疾				
	小计	一级	二级	三级	四级	小计	一级	二级	三级	四级
55岁	2	1			1	23		1	8	14
56岁						18		4	1	13
57岁	2		1	1		19		3	5	11
58岁	4	2			2	33	2	8	8	15
59岁	5	1	2	2		26	3	3	4	16
60岁						17	1	2	4	10
61岁	2	1			1	28	1	7	5	15
62岁	3	2	1			23	2	3	8	10
63岁	3	2			1	25	3	4	6	12
64岁	2			1	1	20	3	3	3	11
65岁	1	1				23	5	3	3	12
66岁	3	1	2			24		6	11	7
67岁	1		1			19	2	4	4	9
68岁	5	4	1			24	2	5	6	11
69岁	1	1				18	1	2	6	9
70岁						21		4	2	15
71岁	2	1	1			19	1	2	3	13
72岁	2	1			1	18	2		6	10
73岁	4	1	1	2		20	2	6	4	8
74岁						12	1	1	5	5
75岁	1		1			15	1	2	2	10
76岁	1		1			8	1	1	3	3
77岁						11	1	3	1	6
78岁						9		2	4	3
79岁	1		1			9		3	2	4
80岁	1				1	12	1	2	5	4
81岁						9			3	6
82岁						3			2	1
83岁						3		1		2
84岁						2			1	1
85岁+	2	1	1			18	4	4	3	7

3－5 续表 6

单位：人

残疾发现年龄	智力残疾					精神残疾				
	小计	一级	二级	三级	四级	小计	一级	二级	三级	四级
总　计	**616**	**104**	**148**	**207**	**157**	**449**	**149**	**52**	**70**	**178**
0岁	99	16	24	40	19	6	2	2	1	1
1岁	65	17	15	22	11	3	2			1
2岁	126	24	40	41	21	4	3	1		
3岁	71	12	14	22	23	10	1	3	2	4
4岁	37	5	9	15	8	6	1	1	1	3
5岁	29	5	4	10	10	8	1	1	2	4
6岁	18	1	6	6	5	3		1		2
7岁	21	1	4	7	9	4	1	1	1	1
8岁	12	1	1	5	5	2	1			1
9岁	9	2	4	1	2	2	1			1
10岁	20	1	4	8	7	5	2	1		2
11岁	6		1	4	1	2	1			1
12岁	2		1	1		2			1	1
13岁	5	1	1	2	1	5	2	1		2
14岁	4	2		2		4	1	1	2	
15岁	2				2	5			3	2
16岁	5	1	2		2	15	2	1	2	10
17岁	3			2	1	11	3	1	1	6
18岁	4	1		1	2	7	1	1	1	4
19岁	1			1		9	4	1	2	2
20岁	1				1	20	7		4	9
21岁	2			2		9	5		3	1
22岁	3	1		1	1	13	4	1	1	7
23岁	4		2		2	17	7	3	1	6
24岁	2	1		1		12	4	3	2	3
25岁	1			1		10	4	1	2	3
26岁	1	1				10	4	2	1	3

3-5 续表 7

单位：人

残疾发现年龄	智力残疾					精神残疾				
	小计	一级	二级	三级	四级	小计	一级	二级	三级	四级
27岁	1			1		11	5	1	3	2
28岁						12	8	2		2
29岁						20	6	1	4	9
30岁	1		1			20	6	1	1	12
31岁	2	1			1	10	4		1	5
32岁	1			1		11	5		1	5
33岁	2				2	6	3		1	2
34岁	2			1	1	6	2	1		3
35岁						5	3		1	1
36岁						4	1	1		2
37岁	1			1		5		1	2	2
38岁						7	3	2	1	1
39岁	5	2		1	2	7		1	1	5
40岁						5	1	1	1	2
41岁						6	2	1	1	2
42岁						1				1
43岁						8	2		4	2
44岁						7	3	1		3
45岁	1		1			2		1	1	
46岁	1				1	4	1	1	1	1
47岁	1	1				10	1	2	2	5
48岁	4	2			2	9	1		3	5
49岁	1				1	4	2		1	1
50岁	3	2	1			5	1	1	1	2
51岁	3	1	1		1	3	1	1		1
52岁	3				3	2				2
53岁	1				1	2	2			
54岁	1			1		4	2	1		1

3-5 续表 8

单位：人

残疾发现年龄	智力残疾					精神残疾				
	小计	一级	二级	三级	四级	小计	一级	二级	三级	四级
55岁	1		1			3	1			2
56岁						4				4
57岁	2				2	4		1	1	2
58岁						1	1			
59岁	2			1	1	7	3		1	3
60岁	2		2			1	1			
61岁	1				1	4	2		1	1
62岁	1				1	2	1			1
63岁	3		1	1	1	1	1			
64岁						1				1
65岁										
66岁						1				1
67岁						1				1
68岁	2	1		1						
69岁						2	1		1	
70岁										
71岁	1			1						
72岁						2			1	1
73岁	4		1	2	1	3	2			1
74岁										
75岁	1		1							
76岁	1				1	1				1
77岁	3		2		1	2	1	1		
78岁						1	1			
79岁										
80岁	1		1							
81岁						1		1		
82岁						2	1		1	
83岁						2	1	1		
84岁						1	1			
85岁+	4	1	3			2	2			

3－6　视力残疾(含多重)人分城乡、残疾等级的主要致残原因

单位：人

致残主要原因	合计			残疾一级		
	合计	城镇	农村	小计	城镇	农村
视力残疾(含多重)人	**819**	**214**	**605**	**235**	**47**	**188**
致残原因一						
遗传、先天异常或发育障碍	39	14	25	17	5	12
白内障	396	97	299	106	17	89
青光眼	65	7	58	26	1	25
沙眼	12	3	9	5	1	4
角膜病	48	10	38	28	8	20
视神经病变	40	9	31	16	4	12
视网膜、色素膜病变	71	35	36	9	3	6
屈光不正	68	11	57	8	2	6
弱视	9	5	4			
外伤	13	7	6	5	2	3
中毒	1		1	1		1
其他	24	6	18	5	1	4
原因不明	33	10	23	9	3	6
致残原因二						
遗传、先天异常或发育障碍	2	1	1	2	1	1
白内障	3	1	2	2		2
青光眼	13	5	8	8	3	5
沙眼	18	6	12	4		4
角膜病	41	6	35	20	4	16
视神经病变	18	5	13	5	2	3
视网膜、色素膜病变	24	11	13	7	2	5
屈光不正	56	12	44	8		8
弱视	12	1	11	2		2
外伤	7	1	6	3		3
中毒						
其他						
原因不明						

3-6 续表

单位：人

致残主要原因	残疾二级			残疾三级			残疾四级		
	小计	城镇	农村	小计	城镇	农村	小计	城镇	农村
视力残疾(含多重)人	**76**	**14**	**62**	**57**	**13**	**44**	**451**	**140**	**311**
致残原因一									
遗传、先天异常或发育障碍	4	2	2	2		2	16	7	9
白内障	44	9	35	33	5	28	213	66	147
青光眼	4		4	3	1	2	32	5	27
沙眼	1		1				6	2	4
角膜病	2		2	2		2	16	2	14
视神经病变	4	1	3	2		2	18	4	14
视网膜、色素膜病变	9		9	6	3	3	47	29	18
屈光不正	2		2	7	2	5	51	7	44
弱视							9	5	4
外伤							8	5	3
中毒									
其他	2		2	1	1		16	4	12
原因不明	4	2	2	1	1		19	4	15
致残原因二									
遗传、先天异常或发育障碍									
白内障	1	1							
青光眼				1		1	4	2	2
沙眼	1		1	1		1	12	6	6
角膜病	7	2	5	4		4	10		10
视神经病变	1		1				12	3	9
视网膜、色素膜病变	3	2	1				14	7	7
屈光不正	10		10	9	3	6	29	9	20
弱视	2		2				8	1	7
外伤							4	1	3
中毒									
其他									
原因不明									

3－7 听力残疾(含多重)人分城乡、残疾等级的主要致残原因

单位：人

致残主要原因	合计			残疾一级		
	合计	城镇	农村	小计	城镇	农村
听力残疾(含多重)人	**2159**	**834**	**1325**	**291**	**50**	**241**
致残原因一						
遗传	77	21	56	48	8	40
母孕期病毒感染	10	1	9	8	1	7
传染性疾病	55	11	44	25	6	19
自身免疫缺陷性疾病	4	1	3	1		1
全身性疾病	137	61	76	16	2	14
中耳炎	240	98	142	13	1	12
老年性耳聋	940	382	558	37	7	30
早产和低体重						
新生儿窒息	1		1			
高胆红素血症						
药物中毒	68	25	43	19	4	15
创伤或意外伤害	56	18	38	8	3	5
噪声和爆震	88	52	36	6	2	4
其他	53	36	17	2	1	1
原因不明	430	128	302	108	15	93
致残原因二						
遗传	5	1	4	2		2
母孕期病毒感染	1		1			
传染性疾病						
自身免疫缺陷性疾病	1		1			
全身性疾病						
中耳炎	7	2	5	1		1
老年性耳聋	80	34	46	5	1	4
早产和低体重						
新生儿窒息						
高胆红素血症	1		1	1		1
药物中毒	42	6	36	17		17
创伤或意外伤害	11	2	9			
噪声和爆震	30	24	6	1		1
其他						
原因不明						

3－7 续表

单位：人

致残主要原因	残疾二级			残疾三级			残疾四级		
	小计	城镇	农村	小计	城镇	农村	小计	城镇	农村
听力残疾(含多重)人	**178**	**50**	**128**	**729**	**235**	**494**	**961**	**499**	**462**
致残原因一									
遗传	3	1	2	18	8	10	8	4	4
母孕期病毒感染	1		1				1		1
传染性疾病	7	1	6	14	4	10	9		9
自身免疫缺陷性疾病				2	1	1	1		1
全身性疾病	11	5	6	34	12	22	76	42	34
中耳炎	17	4	13	112	41	71	98	52	46
老年性耳聋	61	17	44	338	108	230	504	250	254
早产和低体重									
新生儿窒息				1		1			
高胆红素血症									
药物中毒	7	3	4	19	5	14	23	13	10
创伤或意外伤害	7	2	5	21	2	19	20	11	9
噪声和爆震	7	4	3	33	20	13	42	26	16
其他	4	2	2	14	7	7	33	26	7
原因不明	53	11	42	123	27	96	146	75	71
致残原因二									
遗传				2		2	1	1	
母孕期病毒感染				1		1			
传染性疾病									
自身免疫缺陷性疾病				1		1			
全身性疾病									
中耳炎	1	1		3	1	2	2		2
老年性耳聋	6	2	4	31	11	20	38	20	18
早产和低体重									
新生儿窒息									
高胆红素血症									
药物中毒	7	1	6	12	4	8	6	1	5
创伤或意外伤害	3		3	6	1	5	2	1	1
噪声和爆震	6	6		14	9	5	9	9	
其他									
原因不明									

3－8 言语残疾(含多重)人分城乡、残疾等级的主要致残原因

单位：人

致残主要原因	合计			残疾一级		
	合计	城镇	农村	小计	城镇	农村
言语残疾(含多重)人	**450**	**99**	**351**	**267**	**58**	**209**
致残原因一						
唐氏综合症	22	2	20	17	1	16
脑性瘫痪	16	4	12	7	2	5
新生儿病理性黄疸	5		5	2		2
早产、低体重和过期产	2		2			
腭裂	8	1	7	1		1
智力低下	30	7	23	8	3	5
脑梗死	29	14	15	14	7	7
脑出血	26	11	15	9	5	4
脑炎	20	6	14	10	2	8
脑囊虫病						
喉、舌疾病术后	5	4	1	3	2	1
听力障碍	111	26	85	87	21	66
帕金森氏病	1	1				
多发性硬化						
脊髓侧索硬化						
脑外伤	7	1	6	3		3
产伤						
孤独症						
癫痫	2	1	1	1	1	
CO中毒	1	1		1	1	
其他	75	11	64	48	6	42
原因不明	90	9	81	56	7	49
致残原因二						
唐氏综合症	1		1	1		1
脑性瘫痪						
新生儿病理性黄疸						
早产、低体重和过期产	1	1				
腭裂						
智力低下						
脑梗死						
脑出血						
脑炎	1		1			
脑囊虫病						
喉、舌疾病术后						
听力障碍	5		5	5		5
帕金森氏病						
多发性硬化						
脊髓侧索硬化						
脑外伤	1		1			
产伤						
孤独症						
癫痫						
CO中毒						
其他						
原因不明						

3－8 续表

单位：人

致残主要原因	残疾二级			残疾三级			残疾四级		
	小计	城镇	农村	小计	城镇	农村	小计	城镇	农村
言语残疾（含多重）人	**73**	**15**	**58**	**49**	**13**	**36**	**61**	**13**	**48**
致残原因一									
唐氏综合症	3	1	2	2		2			
脑性瘫痪	8	2	6				1		1
新生儿病理性黄疸	2		2	1		1			
早产、低体重和过期产	1		1				1		1
腭裂	2		2				5	1	4
智力低下	5	1	4	11	3	8	6		6
脑梗死	5	1	4	6	4	2	4	2	2
脑出血	6	3	3	4	2	2	7	1	6
脑炎	5	3	2	1		1	4	1	3
脑囊虫病									
喉、舌疾病术后	1	1					1	1	
听力障碍	10		10	6	3	3	8	2	6
帕金森氏病							1	1	
多发性硬化									
脊髓侧索硬化									
脑外伤	2		2	2	1	1			
产伤									
孤独症									
癫痫	1		1						
CO中毒									
其他	10	1	9	5		5	12	4	8
原因不明	12	2	10	11		11	11		11
致残原因二									
唐氏综合症									
脑性瘫痪									
新生儿病理性黄疸									
早产、低体重和过期产	1	1							
腭裂									
智力低下									
脑梗死									
脑出血									
脑炎	1		1						
脑囊虫病									
喉、舌疾病术后									
听力障碍									
帕金森氏病									
多发性硬化									
脊髓侧索硬化									
脑外伤	1		1						
产伤									
孤独症									
癫痫									
CO中毒									
其他									
原因不明									

3－9 肢体残疾(含多重)人分城乡、残疾等级的主要致残原因

单位：人

致残主要原因	合计			残疾一级		
	合计	城镇	农村	小计	城镇	农村
肢体残疾(含多重)人	**1468**	**427**	**1041**	**84**	**33**	**51**
致残原因一						
脑性瘫痪	26	6	20	13	4	9
发育畸形	61	20	41	1	1	
侏儒症	6		6			
其他先天性或发育障碍	22	4	18	1		1
脊髓灰质炎	122	56	66	4	1	3
脑血管疾病	296	106	190	40	17	23
周围血管疾病	8	4	4			
肿瘤	6	4	2	1	1	
骨关节病	205	37	168	1		1
地方病	13	1	12			
脊髓疾病	22	9	13	2	1	1
工伤	112	40	72	6	2	4
交通事故	83	27	56	1	1	
脊髓损伤	14		14	3		3
脑外伤	10	2	8	1	1	
其他外伤	245	55	190	2		2
结核性感染	14	1	13			
化脓性感染	17	3	14			
中毒						
其他	125	37	88	5	2	3
原因不明	61	15	46	3	2	1
致残原因二						
脑性瘫痪	3	1	2	1		1
发育畸形	1	1				
侏儒症						
其他先天性或发育障碍	2		2			
脊髓灰质炎						
脑血管疾病						
周围血管疾病						
肿瘤						
骨关节病	4	2	2			
地方病	3	1	2			
脊髓疾病	1		1			
工伤	2	2				
交通事故	2	1	1			
脊髓损伤	1	1				
脑外伤						
其他外伤	8	3	5	1	1	
结核性感染	3	2	1			
化脓性感染	1		1			
中毒						
其他						
原因不明						

3-9 续表

单位：人

致残主要原因	残疾二级			残疾三级			残疾四级		
	小计	城镇	农村	小计	城镇	农村	小计	城镇	农村
肢体残疾(含多重)人	**168**	**43**	**125**	**339**	**96**	**243**	**877**	**255**	**622**
致残原因一									
脑性瘫痪	5		5	5	1	4	3	1	2
发育畸形	2		2	13	5	8	45	14	31
侏儒症							6		6
其他先天性或发育障碍	1	1		4		4	16	3	13
脊髓灰质炎	9		9	24	7	17	85	48	37
脑血管疾病	82	24	58	72	31	41	102	34	68
周围血管疾病	1	1		4	1	3	3	2	1
肿瘤				2	2		3	1	2
骨关节病	8	1	7	42	7	35	154	29	125
地方病				1		1	12	1	11
脊髓疾病	3	2	1	3	1	2	14	5	9
工伤	5	2	3	30	13	17	71	23	48
交通事故	6	2	4	15	3	12	61	21	40
脊髓损伤	5		5	2		2	4		4
脑外伤	2		2	3		3	4	1	3
其他外伤	9	4	5	67	12	55	167	39	128
结核性感染	3		3	1		1	10	1	9
化脓性感染				6	1	5	11	2	9
中毒									
其他	11	3	8	30	7	23	79	25	54
原因不明	16	3	13	15	5	10	27	5	22
致残原因二									
脑性瘫痪				1		1	1	1	
发育畸形				1	1				
侏儒症									
其他先天性或发育障碍				1		1	1		1
脊髓灰质炎									
脑血管疾病									
周围血管疾病									
肿瘤									
骨关节病				1		1	3	2	1
地方病				1	1		2		2
脊髓疾病							1		1
工伤	1	1					1	1	
交通事故							2	1	1
脊髓损伤	1	1							
脑外伤									
其他外伤	2	1	1	1	1		4		4
结核性感染							3	2	1
化脓性感染							1		1
中毒									
其他									
原因不明									

3－10 智力残疾(含多重)人分城乡、残疾等级的主要致残原因

单位：人

致残主要原因	合计			残疾一级		
	合计	城镇	农村	小计	城镇	农村
智力残疾(含多重)人	**616**	**93**	**523**	**104**	**13**	**91**
致残原因一						
遗传	100	11	89	26	1	25
脑疾病	105	22	83	23	5	18
内分泌障碍	1		1			
惊厥性疾病	40	5	35	9	1	8
新生儿窒息	10	4	6	2		2
早产、低体重和过期产	9	2	7			
发育畸形	6	4	2			
营养不良	1		1	1		1
母孕期外伤及物理伤害						
产伤						
工伤						
交通事故	10	3	7			
其他外伤	17	3	14	3	1	2
中毒与过敏反应	7	1	6	4	1	3
不良社会文化因素	14	1	13			
其他	36	8	28	2	2	
原因不明	260	29	231	34	2	32
致残原因二						
遗传	2		2			
脑疾病	2		2			
内分泌障碍						
惊厥性疾病	3	2	1			
新生儿窒息	1		1			
早产、低体重和过期产	4	1	3			
发育畸形	2		2			
营养不良	1		1			
母孕期外伤及物理伤害						
产伤	1	1				
工伤						
交通事故						
其他外伤	1		1			
中毒与过敏反应	2		2	1		1
不良社会文化因素						
其他						
原因不明						

3－10 续表

单位：人

致残主要原因	残疾二级			残疾三级			残疾四级		
	小计	城镇	农村	小计	城镇	农村	小计	城镇	农村
智力残疾(含多重)人	**148**	**22**	**126**	**207**	**32**	**175**	**157**	**26**	**131**
致残原因一									
遗传	23	2	21	32	5	27	19	3	16
脑疾病	29	6	23	28	5	23	25	6	19
内分泌障碍	1		1						
惊厥性疾病	11	2	9	15	1	14	5	1	4
新生儿窒息	1	1		3	1	2	4	2	2
早产、低体重和过期产	3	2	1				6		6
发育畸形	3	1	2	2	2		1	1	
营养不良									
母孕期外伤及物理伤害									
产伤									
工伤									
交通事故	2	1	1	2		2	6	2	4
其他外伤	1		1	8	1	7	5	1	4
中毒与过敏反应	2		2	1		1			
不良社会文化因素	1	1		3		3	10		10
其他	13	3	10	12	2	10	9	1	8
原因不明	58	3	55	101	15	86	67	9	58
致残原因二									
遗传				2		2			
脑疾病	1		1	1		1			
内分泌障碍									
惊厥性疾病				1	1		2	1	1
新生儿窒息							1		1
早产、低体重和过期产	2	1	1	1		1	1		1
发育畸形	1		1	1		1			
营养不良							1		1
母孕期外伤及物理伤害									
产伤	1	1							
工伤									
交通事故									
其他外伤	1		1						
中毒与过敏反应				1		1			
不良社会文化因素									
其他									
原因不明									

3－11 精神残疾(含多重)人分城乡、残疾等级的主要致残原因

单位：人

致残主要原因	合计			残疾一级		
	合计	城镇	农村	小计	城镇	农村
精神残疾(含多重)人	**449**	**122**	**327**	**149**	**55**	**94**
致残原因一						
痴呆	33	9	24	16	6	10
其他器质性精神障碍	33	17	16	14	10	4
使用精神活性物质所致的障碍	2	2				
精神分裂症	239	70	169	97	35	62
妄想性障碍	3		3			
分裂情感性障碍	12		12	4		4
其他精神病性障碍	11	2	9	2		2
心境障碍	24	2	22	5		5
神经症性障碍	17		17	1		1
行为综合症	1	1				
人格障碍	2		2			
孤独症	4	1	3	1		1
癫痫	47	12	35	6	2	4
其他	9	5	4	2	2	
原因不明	12	1	11	1		1
致残原因二						
痴呆	6	1	5	2		2
其他器质性精神障碍	1		1	1		1
使用精神活性物质所致的障碍						
精神分裂症	1		1			
妄想性障碍						
分裂情感性障碍						
其他精神病性障碍	1		1			
心境障碍	1		1			
神经症性障碍						
行为综合症						
人格障碍						
孤独症	2		2			
癫痫	5	2	3	2	1	1
其他						
原因不明						

3-11 续表

单位：人

致残主要原因	残疾二级			残疾三级			残疾四级		
	小计	城镇	农村	小计	城镇	农村	小计	城镇	农村
精神残疾(含多重)人	**52**	**13**	**39**	**70**	**20**	**50**	**178**	**34**	**144**
致残原因一									
痴呆	3	2	1	6	1	5	8		8
其他器质性精神障碍	8	3	5	4	1	3	7	3	4
使用精神活性物质所致的障碍	1	1					1	1	
精神分裂症	28	5	23	40	15	25	74	15	59
妄想性障碍							3		3
分裂情感性障碍				4		4	4		4
其他精神病性障碍	1		1	6	2	4	2		2
心境障碍	2	1	1	2		2	15	1	14
神经症性障碍				1		1	15		15
行为综合症	1	1							
人格障碍				1		1	1		1
孤独症	2		2				1	1	
癫痫	5		5	5		5	31	10	21
其他	1		1	1	1		5	2	3
原因不明							11	1	10
致残原因二									
痴呆	1		1	1		1	2	1	1
其他器质性精神障碍									
使用精神活性物质所致的障碍									
精神分裂症							1		1
妄想性障碍									
分裂情感性障碍									
其他精神病性障碍							1		1
心境障碍							1		1
神经症性障碍									
行为综合症									
人格障碍									
孤独症							2		2
癫痫	2	1	1	1		1			
其他									
原因不明									

3－12　视力残疾(含多重)人分年龄、性别的主要致残原因

单位：人

年　龄	遗传、先天异常或发育障碍		白内障		青光眼		沙眼		角膜病	
	男	女	男	女	男	女	男	女	男	女
总　计	**19**	**22**	**138**	**261**	**35**	**43**	**7**	**23**	**28**	**61**
0岁										
1岁	1									
2岁										
3岁										
4岁										
5岁										
6岁										
7岁			1							
8岁		1								
9岁									1	
10岁		1								
11岁		1								
12岁										
13岁										1
14岁										
15岁	2	1								
16岁										
17岁										
18岁		1								
19岁		1								
20岁										
21岁										
22岁										
23岁	2		1							
24岁										
25岁	1									
26岁										
27岁		1								

3－12　续表 1

单位：人

年龄	遗传、先天异常或发育障碍		白内障		青光眼		沙眼		角膜病	
	男	女	男	女	男	女	男	女	男	女
28岁										
29岁	1	1								1
30岁	1	1								1
31岁						1				
32岁				1						
33岁										
34岁			1	1						
35岁										
36岁										
37岁	2									
38岁										
39岁	1									
40岁					1					
41岁				1	1	1				
42岁		1			1				1	
43岁		1								
44岁	1									
45岁			1	1					1	1
46岁		1								
47岁			1							
48岁										
49岁										
50岁			1							1
51岁		2	1						1	
52岁	1			1						
53岁			1	3	2					2
54岁				1	2	2			1	
55岁			1	2					1	3
56岁		1	3	4	2			1		1

3－12 续表 2

单位：人

年龄	遗传、先天异常或发育障碍		白内障		青光眼		沙眼		角膜病	
	男	女	男	女	男	女	男	女	男	女
57岁				1						1
58岁			2	5	1	4			1	
59岁	1	1	6	3	1			1	3	
60岁				5		2			1	3
61岁	1		3	2					1	1
62岁			2	5	4	1			1	
63岁	2		7	7	2	1	1	1		2
64岁			6	5					1	1
65岁	1	1	8	5	3	1		1		
66岁			2	9	2	3				2
67岁	1		4	11	1	1		1	2	
68岁			5	10	1				1	
69岁			7	10	1	1			2	5
70岁			3	9	1	1	1	1		2
71岁			6	14		6				1
72岁		1	9	13	2	2				3
73岁			3	14				4	3	3
74岁		1	5	17		4	2	3		3
75岁			6	6		1		2		1
76岁			5	4		1				1
77岁			4	8		3	1	2		1
78岁			5	10	2	1		1	2	1
79岁			6	7	1	1	1			1
80岁		1	4	9	1	2			1	2
81岁		1	2	14				2		2
82岁		1	2	9	1			1		1
83岁			3	4		1			1	
84岁			5	5	1					1
85+			6	25	1	2	1	2	2	12

3－12 续表 3

单位：人

年 龄	视神经病变		视网膜、色素膜病变		屈光不正		弱视	
	男	女	男	女	男	女	男	女
总 计	**23**	**35**	**33**	**62**	**47**	**77**	**12**	**9**
0岁								
1岁								
2岁								
3岁								
4岁								
5岁								
6岁								
7岁								
8岁							1	1
9岁								
10岁								
11岁		1						
12岁								
13岁								
14岁								
15岁	1							
16岁								
17岁								
18岁								
19岁								
20岁	2							
21岁								
22岁								
23岁								
24岁								
25岁								
26岁								
27岁							1	

3-12 续表 4

单位：人

年龄	视神经病变		视网膜、色素膜病变		屈光不正		弱视	
	男	女	男	女	男	女	男	女
28岁								
29岁								
30岁						1		
31岁				1	1			
32岁		1		1				
33岁	1		2	2		1		
34岁						1		1
35岁			1		1		1	
36岁					1			
37岁		2		3		4		
38岁	1					1		
39岁	1	1	1		2			
40岁		1			1			
41岁	1		1	1		3		2
42岁					1		1	
43岁		2			1	1	1	
44岁			1	2	3	1	3	
45岁				1				
46岁						2		
47岁					1	2		1
48岁				2	1	1	1	
49岁	1		1	1	2	2		
50岁		1		1	1			1
51岁	1				1	2		1
52岁			1			2		
53岁	1		1	1	2	2	1	
54岁	1		1	1	2		1	
55岁	1			1		2		
56岁	1	1		2	2	4		

3-12 续表 5

单位：人

年龄	视神经病变		视网膜、色素膜病变		屈光不正		弱视	
	男	女	男	女	男	女	男	女
57岁		4		1	2	1		
58岁			1	1		2		
59岁		1			2	1		
60岁		2	1	1	1	1		1
61岁	1	1		2	1			
62岁		1		4	2	3	1	
63岁	1	3	2	1	3	2		
64岁		1	2	1	2	4		1
65岁	3		1	3	3	1		
66岁			2		1	2		
67岁				1	1	2		
68岁		1	1	3		4		
69岁				5		1		
70岁				2	2	6		
71岁	2	1	2	2		3		
72岁	1	1	2		1	1		
73岁			2	2		3		
74岁				1				
75岁		2		2	1			
76岁			3	2		1		
77岁	1	1		1	1			
78岁		1				1		
79岁			1					
80岁				2	1	2		
81岁		1	2	2		1		
82岁	1					1		
83岁		2						
84岁		1		1		1		
85+		1	1	2		1		

3-12 续表 6

单位：人

年 龄	外伤		中毒		其他		原因不明	
	男	女	男	女	男	女	男	女
总 计	**15**	**5**	**1**		**9**	**15**	**10**	**23**
0岁								
1岁								
2岁								
3岁								
4岁								
5岁								
6岁								
7岁								
8岁								
9岁					1			
10岁								
11岁								
12岁								
13岁								
14岁								
15岁						1		
16岁								
17岁								
18岁								
19岁								
20岁	1							
21岁								
22岁								1
23岁								
24岁								
25岁								
26岁								
27岁								

3-12 续表 7

单位：人

年龄	外伤		中毒		其他		原因不明	
	男	女	男	女	男	女	男	女
28岁								
29岁	1							1
30岁								
31岁								
32岁								
33岁								
34岁								
35岁								
36岁						1		
37岁								
38岁								
39岁	2							
40岁								
41岁								
42岁								
43岁	1					1		1
44岁					1	1		
45岁								
46岁								1
47岁								1
48岁			1					
49岁								
50岁	2							
51岁	1						1	
52岁								
53岁								3
54岁	1				1	1		
55岁						1		1
56岁	1				1		1	1

3－12　续表 8

单位：人

年　龄	外伤		中毒		其他		原因不明	
	男	女	男	女	男	女	男	女
57岁								
58岁							1	
59岁		1						
60岁					1			1
61岁							1	
62岁	1					1	2	1
63岁					1	1		
64岁								2
65岁					1	1		1
66岁		1						
67岁								1
68岁								
69岁		1				2		
70岁	1							2
71岁								
72岁						1		
73岁						1		1
74岁	1	1					1	1
75岁							1	
76岁		1			1		1	
77岁								
78岁								
79岁								
80岁	1							
81岁							1	1
82岁	1							
83岁								
84岁								1
85+					1	2		1

3－13 听力残疾(含多重)人分年龄、性别的主要致残原因

单位：人

年 龄	遗传		母孕期病毒感染		传染性疾病		自身免疫缺陷性疾病	
	男	女	男	女	男	女	男	女
总 计	**41**	**41**	**7**	**4**	**29**	**26**	**2**	**3**
0岁								
1岁								
2岁								
3岁				1				
4岁								
5岁	1							
6岁			1					
7岁								
8岁								
9岁						1		
10岁								
11岁		1						
12岁	2				1			
13岁	2	2						
14岁	1				1			
15岁			1			1		
16岁		1				1		
17岁	1	1		1				
18岁	1							
19岁		1						
20岁								
21岁						1		
22岁	1				1			
23岁								
24岁								
25岁								
26岁					1			
27岁								

3-13 续表 1

单位：人

年龄	遗传		母孕期病毒感染		传染性疾病		自身免疫缺陷性疾病	
	男	女	男	女	男	女	男	女
28岁	1							
29岁	2							
30岁			1					
31岁		1				1		
32岁		2						
33岁		1						
34岁								
35岁				1				
36岁			1					
37岁	1	2				1		
38岁		1						
39岁	1	2						
40岁	1					2		
41岁	1				1			
42岁	1	2	1	1	3	1		
43岁						2		
44岁			1		1			
45岁		1						
46岁					1	1	1	
47岁	5				1			
48岁	3	3			3	1		
49岁	2	1	1		2	1		
50岁		1			1			
51岁	3	1			3	1		
52岁	1	2			2		1	
53岁	2	2			1			
54岁	1							
55岁	2	1						
56岁					2	2		1

3－13　续表 2

单位：人

年龄	遗传		母孕期病毒感染		传染性疾病		自身免疫缺陷性疾病	
	男	女	男	女	男	女	男	女
57岁	1					2		
58岁					1	1		
59岁	1							
60岁		1			1			
61岁						1		
62岁	1					1		
63岁						1		
64岁						1		
65岁	1							1
66岁		2						
67岁	1							
68岁		1			1	1		
69岁								
70岁								
71岁								
72岁								1
73岁		1						
74岁		1				1		
75岁		2			1			
76岁								
77岁								
78岁		1						
79岁		2						
80岁								
81岁								
82岁								
83岁								
84岁								
85+		1						

3－13 续表 3

单位：人

年 龄	全身性疾病		中耳炎		老年性耳聋		早产和低体重	
	男	女	男	女	男	女	男	女
总 计	**64**	**73**	**123**	**124**	**538**	**482**		
0岁								
1岁								
2岁								
3岁								
4岁								
5岁								
6岁								
7岁								
8岁								
9岁								
10岁								
11岁								
12岁				1				
13岁								
14岁								
15岁			2					
16岁			1					
17岁								
18岁				1				
19岁								
20岁		1	1					
21岁								
22岁								
23岁								
24岁								
25岁								
26岁								
27岁								

3-13　续表 4

单位：人

年　龄	全身性疾病		中耳炎		老年性耳聋		早产和低体重	
	男	女	男	女	男	女	男	女
28岁								
29岁								
30岁								
31岁								
32岁				2				
33岁								
34岁								
35岁	2		1	1				
36岁								
37岁		1	1					
38岁	1	1	2	1				
39岁			1	1				
40岁	1	1						
41岁		1		3		1		
42岁		1	2	5				
43岁			2	1				
44岁			1					
45岁		1	2	1	1			
46岁			1	1				
47岁	1		1	1				
48岁		1	1	2		1		
49岁		1	2	1				
50岁	2		6	4	1	2		
51岁	2		6	3	3	2		
52岁	2	1	2	4	5	3		
53岁	3	1	3	2	2			
54岁	2	1	4	2	3	1		
55岁			1	3	1	1		
56岁	2		4	5	1	4		

3－13 续表 5

单位：人

年龄	全身性疾病		中耳炎		老年性耳聋		早产和低体重	
	男	女	男	女	男	女	男	女
57岁	2	1	4	6	1	2		
58岁		2	8	4	3	1		
59岁	4	1	3	3	5	3		
60岁			3	2	8	3		
61岁	1	2	5	5	11	8		
62岁	3	2	4	2	9	7		
63岁	3	3	4	3	15	5		
64岁	1	1	5	2	17	6		
65岁	2	3	3	3	15	10		
66岁	2	4	2	4	12	14		
67岁		3	5	6	14	30		
68岁	2	4	2	2	22	19		
69岁	1	2	4	4	16	19		
70岁	1	4		4	25	17		
71岁		5	6	4	29	27		
72岁	2	4	2	1	33	23		
73岁	4	2		1	30	20		
74岁	3	2	2	7	34	22		
75岁	1	4		2	24	27		
76岁	2			3	26	19		
77岁	2	4	3	2	21	20		
78岁		2		2	16	13		
79岁	2		2	3	13	18		
80岁	1	1	2	2	25	27		
81岁		2	1		22	21		
82岁	1	1	3		14	10		
83岁	3		2		17	10		
84岁	2				14	14		
85+	1	2	1	2	30	52		

3－13 续表 6

单位：人

年龄	新生儿窒息		高胆红素血症		药物中毒		创伤或意外伤害	
	男	女	男	女	男	女	男	女
总计	**1**			**1**	**56**	**54**	**36**	**31**
0岁								
1岁								
2岁								
3岁								
4岁	1							
5岁								
6岁								
7岁								
8岁						1		
9岁								
10岁								
11岁								
12岁					1			
13岁					1			
14岁					1			
15岁								
16岁					1			
17岁								
18岁						1	1	
19岁					1			
20岁						1		
21岁						2		
22岁								
23岁						1		
24岁						1		
25岁								
26岁								
27岁								

3－13 续表 7

单位：人

年龄	新生儿窒息		高胆红素血症		药物中毒		创伤或意外伤害	
	男	女	男	女	男	女	男	女
28岁								
29岁					1			
30岁					1	1		
31岁						2	2	
32岁					1			
33岁					1			
34岁								
35岁					2	1		
36岁						1		
37岁					1	2		2
38岁					1	1		
39岁								
40岁					1	1	1	1
41岁					1			
42岁					3	2		2
43岁					1			1
44岁								
45岁								
46岁				1		2		
47岁					1		1	
48岁					1	4	1	1
49岁					1	1	1	1
50岁					3	1	2	
51岁					3	1	2	1
52岁					5	2		1
53岁					3	2	3	1
54岁					1	1	1	
55岁					1			
56岁					3	3	1	

3－13 续表 8

单位：人

年 龄	新生儿窒息		高胆红素血症		药物中毒		创伤或意外伤害	
	男	女	男	女	男	女	男	女
57岁					1	1	1	1
58岁					2		1	2
59岁								1
60岁								1
61岁					2			1
62岁					1		2	
63岁					1	1	1	
64岁							2	1
65岁						2	1	
66岁						2	1	
67岁					2			
68岁							2	1
69岁						2	3	3
70岁					1	2	2	
71岁					1	3		
72岁					1	1	2	2
73岁					1			
74岁					1			1
75岁						1	1	3
76岁					1			
77岁								1
78岁						1		
79岁							1	1
80岁								
81岁						1		
82岁								
83岁								
84岁								
85+						2		1

3－13 续表 9

单位：人

年 龄	噪声和爆震		其他		原因不明	
	男	女	男	女	男	女
总 计	**88**	**30**	**27**	**26**	**241**	**189**
0岁						
1岁						
2岁						1
3岁					2	
4岁						
5岁						
6岁					1	1
7岁						
8岁					1	
9岁						1
10岁						1
11岁					1	
12岁						2
13岁						
14岁						
15岁						1
16岁					2	1
17岁						
18岁					1	
19岁						
20岁					1	
21岁						
22岁					2	
23岁						1
24岁					2	
25岁					1	1
26岁						
27岁					1	

3－13 续表 10

单位：人

年 龄	噪声和爆震		其他		原因不明	
	男	女	男	女	男	女
28岁						1
29岁						
30岁						1
31岁					2	
32岁	1					
33岁			1			1
34岁	1					2
35岁	1				1	
36岁	1					1
37岁					2	1
38岁	1				1	1
39岁				1	1	2
40岁	1			1	3	5
41岁					3	7
42岁	1				3	3
43岁					6	4
44岁					2	
45岁						
46岁		1			4	1
47岁					3	1
48岁			1		8	10
49岁			1		10	3
50岁	1	1	2	1	7	8
51岁	3		2	1	8	5
52岁					4	6
53岁	2			1	9	5
54岁		1	2	1	4	3
55岁		1			4	4
56岁	2		1	2	8	3

3-13 续表 11

单位：人

年龄	噪声和爆震		其他		原因不明	
	男	女	男	女	男	女
57岁	1		1		6	5
58岁	3			2	9	2
59岁	2	1			8	5
60岁	2	2	3		7	4
61岁	2	1	4		3	3
62岁	6		1		5	4
63岁	1	1	1	1	8	9
64岁	1	1			8	3
65岁	2	2	1		6	9
66岁	8	2	1		9	4
67岁	1	3	1	2	6	4
68岁	4	1	1	3	6	3
69岁	3	2		1	7	4
70岁	6	1		2	1	1
71岁	3	1		2	4	6
72岁	2	1			9	6
73岁	2	2	1		2	6
74岁	8	2			2	2
75岁	5			2	7	3
76岁	2	1	1		3	4
77岁	3			2	2	
78岁	2				2	4
79岁	1				5	1
80岁	1				1	1
81岁						3
82岁	2		1		3	1
83岁		2			1	
84岁					1	
85+				1	2	4

3-14 言语残疾(含多重)人分年龄、性别的主要致残原因

单位：人

年龄	唐氏综合症		脑性瘫痪		新生儿病理性黄疸		早产、低体重和过期产		腭裂	
	男	女	男	女	男	女	男	女	男	女
总计	**13**	**10**	**12**	**4**	**2**	**3**	**1**	**2**	**3**	**5**
0岁										
1岁										
2岁										
3岁					1					
4岁	1			1						
5岁	1		2						1	
6岁			1							
7岁			1	1						1
8岁										
9岁										
10岁										
11岁										
12岁			1					1		
13岁			1							
14岁										
15岁						1		1		
16岁						1				
17岁				1						
18岁										
19岁										
20岁										
21岁										
22岁	3						1			
23岁										
24岁		1								
25岁										
26岁										
27岁	1								1	

3-14 续表 1

单位：人

年龄	唐氏综合症		脑性瘫痪		新生儿病理性黄疸		早产、低体重和过期产		腭裂	
	男	女	男	女	男	女	男	女	男	女
28岁			1							
29岁										
30岁										
31岁										
32岁										
33岁										
34岁										1
35岁			2						1	
36岁	1				1					1
37岁		1								
38岁	2									
39岁										
40岁		1				1				
41岁										
42岁		2	1							
43岁		1								
44岁	1									
45岁		1								
46岁										
47岁	1									
48岁										
49岁	2	3		1						
50岁										
51岁										
52岁										
53岁										
54岁										
55岁										1
56岁										

3-14 续表 2

单位：人

年龄	唐氏综合症		脑性瘫痪		新生儿病理性黄疸		早产、低体重和过期产		腭裂	
	男	女	男	女	男	女	男	女	男	女
57岁										
58岁										
59岁										
60岁										
61岁										
62岁										
63岁										
64岁										
65岁										
66岁										
67岁										
68岁										
69岁										
70岁										
71岁										
72岁										1
73岁										
74岁										
75岁										
76岁										
77岁										
78岁										
79岁										
80岁			1							
81岁										
82岁										
83岁										
84岁			1							
85+										

3-14 续表 3

单位：人

年龄	智力低下		脑梗死		脑出血		脑炎	
	男	女	男	女	男	女	男	女
总计	**19**	**11**	**17**	**12**	**21**	**5**	**10**	**11**
0岁								
1岁								
2岁								
3岁	1							
4岁	1						1	
5岁								
6岁		1						
7岁								
8岁		1						
9岁	1							
10岁	1	1						
11岁								
12岁								
13岁								
14岁	1						1	
15岁								
16岁	1							
17岁								
18岁								1
19岁		2						
20岁	1	1					1	1
21岁								
22岁							1	
23岁								
24岁	1							2
25岁								
26岁				1				
27岁	1							

3-14 续表 4

单位：人

年龄	智力低下		脑梗死		脑出血		脑炎	
	男	女	男	女	男	女	男	女
28岁		1						
29岁	2							
30岁		1						
31岁		1						1
32岁								
33岁								
34岁	1							
35岁								
36岁								
37岁								
38岁								
39岁								
40岁							1	2
41岁	1							
42岁							3	
43岁	2							1
44岁								
45岁					1			
46岁								1
47岁	1	1	1					
48岁	1							
49岁								
50岁					1			
51岁								
52岁				1			1	
53岁		1		1	2			1
54岁	1							
55岁								
56岁					1			

3-14 续表 5

单位：人

年 龄	智力低下		脑梗死		脑出血		脑炎	
	男	女	男	女	男	女	男	女
57岁								
58岁					2			
59岁			4		2			
60岁			1					
61岁			1		1			1
62岁	1							
63岁				2	1	1		
64岁				1	1			
65岁			1	1	2			
66岁				2	1	1		
67岁			1	1				
68岁			1	1				
69岁						1		
70岁			1		2		1	
71岁			1					
72岁					1			
73岁			2		1			
74岁			1			1		
75岁			2	1				
76岁								
77岁					1			
78岁								
79岁								
80岁					1			
81岁						1		
82岁								
83岁								
84岁								
85+								

3-14 续表 6

单位：人

年 龄	脑囊虫病		喉、舌疾病术后		听力障碍		帕金森氏病		多发性硬化	
	男	女	男	女	男	女	男	女	男	女
总 计			**5**		**62**	**54**	**1**			
0岁										
1岁										
2岁										
3岁										
4岁										
5岁										
6岁					1					
7岁										
8岁										
9岁										
10岁						1				
11岁						1				
12岁					3					
13岁						1				
14岁					1					
15岁						1				
16岁					1	3				
17岁					1					
18岁					1					
19岁					1	1				
20岁					1	1				
21岁						2				
22岁					2					
23岁						1				
24岁						1				
25岁					1					
26岁										
27岁					1					

3-14 续表 7

单位：人

年 龄	脑囊虫病		喉、舌疾病术后		听力障碍		帕金森氏病		多发性硬化	
	男	女	男	女	男	女	男	女	男	女
28岁					1					
29岁			1							
30岁					1	1				
31岁					1					
32岁						1				
33岁						1				
34岁										
35岁					1	1				
36岁										
37岁						3				
38岁						2				
39岁					1	3				
40岁					3					
41岁						3				
42岁					3	2				
43岁			1		3					
44岁					1					
45岁						1				
46岁						1				
47岁					2					
48岁					6	5				
49岁					3					
50岁					3	2				
51岁			1		2	3				
52岁						1				
53岁						1				
54岁					1					
55岁						2				
56岁					2					

3-14 续表 8

单位：人

年 龄	脑囊虫病		喉、舌疾病术后		听力障碍		帕金森氏病		多发性硬化	
	男	女	男	女	男	女	男	女	男	女
57岁			1		1					
58岁					2	1				
59岁					2					
60岁						1				
61岁					1	2				
62岁										
63岁							1			
64岁					2					
65岁					1					
66岁					1	1				
67岁										
68岁										
69岁			1		1					
70岁										
71岁										
72岁										
73岁					1	1				
74岁					1					
75岁										
76岁					1					
77岁										
78岁						1				
79岁										
80岁										
81岁										
82岁										
83岁										
84岁										
85+						1				

3-14 续表 9

单位：人

年 龄	脊髓侧索硬化		脑外伤		产伤		孤独症	
	男	女	男	女	男	女	男	女
总 计			**5**	**3**				
0岁								
1岁								
2岁								
3岁								
4岁								
5岁								
6岁								
7岁								
8岁								
9岁								
10岁								
11岁								
12岁								
13岁								
14岁			1					
15岁								
16岁								
17岁				1				
18岁								
19岁								
20岁								
21岁								
22岁								
23岁								
24岁								
25岁								
26岁			1					
27岁								

3-14 续表 10

单位：人

年龄	脊髓侧索硬化		脑外伤		产伤		孤独症	
	男	女	男	女	男	女	男	女
28岁								
29岁			1					
30岁								
31岁								
32岁								
33岁								
34岁								
35岁								
36岁								
37岁								
38岁								
39岁								
40岁								
41岁								
42岁								
43岁								
44岁								
45岁								
46岁								
47岁								
48岁								
49岁								
50岁								
51岁								
52岁								
53岁			1					
54岁				1				
55岁				1				
56岁								

3-14 续表 11

单位：人

年 龄	脊髓侧索硬化		脑外伤		产伤		孤独症	
	男	女	男	女	男	女	男	女
57岁								
58岁								
59岁								
60岁								
61岁								
62岁								
63岁								
64岁			1					
65岁								
66岁								
67岁								
68岁								
69岁								
70岁								
71岁								
72岁								
73岁								
74岁								
75岁								
76岁								
77岁								
78岁								
79岁								
80岁								
81岁								
82岁								
83岁								
84岁								
85+								

3-14 续表 12

单位：人

年 龄	癫痫		CO中毒		其他		原因不明	
	男	女	男	女	男	女	男	女
总 计	**2**		**1**		**42**	**33**	**51**	**39**
0岁								
1岁								
2岁								
3岁					1	1	3	
4岁					2		2	
5岁								
6岁						1	2	1
7岁								
8岁						1	1	
9岁	1						1	1
10岁					1		1	
11岁						1		
12岁					1			2
13岁					1	1		
14岁						1	1	
15岁						1		
16岁	1					2	2	
17岁						1		
18岁					1			
19岁								
20岁							1	
21岁						1		
22岁								
23岁								
24岁					1		1	
25岁								
26岁								
27岁								

3-14 续表 13

单位：人

年 龄	癫痫		CO中毒		其他		原因不明	
	男	女	男	女	男	女	男	女
28岁								1
29岁							1	1
30岁						1		
31岁								
32岁					1	1		
33岁						1		
34岁								1
35岁								1
36岁						1		
37岁						1		
38岁					1			
39岁								1
40岁						3	4	2
41岁					1	1	2	1
42岁					1	1		2
43岁					1	1	2	
44岁					1		2	
45岁						1	1	
46岁								1
47岁					3		1	1
48岁					2	2	2	4
49岁					4		4	2
50岁					1		3	3
51岁					3		3	1
52岁					2	1	1	2
53岁					4	2		2
54岁					1	1	1	1
55岁						1		
56岁			1				1	1

3-14 续表 14

单位：人

年 龄	癫痫		CO中毒		其他		原因不明	
	男	女	男	女	男	女	男	女
57岁							1	1
58岁					2			
59岁								
60岁							3	
61岁						2	1	
62岁					1			2
63岁					1			2
64岁							1	
65岁					2		1	1
66岁							1	
67岁								
68岁								
69岁								
70岁								
71岁					1			
72岁								
73岁								1
74岁								
75岁								
76岁								
77岁								
78岁								
79岁								
80岁						1		
81岁								
82岁								
83岁								
84岁								
85+					1			

3－15 肢体残疾(含多重)人分年龄、性别的主要致残原因

单位：人

年龄	脑性瘫痪		发育畸形		侏儒症		其他先天性或发育障碍	
	男	女	男	女	男	女	男	女
总计	**20**	**9**	**38**	**24**	**1**	**5**	**9**	**15**
0岁								
1岁	1							
2岁			1					
3岁								1
4岁		2		1				
5岁	3							
6岁	1							
7岁	1	2	1					
8岁				1				1
9岁				1				
10岁	1				1			
11岁				1				1
12岁			1	1				
13岁	3		1					
14岁							1	
15岁			2	1				
16岁	1							
17岁			2					
18岁			1					
19岁	1			1				
20岁			1					1
21岁								
22岁							1	
23岁								
24岁		1						
25岁								
26岁			1					2
27岁								

3－15　续表 1

单位：人

年　龄	脑性瘫痪		发育畸形		侏儒症		其他先天性或发育障碍	
	男	女	男	女	男	女	男	女
28岁	1		1				1	1
29岁								
30岁				1				1
31岁								1
32岁			2					
33岁								
34岁				1				
35岁	2							
36岁								
37岁			1			2		
38岁	1		2	1				
39岁		1	2					
40岁			2	1				1
41岁	1		1	2				
42岁	1		1					
43岁								
44岁				1				
45岁								
46岁			2					1
47岁			1	2			1	
48岁	1	1	1			1		
49岁			2					1
50岁			1					
51岁			1					
52岁			1			1		
53岁								
54岁								
55岁			1					
56岁								

3－15 续表 2

单位：人

年龄	脑性瘫痪		发育畸形		侏儒症		其他先天性或发育障碍	
	男	女	男	女	男	女	男	女
57岁							1	
58岁								
59岁		1	1	1				1
60岁			1					
61岁		1		1				1
62岁								1
63岁				1			1	
64岁				1				
65岁	1			1				
66岁							1	
67岁						1	1	
68岁								
69岁			1					
70岁			1					
71岁				1				
72岁								
73岁							1	
74岁								
75岁								
76岁								
77岁								
78岁								
79岁								
80岁				1				
81岁								
82岁								
83岁								
84岁			1					
85+				1				

3－15 续表 3

单位：人

年 龄	脊髓灰质炎		脑血管疾病		周围血管疾病		肿瘤	
	男	女	男	女	男	女	男	女
总 计	**77**	**45**	**153**	**143**	**2**	**6**	**3**	**3**
0岁								
1岁								
2岁								
3岁								
4岁								
5岁								
6岁								
7岁								
8岁								
9岁								
10岁	1							
11岁								
12岁								
13岁								
14岁		1						
15岁								
16岁								
17岁	1							
18岁	1							
19岁		1						
20岁								
21岁		1						
22岁								
23岁								
24岁	1		1					
25岁								
26岁	1	1						
27岁			1				1	

3－15 续表 4

单位：人

年 龄	脊髓灰质炎		脑血管疾病		周围血管疾病		肿瘤	
	男	女	男	女	男	女	男	女
28岁	1	1						
29岁								
30岁	3							
31岁	2							
32岁	3	2						
33岁	3	1	1					
34岁	3	1		1				
35岁		2						
36岁	3	2						
37岁	4	1						
38岁	6	1						
39岁	2	3						
40岁	2			1		1		
41岁	3	1	1				1	
42岁	4	2						
43岁	5	1	1					
44岁	3	3	1					
45岁	2	3	1			1		
46岁	3	4	1	3	1			
47岁	2	1	1	1				
48岁	2	5		2				
49岁	2	2	2					1
50岁	1	1	4	2				
51岁	1	2	2	2		1		
52岁	2		1	3				
53岁	2		3	6				
54岁	1		1	3				
55岁				3				
56岁	1		5	4				

3－15　续表 5

单位：人

年　龄	脊髓灰质炎		脑血管疾病		周围血管疾病		肿瘤	
	男	女	男	女	男	女	男	女
57岁	2		1	4				
58岁	1		3	1				
59岁	1		12	1				
60岁			2	5		1		
61岁			5	1				
62岁			4	5				
63岁	1		3	7				
64岁			5	3				
65岁	1		7	8				
66岁			2	8				
67岁			4	2			1	
68岁			13	7	1	1		
69岁		1	3	5				
70岁			5	3				1
71岁			4	7				
72岁			6	2				
73岁			7	4				
74岁			10	5				
75岁			6	3		1		
76岁			5	5				
77岁			4	3				
78岁			3	4				
79岁			3	2				
80岁		1	1	1				
81岁			4	5				
82岁				4				
83岁				2				
84岁			1	2				
85+			3	3				1

3-15 续表 6

单位：人

年 龄	骨关节病		地方病		脊髓疾病		工伤	
	男	女	男	女	男	女	男	女
总 计	**85**	**124**	**9**	**7**	**12**	**11**	**96**	**18**
0岁								
1岁								
2岁								
3岁								
4岁								
5岁								
6岁								
7岁								
8岁								
9岁		1						
10岁								
11岁								
12岁								
13岁								
14岁								
15岁								
16岁								
17岁								
18岁								
19岁								
20岁	1				1	1		
21岁								
22岁								
23岁								
24岁						1	1	
25岁								
26岁							1	
27岁							1	

3－15 续表 7

单位：人

年 龄	骨关节病		地方病		脊髓疾病		工伤	
	男	女	男	女	男	女	男	女
28岁							1	
29岁	1						1	
30岁							2	
31岁	1	1					1	
32岁	1							
33岁	1						1	1
34岁		1				1		1
35岁	1	1						
36岁							2	
37岁		2					5	
38岁	2				2		3	
39岁				1			2	
40岁	1	1					2	
41岁		1		1			3	
42岁							4	1
43岁		2						
44岁						1	1	
45岁							1	
46岁		2						
47岁	1						1	
48岁	1						3	1
49岁							4	3
50岁	2	2						
51岁	3	3	1				3	1
52岁	2	1					5	
53岁	3		1				4	
54岁	1	7				1	3	1
55岁	1	1	1		1		3	
56岁		4					2	

3－15 续表 8

单位：人

年 龄	骨关节病		地方病		脊髓疾病		工伤	
	男	女	男	女	男	女	男	女
57岁		3			1	1	1	
58岁	2	3					1	
59岁	2	3			1	1		
60岁		7	1			1	1	
61岁	2	4					2	
62岁	2	3		1	1		1	
63岁	2	4	2		2		4	
64岁	3	3					3	
65岁		6	1					1
66岁	3	2					1	
67岁	5	3		1		2	2	1
68岁	3	4	2			1	2	2
69岁	6	2		1	1		3	
70岁	2	1					2	
71岁	5	5					2	
72岁	3	7		1			1	1
73岁	1	1			1		2	
74岁	6	1			1		1	1
75岁	2	8					2	
76岁	2	3					2	
77岁		3						1
78岁	2	4						1
79岁	1	3					1	
80岁		3					1	
81岁	1							
82岁	1	1						1
83岁	3	1						
84岁	1	3		1				
85+	2	3					1	

3-15 续表 9

单位：人

年 龄	交通事故		脊髓损伤		脑外伤		其他外伤		结核性感染	
	男	女	男	女	男	女	男	女	男	女
总 计	**66**	**19**	**13**	**2**	**9**	**1**	**150**	**103**	**9**	**8**
0岁										
1岁										
2岁										
3岁	1									
4岁										
5岁										
6岁										
7岁		1								
8岁							1			
9岁										
10岁										
11岁							1			
12岁							1	1		
13岁										
14岁							1			
15岁							1	1		
16岁					1					
17岁						1				
18岁	1				2		1			1
19岁	1							1		
20岁							1			
21岁							1			
22岁							1	1		
23岁	1									
24岁			1				1			
25岁	1						1			
26岁	1						1			
27岁	2									

3－15 续表 10

单位：人

年龄	交通事故		脊髓损伤		脑外伤		其他外伤		结核性感染	
	男	女	男	女	男	女	男	女	男	女
28岁	1						1			
29岁										
30岁							1			
31岁							6	2		
32岁							1	1		
33岁							1	1		
34岁	1						4	1		
35岁	2	1			1			3	1	
36岁	1	1			1		3			
37岁		1		1			2		1	
38岁							1	1	1	
39岁			1		1		3	3		
40岁	2	1					1	1		
41岁	2		1				1		1	
42岁	2						5	1		
43岁	2				1		2	4		
44岁		1					3	1		
45岁	2	1					3			
46岁	5						2	2		1
47岁	2	1					1	2		
48岁	2									
49岁	3	1	1				6	1		
50岁	4						6	2		
51岁	3						3			
52岁							4	3		
53岁	1						3	5		
54岁	2		1		1		4	3		
55岁	1		1				1	3		
56岁	2	1					1	1		1

3－15 续表 11

单位：人

年龄	交通事故		脊髓损伤		脑外伤		其他外伤		结核性感染	
	男	女	男	女	男	女	男	女	男	女
57岁	1		1				3	2	1	
58岁								1		
59岁			2				4	2		
60岁	1						2	3		2
61岁	1		1				5	4		1
62岁				1	1					
63岁	1	1					5	2		1
64岁							2		2	
65岁	2						3			
66岁	1	1					1	1		
67岁	1	1					2	3		
68岁							2	1		
69岁		1					3	3		
70岁							4	3		
71岁	1						3	1		
72岁	2		1				1	3	1	
73岁	1	1	1					4		
74岁	1	2					3	2	1	
75岁	2		1				3	3		
76岁							1	1		
77岁		1					3	1		
78岁							4			
79岁	2						2	3		1
80岁							2	3		
81岁	1						3	3		
82岁							1	1		
83岁		1					2			
84岁							1	2		
85+							4	6		

3－15 续表 12

单位：人

年 龄	化脓性感染		中毒		其他		原因不明	
	男	女	男	女	男	女	男	女
总 计	**10**	**8**			**62**	**63**	**34**	**27**
0岁								
1岁								
2岁								
3岁								
4岁						1		
5岁								
6岁								
7岁					1			
8岁								
9岁						1		
10岁								1
11岁						1		
12岁					2			1
13岁								
14岁								
15岁					2			
16岁					1			
17岁						1		
18岁								
19岁								
20岁						1	1	1
21岁						1		2
22岁								
23岁								
24岁								
25岁							1	
26岁						1		
27岁								

3－15 续表 13

单位：人

年龄	化脓性感染		中毒		其他		原因不明	
	男	女	男	女	男	女	男	女
28岁								
29岁							1	
30岁					1	1		
31岁						1	1	
32岁								
33岁							1	
34岁							1	1
35岁					1		1	
36岁								
37岁		1			1			
38岁							1	
39岁							1	
40岁							1	1
41岁					3	1		
42岁					2	2		2
43岁	1				4	2		2
44岁		1			1			
45岁	1					1		
46岁						2		
47岁					1			
48岁					2	1		
49岁		1					1	
50岁	1				2	1		
51岁		1			1	2		1
52岁	2				1			1
53岁	1				2	1		
54岁					1		2	
55岁		1			2	2		
56岁					1	1		

3－15　续表 14

单位：人

年　龄	化脓性感染		中毒		其他		原因不明	
	男	女	男	女	男	女	男	女
57岁		1				1		
58岁					1	1	1	
59岁	1					2		1
60岁	1					2	2	
61岁					2	3	3	1
62岁					3	1		1
63岁	1				2	2	2	
64岁		1			2	2		
65岁						1	1	1
66岁		1			2	1	1	
67岁						1		1
68岁	1				3	2	2	1
69岁					1	1		
70岁					2		2	
71岁					1	1		
72岁					1	1		
73岁						2	1	
74岁						2	1	
75岁					4	2	1	1
76岁					1	2		
77岁						1		1
78岁						2	2	
79岁						1		1
80岁					1			1
81岁					1			1
82岁						1	1	
83岁								
84岁					1		1	
85+					2	3		3

3－16　智力残疾(含多重)人分年龄、性别的主要致残原因

单位：人

年　龄	遗传		脑疾病		内分泌障碍		惊厥性疾病		新生儿窒息	
	男	女	男	女	男	女	男	女	男	女
总　计	**52**	**50**	**60**	**47**		**1**	**33**	**10**	**10**	**1**
0岁	1		1							
1岁	1		1	1						
2岁	1			1					1	
3岁	1									
4岁	1	1	1	1					1	1
5岁	1		3						2	
6岁		1							2	
7岁			1	2						
8岁		1							1	
9岁	1	2	1				3			
10岁	1		1	1			3			
11岁										
12岁	2		1				2	1	2	
13岁		2	2				1			
14岁			2				1	1		
15岁		1	4	2			3			
16岁	2	2	1				1			
17岁	1	1	2	2						
18岁				1			1			
19岁	1	1	2					1		
20岁	1		2	1			1			
21岁	1		1					1	1	
22岁	5	2						2		
23岁		1		2						
24岁	1	1	1	2				1		
25岁			1	2						
26岁			1	1			1			
27岁			1							

3-16 续表 1

单位：人

年龄	遗传		脑疾病		内分泌障碍		惊厥性疾病		新生儿窒息	
	男	女	男	女	男	女	男	女	男	女
28岁	2									
29岁			1							
30岁		1								
31岁				1						
32岁		1	1				2			
33岁	1	1		1			1			
34岁				2			1			
35岁		1	1							
36岁	1						1			
37岁		2	1	2						
38岁		1	1				1			
39岁			1	2						
40岁		3	2	1				1		
41岁		2		1						
42岁	1	2	2				1	1		
43岁			1	2			1			
44岁	1			2						
45岁										
46岁										
47岁	2	1	1				1			
48岁	3	4		1				1		
49岁	3	2	2				1			
50岁			2							
51岁	2		1	1						
52岁	1	2					3			
53岁	4	3	4							
54岁	4	1								
55岁										
56岁		1	1	1						

3－16　续表 2

单位：人

年　龄	遗传		脑疾病		内分泌障碍		惊厥性疾病		新生儿窒息	
	男	女	男	女	男	女	男	女	男	女
57岁										
58岁	1	2					2			
59岁	1									
60岁										
61岁	1	2	1	1						
62岁						1				
63岁	1	1	1	1			1			
64岁										
65岁	1	1	1	1						
66岁										
67岁				1						
68岁										
69岁				2						
70岁			1							
71岁										
72岁										
73岁										
74岁										
75岁			1	1						
76岁				2						
77岁										
78岁										
79岁				1						
80岁										
81岁										
82岁										
83岁										
84岁			2							
85+			1	1						

3－16 续表 3

单位：人

年　龄	早产、低体重和过期产		发育畸形		营养不良		母孕期外伤及物理伤害	
	男	女	男	女	男	女	男	女
总　计	**7**	**6**	**4**	**4**		**2**		
0岁		1						
1岁		2				1		
2岁	1							
3岁								
4岁	1							
5岁								
6岁		1		1				
7岁				1				
8岁								
9岁	1							
10岁	1			1				
11岁								
12岁		2						
13岁								
14岁								
15岁	1							
16岁								
17岁								
18岁								
19岁								
20岁			1					
21岁								
22岁	1							
23岁								
24岁								
25岁								
26岁								
27岁								

3－16　续表 4

单位：人

年龄	早产、低体重和过期产		发育畸形		营养不良		母孕期外伤及物理伤害	
	男	女	男	女	男	女	男	女
28岁						1		
29岁								
30岁								
31岁								
32岁	1							
33岁								
34岁								
35岁			1					
36岁								
37岁								
38岁								
39岁								
40岁								
41岁								
42岁								
43岁								
44岁								
45岁								
46岁			1					
47岁								
48岁								
49岁								
50岁								
51岁								
52岁								
53岁								
54岁								
55岁								
56岁								

3-16 续表 5

单位：人

年 龄	早产、低体重和过期产		发育畸形		营养不良		母孕期外伤及物理伤害	
	男	女	男	女	男	女	男	女
57岁								
58岁								
59岁				1				
60岁								
61岁								
62岁			1					
63岁								
64岁								
65岁								
66岁								
67岁								
68岁								
69岁								
70岁								
71岁								
72岁								
73岁								
74岁								
75岁								
76岁								
77岁								
78岁								
79岁								
80岁								
81岁								
82岁								
83岁								
84岁								
85+								

3－16 续表 6

单位：人

年 龄	产伤		工伤		交通事故		其他外伤	
	男	女	男	女	男	女	男	女
总 计	**1**				**8**	**2**	**11**	**7**
0岁								
1岁								1
2岁								
3岁								
4岁								
5岁								
6岁								
7岁								
8岁	1							
9岁								1
10岁								
11岁								1
12岁								
13岁								
14岁					1			
15岁					1			
16岁								1
17岁							1	1
18岁							1	
19岁								
20岁								
21岁								
22岁								
23岁							2	
24岁								
25岁								
26岁							1	
27岁								

3－16 续表 7

单位：人

年龄	产伤		工伤		交通事故		其他外伤	
	男	女	男	女	男	女	男	女
28岁								
29岁								
30岁							1	
31岁								
32岁					1			
33岁								1
34岁								
35岁								
36岁								
37岁								
38岁								
39岁								
40岁								
41岁								
42岁								
43岁					1			
44岁								
45岁								
46岁							1	
47岁							1	
48岁								
49岁								
50岁					1			
51岁					1			1
52岁								
53岁							1	
54岁								
55岁								
56岁								

3－16　续表 8

单位：人

年　龄	产伤		工伤		交通事故		其他外伤	
	男	女	男	女	男	女	男	女
57岁								
58岁					1			
59岁								
60岁								
61岁								
62岁							1	
63岁						1		
64岁							1	
65岁					1			
66岁								
67岁								
68岁								
69岁								
70岁								
71岁								
72岁								
73岁								
74岁								
75岁								
76岁								
77岁								
78岁								
79岁								
80岁								
81岁								
82岁								
83岁								
84岁								
85+						1		

3－16 续表 9

单位：人

年 龄	中毒与过敏反应		不良社会文化因素		其他		原因不明	
	男	女	男	女	男	女	男	女
总 计	**7**	**2**	**6**	**8**	**20**	**16**	**149**	**111**
0岁								
1岁								1
2岁							2	1
3岁				1	2		1	
4岁			2				2	1
5岁				1			1	
6岁				1				1
7岁							1	
8岁					1			1
9岁	2					1	4	
10岁			1		1		2	3
11岁					1			
12岁		1					2	4
13岁					1		2	
14岁							1	2
15岁							2	3
16岁							1	1
17岁							3	5
18岁								1
19岁							3	
20岁	1						1	1
21岁							1	1
22岁					1			1
23岁								2
24岁							1	2
25岁							1	2
26岁							1	
27岁					2		2	

3－16 续表 10

单位：人

年 龄	中毒与过敏反应		不良社会文化因素		其他		原因不明	
	男	女	男	女	男	女	男	女
28岁						1	1	3
29岁					1		3	
30岁						1		2
31岁							2	
32岁							1	1
33岁						1	1	1
34岁							2	6
35岁						1	2	3
36岁				1		2	2	
37岁					1		1	1
38岁				1			4	2
39岁	1				2		1	4
40岁						1	3	3
41岁				1	1		5	1
42岁		1					4	2
43岁					2		6	1
44岁					1		4	1
45岁						1	2	
46岁							2	
47岁			1				5	4
48岁			1		1		7	1
49岁	1					1	6	5
50岁	1		1				3	5
51岁				1			5	3
52岁					1		3	4
53岁	1			1			3	2
54岁					1		3	4
55岁							3	1
56岁							5	4

3－16　续表 11

单位：人

年龄	中毒与过敏反应		不良社会文化因素		其他		原因不明	
	男	女	男	女	男	女	男	女
57岁							1	
58岁							2	3
59岁							5	
60岁						1	3	2
61岁						1	3	2
62岁							2	
63岁								1
64岁							2	2
65岁							1	1
66岁							3	1
67岁								
68岁								
69岁								
70岁								
71岁							1	
72岁						1	1	1
73岁								
74岁								
75岁								
76岁						1		1
77岁								
78岁							1	
79岁							1	
80岁								
81岁						1		
82岁								
83岁								
84岁								
85+						1		

3－17　精神残疾(含多重)人分年龄、性别的主要致残原因

单位：人

年龄	痴呆		其他器质性精神障碍		使用精神活性物质所致的障碍		精神分裂症	
	男	女	男	女	男	女	男	女
总　计	**15**	**24**	**19**	**15**	**1**	**1**	**120**	**120**
0岁								
1岁								
2岁				1				
3岁								
4岁								
5岁								
6岁								
7岁								
8岁								
9岁								
10岁								
11岁								
12岁								
13岁								
14岁								
15岁								
16岁		1					1	1
17岁				1				
18岁							1	
19岁		1		1				
20岁	1	1					1	
21岁								1
22岁				1				
23岁							1	2
24岁							1	
25岁	1						1	1
26岁							2	
27岁							2	1

3－17　续表 1

单位：人

年　龄	痴呆		其他器质性精神障碍		使用精神活性物质所致的障碍		精神分裂症	
	男	女	男	女	男	女	男	女
28岁							2	
29岁				1			5	1
30岁			1				3	3
31岁	1	1					1	3
32岁	1						5	4
33岁		1					4	2
34岁				1			5	4
35岁			1	1			2	2
36岁							4	1
37岁		1		1			3	9
38岁			1				3	4
39岁			1				6	2
40岁			1	1			5	3
41岁		1					6	3
42岁		1					4	4
43岁							3	2
44岁							1	
45岁			1				2	2
46岁							4	
47岁	1						6	1
48岁				1			3	3
49岁	1	1					1	5
50岁			1				2	3
51岁			1				1	2
52岁	1						5	5
53岁	1		1				2	3
54岁		2		1			2	4
55岁							2	1
56岁		1		1			4	1

3－17 续表 2

单位：人

年 龄	痴呆		其他器质性精神障碍		使用精神活性物质所致的障碍		精神分裂症	
	男	女	男	女	男	女	男	女
57岁							2	2
58岁		1					2	2
59岁	1		1			1	2	1
60岁			1				1	4
61岁							1	3
62岁			1		1			2
63岁		1		1			1	2
64岁								2
65岁		1						3
66岁		1						3
67岁	1	1						
68岁			1				1	3
69岁							1	3
70岁		1	1				1	2
71岁								
72岁			2				1	
73岁								
74岁			1				1	
75岁	1	1						
76岁			1					
77岁								1
78岁								2
79岁	1	1		1				2
80岁		1	1					
81岁								
82岁								
83岁								
84岁	1			1				
85+	2	3						

3－17　续表 3

单位：人

年　龄	妄想性障碍		分裂情感性障碍		其他精神病性障碍		心境障碍	
	男	女	男	女	男	女	男	女
总　计	**1**	**2**	**3**	**9**	**4**	**8**	**12**	**13**
0岁								
1岁								
2岁								
3岁								
4岁								
5岁								
6岁								
7岁								
8岁								
9岁								
10岁								
11岁								
12岁								
13岁								
14岁			1					
15岁								
16岁					1			
17岁								
18岁						1		
19岁								
20岁								
21岁								1
22岁								
23岁								
24岁				1				
25岁								
26岁								
27岁								

3－17 续表 4

单位：人

年龄	妄想性障碍		分裂情感性障碍		其他精神病性障碍		心境障碍	
	男	女	男	女	男	女	男	女
28岁								
29岁								
30岁								
31岁								
32岁							1	
33岁								
34岁								1
35岁				2			2	1
36岁						1		
37岁							1	
38岁								1
39岁							1	
40岁				1		2		
41岁								2
42岁								
43岁		1						
44岁								
45岁				1				
46岁								1
47岁	1			1				
48岁			1				2	1
49岁								1
50岁						1		
51岁								
52岁					1		1	
53岁								1
54岁								
55岁								
56岁								

3－17 续表 5

单位：人

年 龄	妄想性障碍		分裂情感性障碍		其他精神病性障碍		心境障碍	
	男	女	男	女	男	女	男	女
57岁								
58岁					1			
59岁						1	2	
60岁		1		1		1		
61岁							2	
62岁								1
63岁				1				
64岁						1		
65岁				1				1
66岁								
67岁			1					
68岁								
69岁								
70岁								1
71岁								
72岁					1			
73岁								
74岁								
75岁								
76岁								
77岁								
78岁								
79岁								
80岁								
81岁								
82岁								
83岁								
84岁								
85+								

3－17　续表 6

单位：人

年　龄	神经症性障碍		行为综合症		人格障碍		孤独症	
	男	女	男	女	男	女	男	女
总　计	**5**	**12**		**1**	**1**	**1**	**4**	**2**
0岁								
1岁								
2岁								
3岁								
4岁								1
5岁								
6岁							1	
7岁							1	
8岁								
9岁								
10岁								
11岁								
12岁								
13岁								
14岁								
15岁								
16岁								
17岁								
18岁								
19岁								
20岁								
21岁							1	
22岁								
23岁								
24岁								
25岁								
26岁								
27岁								

3-17 续表 7

单位：人

年 龄	神经症性障碍		行为综合症		人格障碍		孤独症	
	男	女	男	女	男	女	男	女
28岁								
29岁								
30岁								
31岁								
32岁								
33岁								
34岁								
35岁	1							
36岁	1							
37岁								
38岁		1						
39岁								
40岁	1	1						
41岁		1						
42岁		1						
43岁								
44岁								
45岁								
46岁		1						
47岁						1		
48岁		1						
49岁							1	
50岁								
51岁								
52岁		1			1			
53岁		1						
54岁								
55岁		1						
56岁								

3－17　续表 8

单位：人

年　龄	神经症性障碍		行为综合症		人格障碍		孤独症	
	男	女	男	女	男	女	男	女
57岁								
58岁								
59岁		1						
60岁								
61岁		2						1
62岁								
63岁								
64岁								
65岁								
66岁								
67岁								
68岁	1							
69岁	1							
70岁								
71岁								
72岁								
73岁								
74岁								
75岁								
76岁								
77岁								
78岁								
79岁								
80岁								
81岁								
82岁								
83岁								
84岁				1				
85+								

3-17 续表 9

单位：人

年龄	癫痫		其他		原因不明	
	男	女	男	女	男	女
总计	**30**	**22**	**5**	**4**	**5**	**7**
0岁						
1岁						
2岁					1	
3岁						
4岁			1			
5岁				1		
6岁				1		
7岁	1					
8岁						
9岁	1					
10岁	1					
11岁		1				
12岁	3					
13岁		1				
14岁				1		
15岁		1				
16岁	1					
17岁	1		1			
18岁		1				
19岁	1		1			
20岁						
21岁		1				
22岁			1			1
23岁	1					
24岁						
25岁	1					1
26岁	1					
27岁	1					

3－17 续表 10

单位：人

年 龄	癫痫		其他		原因不明	
	男	女	男	女	男	女
28岁						
29岁	1					
30岁	1					
31岁	1					
32岁	1	2				
33岁		2			1	
34岁						
35岁		1				
36岁	1					
37岁		2				
38岁	2					1
39岁		1				
40岁	1					
41岁	1					
42岁	1					
43岁	1					
44岁		1				
45岁						1
46岁						1
47岁						
48岁	1	2			1	
49岁		1				
50岁		1				
51岁	1					
52岁		1				
53岁		1	1		1	
54岁		1		1		
55岁						
56岁						

3－17 续表 11

单位：人

年 龄	癫痫		其他		原因不明	
	男	女	男	女	男	女
57岁						
58岁						
59岁						
60岁	1					
61岁						
62岁		1				
63岁					1	
64岁						1
65岁						
66岁						
67岁						
68岁	1					
69岁						
70岁						
71岁						1
72岁						
73岁						
74岁						
75岁	1					
76岁						
77岁	1					
78岁						
79岁						
80岁						
81岁						
82岁						
83岁						
84岁						
85+						

第四部分　残疾人的活动和参与、义务教育、社会保障、接受服务及主要需求

4－1 各地区18岁及以上视力残疾人分残疾等级的生活自理状况

单位：人

地 区	无障碍/无适用				轻度障碍			
	残疾一级	残疾二级	残疾三级	残疾四级	残疾一级	残疾二级	残疾三级	残疾四级
总 计	**22**	**13**	**18**	**228**	**27**	**24**	**10**	**81**
西安市新城区			1	11		1		4
西安市碑林区		1	1	1		1		
西安市长安区	2	1	3	25	1			2
西安市周至县	1	1	1	9		1	1	
宝鸡市扶风县			3	11				
宝鸡市千阳县	8	2		6	1			
咸阳市渭城区	1	1		9	3			1
咸阳市乾县			1	1		1	3	8
咸阳市旬邑县	3	1		11	6	4	1	6
渭南市临渭区	2			21	4			
渭南市蒲城县	2			3	1	1	2	1
渭南市华县				8				3
延安市洛川县			1	10	1		1	6
榆林市绥德县		1	2	14	1	8		3
榆林市神木县				2				5
汉中市汉台区	1	2		22	2	4		
汉中市勉县				5		1	1	18
汉中市宁强县			1	3		1		2
安康市汉滨区	1			5	2			2
安康市石泉县						1	1	17
商洛市商州区		2	2	21	2			3
商洛市山阳县	1	1	2	30	3			

4-1 续表 1

单位：人

地 区	中度障碍				重度障碍			
	残疾一级	残疾二级	残疾三级	残疾四级	残疾一级	残疾二级	残疾三级	残疾四级
总 计	**44**	**11**	**4**	**15**	**51**	**2**		**1**
西安市新城区								
西安市碑林区					2			
西安市长安区				1	2			
西安市周至县	5				1			
宝鸡市扶风县	4			1				
宝鸡市千阳县								
咸阳市渭城区				2				
咸阳市乾县	8	2		1				
咸阳市旬邑县	1				2			
渭南市临渭区	1				2			
渭南市蒲城县	1				5			
渭南市华县	5				2			
延安市洛川县	1				1			
榆林市绥德县	1	2			1			
榆林市神木县				9	8			
汉中市汉台区	7				2			
汉中市勉县	4	1			7			
汉中市宁强县	1	5			6			
安康市汉滨区	3		1		4			1
安康市石泉县		1	3	1	2	2		
商洛市商州区	1				3			
商洛市山阳县	1				1			

4－1 续表 2

单位：人

地 区	极重度障碍/不能完成			
	残疾一级	残疾二级	残疾三级	残疾四级
总 计	**21**			
西安市新城区				
西安市碑林区	1			
西安市长安区	1			
西安市周至县				
宝鸡市扶风县				
宝鸡市千阳县				
咸阳市渭城区				
咸阳市乾县				
咸阳市旬邑县				
渭南市临渭区	4			
渭南市蒲城县				
渭南市华县				
延安市洛川县	1			
榆林市绥德县	1			
榆林市神木县				
汉中市汉台区	1			
汉中市勉县	1			
汉中市宁强县				
安康市汉滨区				
安康市石泉县	11			
商洛市商州区				
商洛市山阳县				

4－2 各地区18岁及以上视力残疾人分残疾等级的生活活动状况

单位：人

地区	无障碍/无适用				轻度障碍			
	残疾一级	残疾二级	残疾三级	残疾四级	残疾一级	残疾二级	残疾三级	残疾四级
总计	**1**		**3**	**72**	**5**	**10**	**12**	**159**
西安市新城区								10
西安市碑林区			1					1
西安市长安区	1		2	7		1	1	18
西安市周至县					1	1		6
宝鸡市扶风县							1	9
宝鸡市千阳县								2
咸阳市渭城区				4	1			3
咸阳市乾县				1			4	8
咸阳市旬邑县					1	4		9
渭南市临渭区				19	2			2
渭南市蒲城县				1				1
渭南市华县								8
延安市洛川县							1	11
榆林市绥德县						2	2	14
榆林市神木县				2				1
汉中市汉台区				7				6
汉中市勉县								21
汉中市宁强县							1	5
安康市汉滨区				1				4
安康市石泉县								8
商洛市商州区						1	1	12
商洛市山阳县				30		1	1	

4-2 续表 1

单位：人

地 区	中度障碍				重度障碍			
	残疾一级	残疾二级	残疾三级	残疾四级	残疾一级	残疾二级	残疾三级	残疾四级
总 计	**19**	**24**	**12**	**74**	**53**	**9**	**4**	**17**
西安市新城区			1	5				
西安市碑林区		2						
西安市长安区	3			2				1
西安市周至县		1	2	3	4			
宝鸡市扶风县			2	1	1			1
宝鸡市千阳县	1	2		4	5			
咸阳市渭城区	1	1		3	1			2
咸阳市乾县	4	3		1	4			
咸阳市旬邑县	5	1		5	5			3
渭南市临渭区					5			
渭南市蒲城县	2		1		4		1	2
渭南市华县				3	5			
延安市洛川县			1	3	1			1
榆林市绥德县		5		1	1	2		2
榆林市神木县				11				2
汉中市汉台区		4		8	4	1		1
汉中市勉县			1	2		2		
汉中市宁强县		5			3	1		
安康市汉滨区				1	5		1	1
安康市石泉县			2	10		2	2	
商洛市商州区	1		1	11	1	1		1
商洛市山阳县	2		1		4			

4－2 续表 2

单位：人

地区	极重度障碍/不能完成			
	残疾一级	残疾二级	残疾三级	残疾四级
总计	**87**	**7**	**1**	**3**
西安市新城区		1		
西安市碑林区	3			
西安市长安区	2			
西安市周至县	2			
宝鸡市扶风县	3			1
宝鸡市千阳县	3			
咸阳市渭城区	1			
咸阳市乾县				
咸阳市旬邑县	1		1	
渭南市临渭区	6			
渭南市蒲城县	3	1		
渭南市华县	2			
延安市洛川县	3			1
榆林市绥德县	3	2		
榆林市神木县	8			
汉中市汉台区	9	1		
汉中市勉县	12			
汉中市宁强县	4			
安康市汉滨区	5			1
安康市石泉县	13	2		
商洛市商州区	4			
商洛市山阳县				

4-3 各地区18岁及以上视力残疾人分残疾等级的社会参与状况

单位：人

地区	无障碍/无适用				轻度障碍			
	残疾一级	残疾二级	残疾三级	残疾四级	残疾一级	残疾二级	残疾三级	残疾四级
总 计		**1**	**3**	**73**	**9**	**12**	**9**	**159**
西安市新城区								3
西安市碑林区		1	1					1
西安市长安区				4	2	1	3	21
西安市周至县					1	1		7
宝鸡市扶风县				1				5
宝鸡市千阳县								3
咸阳市渭城区				5		1		5
咸阳市乾县			1	2			3	7
咸阳市旬邑县					2	4		7
渭南市临渭区				19	2			2
渭南市蒲城县				1	1			1
渭南市华县								7
延安市洛川县							1	9
榆林市绥德县								12
榆林市神木县								4
汉中市汉台区				7	1	3		13
汉中市勉县								23
汉中市宁强县			1	3				2
安康市汉滨区								3
安康市石泉县								5
商洛市商州区				2		1	2	18
商洛市山阳县				29		1		1

4－3 续表 1

单位：人

地 区	中度障碍				重度障碍			
	残疾一级	残疾二级	残疾三级	残疾四级	残疾一级	残疾二级	残疾三级	残疾四级
总 计	**37**	**25**	**14**	**76**	**73**	**8**	**3**	**14**
西安市新城区			1	12		1		
西安市碑林区	1				1	1		
西安市长安区	2			3				
西安市周至县			2	2	6	1		
宝鸡市扶风县			1	3			2	2
宝鸡市千阳县	4	2		3	5			
咸阳市渭城区	2			1	2			1
咸阳市乾县	7	3		1	1			
咸阳市旬邑县	4	1		7	5		1	3
渭南市临渭区	5				6			
渭南市蒲城县	2	1	2	2	6			
渭南市华县				4	7			
延安市洛川县			1	7	2			
榆林市绥德县		8	2	5	1	2		
榆林市神木县				9	3			2
汉中市汉台区	4	2		2	5	1		
汉中市勉县		1	1		11			
汉中市宁强县		6			2			
安康市汉滨区				3	5			1
安康市石泉县			2	9		2		4
商洛市商州区	2	1		3	3			1
商洛市山阳县	4		2		2			

4－3　续表 2

单位：人

地　区	极重度障碍/不能完成			
	残疾一级	残疾二级	残疾三级	残疾四级
总　计	**46**	**4**	**3**	**3**
西安市新城区				
西安市碑林区	1			
西安市长安区	2			
西安市周至县				
宝鸡市扶风县	4			1
宝鸡市千阳县				
咸阳市渭城区				
咸阳市乾县				
咸阳市旬邑县	1			
渭南市临渭区				
渭南市蒲城县				
渭南市华县				
延安市洛川县	2			
榆林市绥德县	3	1		
榆林市神木县	5			1
汉中市汉台区	3			
汉中市勉县	1	1		
汉中市宁强县	5			
安康市汉滨区	5		1	1
安康市石泉县	13	2	2	
商洛市商州区	1			
商洛市山阳县				

4－4 各地区18岁及以上听力残疾人分残疾等级的理解和交流状况

单位：人

地区	无障碍/无适用				轻度障碍			
	残疾一级	残疾二级	残疾三级	残疾四级	残疾一级	残疾二级	残疾三级	残疾四级
总计		**3**	**50**	**233**	**4**	**33**	**242**	**435**
西安市新城区			18	101		6	31	119
西安市碑林区			2	41		1	21	22
西安市长安区			2	7	1	2	7	12
西安市周至县		2	2	6		1	10	12
宝鸡市扶风县			8	19		2	18	12
宝鸡市千阳县			2	1		1	17	10
咸阳市渭城区			5	7		3	16	20
咸阳市乾县			1	1		1	6	17
咸阳市旬邑县			2	6		1	16	40
渭南市临渭区			3	2		1	5	8
渭南市蒲城县				2			2	7
渭南市华县				4	1	1	9	14
延安市洛川县		1	2	2		1	3	3
榆林市绥德县			1			3	5	6
榆林市神木县				1			5	10
汉中市汉台区			1	23		1	5	17
汉中市勉县				4			14	21
汉中市宁强县						1	9	4
安康市汉滨区			1	4	1	5	24	37
安康市石泉县				2		1	8	10
商洛市商州区					1	1	3	7
商洛市山阳县							8	27

4－4 续表 1

单位：人

地区	中度障碍				重度障碍			
	残疾一级	残疾二级	残疾三级	残疾四级	残疾一级	残疾二级	残疾三级	残疾四级
总　计	**22**	**46**	**230**	**143**	**31**	**26**	**41**	**9**
西安市新城区		1	5	4			1	
西安市碑林区	2		2					
西安市长安区		2	5	10	2		2	
西安市周至县	1		4	10				
宝鸡市扶风县	3	1	6					
宝鸡市千阳县	1	1	6			1		
咸阳市渭城区	2	2	11	5				
咸阳市乾县		2	9		1			
咸阳市旬邑县	1		7	5	1		1	
渭南市临渭区	1	3	16	9	4	4	6	1
渭南市蒲城县		3	20	16	1	2	5	1
渭南市华县	1	1	23	13			2	
延安市洛川县		1	5			1	1	
榆林市绥德县	2	3	16	15	1	2	4	1
榆林市神木县		1	5	8	1	2	1	2
汉中市汉台区		3	5	2				
汉中市勉县	1	4	18	4	6	4	3	1
汉中市宁强县	2	1	13	12	1	2	6	3
安康市汉滨区	1	2	2	1				
安康市石泉县		8	18	16		1	4	
商洛市商州区	2	4	21	10	8		5	
商洛市山阳县	2	3	13	3	5	7		

4－4 续表 2

单位：人

地区	极重度障碍/不能完成			
	残疾一级	残疾二级	残疾三级	残疾四级
总计	**10**	**1**	**2**	
西安市新城区				
西安市碑林区				
西安市长安区				
西安市周至县				
宝鸡市扶风县				
宝鸡市千阳县				
咸阳市渭城区				
咸阳市乾县				
咸阳市旬邑县				
渭南市临渭区	2			
渭南市蒲城县				
渭南市华县			1	
延安市洛川县	1			
榆林市绥德县	1	1		
榆林市神木县				
汉中市汉台区				
汉中市勉县	4		1	
汉中市宁强县	2			
安康市汉滨区				
安康市石泉县				
商洛市商州区				
商洛市山阳县				

4－5　各地区18岁及以上听力残疾人分残疾等级的生活自理状况

单位：人

地　区	无障碍/无适用				轻度障碍			
	残疾一级	残疾二级	残疾三级	残疾四级	残疾一级	残疾二级	残疾三级	残疾四级
总　计	**33**	**77**	**418**	**643**	**22**	**27**	**118**	**163**
西安市新城区		2	28	133		5	20	89
西安市碑林区	1	1	21	60	1		3	3
西安市长安区	2	2	13	28	1	2	2	1
西安市周至县	1	3	11	24			4	4
宝鸡市扶风县	3	2	29	31		1	3	
宝鸡市千阳县	1	3	22	11			3	
咸阳市渭城区		4	31	28	2		1	4
咸阳市乾县		3	10	10	1		2	8
咸阳市旬邑县	1	1	21	45	1		4	6
渭南市临渭区	7	6	27	17		2	3	3
渭南市蒲城县		3	16	22	1	2	11	4
渭南市华县	1		18	25	1	1	15	6
延安市洛川县		4	9	4			2	1
榆林市绥德县	3	3	14	15		5	11	5
榆林市神木县		1	6	6			1	9
汉中市汉台区		4	9	40			2	1
汉中市勉县	3	7	27	26	5	1	6	3
汉中市宁强县		4	16	12	1		11	6
安康市汉滨区	1	4	23	37	1	3	4	5
安康市石泉县		6	24	25		4	4	3
商洛市商州区	2	4	22	14	7	1	6	2
商洛市山阳县	7	10	21	30				

4-5 续表 1

单位：人

地　区	中度障碍				重度障碍			
	残疾一级	残疾二级	残疾三级	残疾四级	残疾一级	残疾二级	残疾三级	残疾四级
总　计	**6**	**3**	**25**	**12**	**5**	**2**	**3**	**2**
西安市新城区			7	1				1
西安市碑林区			1					
西安市长安区			1					
西安市周至县			1					
宝鸡市扶风县								
宝鸡市千阳县								
咸阳市渭城区		1						
咸阳市乾县			4					
咸阳市旬邑县			1					
渭南市临渭区								
渭南市蒲城县								
渭南市华县			1			1	1	
延安市洛川县					1			
榆林市绥德县		1	1	2				
榆林市神木县	1	1	3	5		1	1	1
汉中市汉台区				1				
汉中市勉县	1		2	1	2			
汉中市宁强县	2		1	1	2			
安康市汉滨区								
安康市石泉县			2					
商洛市商州区	2			1			1	
商洛市山阳县								

4－5 续表 2

单位：人

地区	极重度障碍/不能完成			
	残疾一级	残疾二级	残疾三级	残疾四级
总计	**1**		**1**	
西安市新城区				
西安市碑林区				
西安市长安区				
西安市周至县				
宝鸡市扶风县				
宝鸡市千阳县				
咸阳市渭城区				
咸阳市乾县				
咸阳市旬邑县				
渭南市临渭区				
渭南市蒲城县				
渭南市华县				
延安市洛川县				
榆林市绥德县	1			
榆林市神木县				
汉中市汉台区				
汉中市勉县			1	
汉中市宁强县				
安康市汉滨区				
安康市石泉县				
商洛市商州区				
商洛市山阳县				

4－6 各地区18岁及以上听力残疾人分残疾等级的与人相处状况

单位：人

地　区	无障碍/无适用				轻度障碍			
	残疾一级	残疾二级	残疾三级	残疾四级	残疾一级	残疾二级	残疾三级	残疾四级
总　计	**7**	**25**	**118**	**348**	**5**	**23**	**203**	**350**
西安市新城区		3	36	165		4	19	59
西安市碑林区			1	42			20	21
西安市长安区		2	8	20	2	1	7	8
西安市周至县		3	2	3			9	15
宝鸡市扶风县		1	3	6			21	23
宝鸡市千阳县		1	7	5		1	13	5
咸阳市渭城区		3	25	28	1	1	6	4
咸阳市乾县			2	2		1	7	16
咸阳市旬邑县			2	7		1	13	41
渭南市临渭区			3	1		2	8	6
渭南市蒲城县				1			6	14
渭南市华县		1	2				8	15
延安市洛川县			1	3		1	4	2
榆林市绥德县			1	2				5
榆林市神木县				1			5	9
汉中市汉台区			2	24		1	4	17
汉中市勉县			1	2		1	4	21
汉中市宁强县			1	1		2	9	10
安康市汉滨区		1	1	5	1	5	25	36
安康市石泉县				2		2	13	19
商洛市商州区					1		1	2
商洛市山阳县	7	10	20	28			1	2

4-6 续表 1

单位：人

地　区	中度障碍				重度障碍			
	残疾一级	残疾二级	残疾三级	残疾四级	残疾一级	残疾二级	残疾三级	残疾四级
总　计	**14**	**31**	**191**	**114**	**22**	**25**	**52**	**8**
西安市新城区								
西安市碑林区		1	4		2			
西安市长安区	1	1	1	1				
西安市周至县	1		5	10				
宝鸡市扶风县	2	2	7	2	1		1	
宝鸡市千阳县	1	1	5	1				
咸阳市渭城区	1	1	1					
咸阳市乾县		1	7		1	1		
咸阳市旬邑县			11	3	2			
渭南市临渭区	2	3	13	12	2	2	6	1
渭南市蒲城县	1	5	21	11				
渭南市华县	2		18	16		1	7	
延安市洛川县			3		1	1	3	
榆林市绥德县		3	20	15	3	6	5	
榆林市神木县			4	9		2	2	2
汉中市汉台区		2	3			1	2	1
汉中市勉县	1	1	24	7		5	6	
汉中市宁强县	1		15	7	1	2	3	1
安康市汉滨区	1	1	1	1				
安康市石泉县		8	17	7				
商洛市商州区		1	11	12	9	4	17	3
商洛市山阳县								

4－6 续表 2

单位：人

地 区	极重度障碍/不能完成			
	残疾一级	残疾二级	残疾三级	残疾四级
总 计	**19**	**5**	**1**	
西安市新城区				
西安市碑林区				
西安市长安区				
西安市周至县				
宝鸡市扶风县				
宝鸡市千阳县				
咸阳市渭城区				
咸阳市乾县				
咸阳市旬邑县				
渭南市临渭区	3	1		
渭南市蒲城县				
渭南市华县				
延安市洛川县		2		
榆林市绥德县	1			
榆林市神木县	1	1		
汉中市汉台区				
汉中市勉县	10	1	1	
汉中市宁强县	3			
安康市汉滨区				
安康市石泉县				
商洛市商州区	1			
商洛市山阳县				

4－7 各地区18岁及以上听力残疾人分残疾等级的生活活动状况

单位：人

地区	无障碍/无适用				轻度障碍			
	残疾一级	残疾二级	残疾三级	残疾四级	残疾一级	残疾二级	残疾三级	残疾四级
总　计	**12**	**20**	**111**	**241**	**16**	**27**	**184**	**301**
西安市新城区			3	30		1	10	74
西安市碑林区	1		14	45	1	1	9	16
西安市长安区	1	2	6	15	2	1	8	12
西安市周至县	1	2	3	8		1	4	7
宝鸡市扶风县	1		8	14	2	2	14	15
宝鸡市千阳县			4	2		2	12	7
咸阳市渭城区			5	1		2	18	28
咸阳市乾县		1	4	10		1	4	7
咸阳市旬邑县			8	20	2	1	14	25
渭南市临渭区			9	5	2	2	7	9
渭南市蒲城县				1			4	5
渭南市华县			2	8			6	8
延安市洛川县		2	2	2			4	2
榆林市绥德县	2	2	11	7	1	3	11	9
榆林市神木县			2	3			4	11
汉中市汉台区		3	4	26		1	3	10
汉中市勉县		1	6	12	2	1	13	13
汉中市宁强县			1		1	1	5	4
安康市汉滨区			1	1	1	1	12	24
安康市石泉县				4		3	11	7
商洛市商州区				1	1	1	8	4
商洛市山阳县	6	7	18	26	1	2	3	4

4-7 续表 1

单位：人

地 区	中度障碍				重度障碍			
	残疾一级	残疾二级	残疾三级	残疾四级	残疾一级	残疾二级	残疾三级	残疾四级
总 计	**10**	**41**	**166**	**204**	**16**	**12**	**84**	**66**
西安市新城区		4	25	89		1	16	30
西安市碑林区			1	2				
西安市长安区		1	1	2			1	
西安市周至县			5	8			3	5
宝鸡市扶风县		1	9	2				
宝鸡市千阳县	1	1	6	1				
咸阳市渭城区	2	2	8	3		1	1	
咸阳市乾县	1	1	7	1			1	
咸阳市旬邑县			3	5			1	1
渭南市临渭区	2	5	8	3	3		5	1
渭南市蒲城县		2	8	11	1	3	15	9
渭南市华县			12	14	1		12	1
延安市洛川县			3	1		1	1	
榆林市绥德县		1	3	5		2	1	
榆林市神木县		1	1	4		1	4	3
汉中市汉台区			3	5			1	1
汉中市勉县	3	5	9	2	2	1	4	2
汉中市宁强县			8	6		1	11	7
安康市汉滨区	1	6	13	17			1	
安康市石泉县		7	17	15			2	2
商洛市商州区		3	16	8	9	1	4	4
商洛市山阳县		1						

4-7 续表 2

单位：人

地 区	极重度障碍/不能完成			
	残疾一级	残疾二级	残疾三级	残疾四级
总 计	**13**	**9**	**20**	**8**
西安市新城区		1	1	1
西安市碑林区			1	
西安市长安区				
西安市周至县			1	
宝鸡市扶风县			1	
宝鸡市千阳县			3	1
咸阳市渭城区				
咸阳市乾县				
咸阳市旬邑县				
渭南市临渭区		1	1	2
渭南市蒲城县				
渭南市华县	1	2	3	
延安市洛川县	1	1	1	
榆林市绥德县	1	1		1
榆林市神木县	1	1		
汉中市汉台区				
汉中市勉县	4		4	1
汉中市宁强县	4	2	3	2
安康市汉滨区				
安康市石泉县				
商洛市商州区	1		1	
商洛市山阳县				

4－8 各地区18岁及以上听力残疾人分残疾等级的社会参与状况

单位：人

地 区	无障碍/无适用				轻度障碍			
	残疾一级	残疾二级	残疾三级	残疾四级	残疾一级	残疾二级	残疾三级	残疾四级
总 计	**1**	**8**	**57**	**261**	**9**	**27**	**221**	**385**
西安市新城区		2	27	153		4	25	66
西安市碑林区			1	21		1	20	42
西安市长安区		2	7	20	2	1	5	8
西安市周至县		1		7		1	5	10
宝鸡市扶风县		1	1	5		1	18	25
宝鸡市千阳县			3	3			13	6
咸阳市渭城区			5	6		2	21	24
咸阳市乾县						1	9	18
咸阳市旬邑县				4		1	17	39
渭南市临渭区			3	1	1	2	14	13
渭南市蒲城县							5	10
渭南市华县							5	7
延安市洛川县							4	3
榆林市绥德县			1					7
榆林市神木县							6	12
汉中市汉台区			1	20		1	6	19
汉中市勉县				1		1	2	18
汉中市宁强县			1				5	3
安康市汉滨区				1	2	5	20	34
安康市石泉县				1			5	10
商洛市商州区							2	1
商洛市山阳县	1	2	7	18	4	6	14	10

4-8 续表 1

单位：人

地区	中度障碍				重度障碍			
	残疾一级	残疾二级	残疾三级	残疾四级	残疾一级	残疾二级	残疾三级	残疾四级
总　计	**13**	**40**	**205**	**157**	**27**	**29**	**73**	**17**
西安市新城区			3	5		1		
西安市碑林区	1		4		1			
西安市长安区	1		4	1		1		
西安市周至县	1	1	10	10			1	1
宝鸡市扶风县	2	1	12	1	1		1	
宝鸡市千阳县	1	3	8	2			1	
咸阳市渭城区	1	3	6	2	1			
咸阳市乾县		2	7		1			
咸阳市旬邑县	1		8	8	1		1	
渭南市临渭区		4	10	4	6	2	3	2
渭南市蒲城县		2	20	16	1	3	2	
渭南市华县	1		18	24	1	1	10	
延安市洛川县		1	3	2		2	3	
榆林市绥德县		4	19	15	2	5	6	
榆林市神木县	1	2	4	8		1	1	1
汉中市汉台区		3	2	2			2	1
汉中市勉县	1		21	10		5	11	1
汉中市宁强县		1	9	10	2	2	10	6
安康市汉滨区		2	7	7				
安康市石泉县		9	16	16		1	9	1
商洛市商州区	1		14	12	9	5	12	4
商洛市山阳县	1	2		2	1			

4－8 续表 2

单位：人

地 区	极重度障碍/不能完成			
	残疾一级	残疾二级	残疾三级	残疾四级
总 计	**17**	**5**	**9**	
西安市新城区				
西安市碑林区				
西安市长安区				
西安市周至县				
宝鸡市扶风县				
宝鸡市千阳县				
咸阳市渭城区				
咸阳市乾县				
咸阳市旬邑县				
渭南市临渭区				
渭南市蒲城县				
渭南市华县		1	2	
延安市洛川县	1	1	1	
榆林市绥德县	2			
榆林市神木县				
汉中市汉台区				
汉中市勉县	10	2	2	
汉中市宁强县	3	1	3	
安康市汉滨区				
安康市石泉县				
商洛市商州区	1		1	
商洛市山阳县				

4－9　各地区18岁及以上言语残疾人分残疾等级的理解和交流状况

单位：人

地　区	无障碍/无适用				轻度障碍			
	残疾一级	残疾二级	残疾三级	残疾四级	残疾一级	残疾二级	残疾三级	残疾四级
总　计	**3**	**1**		**7**		**3**	**5**	**9**
西安市新城区								3
西安市碑林区						1	1	1
西安市长安区		1		1				
西安市周至县								
宝鸡市扶风县								
宝鸡市千阳县							1	
咸阳市渭城区								
咸阳市乾县								
咸阳市旬邑县								1
渭南市临渭区						1		
渭南市蒲城县								
渭南市华县				1				
延安市洛川县								
榆林市绥德县				1				
榆林市神木县								
汉中市汉台区				1				
汉中市勉县							1	1
汉中市宁强县								
安康市汉滨区	3			1				
安康市石泉县						1	1	1
商洛市商州区				1			1	1
商洛市山阳县				1				1

4－9　续表 1

单位：人

地　区	中度障碍				重度障碍			
	残疾一级	残疾二级	残疾三级	残疾四级	残疾一级	残疾二级	残疾三级	残疾四级
总　计	**4**	**2**	**1**	**2**	**5**		**1**	
西安市新城区								
西安市碑林区								
西安市长安区								
西安市周至县								
宝鸡市扶风县					1			
宝鸡市千阳县								
咸阳市渭城区					1			
咸阳市乾县					1			
咸阳市旬邑县								
渭南市临渭区								
渭南市蒲城县								
渭南市华县								
延安市洛川县								
榆林市绥德县								
榆林市神木县		1		1				
汉中市汉台区	1		1					
汉中市勉县								
汉中市宁强县				1	2			
安康市汉滨区								
安康市石泉县	1	1					1	
商洛市商州区	2							
商洛市山阳县								

4-9 续表 2

单位：人

地 区	极重度障碍/不能完成			
	残疾一级	残疾二级	残疾三级	残疾四级
总 计	**1**			
西安市新城区				
西安市碑林区				
西安市长安区				
西安市周至县				
宝鸡市扶风县				
宝鸡市千阳县				
咸阳市渭城区				
咸阳市乾县				
咸阳市旬邑县				
渭南市临渭区				
渭南市蒲城县				
渭南市华县				
延安市洛川县				
榆林市绥德县				
榆林市神木县				
汉中市汉台区				
汉中市勉县				
汉中市宁强县	1			
安康市汉滨区				
安康市石泉县				
商洛市商州区				
商洛市山阳县				

4－10 各地区18岁及以上言语残疾人分残疾等级的生活自理状况

单位：人

地 区	无障碍/无适用				轻度障碍			
	残疾一级	残疾二级	残疾三级	残疾四级	残疾一级	残疾二级	残疾三级	残疾四级
总 计	**8**	**5**	**4**	**15**	**2**	**1**	**2**	**2**
西安市新城区				2				1
西安市碑林区		1	1					
西安市长安区		1		1				
西安市周至县								
宝鸡市扶风县	1							
宝鸡市千阳县			1					
咸阳市渭城区								
咸阳市乾县					1			
咸阳市旬邑县				1				
渭南市临渭区		1						
渭南市蒲城县								
渭南市华县				1				
延安市洛川县								
榆林市绥德县				1				
榆林市神木县						1		1
汉中市汉台区				1				
汉中市勉县				1			1	
汉中市宁强县	2			1	1			
安康市汉滨区	3			1				
安康市石泉县	1	2	2	1				
商洛市商州区	1			2			1	
商洛市山阳县				2				

4－10 续表 1

单位：人

地 区	中度障碍				重度障碍			
	残疾一级	残疾二级	残疾三级	残疾四级	残疾一级	残疾二级	残疾三级	残疾四级
总 计	**2**		**1**	**1**	**1**			
西安市新城区								
西安市碑林区				1				
西安市长安区								
西安市周至县								
宝鸡市扶风县								
宝鸡市千阳县								
咸阳市渭城区	1							
咸阳市乾县								
咸阳市旬邑县								
渭南市临渭区								
渭南市蒲城县								
渭南市华县								
延安市洛川县								
榆林市绥德县								
榆林市神木县								
汉中市汉台区			1		1			
汉中市勉县								
汉中市宁强县								
安康市汉滨区								
安康市石泉县								
商洛市商州区	1							
商洛市山阳县								

4－10 续表 2

单位：人

地 区	极重度障碍/不能完成			
	残疾一级	残疾二级	残疾三级	残疾四级
总 计				
西安市新城区				
西安市碑林区				
西安市长安区				
西安市周至县				
宝鸡市扶风县				
宝鸡市千阳县				
咸阳市渭城区				
咸阳市乾县				
咸阳市旬邑县				
渭南市临渭区				
渭南市蒲城县				
渭南市华县				
延安市洛川县				
榆林市绥德县				
榆林市神木县				
汉中市汉台区				
汉中市勉县				
汉中市宁强县				
安康市汉滨区				
安康市石泉县				
商洛市商州区				
商洛市山阳县				

4－11 各地区18岁及以上言语残疾人分残疾等级的与人相处状况

单位：人

地区	无障碍/无适用				轻度障碍			
	残疾一级	残疾二级	残疾三级	残疾四级	残疾一级	残疾二级	残疾三级	残疾四级
总计	**3**	**2**		**4**		**2**	**4**	**10**
西安市新城区								2
西安市碑林区							1	1
西安市长安区		1		1				
西安市周至县								
宝鸡市扶风县								
宝鸡市千阳县							1	
咸阳市渭城区								
咸阳市乾县								
咸阳市旬邑县								1
渭南市临渭区		1						
渭南市蒲城县								
渭南市华县								1
延安市洛川县								
榆林市绥德县								1
榆林市神木县						1		
汉中市汉台区								1
汉中市勉县								1
汉中市宁强县								1
安康市汉滨区	3			1				
安康市石泉县						1	1	
商洛市商州区				2			1	
商洛市山阳县								1

4-11 续表 1

单位：人

地 区	中度障碍				重度障碍			
	残疾一级	残疾二级	残疾三级	残疾四级	残疾一级	残疾二级	残疾三级	残疾四级
总 计	**3**	**2**	**2**	**4**	**5**		**1**	
西安市新城区				1				
西安市碑林区		1						
西安市长安区								
西安市周至县								
宝鸡市扶风县								
宝鸡市千阳县								
咸阳市渭城区								
咸阳市乾县	1							
咸阳市旬邑县								
渭南市临渭区								
渭南市蒲城县								
渭南市华县								
延安市洛川县								
榆林市绥德县								
榆林市神木县				1				
汉中市汉台区					1		1	
汉中市勉县			1					
汉中市宁强县					3			
安康市汉滨区								
安康市石泉县	1	1	1	1				
商洛市商州区	1				1			
商洛市山阳县				1				

4-11 续表 2

单位：人

地　区	极重度障碍/不能完成			
	残疾一级	残疾二级	残疾三级	残疾四级
总　计	**2**			
西安市新城区				
西安市碑林区				
西安市长安区				
西安市周至县				
宝鸡市扶风县	1			
宝鸡市千阳县				
咸阳市渭城区	1			
咸阳市乾县				
咸阳市旬邑县				
渭南市临渭区				
渭南市蒲城县				
渭南市华县				
延安市洛川县				
榆林市绥德县				
榆林市神木县				
汉中市汉台区				
汉中市勉县				
汉中市宁强县				
安康市汉滨区				
安康市石泉县				
商洛市商州区				
商洛市山阳县				

4－12　各地区18岁及以上言语残疾人分残疾等级的生活活动状况

单位：人

地　区	无障碍/无适用				轻度障碍			
	残疾一级	残疾二级	残疾三级	残疾四级	残疾一级	残疾二级	残疾三级	残疾四级
总　计	**4**	**2**		**7**		**1**	**2**	**8**
西安市新城区								2
西安市碑林区		1						
西安市长安区				1				
西安市周至县								
宝鸡市扶风县								
宝鸡市千阳县							1	
咸阳市渭城区								
咸阳市乾县								
咸阳市旬邑县								1
渭南市临渭区		1						
渭南市蒲城县								
渭南市华县								1
延安市洛川县								
榆林市绥德县				1				
榆林市神木县								1
汉中市汉台区				1				
汉中市勉县								1
汉中市宁强县								1
安康市汉滨区	3							1
安康市石泉县						1	1	
商洛市商州区	1			2				
商洛市山阳县				2				

4－12 续表 1

单位：人

地　区	中度障碍				重度障碍			
	残疾一级	残疾二级	残疾三级	残疾四级	残疾一级	残疾二级	残疾三级	残疾四级
总　计	**5**	**2**	**2**	**3**	**3**	**1**	**1**	
西安市新城区				1				
西安市碑林区				1				
西安市长安区						1		
西安市周至县								
宝鸡市扶风县					1			
宝鸡市千阳县								
咸阳市渭城区								
咸阳市乾县	1							
咸阳市旬邑县								
渭南市临渭区								
渭南市蒲城县								
渭南市华县								
延安市洛川县								
榆林市绥德县								
榆林市神木县		1						
汉中市汉台区	1		1					
汉中市勉县			1					
汉中市宁强县	2				1			
安康市汉滨区								
安康市石泉县	1	1		1				
商洛市商州区					1		1	
商洛市山阳县								

4－12 续表 2

单位：人

地 区	极重度障碍/不能完成			
	残疾一级	残疾二级	残疾三级	残疾四级
总 计	**1**		**2**	
西安市新城区				
西安市碑林区			1	
西安市长安区				
西安市周至县				
宝鸡市扶风县				
宝鸡市千阳县				
咸阳市渭城区	1			
咸阳市乾县				
咸阳市旬邑县				
渭南市临渭区				
渭南市蒲城县				
渭南市华县				
延安市洛川县				
榆林市绥德县				
榆林市神木县				
汉中市汉台区				
汉中市勉县				
汉中市宁强县				
安康市汉滨区				
安康市石泉县			1	
商洛市商州区				
商洛市山阳县				

4－13　各地区18岁及以上言语残疾人分残疾等级的社会参与状况

单位：人

地区	无障碍/无适用				轻度障碍			
	残疾一级	残疾二级	残疾三级	残疾四级	残疾一级	残疾二级	残疾三级	残疾四级
总　计	**3**	**1**		**1**	**1**	**3**	**1**	**11**
西安市新城区								2
西安市碑林区						1		1
西安市长安区								1
西安市周至县								
宝鸡市扶风县								
宝鸡市千阳县								
咸阳市渭城区								
咸阳市乾县					1			
咸阳市旬邑县								
渭南市临渭区		1						
渭南市蒲城县								
渭南市华县								1
延安市洛川县								
榆林市绥德县								
榆林市神木县						1		1
汉中市汉台区								1
汉中市勉县								1
汉中市宁强县								1
安康市汉滨区	3			1				
安康市石泉县						1	1	
商洛市商州区								1
商洛市山阳县								1

4－13 续表 1

单位：人

地区	中度障碍				重度障碍			
	残疾一级	残疾二级	残疾三级	残疾四级	残疾一级	残疾二级	残疾三级	残疾四级
总　计	**2**	**2**	**4**	**6**	**4**		**1**	
西安市新城区				1				
西安市碑林区			1					
西安市长安区		1						
西安市周至县								
宝鸡市扶风县								
宝鸡市千阳县							1	
咸阳市渭城区								
咸阳市乾县								
咸阳市旬邑县				1				
渭南市临渭区								
渭南市蒲城县								
渭南市华县								
延安市洛川县								
榆林市绥德县				1				
榆林市神木县								
汉中市汉台区			1		1			
汉中市勉县			1					
汉中市宁强县					2			
安康市汉滨区								
安康市石泉县	1	1		1				
商洛市商州区	1		1	1	1			
商洛市山阳县				1				

4－13 续表 2

单位：人

地 区	极重度障碍/不能完成			
	残疾一级	残疾二级	残疾三级	残疾四级
总 计	**3**		**1**	
西安市新城区				
西安市碑林区				
西安市长安区				
西安市周至县				
宝鸡市扶风县	1			
宝鸡市千阳县				
咸阳市渭城区	1			
咸阳市乾县				
咸阳市旬邑县				
渭南市临渭区				
渭南市蒲城县				
渭南市华县				
延安市洛川县				
榆林市绥德县				
榆林市神木县				
汉中市汉台区				
汉中市勉县				
汉中市宁强县	1			
安康市汉滨区				
安康市石泉县			1	
商洛市商州区				
商洛市山阳县				

4－14 各地区18岁及以上肢体残疾人分残疾等级的身体移动状况

单位：人

地 区	无障碍/无适用				轻度障碍			
	残疾一级	残疾二级	残疾三级	残疾四级	残疾一级	残疾二级	残疾三级	残疾四级
总 计		**5**	**50**	**183**		**4**	**41**	**334**
西安市新城区			4	3				11
西安市碑林区			2	10		1	2	10
西安市长安区				9			5	23
西安市周至县			2	1			2	16
宝鸡市扶风县		4	4	15			2	12
宝鸡市千阳县			2	5				4
咸阳市渭城区				4			1	32
咸阳市乾县			2	7			3	33
咸阳市旬邑县			3	6			2	28
渭南市临渭区			5	20			2	10
渭南市蒲城县			2	8			2	25
渭南市华县			4	8			2	23
延安市洛川县			1	1		1	6	15
榆林市绥德县			2	21			2	17
榆林市神木县			3	4		2	3	21
汉中市汉台区			2	10			1	5
汉中市勉县			4	5			2	6
汉中市宁强县			3	9			2	8
安康市汉滨区			1	11				3
安康市石泉县		1	1	10			1	10
商洛市商州区			1	7			1	9
商洛市山阳县			2	9				13

4－14 续表 1

单位：人

地 区	中度障碍				重度障碍			
	残疾一级	残疾二级	残疾三级	残疾四级	残疾一级	残疾二级	残疾三级	残疾四级
总 计	**1**	**12**	**120**	**189**	**2**	**70**	**38**	**12**
西安市新城区				5		1	1	5
西安市碑林区		1	5	8	1	4		
西安市长安区		1	3	1		2		
西安市周至县			5	6		2	1	
宝鸡市扶风县		3	2	3		6		
宝鸡市千阳县	1		1	5		3	4	2
咸阳市渭城区			7	4		3	1	
咸阳市乾县		2	7	10		1	2	
咸阳市旬邑县		1	9	9	1	2	2	
渭南市临渭区			2	5		1		
渭南市蒲城县		1	23	54		15	2	
渭南市华县		1	12	8		3	3	
延安市洛川县		1	5	3		2		
榆林市绥德县			4	1		1	2	1
榆林市神木县			15	17		9	6	
汉中市汉台区			1	1		1		
汉中市勉县			7	1		2	3	
汉中市宁强县			2	1		1	1	2
安康市汉滨区		1	1	12		4	2	
安康市石泉县			3	29			6	
商洛市商州区			1	6			2	2
商洛市山阳县			5			7		

4-14 续表 2

单位：人

地区	极重度障碍/不能完成			
	残疾一级	残疾二级	残疾三级	残疾四级
总计	**42**	**25**	**7**	**3**
西安市新城区				
西安市碑林区	5			
西安市长安区	4	3	1	
西安市周至县	2	1		
宝鸡市扶风县	1	1		
宝鸡市千阳县	2	2		
咸阳市渭城区		2		
咸阳市乾县	3	2	1	
咸阳市旬邑县	1			
渭南市临渭区	1	6		2
渭南市蒲城县	1			
渭南市华县	1	2		
延安市洛川县	3	1		
榆林市绥德县	2			
榆林市神木县				
汉中市汉台区	2		1	
汉中市勉县	7			
汉中市宁强县	2	2	1	
安康市汉滨区	2		2	1
安康市石泉县	1	2	1	
商洛市商州区	1			
商洛市山阳县	1	1		

4－15 各地区18岁及以上肢体残疾人分残疾等级的生活自理状况

单位：人

地 区	无障碍/无适用				轻度障碍			
	残疾一级	残疾二级	残疾三级	残疾四级	残疾一级	残疾二级	残疾三级	残疾四级
总 计		**5**	**18**	**228**	**1**	**7**	**86**	**421**
西安市新城区				5			2	13
西安市碑林区				16		1	3	10
西安市长安区			2	11		1	4	22
西安市周至县				5			5	18
宝鸡市扶风县		4	5	22		1	1	7
宝鸡市千阳县				8	1	1	4	5
咸阳市渭城区							1	40
咸阳市乾县			2	6			7	40
咸阳市旬邑县				4		1	1	33
渭南市临渭区				19			4	12
渭南市蒲城县			7	56			12	28
渭南市华县				4			7	28
延安市洛川县				1		1	7	15
榆林市绥德县			2	29			5	7
榆林市神木县				2			3	31
汉中市汉台区				3			2	13
汉中市勉县				8			5	4
汉中市宁强县				11			5	7
安康市汉滨区		1		9		1	2	14
安康市石泉县				1			4	38
商洛市商州区				4			2	18
商洛市山阳县				4				18

4－15 续表 1

单位：人

地　区	中度障碍				重度障碍			
	残疾一级	残疾二级	残疾三级	残疾四级	残疾一级	残疾二级	残疾三级	残疾四级
总　计	**6**	**28**	**138**	**65**	**11**	**63**	**14**	**5**
西安市新城区			3	6		1		
西安市碑林区	1	1	5	2	1	4	1	
西安市长安区	1	4	3		1	1		
西安市周至县		1	5		1	2		
宝鸡市扶风县		2	2	1		6		
宝鸡市千阳县	1	1	2	3		3	1	
咸阳市渭城区			8			4		
咸阳市乾县		3	6	4	2	1		
咸阳市旬邑县			15	6	1	2		
渭南市临渭区		1	3	3		2	2	2
渭南市蒲城县		6	10	3	1	9		
渭南市华县		3	12	6		3	2	1
延安市洛川县		1	5	3				
榆林市绥德县	1	1	2	2			1	2
榆林市神木县		2	22	9		9	2	
汉中市汉台区		1	3					
汉中市勉县	1		11		2	2		
汉中市宁强县	1		2	2		2	2	
安康市汉滨区			3	3	1	3	1	
安康市石泉县		1	7	10	1	1	1	
商洛市商州区			2	2			1	
商洛市山阳县			7			8		

4－15 续表 2

单位：人

地　区	极重度障碍/不能完成			
	残疾一级	残疾二级	残疾三级	残疾四级
总　计	**27**	**13**		**2**
西安市新城区				
西安市碑林区	4			
西安市长安区	2			
西安市周至县	1			
宝鸡市扶风县	1	1		
宝鸡市千阳县	1			
咸阳市渭城区		1		
咸阳市乾县	1	1		
咸阳市旬邑县	1			
渭南市临渭区	1	4		1
渭南市蒲城县		1		
渭南市华县	1			
延安市洛川县	3	3		
榆林市绥德县	1			
榆林市神木县				
汉中市汉台区	2			
汉中市勉县	4			
汉中市宁强县	1	1		
安康市汉滨区	1			1
安康市石泉县		1		
商洛市商州区	1			
商洛市山阳县	1			

4－16 各地区18岁及以上肢体残疾人分残疾等级的生活活动状况

单位：人

地 区	无障碍/无适用				轻度障碍			
	残疾一级	残疾二级	残疾三级	残疾四级	残疾一级	残疾二级	残疾三级	残疾四级
总 计	**1**	**3**	**3**	**12**			**22**	**340**
西安市新城区							1	5
西安市碑林区				2				18
西安市长安区							1	31
西安市周至县							3	13
宝鸡市扶风县	1	3	1				3	22
宝鸡市千阳县				2			1	7
咸阳市渭城区							1	33
咸阳市乾县							4	27
咸阳市旬邑县			1	1			1	27
渭南市临渭区				4			2	19
渭南市蒲城县							1	6
渭南市华县			1	1			1	31
延安市洛川县								2
榆林市绥德县								10
榆林市神木县								13
汉中市汉台区								10
汉中市勉县								11
汉中市宁强县				2			3	11
安康市汉滨区								4
安康市石泉县								14
商洛市商州区								4
商洛市山阳县								22

4－16　续表 1

单位：人

地　区	中度障碍				重度障碍			
	残疾一级	残疾二级	残疾三级	残疾四级	残疾一级	残疾二级	残疾三级	残疾四级
总　计		**4**	**138**	**315**	**4**	**64**	**78**	**42**
西安市新城区			3	7		1	1	10
西安市碑林区			1	4		1	4	2
西安市长安区			6	2		3	2	
西安市周至县			6	10		1	1	
宝鸡市扶风县			1	5		2	2	2
宝鸡市千阳县		1	2	6	1	1	3	1
咸阳市渭城区			6	5		2	2	2
咸阳市乾县			4	21		2	7	2
咸阳市旬邑县		1	11	15	1	1	3	
渭南市临渭区			1	5		2	5	3
渭南市蒲城县			17	70		16	11	11
渭南市华县		1	17	7		5	2	
延安市洛川县			6	17		2	6	
榆林市绥德县			3	25			5	5
榆林市神木县			15	28		11	11	1
汉中市汉台区			2	6			3	
汉中市勉县			16	1		2		
汉中市宁强县			4	7	1	1		
安康市汉滨区		1	2	22		3	3	
安康市石泉县			6	35	1		4	
商洛市商州区			2	17			3	3
商洛市山阳县			7			8		

4－16 续表 2

单位：人

地 区	极重度障碍/不能完成			
	残疾一级	残疾二级	残疾三级	残疾四级
总 计	**40**	**45**	**15**	**12**
西安市新城区				2
西安市碑林区	6	5	4	2
西安市长安区	4	3		
西安市周至县	2	2		
宝鸡市扶风县		9	1	1
宝鸡市千阳县	2	3	1	
咸阳市渭城区		3		
咸阳市乾县	3	3		
咸阳市旬邑县	1	1		
渭南市临渭区	1	5	1	6
渭南市蒲城县	1			
渭南市华县	1			
延安市洛川县	3	3		
榆林市绥德县	2	1	2	
榆林市神木县			1	
汉中市汉台区	2	1		
汉中市勉县	7			
汉中市宁强县	1	2	2	
安康市汉滨区	2	1	1	1
安康市石泉县		3	2	
商洛市商州区	1			
商洛市山阳县	1			

4－17　各地区18岁及以上肢体残疾人分残疾等级的社会参与状况

单位：人

地　区	无障碍/无适用				轻度障碍			
	残疾一级	残疾二级	残疾三级	残疾四级	残疾一级	残疾二级	残疾三级	残疾四级
总　计		**4**	**7**	**59**	**2**	**8**	**72**	**394**
西安市新城区							3	5
西安市碑林区			2	4	1		6	22
西安市长安区							4	30
西安市周至县							2	14
宝鸡市扶风县		3	1	1			3	24
宝鸡市千阳县				1				4
咸阳市渭城区							1	32
咸阳市乾县				3			2	16
咸阳市旬邑县			1	1				15
渭南市临渭区			1	3		1	4	21
渭南市蒲城县				3			13	64
渭南市华县			2	29		4	18	9
延安市洛川县							1	8
榆林市绥德县		1		9	1		5	27
榆林市神木县								14
汉中市汉台区								11
汉中市勉县								9
汉中市宁强县				2			6	14
安康市汉滨区				3		3	3	15
安康市石泉县								7
商洛市商州区							1	12
商洛市山阳县								21

4－17 续表 1

单位：人

地　区	中度障碍				重度障碍			
	残疾一级	残疾二级	残疾三级	残疾四级	残疾一级	残疾二级	残疾三级	残疾四级
总　计	**7**	**32**	**131**	**252**	**15**	**56**	**45**	**15**
西安市新城区			1	18		1	1	1
西安市碑林区	4	6	1	2				
西安市长安区		2	5	3	2	2		
西安市周至县	2		8	9		3		
宝鸡市扶风县		7	3	5		3	1	
宝鸡市千阳县	1		2	8		2	4	2
咸阳市渭城区			8	8		3		
咸阳市乾县		1	8	31	3	4	5	
咸阳市旬邑县		1	11	27	1	2	4	
渭南市临渭区			2	5		1	2	8
渭南市蒲城县		9	16	20	1	7		
渭南市华县		2	1					1
延安市洛川县		2	10	11	1	2	1	
榆林市绥德县			5	3	1			1
榆林市神木县			17	28		11	10	
汉中市汉台区			4	5		1	1	
汉中市勉县			9	3	1		7	
汉中市宁强县		1	3	4	2	2		
安康市汉滨区		1	2	9	2	1	1	
安康市石泉县			7	42	1	3	5	
商洛市商州区			1	10			3	2
商洛市山阳县			7	1		8		

4－17 续表 2

单位：人

地区	极重度障碍/不能完成			
	残疾一级	残疾二级	残疾三级	残疾四级
总计	**21**	**16**	**1**	**1**
西安市新城区				
西安市碑林区	1			
西安市长安区	2	2		
西安市周至县				
宝鸡市扶风县	1	1		
宝鸡市千阳县	2	3	1	1
咸阳市渭城区		2		
咸阳市乾县				
咸阳市旬邑县	1			
渭南市临渭区	1	5		
渭南市蒲城县				
渭南市华县	1			
延安市洛川县	2	1		
榆林市绥德县				
榆林市神木县				
汉中市汉台区	2			
汉中市勉县	6	2		
汉中市宁强县				
安康市汉滨区				
安康市石泉县				
商洛市商州区	1			
商洛市山阳县	1			

4－18 各地区18岁及以上智力残疾人分残疾等级的理解和交流状况

单位：人

地区	无障碍/无适用				轻度障碍			
	残疾一级	残疾二级	残疾三级	残疾四级	残疾一级	残疾二级	残疾三级	残疾四级
总　计			**2**	**8**		**3**	**18**	**32**
西安市新城区							1	4
西安市碑林区							1	
西安市长安区							3	2
西安市周至县				2				1
宝鸡市扶风县				1				2
宝鸡市千阳县			1			1		
咸阳市渭城区								
咸阳市乾县							1	
咸阳市旬邑县				1			1	1
渭南市临渭区				1				3
渭南市蒲城县								1
渭南市华县			1				1	7
延安市洛川县				2				
榆林市绥德县							3	4
榆林市神木县							1	1
汉中市汉台区							1	2
汉中市勉县							1	2
汉中市宁强县						2	3	
安康市汉滨区								
安康市石泉县								1
商洛市商州区								1
商洛市山阳县				1			1	

4-18 续表 1

单位：人

地 区	中度障碍				重度障碍			
	残疾一级	残疾二级	残疾三级	残疾四级	残疾一级	残疾二级	残疾三级	残疾四级
总 计		**9**	**50**	**15**	**7**	**30**	**25**	**1**
西安市新城区			1					
西安市碑林区				1			1	
西安市长安区		1	1		1			
西安市周至县		1	4			1		
宝鸡市扶风县			2	1	1		1	
宝鸡市千阳县						2		
咸阳市渭城区		1	2			1		
咸阳市乾县			1	1			1	
咸阳市旬邑县			3			1		
渭南市临渭区						1	2	
渭南市蒲城县							1	
渭南市华县		1	8			4	3	
延安市洛川县			1	1		1		
榆林市绥德县		1	4			1		
榆林市神木县			9			2		
汉中市汉台区					1			
汉中市勉县		2	4	2	1	1	3	
汉中市宁强县		2	2		3	13	2	
安康市汉滨区			2					
安康市石泉县				4			6	
商洛市商州区			1	1			1	1
商洛市山阳县			5	4		2	4	

4－18 续表 2

单位：人

地 区	极重度障碍/不能完成			
	残疾一级	残疾二级	残疾三级	残疾四级
总 计	**19**	**10**	**1**	**2**
西安市新城区				
西安市碑林区			1	
西安市长安区	1			
西安市周至县				
宝鸡市扶风县				
宝鸡市千阳县		3		
咸阳市渭城区				
咸阳市乾县				
咸阳市旬邑县				
渭南市临渭区		1		
渭南市蒲城县		1		
渭南市华县	2	3		
延安市洛川县				
榆林市绥德县				
榆林市神木县	1			
汉中市汉台区				
汉中市勉县				1
汉中市宁强县	15			
安康市汉滨区				
安康市石泉县		1		
商洛市商州区		1		1
商洛市山阳县				

4－19　各地区18岁及以上智力残疾人分残疾等级的身体移动状况

单位：人

地　区	无障碍/无适用				轻度障碍			
	残疾一级	残疾二级	残疾三级	残疾四级	残疾一级	残疾二级	残疾三级	残疾四级
总　计	**20**	**46**	**85**	**54**	**2**	**4**	**9**	**4**
西安市新城区			2	3				1
西安市碑林区			3	1				
西安市长安区			1	2	1	1	3	
西安市周至县		2	4	3				
宝鸡市扶风县	1		3	4				
宝鸡市千阳县		5				1	1	
咸阳市渭城区		2	1				1	
咸阳市乾县			3	1				
咸阳市旬邑县		1	4	2				
渭南市临渭区		2	2	4				
渭南市蒲城县			1	1				
渭南市华县	2	7	13	6		1		1
延安市洛川县		1	1	3				
榆林市绥德县		1	6	4		1	1	
榆林市神木县		1	5				3	1
汉中市汉台区	1		1	1				1
汉中市勉县	1	3	8	5				
汉中市宁强县	15	17	7		1			
安康市汉滨区			2					
安康市石泉县		1	6	5				
商洛市商州区		1	2	4				
商洛市山阳县		2	10	5				

4－19　续表 1

单位：人

地　区	中度障碍				重度障碍			
	残疾一级	残疾二级	残疾三级	残疾四级	残疾一级	残疾二级	残疾三级	残疾四级
总　计	**2**	**1**	**2**			**1**		
西安市新城区								
西安市碑林区								
西安市长安区	1							
西安市周至县								
宝鸡市扶风县								
宝鸡市千阳县								
咸阳市渭城区								
咸阳市乾县								
咸阳市旬邑县								
渭南市临渭区								
渭南市蒲城县						1		
渭南市华县								
延安市洛川县								
榆林市绥德县								
榆林市神木县		1	2					
汉中市汉台区								
汉中市勉县								
汉中市宁强县	1							
安康市汉滨区								
安康市石泉县								
商洛市商州区								
商洛市山阳县								

4－19 续表 2

单位：人

地　区	极重度障碍/不能完成			
	残疾一级	残疾二级	残疾三级	残疾四级
总　计	**2**			
西安市新城区				
西安市碑林区				
西安市长安区				
西安市周至县				
宝鸡市扶风县				
宝鸡市千阳县				
咸阳市渭城区				
咸阳市乾县				
咸阳市旬邑县				
渭南市临渭区				
渭南市蒲城县				
渭南市华县				
延安市洛川县				
榆林市绥德县				
榆林市神木县	1			
汉中市汉台区				
汉中市勉县				
汉中市宁强县	1			
安康市汉滨区				
安康市石泉县				
商洛市商州区				
商洛市山阳县				

4－20　各地区18岁及以上智力残疾人分残疾等级的生活自理状况

单位：人

地　区	无障碍/无适用				轻度障碍			
	残疾一级	残疾二级	残疾三级	残疾四级	残疾一级	残疾二级	残疾三级	残疾四级
总　计	**1**	**18**	**55**	**51**	**8**	**21**	**30**	**7**
西安市新城区			1	3				1
西安市碑林区			1				2	1
西安市长安区			1	2		1	3	
西安市周至县		2	4	3				
宝鸡市扶风县				3			3	1
宝鸡市千阳县		1	1			3		
咸阳市渭城区						2	1	
咸阳市乾县			1	1			1	
咸阳市旬邑县		1	4	2				
渭南市临渭区		1	2	4		1		
渭南市蒲城县				1			1	
渭南市华县		4	13	6		2		1
延安市洛川县			1	3				
榆林市绥德县			3	4			4	
榆林市神木县							3	1
汉中市汉台区	1		1	2				
汉中市勉县		1	4	3	1	2	4	2
汉中市宁强县		7	5		7	9	2	
安康市汉滨区			1				1	
安康市石泉县			6	5				
商洛市商州区		1	2	4				
商洛市山阳县			4	5		1	5	

4-20 续表 1

单位：人

地　区	中度障碍				重度障碍			
	残疾一级	残疾二级	残疾三级	残疾四级	残疾一级	残疾二级	残疾三级	残疾四级
总　计	**11**	**8**	**10**		**1**	**5**	**1**	
西安市新城区			1					
西安市碑林区								
西安市长安区	2							
西安市周至县								
宝鸡市扶风县								
宝鸡市千阳县		1				1		
咸阳市渭城区							1	
咸阳市乾县			1					
咸阳市旬邑县								
渭南市临渭区								
渭南市蒲城县						1		
渭南市华县	1	2			1			
延安市洛川县		1						
榆林市绥德县		2						
榆林市神木县			7			2		
汉中市汉台区								
汉中市勉县								
汉中市宁强县	8	1						
安康市汉滨区								
安康市石泉县						1		
商洛市商州区								
商洛市山阳县		1	1					

4－20　续表 2

单位：人

地　区	极重度障碍/不能完成			
	残疾一级	残疾二级	残疾三级	残疾四级
总　计	**5**			
西安市新城区				
西安市碑林区				
西安市长安区				
西安市周至县				
宝鸡市扶风县	1			
宝鸡市千阳县				
咸阳市渭城区				
咸阳市乾县				
咸阳市旬邑县				
渭南市临渭区				
渭南市蒲城县				
渭南市华县				
延安市洛川县				
榆林市绥德县				
榆林市神木县	1			
汉中市汉台区				
汉中市勉县				
汉中市宁强县	3			
安康市汉滨区				
安康市石泉县				
商洛市商州区				
商洛市山阳县				

4－21 各地区18岁及以上智力残疾人分残疾等级的与人相处状况

单位：人

地 区	无障碍/无适用				轻度障碍			
	残疾一级	残疾二级	残疾三级	残疾四级	残疾一级	残疾二级	残疾三级	残疾四级
总 计				**9**		**5**	**30**	**33**
西安市新城区				1			2	3
西安市碑林区							1	
西安市长安区							2	2
西安市周至县				1				2
宝鸡市扶风县				1			1	1
宝鸡市千阳县							1	
咸阳市渭城区								
咸阳市乾县							1	1
咸阳市旬邑县								2
渭南市临渭区				1				3
渭南市蒲城县								
渭南市华县				3		2	5	2
延安市洛川县								3
榆林市绥德县							3	2
榆林市神木县							2	1
汉中市汉台区							1	2
汉中市勉县						2	3	3
汉中市宁强县						1	3	
安康市汉滨区								
安康市石泉县								1
商洛市商州区				1			1	1
商洛市山阳县				1			4	4

4-21 续表 1

单位：人

地区	中度障碍				重度障碍			
	残疾一级	残疾二级	残疾三级	残疾四级	残疾一级	残疾二级	残疾三级	残疾四级
总　计		**14**	**44**	**12**	**7**	**24**	**16**	**3**
西安市新城区								
西安市碑林区			1					1
西安市长安区		1	2		2			
西安市周至县		1	1			1	3	
宝鸡市扶风县			1	2			1	
宝鸡市千阳县		2				2		
咸阳市渭城区			1			1	1	
咸阳市乾县			1				1	
咸阳市旬邑县			4			1		
渭南市临渭区						2	1	
渭南市蒲城县				1				
渭南市华县			6	2		6	2	
延安市洛川县			1					
榆林市绥德县		1	4	2		1		
榆林市神木县			7		1	2	1	
汉中市汉台区					1			
汉中市勉县		1	5	2	1			
汉中市宁强县		6	4		2	8		
安康市汉滨区			1				1	
安康市石泉县				3			3	1
商洛市商州区			1					1
商洛市山阳县		2	4				2	

4-21 续表 2

单位：人

地 区	极重度障碍/不能完成			
	残疾一级	残疾二级	残疾三级	残疾四级
总 计	**19**	**9**	**6**	**1**
西安市新城区				
西安市碑林区			1	
西安市长安区				
西安市周至县				
宝鸡市扶风县	1			
宝鸡市千阳县		2		
咸阳市渭城区		1		
咸阳市乾县				
咸阳市旬邑县				
渭南市临渭区			1	
渭南市蒲城县		1	1	
渭南市华县	2			
延安市洛川县		1		
榆林市绥德县				
榆林市神木县				
汉中市汉台区				
汉中市勉县				
汉中市宁强县	16	2		
安康市汉滨区				
安康市石泉县		1	3	
商洛市商州区		1		1
商洛市山阳县				

4－22 各地区18岁及以上智力残疾人分残疾等级的生活活动状况

单位：人

地区	无障碍/无适用				轻度障碍			
	残疾一级	残疾二级	残疾三级	残疾四级	残疾一级	残疾二级	残疾三级	残疾四级
总 计		**2**	**2**	**5**		**2**	**14**	**36**
西安市新城区								3
西安市碑林区								
西安市长安区								1
西安市周至县								3
宝鸡市扶风县				1				3
宝鸡市千阳县		1						
咸阳市渭城区								
咸阳市乾县								
咸阳市旬邑县								2
渭南市临渭区				1				2
渭南市蒲城县								
渭南市华县		1		2			3	5
延安市洛川县								3
榆林市绥德县			1					3
榆林市神木县							3	1
汉中市汉台区							1	2
汉中市勉县							1	1
汉中市宁强县			1			2	2	
安康市汉滨区								
安康市石泉县								2
商洛市商州区							2	2
商洛市山阳县				1			2	3

4－22 续表 1

单位：人

地 区	中度障碍				重度障碍			
	残疾一级	残疾二级	残疾三级	残疾四级	残疾一级	残疾二级	残疾三级	残疾四级
总 计	**1**	**15**	**47**	**12**	**4**	**22**	**28**	**5**
西安市新城区			1	1			1	
西安市碑林区			2				1	1
西安市长安区		1	4	1	1			
西安市周至县		1	1			1	3	
宝鸡市扶风县			2		1		1	
宝鸡市千阳县		1	1			1		
咸阳市渭城区						1	2	
咸阳市乾县			1				2	1
咸阳市旬邑县			4			1		
渭南市临渭区				1		1		
渭南市蒲城县				1				
渭南市华县		1	7			4	2	
延安市洛川县							1	
榆林市绥德县			5	1		2	1	
榆林市神木县			7			2		
汉中市汉台区	1							
汉中市勉县		3	5	3	1		2	1
汉中市宁强县		7	3		1	8	1	
安康市汉滨区			1				1	
安康市石泉县				2			6	1
商洛市商州区				1				1
商洛市山阳县		1	3	1		1	4	

4－22 续表 2

单位：人

地 区	极重度障碍/不能完成			
	残疾一级	残疾二级	残疾三级	残疾四级
总 计	**21**	**11**	**5**	
西安市新城区				
西安市碑林区				
西安市长安区	1			
西安市周至县				
宝鸡市扶风县				
宝鸡市千阳县		3		
咸阳市渭城区		1		
咸阳市乾县				
咸阳市旬邑县				
渭南市临渭区		1	2	
渭南市蒲城县		1	1	
渭南市华县	2	2	1	
延安市洛川县		1		
榆林市绥德县				
榆林市神木县	1			
汉中市汉台区				
汉中市勉县				
汉中市宁强县	17			
安康市汉滨区				
安康市石泉县		1		
商洛市商州区		1		
商洛市山阳县			1	

4－23　各地区18岁及以上智力残疾人分残疾等级的社会参与状况

单位：人

地　区	无障碍/无适用				轻度障碍			
	残疾一级	残疾二级	残疾三级	残疾四级	残疾一级	残疾二级	残疾三级	残疾四级
总　计			**3**	**8**		**6**	**23**	**29**
西安市新城区				1				3
西安市碑林区								
西安市长安区								2
西安市周至县				2			2	1
宝鸡市扶风县				1				3
宝鸡市千阳县			1			2		
咸阳市渭城区								
咸阳市乾县								
咸阳市旬邑县				1			1	1
渭南市临渭区				1				2
渭南市蒲城县								
渭南市华县				2			4	4
延安市洛川县								1
榆林市绥德县							1	1
榆林市神木县							1	1
汉中市汉台区								
汉中市勉县						2	3	3
汉中市宁强县						1	5	
安康市汉滨区			1					
安康市石泉县								1
商洛市商州区								2
商洛市山阳县			1			1	6	4

4－23 续表 1

单位：人

地区	中度障碍				重度障碍			
	残疾一级	残疾二级	残疾三级	残疾四级	残疾一级	残疾二级	残疾三级	残疾四级
总　计		**13**	**47**	**14**	**11**	**27**	**23**	**6**
西安市新城区			2					
西安市碑林区			1				2	1
西安市长安区			4		1	1		
西安市周至县		1				1	2	
宝鸡市扶风县			3					
宝鸡市千阳县		2						
咸阳市渭城区			1			1	1	
咸阳市乾县			2				1	1
咸阳市旬邑县			3			1		
渭南市临渭区		1	1	1		1	1	
渭南市蒲城县				1		1	1	
渭南市华县		1	6	1		6	3	
延安市洛川县				1			1	1
榆林市绥德县			5	3		2	1	
榆林市神木县			8			2	1	
汉中市汉台区			1	2	1			
汉中市勉县		1	4	1	1		1	1
汉中市宁强县		7	2		8	9		
安康市汉滨区							1	
安康市石泉县			2	3		1	4	1
商洛市商州区							2	1
商洛市山阳县			2	1		1	1	

4－23 续表 2

单位：人

地 区	极重度障碍/不能完成			
	残疾一级	残疾二级	残疾三级	残疾四级
总 计	**15**	**6**		**1**
西安市新城区				
西安市碑林区				
西安市长安区	1			
西安市周至县				
宝鸡市扶风县	1			
宝鸡市千阳县		2		
咸阳市渭城区		1		
咸阳市乾县				
咸阳市旬邑县				
渭南市临渭区				
渭南市蒲城县				
渭南市华县	2	1		
延安市洛川县		1		
榆林市绥德县				
榆林市神木县	1			
汉中市汉台区				
汉中市勉县				
汉中市宁强县	10			
安康市汉滨区				
安康市石泉县				
商洛市商州区		1		1
商洛市山阳县				

4－24 各地区18岁及以上精神残疾人分残疾等级的理解和交流状况

单位：人

地 区	无障碍/无适用				轻度障碍			
	残疾一级	残疾二级	残疾三级	残疾四级	残疾一级	残疾二级	残疾三级	残疾四级
总 计			**1**	**25**	**5**	**6**	**15**	**78**
西安市新城区								1
西安市碑林区						1		6
西安市长安区				1		1		4
西安市周至县				2	1		1	3
宝鸡市扶风县			1					
宝鸡市千阳县				2			1	7
咸阳市渭城区								2
咸阳市乾县				5	1	1		
咸阳市旬邑县				5	1		1	1
渭南市临渭区								4
渭南市蒲城县				2				14
渭南市华县							1	3
延安市洛川县								1
榆林市绥德县								2
榆林市神木县				2	1			
汉中市汉台区								
汉中市勉县				1			2	5
汉中市宁强县						1		4
安康市汉滨区				2			3	7
安康市石泉县				2	1	2	5	4
商洛市商州区				1			1	9
商洛市山阳县								1

4－24 续表 1

单位：人

地 区	中度障碍				重度障碍			
	残疾一级	残疾二级	残疾三级	残疾四级	残疾一级	残疾二级	残疾三级	残疾四级
总 计	**19**	**21**	**27**	**45**	**42**	**10**	**6**	**2**
西安市新城区	1	1		1	4			
西安市碑林区			2	2	2	1		
西安市长安区		1	2	3	2			
西安市周至县				2	2		1	
宝鸡市扶风县	1	1	1	1	5	1		
宝鸡市千阳县	1		1	4				
咸阳市渭城区			1	1		1		
咸阳市乾县	2	1			1			
咸阳市旬邑县	4	1	1	1				
渭南市临渭区		1		3	3	2	1	
渭南市蒲城县			2	7			2	
渭南市华县		3	2	2	4			
延安市洛川县	1	1	1	3		1		
榆林市绥德县			1	5				1
榆林市神木县			1			2		
汉中市汉台区	1	2			3			
汉中市勉县		2	3	1	5			
汉中市宁强县					3	1	1	
安康市汉滨区		3	5	1	2			
安康市石泉县	3	2	1	2	2			
商洛市商州区	5	2	2	4	4	1		
商洛市山阳县			1	2			1	1

4－24 续表 2

单位：人

地 区	极重度障碍/不能完成			
	残疾一级	残疾二级	残疾三级	残疾四级
总 计	**23**			
西安市新城区	2			
西安市碑林区	1			
西安市长安区	1			
西安市周至县	2			
宝鸡市扶风县	5			
宝鸡市千阳县				
咸阳市渭城区	2			
咸阳市乾县	2			
咸阳市旬邑县				
渭南市临渭区	1			
渭南市蒲城县				
渭南市华县				
延安市洛川县				
榆林市绥德县				
榆林市神木县				
汉中市汉台区	1			
汉中市勉县				
汉中市宁强县	1			
安康市汉滨区	1			
安康市石泉县	1			
商洛市商州区	3			
商洛市山阳县				

4－25　各地区18岁及以上精神残疾人分残疾等级的身体移动状况

单位：人

地　区	无障碍/无适用				轻度障碍			
	残疾一级	残疾二级	残疾三级	残疾四级	残疾一级	残疾二级	残疾三级	残疾四级
总　计	**48**	**30**	**39**	**140**	**22**	**6**	**5**	**10**
西安市新城区		1		1	1			1
西安市碑林区	2	1	2	8		1		
西安市长安区	2	2	2	8				
西安市周至县	3		2	7	1			
宝鸡市扶风县	10	2	2	1	1			
宝鸡市千阳县			2	13				
咸阳市渭城区	1	1	1	3	1			
咸阳市乾县	1	2		5	2			
咸阳市旬邑县	4	1	2	7	1			
渭南市临渭区	2	3	1	4	2			3
渭南市蒲城县			2	21			1	2
渭南市华县	4	2	3	5		1		
延安市洛川县	1	2	1	4				
榆林市绥德县				8				
榆林市神木县	1	2	1	2				
汉中市汉台区	1	1			3	1		
汉中市勉县	4	2	4	7			1	
汉中市宁强县	2	1	1	4	1	1		
安康市汉滨区	3	3	6	10			2	
安康市石泉县	4	3	6	8	3	1		
商洛市商州区	3	1	1	11	6	1		3
商洛市山阳县				3			1	1

4－25　续表 1

单位：人

地　区	中度障碍				重度障碍			
	残疾一级	残疾二级	残疾三级	残疾四级	残疾一级	残疾二级	残疾三级	残疾四级
总　计	**11**	**1**	**4**		**5**			
西安市新城区	4				1			
西安市碑林区								
西安市长安区					1			
西安市周至县	1							
宝鸡市扶风县								
宝鸡市千阳县					1			
咸阳市渭城区								
咸阳市乾县	2							
咸阳市旬邑县								
渭南市临渭区								
渭南市蒲城县			1					
渭南市华县								
延安市洛川县								
榆林市绥德县								
榆林市神木县								
汉中市汉台区	1							
汉中市勉县					1			
汉中市宁强县	1							
安康市汉滨区								
安康市石泉县								
商洛市商州区	2	1	2		1			
商洛市山阳县			1					

4－25 续表 2

单位：人

地 区	极重度障碍/不能完成			
	残疾一级	残疾二级	残疾三级	残疾四级
总 计	**3**		**1**	
西安市新城区	1			
西安市碑林区	1			
西安市长安区				
西安市周至县				
宝鸡市扶风县				
宝鸡市千阳县				
咸阳市渭城区				
咸阳市乾县	1			
咸阳市旬邑县				
渭南市临渭区				
渭南市蒲城县				
渭南市华县				
延安市洛川县				
榆林市绥德县			1	
榆林市神木县				
汉中市汉台区				
汉中市勉县				
汉中市宁强县				
安康市汉滨区				
安康市石泉县				
商洛市商州区				
商洛市山阳县				

4－26　各地区18岁及以上精神残疾人分残疾等级的生活自理状况

单位：人

地　区	无障碍/无适用				轻度障碍			
	残疾一级	残疾二级	残疾三级	残疾四级	残疾一级	残疾二级	残疾三级	残疾四级
总　计	**4**	**8**	**20**	**115**	**31**	**22**	**22**	**33**
西安市新城区	1	1		1				1
西安市碑林区		1	1	7	1	1	1	1
西安市长安区			1	7	1	2	1	1
西安市周至县			1	6				1
宝鸡市扶风县	1		1	1	4		1	
宝鸡市千阳县				11	1		1	1
咸阳市渭城区				2			1	1
咸阳市乾县	1			5	3	2		
咸阳市旬邑县	1	1	1	7	2		1	
渭南市临渭区				5	3	3	1	2
渭南市蒲城县			3	18			1	5
渭南市华县			2	4	2	3		1
延安市洛川县				2		1	1	2
榆林市绥德县				4				3
榆林市神木县		2	1	2	1			
汉中市汉台区		1			2	1		
汉中市勉县				5		1	5	2
汉中市宁强县						2		4
安康市汉滨区		1	3	8	1	2	4	2
安康市石泉县		1	5	5	3	2	1	3
商洛市商州区			1	12	7	2	1	2
商洛市山阳县				3			2	1

4－26　续表 1

单位：人

地　区	中度障碍				重度障碍			
	残疾一级	残疾二级	残疾三级	残疾四级	残疾一级	残疾二级	残疾三级	残疾四级
总　计	**40**	**7**	**6**	**2**	**12**		**1**	
西安市新城区	4				2			
西安市碑林区	1							
西安市长安区	2							
西安市周至县	4		1					
宝鸡市扶风县	5	2			1			
宝鸡市千阳县			1	1				
咸阳市渭城区	1	1			1			
咸阳市乾县					2			
咸阳市旬邑县	2							
渭南市临渭区	1							
渭南市蒲城县								
渭南市华县	2		1					
延安市洛川县	1	1						
榆林市绥德县				1			1	
榆林市神木县								
汉中市汉台区	2				1			
汉中市勉县	3	1			2			
汉中市宁强县	4		1					
安康市汉滨区	2		1					
安康市石泉县	2	1			2			
商洛市商州区	4	1	1		1			
商洛市山阳县								

4－26 续表 2

单位：人

地 区	极重度障碍/不能完成			
	残疾一级	残疾二级	残疾三级	残疾四级
总 计	**2**			
西安市新城区				
西安市碑林区	1			
西安市长安区				
西安市周至县	1			
宝鸡市扶风县				
宝鸡市千阳县				
咸阳市渭城区				
咸阳市乾县				
咸阳市旬邑县				
渭南市临渭区				
渭南市蒲城县				
渭南市华县				
延安市洛川县				
榆林市绥德县				
榆林市神木县				
汉中市汉台区				
汉中市勉县				
汉中市宁强县				
安康市汉滨区				
安康市石泉县				
商洛市商州区				
商洛市山阳县				

4－27　各地区18岁及以上精神残疾人分残疾等级的与人相处状况

单位：人

地　区	无障碍/无适用				轻度障碍			
	残疾一级	残疾二级	残疾三级	残疾四级	残疾一级	残疾二级	残疾三级	残疾四级
总　计	**3**		**2**	**23**	**1**	**2**	**12**	**84**
西安市新城区								
西安市碑林区				1				3
西安市长安区				1				1
西安市周至县				3			2	3
宝鸡市扶风县							1	1
宝鸡市千阳县								8
咸阳市渭城区				1				
咸阳市乾县				3				2
咸阳市旬邑县	1			1	1			5
渭南市临渭区								4
渭南市蒲城县				3			1	13
渭南市华县								2
延安市洛川县				1			1	1
榆林市绥德县								4
榆林市神木县						1		2
汉中市汉台区								
汉中市勉县				3			1	4
汉中市宁强县							1	4
安康市汉滨区			2	3		1	1	7
安康市石泉县				1			1	5
商洛市商州区	2						3	13
商洛市山阳县				2				2

4－27 续表 1

单位：人

地 区	中度障碍				重度障碍			
	残疾一级	残疾二级	残疾三级	残疾四级	残疾一级	残疾二级	残疾三级	残疾四级
总　计	**17**	**16**	**24**	**38**	**48**	**17**	**9**	**5**
西安市新城区				2	6	1		
西安市碑林区				4	2	2	2	
西安市长安区		1	1	5	1	1		1
西安市周至县	2			1				
宝鸡市扶风县	1	1	1		7	1		
宝鸡市千阳县			1	2	1		1	3
咸阳市渭城区				2		1	1	
咸阳市乾县	1	1			3	1		
咸阳市旬邑县			2	1	2	1		
渭南市临渭区	1			3	2	1		
渭南市蒲城县			3	6				1
渭南市华县	2	2	2	3	1	1	1	
延安市洛川县	1	2		2				
榆林市绥德县			1	4				
榆林市神木县		1			1		1	
汉中市汉台区					3	2		
汉中市勉县	1	1	3		4	1	1	
汉中市宁强县	1	2			3			
安康市汉滨区		1	4		3	1	1	
安康市石泉县	3	3	5	2	3	1		
商洛市商州区	4	1		1	6	2		
商洛市山阳县			1				1	

4-27 续表 2

单位：人

地 区	极重度障碍/不能完成			
	残疾一级	残疾二级	残疾三级	残疾四级
总 计	**20**	**2**	**2**	
西安市新城区	1			
西安市碑林区	1			
西安市长安区	2		1	
西安市周至县	3			
宝鸡市扶风县	3			
宝鸡市千阳县				
咸阳市渭城区	2			
咸阳市乾县	2			
咸阳市旬邑县	1			
渭南市临渭区	1	2	1	
渭南市蒲城县				
渭南市华县	1			
延安市洛川县				
榆林市绥德县				
榆林市神木县				
汉中市汉台区	2			
汉中市勉县				
汉中市宁强县				
安康市汉滨区				
安康市石泉县	1			
商洛市商州区				
商洛市山阳县				

4－28 各地区18岁及以上精神残疾人分残疾等级的生活活动状况

单位：人

地区	无障碍/无适用				轻度障碍			
	残疾一级	残疾二级	残疾三级	残疾四级	残疾一级	残疾二级	残疾三级	残疾四级
总　计				**17**			**2**	**55**
西安市新城区								2
西安市碑林区								3
西安市长安区				1			1	5
西安市周至县				1				1
宝鸡市扶风县								
宝鸡市千阳县				4				5
咸阳市渭城区							1	
咸阳市乾县				3				1
咸阳市旬邑县				2				5
渭南市临渭区								4
渭南市蒲城县				1				11
渭南市华县				1				
延安市洛川县								2
榆林市绥德县								1
榆林市神木县				1				1
汉中市汉台区								
汉中市勉县								3
汉中市宁强县				1				1
安康市汉滨区								2
安康市石泉县								1
商洛市商州区								5
商洛市山阳县				2				2

4－28 续表 1

单位：人

地 区	中度障碍				重度障碍			
	残疾一级	残疾二级	残疾三级	残疾四级	残疾一级	残疾二级	残疾三级	残疾四级
总 计	**4**	**9**	**19**	**67**	**38**	**22**	**25**	**11**
西安市新城区					6	1		
西安市碑林区			1	5	1	2	1	
西安市长安区			1	2	1	1		
西安市周至县			1	1	2		1	4
宝鸡市扶风县				1	1	1	1	
宝鸡市千阳县			1	3	1		1	1
咸阳市渭城区				3		1		
咸阳市乾县		2		1	5			
咸阳市旬邑县	2	1	1		1			
渭南市临渭区				2				1
渭南市蒲城县			3	10			1	1
渭南市华县			1	4	4	3	2	
延安市洛川县		1	1	2	1	1		
榆林市绥德县				7			1	
榆林市神木县		1	1		1	1		
汉中市汉台区		1			2	1		
汉中市勉县			4	4	5	2	1	
汉中市宁强县	2			2	2	2	1	
安康市汉滨区		3		8	2		8	
安康市石泉县			1	6	1	3	5	1
商洛市商州区			2	6	2	3	1	3
商洛市山阳县			1				1	

4－28　续表 2

单位：人

地　区	极重度障碍/不能完成			
	残疾一级	残疾二级	残疾三级	残疾四级
总　计	**47**	**6**	**3**	
西安市新城区	1			
西安市碑林区	2			
西安市长安区	2	1		
西安市周至县	3			
宝鸡市扶风县	10	1	1	
宝鸡市千阳县				
咸阳市渭城区	2			
咸阳市乾县	1			
咸阳市旬邑县	2		1	
渭南市临渭区	4	3	1	
渭南市蒲城县				
渭南市华县				
延安市洛川县				
榆林市绥德县				
榆林市神木县				
汉中市汉台区	3			
汉中市勉县				
汉中市宁强县				
安康市汉滨区	1			
安康市石泉县	6	1		
商洛市商州区	10			
商洛市山阳县				

4－29　各地区18岁及以上精神残疾人分残疾等级的社会参与状况

单位：人

地　区	无障碍/无适用				轻度障碍			
	残疾一级	残疾二级	残疾三级	残疾四级	残疾一级	残疾二级	残疾三级	残疾四级
总　计				**1**		**1**	**1**	**48**
西安市新城区								
西安市碑林区								1
西安市长安区								3
西安市周至县								
宝鸡市扶风县								
宝鸡市千阳县								10
咸阳市渭城区								1
咸阳市乾县								4
咸阳市旬邑县						1		
渭南市临渭区								
渭南市蒲城县				1				10
渭南市华县								
延安市洛川县								
榆林市绥德县								1
榆林市神木县								1
汉中市汉台区								
汉中市勉县								4
汉中市宁强县								1
安康市汉滨区								
安康市石泉县								
商洛市商州区								9
商洛市山阳县							1	3

4－29 续表 1

单位：人

地 区	中度障碍				重度障碍			
	残疾一级	残疾二级	残疾三级	残疾四级	残疾一级	残疾二级	残疾三级	残疾四级
总 计	**4**	**8**	**18**	**73**	**58**	**24**	**28**	**28**
西安市新城区				1	5			1
西安市碑林区			1	6	2	2	1	1
西安市长安区		2	2	3	1			2
西安市周至县			1	2	1		1	5
宝鸡市扶风县		2			10		2	1
宝鸡市千阳县			1	3	1		1	
咸阳市渭城区		1		2	1		1	
咸阳市乾县	1			1	4	2		
咸阳市旬邑县	1		1	5	1		1	2
渭南市临渭区				5	4	3	1	2
渭南市蒲城县			4	10				2
渭南市华县			2	2	2	3	1	3
延安市洛川县				2	1	2	1	2
榆林市绥德县				5			1	2
榆林市神木县						1	1	1
汉中市汉台区		1			3	1		
汉中市勉县				3	5	2	5	
汉中市宁强县			1	2	3	2		1
安康市汉滨区			2	8	1	3	6	2
安康市石泉县				7	3	2	4	1
商洛市商州区	2	2	2	5	10	1	1	
商洛市山阳县			1	1				

4－29 续表 2

单位：人

地 区	极重度障碍/不能完成			
	残疾一级	残疾二级	残疾三级	残疾四级
总 计	**27**	**4**	**2**	
西安市新城区	2	1		
西安市碑林区	1			
西安市长安区	2			
西安市周至县	4			
宝鸡市扶风县	1			
宝鸡市千阳县				
咸阳市渭城区	1			
咸阳市乾县	1			
咸阳市旬邑县	3			
渭南市临渭区				
渭南市蒲城县				
渭南市华县	2			
延安市洛川县				
榆林市绥德县				
榆林市神木县	1	1		
汉中市汉台区	2			
汉中市勉县				
汉中市宁强县	1			
安康市汉滨区	2			
安康市石泉县	4	2	2	
商洛市商州区				
商洛市山阳县				

4－30 各地区18岁及以上多重残疾人分残疾等级的理解和交流状况

单位：人

地 区	无障碍/无适用				轻度障碍			
	残疾一级	残疾二级	残疾三级	残疾四级	残疾一级	残疾二级	残疾三级	残疾四级
总 计	**40**	**13**	**38**	**32**	**42**	**26**	**52**	**53**
西安市新城区		1	4	4	3		6	10
西安市碑林区			1	4	1	1	7	5
西安市长安区	1	1	2	2	1	1	1	4
西安市周至县	1		1	1	1	2	1	1
宝鸡市扶风县	1	1	3		2		4	
宝鸡市千阳县	2		1	1	1			2
咸阳市渭城区	4	1	2	2	6	1	2	2
咸阳市乾县	1				2	1		1
咸阳市旬邑县	4		2		8	1	5	3
渭南市临渭区	1	1				1		2
渭南市蒲城县	1	3	6	6			3	
渭南市华县	1		1	1	1	1	1	3
延安市洛川县	1		1		1		1	
榆林市绥德县	2	2	1		1	1	2	2
榆林市神木县			2	4	1	1	3	1
汉中市汉台区	1		1		2	2	4	7
汉中市勉县		1	2	1		1	3	5
汉中市宁强县			1			1		
安康市汉滨区	10				3	1	2	
安康市石泉县	1		1	3	2	6	2	3
商洛市商州区	3		2		3	2	1	1
商洛市山阳县	5	2	4	3	3	2	4	1

4－30　续表 1

单位：人

地　区	中度障碍				重度障碍			
	残疾一级	残疾二级	残疾三级	残疾四级	残疾一级	残疾二级	残疾三级	残疾四级
总　计	**92**	**30**	**52**	**17**	**116**	**35**	**22**	**2**
西安市新城区	4	1	1	1	3			
西安市碑林区	3	3	2		6	1		
西安市长安区	2	1	4	2	5	1	1	
西安市周至县	11	1	1	1	3	3	1	1
宝鸡市扶风县			2		1			
宝鸡市千阳县	2		1	1	4		2	
咸阳市渭城区	1		2		2	2		
咸阳市乾县	2				3			
咸阳市旬邑县	8	1	2		5			
渭南市临渭区	3		3		2	1	2	
渭南市蒲城县	3	2	2		3		1	
渭南市华县	4	1	1	2		2	2	
延安市洛川县	1				1	1		
榆林市绥德县	5	2	8	2	5	2	2	
榆林市神木县	6	3	4	1	1	1		
汉中市汉台区	3	2			5			
汉中市勉县	4	1	5	2	30	3	2	
汉中市宁强县	4		1		9	5		
安康市汉滨区	4		4		13	1		
安康市石泉县	16	5	5	2	6	7	7	
商洛市商州区	2	4	1	3	3	3	1	1
商洛市山阳县	5	3	3		6	2	1	

4－30 续表 2

单位：人

地　区	极重度障碍/不能完成			
	残疾一级	残疾二级	残疾三级	残疾四级
总　计	**90**	**12**		
西安市新城区	1			
西安市碑林区	1			
西安市长安区	4			
西安市周至县	2			
宝鸡市扶风县				
宝鸡市千阳县	3			
咸阳市渭城区				
咸阳市乾县				
咸阳市旬邑县	1			
渭南市临渭区	6	5		
渭南市蒲城县	4			
渭南市华县	2			
延安市洛川县	2			
榆林市绥德县	2	3		
榆林市神木县	2	1		
汉中市汉台区	2			
汉中市勉县	25			
汉中市宁强县	3			
安康市汉滨区	13	1		
安康市石泉县	1	2		
商洛市商州区	8			
商洛市山阳县	8			

4－31　各地区18岁及以上多重残疾人分残疾等级的身体移动状况

单位：人

地　区	无障碍/无适用				轻度障碍			
	残疾一级	残疾二级	残疾三级	残疾四级	残疾一级	残疾二级	残疾三级	残疾四级
总　计	**263**	**69**	**90**	**58**	**31**	**10**	**24**	**25**
西安市新城区	8		5	9	1		1	1
西安市碑林区			2	5	2	2	1	3
西安市长安区	7	3	4	1	1	1	1	5
西安市周至县	14	4	2	4				
宝鸡市扶风县	3	1	8				1	
宝鸡市千阳县	4		2	3	3			1
咸阳市渭城区	10		4	3	1	1	1	1
咸阳市乾县	5				1			1
咸阳市旬邑县	21	2	5	2	1		2	1
渭南市临渭区	7	2	3	1	1	1	1	
渭南市蒲城县	4	3	5		2		2	1
渭南市华县	6	3	2	3	1			2
延安市洛川县	1				1		1	
榆林市绥德县	9	5	7	3	1	2	2	
榆林市神木县	4	4	4	1	2		2	3
汉中市汉台区	8	4	4	7	2		1	
汉中市勉县	44	4	8	7	5		1	1
汉中市宁强县	14	6	1				1	
安康市汉滨区	38	2	5		1	1		
安康市石泉县	24	15	8	4	2	1	2	2
商洛市商州区	15	6	2	4	1	1	2	
商洛市山阳县	17	5	9	1	2		2	3

4－31 续表 1

单位：人

地　区	中度障碍				重度障碍			
	残疾一级	残疾二级	残疾三级	残疾四级	残疾一级	残疾二级	残疾三级	残疾四级
总　计	**29**	**12**	**37**	**19**	**21**	**17**	**12**	**1**
西安市新城区			2	3		1	3	1
西安市碑林区	2	1	6	1	2	2	1	
西安市长安区	3		3	2	1			
西安市周至县	1	1	2		1	1		
宝鸡市扶风县	1							
宝鸡市千阳县					2		1	
咸阳市渭城区	2	1	1			2		
咸阳市乾县	2	1						
咸阳市旬邑县			2		2			
渭南市临渭区		1	1	1	1			
渭南市蒲城县	3	2	5	5	1			
渭南市华县	1		1	1			2	
延安市洛川县	1				2	1	1	
榆林市绥德县	3	1	2	1	1		2	
榆林市神木县	1	1	1	2	1	1	2	
汉中市汉台区								
汉中市勉县	3		3		4	2		
汉中市宁强县	2							
安康市汉滨区	1		1					
安康市石泉县		2	5	2		2		
商洛市商州区	2	1	1	1	1	1		
商洛市山阳县	1		1		2	4		

4-31 续表 2

单位：人

地区	极重度障碍/不能完成			
	残疾一级	残疾二级	残疾三级	残疾四级
总　计	**36**	**8**	**1**	**1**
西安市新城区	2	1		1
西安市碑林区	5			
西安市长安区	1			
西安市周至县	2			
宝鸡市扶风县				
宝鸡市千阳县	3		1	
咸阳市渭城区				
咸阳市乾县				
咸阳市旬邑县	2			
渭南市临渭区	3	4		
渭南市蒲城县	1			
渭南市华县		1		
延安市洛川县	1			
榆林市绥德县	1	2		
榆林市神木县	1			
汉中市汉台区	3			
汉中市勉县	3			
汉中市宁强县				
安康市汉滨区	3			
安康市石泉县				
商洛市商州区				
商洛市山阳县	5			

4－32 各地区18岁及以上多重残疾人分残疾等级的生活自理状况

单位：人

地 区	无障碍/无适用				轻度障碍			
	残疾一级	残疾二级	残疾三级	残疾四级	残疾一级	残疾二级	残疾三级	残疾四级
总 计	**118**	**37**	**61**	**49**	**102**	**26**	**66**	**47**
西安市新城区			3	5	6		4	7
西安市碑林区			1	6			3	3
西安市长安区	3	1	4	2	4	1	1	6
西安市周至县	10	3	1	2	1	1	1	1
宝鸡市扶风县	2	1	6		1		3	
宝鸡市千阳县	2		1	3	1		2	1
咸阳市渭城区	9		2	3	2	1	3	1
咸阳市乾县	2				4			
咸阳市旬邑县	16	1	4	1	3	1	3	2
渭南市临渭区	5		2	1		2	3	1
渭南市蒲城县	3	3	2	2	4	2	9	3
渭南市华县	3			3	1	3	2	3
延安市洛川县	1				1		1	
榆林市绥德县	3		2	2	2	5	7	2
榆林市神木县	1	1	4	1	3	1	2	4
汉中市汉台区	3	4	3	6	2		2	1
汉中市勉县	3	1	5	5	24	3	6	3
汉中市宁强县	3	2	1		10	3	1	
安康市汉滨区	18		1		10	1	4	
安康市石泉县	21	11	9	3	3	1	3	4
商洛市商州区	2	4	4	2	10	1	1	3
商洛市山阳县	8	5	6	2	10		5	2

4－32 续表 1

单位：人

地 区	中度障碍				重度障碍			
	残疾一级	残疾二级	残疾三级	残疾四级	残疾一级	残疾二级	残疾三级	残疾四级
总 计	**73**	**18**	**28**	**6**	**46**	**27**	**8**	**2**
西安市新城区	2		1	2	1	1	3	1
西安市碑林区	5	1	6		3	3		
西安市长安区	3	1	3		2	1		
西安市周至县	2	1	2		4	1		1
宝鸡市扶风县	1							
宝鸡市千阳县	3				3			
咸阳市渭城区	2	1				2	1	
咸阳市乾县	2	1		1				
咸阳市旬邑县	2		2		3			
渭南市临渭区	1				3	2		
渭南市蒲城县	2		1	1				
渭南市华县	3		3			1		
延安市洛川县	1						1	
榆林市绥德县	4	1	2		5	3	2	
榆林市神木县	1	2	3	1	3	2		
汉中市汉台区	4							
汉中市勉县	17	1	1		10	1		
汉中市宁强县		1			2			
安康市汉滨区	10	1			2	1	1	
安康市石泉县	1	5	3	1	1	3		
商洛市商州区	5	2			1	2		
商洛市山阳县	2		1		3	4		

4－32 续表 2

单位：人

地区	极重度障碍/不能完成			
	残疾一级	残疾二级	残疾三级	残疾四级
总计	**41**	**8**	**1**	
西安市新城区	2	1		
西安市碑林区	3	1		
西安市长安区	1			
西安市周至县	1			
宝鸡市扶风县				
宝鸡市千阳县	3		1	
咸阳市渭城区				
咸阳市乾县				
咸阳市旬邑县	2			
渭南市临渭区	3	4		
渭南市蒲城县	2			
渭南市华县	1			
延安市洛川县	3	1		
榆林市绥德县	1	1		
榆林市神木县	1			
汉中市汉台区	4			
汉中市勉县	5			
汉中市宁强县	1			
安康市汉滨区	3			
安康市石泉县				
商洛市商州区	1			
商洛市山阳县	4			

4－33 各地区18岁及以上多重残疾人分残疾等级的与人相处状况

单位：人

地　区	无障碍/无适用				轻度障碍			
	残疾一级	残疾二级	残疾三级	残疾四级	残疾一级	残疾二级	残疾三级	残疾四级
总　计	**53**	**23**	**52**	**52**	**41**	**27**	**49**	**31**
西安市新城区	3	1	8	10	1		3	5
西安市碑林区	2	1	3	6		1	5	3
西安市长安区	1	1	1	5	2	1	3	2
西安市周至县	2		1	1	3	3	1	
宝鸡市扶风县	1	1	2		1		4	
宝鸡市千阳县	2		1	1			1	2
咸阳市渭城区	3	1	5	3	4	1		
咸阳市乾县	2	1		1	2			
咸阳市旬邑县	2		3		9	1	3	2
渭南市临渭区	2	2		1	1	1		1
渭南市蒲城县	2	3	7	6			2	
渭南市华县	1	1		1			2	4
延安市洛川县	1		1				1	
榆林市绥德县	1	1			3	1	3	2
榆林市神木县			3	4	1	2	3	1
汉中市汉台区	1		1	1	3	2	3	5
汉中市勉县		1	1	2	2	4	7	3
汉中市宁强县			1			2		
安康市汉滨区	11		1		3	1	2	
安康市石泉县	2	1	1	6	4	5	3	1
商洛市商州区	3		3		1	1	1	
商洛市山阳县	11	8	9	4	1	1	2	

4－33 续表 1

单位：人

地　区	中度障碍				重度障碍			
	残疾一级	残疾二级	残疾三级	残疾四级	残疾一级	残疾二级	残疾三级	残疾四级
总　计	**87**	**32**	**41**	**14**	**103**	**24**	**20**	**7**
西安市新城区	1	1			5			
西安市碑林区	1	3	1		6		1	
西安市长安区	3	1	3	1	4	1	1	
西安市周至县	5		2	3	5	3		
宝鸡市扶风县			3		2			
宝鸡市千阳县	3		2	1	2			
咸阳市渭城区	5	1	1	1	1			
咸阳市乾县	1				3			
咸阳市旬邑县	8	1	3		3			1
渭南市临渭区	2	1	2		1	1	3	
渭南市蒲城县	4	2	3		2			
渭南市华县	3	3	1	1	1		2	
延安市洛川县	1	1			3			
榆林市绥德县	4	3	6	2	4	2	4	
榆林市神木县	3	2	2		3	2		1
汉中市汉台区	2	1	1	1	3	1		
汉中市勉县	11	1	3	3	25		1	
汉中市宁强县	4	1	1		9	3		
安康市汉滨区	7		2		10	2	1	
安康市石泉县	13	7	5		5	4	5	1
商洛市商州区	4	3		1	3	5	1	4
商洛市山阳县	2				3		1	

4－33　续表 2

单位：人

地　区	极重度障碍/不能完成			
	残疾一级	残疾二级	残疾三级	残疾四级
总　计	**96**	**10**	**2**	
西安市新城区	1			
西安市碑林区	2			
西安市长安区	3			
西安市周至县	3			
宝鸡市扶风县				
宝鸡市千阳县	5			
咸阳市渭城区		1		
咸阳市乾县				
咸阳市旬邑县	4			
渭南市临渭区	6	3		
渭南市蒲城县	3			
渭南市华县	3			
延安市洛川县	1			
榆林市绥德县	3	3		
榆林市神木县	2		1	
汉中市汉台区	4			
汉中市勉县	21			
汉中市宁强县	3			
安康市汉滨区	12			
安康市石泉县	2	3	1	
商洛市商州区	8			
商洛市山阳县	10			

4－34 各地区18岁及以上多重残疾人分残疾等级的生活活动状况

单位：人

地　区	无障碍/无适用				轻度障碍			
	残疾一级	残疾二级	残疾三级	残疾四级	残疾一级	残疾二级	残疾三级	残疾四级
总　计	**28**	**6**	**8**	**4**	**32**	**13**	**33**	**44**
西安市新城区				1			1	2
西安市碑林区			1	2				3
西安市长安区	1	1	1				2	5
西安市周至县	1	1			3	1		2
宝鸡市扶风县					1	1	6	
宝鸡市千阳县							1	4
咸阳市渭城区	5				3		1	3
咸阳市乾县					2			
咸阳市旬邑县	3				7		3	3
渭南市临渭区	1						1	
渭南市蒲城县	2	1						
渭南市华县	1				1			1
延安市洛川县								
榆林市绥德县	1		1		1	2	1	1
榆林市神木县						1	4	3
汉中市汉台区	2		1		1	3	2	5
汉中市勉县					2		3	5
汉中市宁强县					1		1	
安康市汉滨区	7				3			
安康市石泉县					3	3	1	3
商洛市商州区					1	1	1	1
商洛市山阳县	4	3	4	1	3	1	5	3

4－34 续表 1

单位：人

地 区	中度障碍				重度障碍			
	残疾一级	残疾二级	残疾三级	残疾四级	残疾一级	残疾二级	残疾三级	残疾四级
总 计	**86**	**29**	**62**	**45**	**104**	**41**	**44**	**10**
西安市新城区	5		4	9	3	1	3	3
西安市碑林区				3	1	1	3	1
西安市长安区	3	1	4	3	3	2	1	
西安市周至县	5	1	2	1	1	3	2	
宝鸡市扶风县	1		3		1			
宝鸡市千阳县	1				3			
咸阳市渭城区	3	2	5	1	2	1		
咸阳市乾县	3	1		1	2			
咸阳市旬邑县	8	1	4		4	1	2	
渭南市临渭区	1			2	2	1	3	
渭南市蒲城县	2	3	7	4	1	1	4	2
渭南市华县			3	5	3	3	2	
延安市洛川县	3		1		1		1	
榆林市绥德县	4	2	2	3	3	1	8	
榆林市神木县	3	2	2	2	3	3	3	1
汉中市汉台区	2	1	1	1	2			1
汉中市勉县	7	4	7	3	32	2	1	
汉中市宁强县	6	3	1		7	2		
安康市汉滨区	7	1	3		10	1	3	
安康市石泉县	15	3	9	5	7	10	5	
商洛市商州区	4	3	2	2	6	4	2	2
商洛市山阳县	3	1	2		7	4	1	

4-34 续表 2

单位：人

地 区	极重度障碍/不能完成			
	残疾一级	残疾二级	残疾三级	残疾四级
总 计	**130**	**27**	**17**	**1**
西安市新城区	3	1	3	
西安市碑林区	10	4	6	
西安市长安区	6			
西安市周至县	8			1
宝鸡市扶风县	1			
宝鸡市千阳县	8		3	
咸阳市渭城区		1		
咸阳市乾县	1			
咸阳市旬邑县	4			
渭南市临渭区	8	7	1	
渭南市蒲城县	6		1	
渭南市华县	3	1		
延安市洛川县	2	1		
榆林市绥德县	6	5	1	
榆林市神木县	3			
汉中市汉台区	6		1	
汉中市勉县	18		1	
汉中市宁强县	2	1		
安康市汉滨区	16	1		
安康市石泉县	1	4		
商洛市商州区	8	1		
商洛市山阳县	10			

4－35　各地区18岁及以上多重残疾人分残疾等级的社会参与状况

单位：人

地　区	无障碍/无适用				轻度障碍			
	残疾一级	残疾二级	残疾三级	残疾四级	残疾一级	残疾二级	残疾三级	残疾四级
总　计	**24**	**1**	**5**	**4**	**39**	**20**	**55**	**59**
西安市新城区				1			4	8
西安市碑林区				2			7	6
西安市长安区					1	2	4	7
西安市周至县					2	1		1
宝鸡市扶风县						1	3	
宝鸡市千阳县					2		1	3
咸阳市渭城区					4		2	3
咸阳市乾县					1			
咸阳市旬邑县	2				5		2	2
渭南市临渭区					2			1
渭南市蒲城县					1	2	7	5
渭南市华县						1	1	2
延安市洛川县								
榆林市绥德县					2	1	1	1
榆林市神木县						1	3	2
汉中市汉台区			1		2	1	1	5
汉中市勉县					4	2	6	6
汉中市宁强县					1		1	
安康市汉滨区	22	1	1		2		2	
安康市石泉县					4	3	1	3
商洛市商州区						1	2	1
商洛市山阳县			3	1	6	4	7	3

4－35 续表 1

单位：人

地 区	中度障碍				重度障碍			
	残疾一级	残疾二级	残疾三级	残疾四级	残疾一级	残疾二级	残疾三级	残疾四级
总 计	**101**	**37**	**77**	**32**	**131**	**44**	**25**	**9**
西安市新城区	1	1	5	4	8		2	2
西安市碑林区	4	4	3	1	5			
西安市长安区	1		3	1	6	2	1	
西安市周至县	5	1	4	2	7	4		1
宝鸡市扶风县	1		6		3			
宝鸡市千阳县	4		2	1	3			
咸阳市渭城区	5	1	3	1	3	3	1	
咸阳市乾县	3	1		1	4			
咸阳市旬邑县	6	1	6	1	9	1	1	
渭南市临渭区	1	2	4	1	7	2	1	
渭南市蒲城县	5	3	4	1	3		1	
渭南市华县	1	2	4	4	5	1		
延安市洛川县	1		2		4			
榆林市绥德县	4		9	2	6	5	3	1
榆林市神木县	3	2	2	4	3	3	4	
汉中市汉台区	4	2	2	1	1	1		1
汉中市勉县	9	2	4	2	28	1	2	
汉中市宁强县	4	2			7	3	1	
安康市汉滨区	7	1	3		5	1		
安康市石泉县	15	8	8	5	5	8	6	
商洛市商州区	4	3	2		6	5	1	4
商洛市山阳县	13	1	1		3	4	1	

4－35　续表 2

单位：人

地　区	极重度障碍/不能完成			
	残疾一级	残疾二级	残疾三级	残疾四级
总　计	**85**	**14**	**2**	
西安市新城区	2	1		
西安市碑林区	2	1		
西安市长安区	5			
西安市周至县	4			
宝鸡市扶风县				
宝鸡市千阳县	3		1	
咸阳市渭城区	1			
咸阳市乾县				
咸阳市旬邑县	4			
渭南市临渭区	2	4		
渭南市蒲城县	2			
渭南市华县	2			
延安市洛川县	1	1		
榆林市绥德县	3	4		
榆林市神木县	3			
汉中市汉台区	6		1	
汉中市勉县	18	1		
汉中市宁强县	4	1		
安康市汉滨区	7			
安康市石泉县	2	1		
商洛市商州区	9			
商洛市山阳县	5			

4－36 各地区视力残疾人分残疾等级的康复形式

单位：人

地 区	机构康复				延伸服务			
	残疾一级	残疾二级	残疾三级	残疾四级	残疾一级	残疾二级	残疾三级	残疾四级
总 计	**102**	**38**	**26**	**287**	**11**	**1**	**1**	**11**
西安市新城区			1	13				
西安市碑林区	4	2	1	1				
西安市长安区	5	1	3	28	1			
西安市周至县	3	2	1	7				
宝鸡市扶风县	2		3	13	1			
宝鸡市千阳县	9	2		6				
咸阳市渭城区	1	1		9				1
咸阳市乾县	1	2	1	5	1			
咸阳市旬邑县	10	2	1	16	1	1		1
渭南市临渭区	5			21	4			
渭南市蒲城县	8	1	2	2	1			
渭南市华县	6			7				
延安市洛川县	1		1	10	1		1	1
榆林市绥德县	3	10	2	13				1
榆林市神木县	4			15				1
汉中市汉台区	10	6		23	1			
汉中市勉县	8	2	1	20				
汉中市宁强县			1	6				
安康市汉滨区	10		1	9				
安康市石泉县	2	4	4	18				
商洛市商州区	4	2	1	15				6
商洛市山阳县	6	1	2	30				

4－36 续表

单位：人

地　区	社区和家庭服务			
	残疾一级	残疾二级	残疾三级	残疾四级
总　计	**55**	**11**	**5**	**32**
西安市新城区		1		2
西安市碑林区				
西安市长安区				
西安市周至县	4		1	3
宝鸡市扶风县	1			
宝鸡市千阳县				
咸阳市渭城区	3			2
咸阳市乾县	6	1	3	5
咸阳市旬邑县	1	2		
渭南市临渭区	4			
渭南市蒲城县				2
渭南市华县	1			4
延安市洛川县	2			5
榆林市绥德县	2	1		3
榆林市神木县	4			
汉中市汉台区	2			
汉中市勉县	4			3
汉中市宁强县	7	6		
安康市汉滨区	1			
安康市石泉县	11			
商洛市商州区	2		1	3
商洛市山阳县				

4－37 各地区视力残疾人分残疾等级的康复内容

单位：人

地 区	医疗服务				辅助器具			
	残疾一级	残疾二级	残疾三级	残疾四级	残疾一级	残疾二级	残疾三级	残疾四级
总 计	**115**	**46**	**27**	**297**	**48**	**9**	**10**	**92**
西安市新城区		1	1	14				
西安市碑林区	4	1	1	1	2	1		1
西安市长安区	5	1	3	28	5	1	2	22
西安市周至县	5	2	2	8				1
宝鸡市扶风县	2		2	13	2		1	8
宝鸡市千阳县	9	2		5	4	1		3
咸阳市渭城区	4	1		12	2	1		11
咸阳市乾县	2	2	2	5		1	3	8
咸阳市旬邑县	9	5	1	16	5	1	1	10
渭南市临渭区	5			21	7			
渭南市蒲城县	8	1	2	2	2			2
渭南市华县	6			11				
延安市洛川县	1		1	10	3		1	6
榆林市绥德县	3	10	2	12	2	1		2
榆林市神木县	4			14	4			2
汉中市汉台区	11	6		22	1	1		1
汉中市勉县	8	2	1	20	4			
汉中市宁强县	6	5		4	1	1	1	2
安康市汉滨区	11		1	9	2			2
安康市石泉县	2	4	4	18				
商洛市商州区	4	2	2	22	2			11
商洛市山阳县	6	1	2	30			1	

4－37 续表

单位：人

地 区	康复训练与服务			
	残疾一级	残疾二级	残疾三级	残疾四级
总 计	**54**	**2**	**7**	**57**
西安市新城区				1
西安市碑林区	1			
西安市长安区	6	1	3	26
西安市周至县	6			3
宝鸡市扶风县	2			5
宝鸡市千阳县				1
咸阳市渭城区				
咸阳市乾县	7			
咸阳市旬邑县	3	1		
渭南市临渭区	1			
渭南市蒲城县				
渭南市华县	1			
延安市洛川县	3		1	6
榆林市绥德县				3
榆林市神木县				1
汉中市汉台区	3			
汉中市勉县	5			3
汉中市宁强县				1
安康市汉滨区	2		1	2
安康市石泉县	11			
商洛市商州区	3		2	5
商洛市山阳县				

4－38 各地区听力残疾人分残疾等级的康复形式

单位：人

地区	机构康复				延伸服务			
	残疾一级	残疾二级	残疾三级	残疾四级	残疾一级	残疾二级	残疾三级	残疾四级
总计	**24**	**37**	**190**	**235**	**5**	**9**	**38**	**69**
西安市新城区			4	17			1	4
西安市碑林区	1		3	7				1
西安市长安区			1	1				1
西安市周至县		2	3	2		1	7	19
宝鸡市扶风县			5				1	2
宝鸡市千阳县	1	2	23	11				
咸阳市渭城区	2	1	4	8				
咸阳市乾县	1	3	11	13				
咸阳市旬邑县	2		22	46		1	4	2
渭南市临渭区	7	7	28	21		1		
渭南市蒲城县								
渭南市华县	2	2	36	31				
延安市洛川县				1				
榆林市绥德县								
榆林市神木县			1					
汉中市汉台区		4	6	25				1
汉中市勉县	3	4	13	17				2
汉中市宁强县	1	1	6	5			1	
安康市汉滨区	2	3	4	5		4	22	32
安康市石泉县		1		1				
商洛市商州区								
商洛市山阳县	2	7	20	24	5	2	2	5

4－38 续表

单位：人

地 区	社区和家庭服务			
	残疾一级	残疾二级	残疾三级	残疾四级
总 计	**40**	**63**	**343**	**521**
西安市新城区		7	50	203
西安市碑林区	2	1	22	56
西安市长安区	3	4	15	28
西安市周至县	1		6	7
宝鸡市扶风县	3	3	26	29
宝鸡市千阳县		1	3	
咸阳市渭城区		4	28	24
咸阳市乾县			5	5
咸阳市旬邑县				3
渭南市临渭区			2	
渭南市蒲城县	1	5	28	26
渭南市华县				
延安市洛川县	1	4	11	4
榆林市绥德县	4	9	26	22
榆林市神木县	1	3	10	21
汉中市汉台区			5	16
汉中市勉县	8	4	23	11
汉中市宁强县	5	3	22	15
安康市汉滨区			1	6
安康市石泉县		9	30	27
商洛市商州区	11	5	30	17
商洛市山阳县		1		1

4-39 各地区听力残疾人分残疾等级的康复内容

单位：人

地 区	医疗服务				辅助器具			
	残疾一级	残疾二级	残疾三级	残疾四级	残疾一级	残疾二级	残疾三级	残疾四级
总 计	**25**	**39**	**191**	**292**	**61**	**99**	**511**	**694**
西安市新城区		1	6	24		6	52	200
西安市碑林区	2	1	21	58	3	1	25	59
西安市长安区			2	4	3	4	15	18
西安市周至县		2	3	2	1	3	16	27
宝鸡市扶风县	1	2	26	28	3	3	28	28
宝鸡市千阳县	1	2	23	10	1	3	19	4
咸阳市渭城区	1	1	5	11	2	5	31	30
咸阳市乾县	1		5	8	1	3	13	16
咸阳市旬邑县			3	9	2	1	24	45
渭南市临渭区	7	6	21	16	6	4	25	17
渭南市蒲城县					1	5	28	26
渭南市华县	2		15	24	2	2	29	21
延安市洛川县		3	9	5	1	4	11	2
榆林市绥德县					4	9	25	22
榆林市神木县			6	19	1	3	3	2
汉中市汉台区		4	4	29		3	9	26
汉中市勉县	2	4	10	10	8	6	32	28
汉中市宁强县	1	2	9	8	4	2	19	12
安康市汉滨区	2					7	26	40
安康市石泉县		4	6	3		10	30	26
商洛市商州区			2	2	11	5	29	16
商洛市山阳县	5	7	15	22	7	10	22	29

4－39 续表

单位：人

地 区	康复训练与服务			
	残疾一级	残疾二级	残疾三级	残疾四级
总 计	**13**	**27**	**105**	**167**
西安市新城区				6
西安市碑林区	1	1	12	22
西安市长安区	1			11
西安市周至县	1	1	13	28
宝鸡市扶风县	1		1	1
宝鸡市千阳县			3	1
咸阳市渭城区				
咸阳市乾县			3	2
咸阳市旬邑县				4
渭南市临渭区	2	2	8	11
渭南市蒲城县				
渭南市华县			1	
延安市洛川县		1	2	1
榆林市绥德县			1	
榆林市神木县			2	
汉中市汉台区				2
汉中市勉县	4		1	3
汉中市宁强县	1		1	1
安康市汉滨区		3	17	30
安康市石泉县		10	29	28
商洛市商州区			1	1
商洛市山阳县	2	9	10	15

4－40　各地区言语残疾人分残疾等级的康复形式

单位：人

地　区	机构康复				延伸服务			
	残疾一级	残疾二级	残疾三级	残疾四级	残疾一级	残疾二级	残疾三级	残疾四级
总　计	**4**	**1**	**3**	**12**	**2**			**1**
西安市新城区								
西安市碑林区								
西安市长安区				1				
西安市周至县	1							
宝鸡市扶风县					1			
宝鸡市千阳县								1
咸阳市渭城区					1			
咸阳市乾县	1	1						
咸阳市旬邑县				1				
渭南市临渭区								
渭南市蒲城县								
渭南市华县				1				
延安市洛川县								
榆林市绥德县								
榆林市神木县								
汉中市汉台区	1		1	1				
汉中市勉县			1	2				
汉中市宁强县	1			2				
安康市汉滨区								
安康市石泉县								
商洛市商州区			1	2				
商洛市山阳县				2				

4－40 续表

单位：人

地区	社区和家庭服务			
	残疾一级	残疾二级	残疾三级	残疾四级
总　计	**10**	**6**	**6**	**17**
西安市新城区				3
西安市碑林区		1	1	2
西安市长安区		1		
西安市周至县				
宝鸡市扶风县				1
宝鸡市千阳县			1	
咸阳市渭城区				
咸阳市乾县	1		1	
咸阳市旬邑县				2
渭南市临渭区	1	1		
渭南市蒲城县				2
渭南市华县			1	
延安市洛川县				
榆林市绥德县				2
榆林市神木县		1		1
汉中市汉台区				
汉中市勉县				
汉中市宁强县	2			
安康市汉滨区	3			1
安康市石泉县	1	2	2	2
商洛市商州区	2			1
商洛市山阳县				

4－41　各地区言语残疾人分残疾等级的康复内容

单位：人

地　区	医疗服务				辅助器具			
	残疾一级	残疾二级	残疾三级	残疾四级	残疾一级	残疾二级	残疾三级	残疾四级
总　计	**6**	**1**	**5**	**14**	**4**	**3**	**1**	**3**
西安市新城区								
西安市碑林区			1	2		1		
西安市长安区		1		1				
西安市周至县	1							
宝鸡市扶风县					1			
宝鸡市千阳县			1					
咸阳市渭城区	1							
咸阳市乾县								
咸阳市旬邑县				2				
渭南市临渭区								
渭南市蒲城县								
渭南市华县				1				
延安市洛川县								
榆林市绥德县								
榆林市神木县								
汉中市汉台区	1		1	1				
汉中市勉县			1	2				1
汉中市宁强县	2			2				
安康市汉滨区				1	1			1
安康市石泉县					1	2	1	1
商洛市商州区	1		1	2	1			
商洛市山阳县								

4－41 续表

单位：人

地　区	康复训练与服务			
	残疾一级	残疾二级	残疾三级	残疾四级
总　计	**8**	**5**	**4**	**21**
西安市新城区				3
西安市碑林区		1	1	2
西安市长安区		1		
西安市周至县	1			
宝鸡市扶风县				1
宝鸡市千阳县				1
咸阳市渭城区				
咸阳市乾县	2	1	1	
咸阳市旬邑县				2
渭南市临渭区	1	1		
渭南市蒲城县				2
渭南市华县			1	1
延安市洛川县				
榆林市绥德县				2
榆林市神木县		1		1
汉中市汉台区				
汉中市勉县				
汉中市宁强县	1			
安康市汉滨区	2			
安康市石泉县			1	2
商洛市商州区	1			2
商洛市山阳县				2

4－42 各地区肢体残疾人分残疾等级的康复形式

单位：人

地 区	机构康复				延伸服务			
	残疾一级	残疾二级	残疾三级	残疾四级	残疾一级	残疾二级	残疾三级	残疾四级
总 计	**21**	**55**	**122**	**311**	**2**	**11**	**27**	**41**
西安市新城区			3	20		1	2	4
西安市碑林区	5	2	4	8				
西安市长安区	1	1	2	8				3
西安市周至县		1	2	8	1		2	2
宝鸡市扶风县		5	4	8		3	1	3
宝鸡市千阳县		3	3	7		1	3	5
咸阳市渭城区		2	1	8				4
咸阳市乾县			6	37	1	4	4	3
咸阳市旬邑县		1	8	18		1	3	7
渭南市临渭区		1		2				
渭南市蒲城县		10	14	31				1
渭南市华县	1	7	21	40				
延安市洛川县	3	5	11	18			3	1
榆林市绥德县	2	2	7	29				
榆林市神木县		5	9	26		1	5	1
汉中市汉台区	2	1	4	16			1	
汉中市勉县	6	1	13	4			1	
汉中市宁强县			3	7				
安康市汉滨区			3	3				1
安康市石泉县		1	1	2			2	5
商洛市商州区	1	1		2				
商洛市山阳县		6	3	9				1

4-42 续表

单位：人

地区	社区和家庭服务			
	残疾一级	残疾二级	残疾三级	残疾四级
总计	**25**	**54**	**117**	**394**
西安市新城区				
西安市碑林区	1	4	5	20
西安市长安区	4	5	7	23
西安市周至县	2	2	8	15
宝鸡市扶风县	1	6	4	19
宝鸡市千阳县	3	1	1	4
咸阳市渭城区		3	8	28
咸阳市乾县	2	1	5	14
咸阳市旬邑县	2	1	8	19
渭南市临渭区	1	6	9	36
渭南市蒲城县	1	6	15	56
渭南市华县				
延安市洛川县				1
榆林市绥德县			3	15
榆林市神木县		6	14	16
汉中市汉台区				
汉中市勉县	1	1	2	8
汉中市宁强县	2	3	6	14
安康市汉滨区	2	5	3	25
安康市石泉县	1	2	10	46
商洛市商州区	1		5	23
商洛市山阳县	1	2	4	12

4－43 各地区肢体残疾人分残疾等级的康复内容

单位：人

地 区	医疗服务				辅助器具			
	残疾一级	残疾二级	残疾三级	残疾四级	残疾一级	残疾二级	残疾三级	残疾四级
总 计	**29**	**78**	**160**	**428**	**22**	**49**	**99**	**207**
西安市新城区			4	23		1	4	19
西安市碑林区	4	2	5	6	2	1		2
西安市长安区	2	4	4	18	5	6	6	13
西安市周至县	1	2	5	16	3	3	12	21
宝鸡市扶风县	1	14	5	26	1	7	6	23
宝鸡市千阳县	3	4	6	12	2	5	7	11
咸阳市渭城区		4	9	35		3	6	21
咸阳市乾县	3	4	13	47	2	5	8	21
咸阳市旬邑县		2	18	42		2	8	8
渭南市临渭区		3		6		1	2	
渭南市蒲城县		10	13	33	1	3	5	5
渭南市华县	1	7	19	40		1	3	3
延安市洛川县	3	5	12	19			2	1
榆林市绥德县	1	1	7	22	1	1	3	21
榆林市神木县		5	10	22		1	4	4
汉中市汉台区	2	1	2	15		1	3	7
汉中市勉县	5	1	10	3	3	1	11	5
汉中市宁强县	2	2	7	14		2	2	3
安康市汉滨区			3	5		1		2
安康市石泉县			2	3		1	1	4
商洛市商州区	1	1	2	12	2	1	4	7
商洛市山阳县		6	4	9		2	2	6

4－43　续表

单位：人

地　区	康复训练与服务			
	残疾一级	残疾二级	残疾三级	残疾四级
总　计	**33**	**68**	**126**	**423**
西安市新城区		1	3	19
西安市碑林区	4	5	6	22
西安市长安区	5	5	6	23
西安市周至县	3	3	12	23
宝鸡市扶风县	1	9	7	17
宝鸡市千阳县	3	5	5	7
咸阳市渭城区		3	3	19
咸阳市乾县	2	4	11	36
咸阳市旬邑县	2	3	7	28
渭南市临渭区	1	4	7	32
渭南市蒲城县	1	12	20	66
渭南市华县				3
延安市洛川县				
榆林市绥德县			1	1
榆林市神木县		6	14	17
汉中市汉台区				1
汉中市勉县	6	1	5	5
汉中市宁强县			1	6
安康市汉滨区	2	4	3	24
安康市石泉县	1	2	10	48
商洛市商州区	1		4	19
商洛市山阳县	1	1	1	7

4－44 各地区智力残疾人分残疾等级的康复形式

单位：人

地区	机构康复				延伸服务			
	残疾一级	残疾二级	残疾三级	残疾四级	残疾一级	残疾二级	残疾三级	残疾四级
总计	**18**	**35**	**36**	**27**	**3**	**2**	**1**	**3**
西安市新城区		2		2				
西安市碑林区			1					1
西安市长安区					1			
西安市周至县			5	1				
宝鸡市扶风县		1	2	3				
宝鸡市千阳县		6	1	2				
咸阳市渭城区		1						
咸阳市乾县			1		1			1
咸阳市旬邑县				1				
渭南市临渭区								
渭南市蒲城县		3						
渭南市华县	1		2	1			1	1
延安市洛川县				1				
榆林市绥德县			2	1				
榆林市神木县								
汉中市汉台区	1		2	5				
汉中市勉县								
汉中市宁强县	16	17	7	1	1	1		
安康市汉滨区			1			1		
安康市石泉县		1						
商洛市商州区				2				
商洛市山阳县		4	12	7				

4－44　续表

单位：人

地　区	社区和家庭服务			
	残疾一级	残疾二级	残疾三级	残疾四级
总　计	**11**	**37**	**84**	**73**
西安市新城区			2	3
西安市碑林区			2	
西安市长安区	2	1	4	3
西安市周至县		2	2	3
宝鸡市扶风县	1		3	4
宝鸡市千阳县		1		
咸阳市渭城区		2	2	
咸阳市乾县			3	2
咸阳市旬邑县		3	5	4
渭南市临渭区		3	2	5
渭南市蒲城县			2	3
渭南市华县	3	10	14	13
延安市洛川县		1	2	7
榆林市绥德县	1	2	6	4
榆林市神木县	1	3	11	1
汉中市汉台区				
汉中市勉县	1	4	8	5
汉中市宁强县	1			
安康市汉滨区	1		3	1
安康市石泉县			7	6
商洛市商州区		5	4	7
商洛市山阳县			2	2

4－45 各地区智力残疾人分残疾等级的康复内容

单位：人

地区	医疗服务				辅助器具			
	残疾一级	残疾二级	残疾三级	残疾四级	残疾一级	残疾二级	残疾三级	残疾四级
总计	**22**	**41**	**49**	**41**			**2**	**1**
西安市新城区		2	1	3			1	1
西安市碑林区			3	1				
西安市长安区	1	1	1	1				
西安市周至县		1	5	2				
宝鸡市扶风县		1	1	3				
宝鸡市千阳县		5	1					
咸阳市渭城区			1					
咸阳市乾县	1		3	2				
咸阳市旬邑县		1		3				
渭南市临渭区				2				
渭南市蒲城县		3						
渭南市华县			1	3				
延安市洛川县		1		3				
榆林市绥德县			1	1				
榆林市神木县	1	2	6					
汉中市汉台区				1				
汉中市勉县			1				1	
汉中市宁强县	18	18	7	1				
安康市汉滨区	1		2	1				
安康市石泉县				1				
商洛市商州区		2	2	5				
商洛市山阳县		4	13	8				

4－45 续表

单位：人

地 区	康复训练与服务			
	残疾一级	残疾二级	残疾三级	残疾四级
总 计	**12**	**46**	**92**	**77**
西安市新城区		2	1	4
西安市碑林区				
西安市长安区	2		3	2
西安市周至县		1	4	2
宝鸡市扶风县	1		4	4
宝鸡市千阳县		5		2
咸阳市渭城区		3	2	
咸阳市乾县	1		3	2
咸阳市旬邑县		3	5	4
渭南市临渭区		3	2	3
渭南市蒲城县		3	2	3
渭南市华县	4	10	17	14
延安市洛川县			2	6
榆林市绥德县	1	2	7	4
榆林市神木县		2	10	1
汉中市汉台区	1		2	4
汉中市勉县	1	3	4	4
汉中市宁强县				1
安康市汉滨区	1	1	4	1
安康市石泉县		1	7	5
商洛市商州区		3	2	5
商洛市山阳县		4	11	6

4－46 各地区精神残疾人分残疾等级的康复形式

单位：人

地　区	机构康复				延伸服务			
	残疾一级	残疾二级	残疾三级	残疾四级	残疾一级	残疾二级	残疾三级	残疾四级
总　计	**56**	**20**	**37**	**106**	**15**	**4**	**5**	**19**
西安市新城区	4			1	1			
西安市碑林区	2	2	2	8				
西安市长安区	2	2	2	6	1			2
西安市周至县	5		2	7				
宝鸡市扶风县	1	1	1					
宝鸡市千阳县	1		1	9				
咸阳市渭城区	1						1	1
咸阳市乾县					6	2		5
咸阳市旬邑县	1		1		4	1	1	8
渭南市临渭区	1							
渭南市蒲城县			4	23				
渭南市华县	4	4	2	5				
延安市洛川县			1	4				
榆林市绥德县			1	5				
榆林市神木县								
汉中市汉台区	4			1	1			
汉中市勉县	5	2	4	2				1
汉中市宁强县	3	2	1	4				
安康市汉滨区	3	1	7	9	2	1	2	1
安康市石泉县	7	3	6	8				
商洛市商州区	12	3	2	10				1
商洛市山阳县				4			1	

4－46 续表

单位：人

地 区	社区和家庭服务			
	残疾一级	残疾二级	残疾三级	残疾四级
总 计	**20**	**16**	**9**	**32**
西安市新城区	2	1		1
西安市碑林区	1			
西安市长安区				
西安市周至县				
宝鸡市扶风县	10	2	1	1
宝鸡市千阳县			1	4
咸阳市渭城区	1	1	1	2
咸阳市乾县				
咸阳市旬邑县				
渭南市临渭区	3	3	1	7
渭南市蒲城县				
渭南市华县			1	
延安市洛川县	1	2		
榆林市绥德县				3
榆林市神木县	1	2	1	2
汉中市汉台区		2		
汉中市勉县			1	4
汉中市宁强县	1			1
安康市汉滨区		1		2
安康市石泉县		2		1
商洛市商州区			1	4
商洛市山阳县			1	

4－47　各地区精神残疾人分残疾等级的康复内容

单位：人

地　区	医疗服务				辅助器具			
	残疾一级	残疾二级	残疾三级	残疾四级	残疾一级	残疾二级	残疾三级	残疾四级
总　计	**86**	**37**	**48**	**148**	**1**			
西安市新城区	3	2	2	8				
西安市碑林区	7	1		2				
西安市长安区	3	2	2	8				
西安市周至县	5	1	2	8				
宝鸡市扶风县		1	1	4				
宝鸡市千阳县		2		2	1			
咸阳市渭城区	9	3	2	1				
咸阳市乾县	4	4	3	5				
咸阳市旬邑县				8				
渭南市临渭区	1	1	2					
渭南市蒲城县			4	23				
渭南市华县	4	3	1	6				
延安市洛川县	12	3	3	15				
榆林市绥德县	7	3	6	8				
榆林市神木县			2	4				
汉中市汉台区	5		2	7				
汉中市勉县	5	3	9	12				
汉中市宁强县	5	2	5	7				
安康市汉滨区	1		1	9				
安康市石泉县	4	2	1	5				
商洛市商州区	6	2		5				
商洛市山阳县	5	2		1				

4－47 续表

单位：人

地 区	康复训练与服务			
	残疾一级	残疾二级	残疾三级	残疾四级
总 计	**23**	**13**	**11**	**24**
西安市新城区				
西安市碑林区	3	1	1	5
西安市长安区	2	2	2	5
西安市周至县				1
宝鸡市扶风县	9	2	1	
宝鸡市千阳县			1	4
咸阳市渭城区	1			3
咸阳市乾县	1			
咸阳市旬邑县			1	
渭南市临渭区				1
渭南市蒲城县				
渭南市华县	2	4	2	1
延安市洛川县	1	2		1
榆林市绥德县			1	
榆林市神木县	1		1	
汉中市汉台区	1			
汉中市勉县	1			1
汉中市宁强县				1
安康市汉滨区	1			
安康市石泉县		2		1
商洛市商州区			1	
商洛市山阳县				

4－48　各地区多重残疾人分残疾等级的康复形式

单位：人

地　区	机构康复				延伸服务			
	残疾一级	残疾二级	残疾三级	残疾四级	残疾一级	残疾二级	残疾三级	残疾四级
总　计	**187**	**57**	**67**	**48**	**27**	**3**	**8**	**6**
西安市新城区	7	2	6	11				2
西安市碑林区	8	4	6	8				
西安市长安区	7	2	3	3	1		1	1
西安市周至县	10	3	3	1	2	1	2	2
宝鸡市扶风县	2	2	4					
宝鸡市千阳县	13		3	2	1			
咸阳市渭城区	7		2	1	1			
咸阳市乾县	4				2			
咸阳市旬邑县	16	1	4	1	2	1	1	
渭南市临渭区		1	1					
渭南市蒲城县	7	4	4	2				
渭南市华县	8	3	5	6				
延安市洛川县	8	1	2					
榆林市绥德县	4	2	3					
榆林市神木县	1		3	1				
汉中市汉台区	16	4	4	3				
汉中市勉县	13	4	2	2	13		1	1
汉中市宁强县	11	4						
安康市汉滨区	7	1	2		2		1	
安康市石泉县	5	6	2	1				
商洛市商州区	10	7		2	1			
商洛市山阳县	23	6	8	4	2	1	2	

4－48 续表

单位：人

地 区	社区和家庭服务			
	残疾一级	残疾二级	残疾三级	残疾四级
总 计	**212**	**73**	**104**	**56**
西安市新城区	7	1	5	2
西安市碑林区	3	1	4	2
西安市长安区	7	2	5	5
西安市周至县	7	5		1
宝鸡市扶风县	5		6	1
宝鸡市千阳县	1		1	2
咸阳市渭城区	6	4	5	3
咸阳市乾县	5	1		1
咸阳市旬邑县	11	1	4	2
渭南市临渭区	12	9	6	3
渭南市蒲城县	7	3	10	4
渭南市华县	1	2	1	1
延安市洛川县	2			
榆林市绥德县	11	8	11	4
榆林市神木县	8	6	7	5
汉中市汉台区			1	4
汉中市勉县	34	3	9	5
汉中市宁强县	8	2	2	
安康市汉滨区	34	2	4	
安康市石泉县	22	16	15	7
商洛市商州区	13	5	5	3
商洛市山阳县	8	2	3	1

4－49 各地区多重残疾人分残疾等级的康复内容

单位：人

地 区	医疗服务				辅助器具			
	残疾一级	残疾二级	残疾三级	残疾四级	残疾一级	残疾二级	残疾三级	残疾四级
总 计	**205**	**64**	**84**	**65**	**186**	**41**	**70**	**50**
西安市新城区	8	3	7	13	3	3	7	7
西安市碑林区	10	4	7	9	3		2	5
西安市长安区	9	2	3	4	7	3	6	7
西安市周至县	7	4	2	1	16	5	4	3
宝鸡市扶风县	4	1	7	1	3	1	3	
宝鸡市千阳县	11		4	3	4		2	1
咸阳市渭城区	8	2	6	2	11	2	6	4
咸阳市乾县	5	1		1	4	1		
咸阳市旬邑县	14		6	1	17	2	5	2
渭南市临渭区	2	5	2	1	2		2	
渭南市蒲城县	6	4	4	2	3	3	3	
渭南市华县	3	4	5	5	6	1	1	4
延安市洛川县	8	1	2		1			
榆林市绥德县	3	3	2	1	5	4	5	1
榆林市神木县	5	2	5	1	1	2	1	1
汉中市汉台区	11	1	2	6	9		3	5
汉中市勉县	21	5	2	4	31		6	3
汉中市宁强县	13	4	1		5	1	1	
安康市汉滨区	23	2	3		18	1	3	
安康市石泉县	6	4	2	2	13	5	2	1
商洛市商州区	11	9	4	4	5	2	1	4
商洛市山阳县	17	3	8	4	19	5	7	2

4－49 续表

单位：人

地区	康复训练与服务			
	残疾一级	残疾二级	残疾三级	残疾四级
总 计	**217**	**72**	**102**	**46**
西安市新城区	9	3	4	3
西安市碑林区	6	4	8	5
西安市长安区	10	2	6	6
西安市周至县	17	9	4	3
宝鸡市扶风县	3	1	5	
宝鸡市千阳县	4		1	2
咸阳市渭城区	2	4	1	1
咸阳市乾县	6	1		1
咸阳市旬邑县	13	1	4	
渭南市临渭区	9	5	5	2
渭南市蒲城县	9	4	12	6
渭南市华县	4	1	1	1
延安市洛川县	4			
榆林市绥德县	7	3	7	2
榆林市神木县	3	2	4	4
汉中市汉台区	4	3	2	
汉中市勉县	36	3	7	3
汉中市宁强县	2			
安康市汉滨区	29	1	5	
安康市石泉县	12	17	14	6
商洛市商州区	16	2	3	1
商洛市山阳县	12	6	9	

4－50 各地区残疾人分城乡、残疾等级的持证情况

单位：人

地 区	持证残疾人			持证残疾人		
				残疾一级		
	合计	城镇	农村	小计	城镇	农村
总 计	**481**	**225**	**256**	**114**	**51**	**63**
西安市新城区	40	40		7	7	
西安市碑林区	34	34		5	5	
西安市长安区	29	24	5	6	5	1
西安市周至县	13		13	4		4
宝鸡市扶风县	11	3	8	4	1	3
宝鸡市千阳县	10	5	5	3	1	2
咸阳市渭城区	32	24	8	9	8	1
咸阳市乾县	11		11	2		2
咸阳市旬邑县	29		29	9		9
渭南市临渭区	17	5	12	1	1	
渭南市蒲城县	13	6	7	3	2	1
渭南市华县	25		25	7		7
延安市洛川县	17	4	13	3	1	2
榆林市绥德县	19	10	9	3		3
榆林市神木县	28	8	20	6		6
汉中市汉台区	19	19		7	7	
汉中市勉县	3	1	2			
汉中市宁强县	22	10	12	9	2	7
安康市汉滨区	25	10	15	7	6	1
安康市石泉县	38	17	21	7	4	3
商洛市商州区	14	1	13	2		2
商洛市山阳县	32	4	28	10	1	9

4－50 续表

单位：人

地　区	持证残疾人								
	残疾二级			残疾三级			残疾四级		
	小计	城镇	农村	小计	城镇	农村	小计	城镇	农村
总　计	**55**	**21**	**34**	**104**	**44**	**60**	**208**	**109**	**99**
西安市新城区	1	1		7	7		25	25	
西安市碑林区	4	4		5	5		20	20	
西安市长安区	3	2	1	3	3		17	14	3
西安市周至县				4		4	5		5
宝鸡市扶风县				1	1		6	1	5
宝鸡市千阳县	1		1	3	2	1	3	2	1
咸阳市渭城区	7	6	1	2		2	14	10	4
咸阳市乾县	2		2	2		2	5		5
咸阳市旬邑县	2		2	7		7	11		11
渭南市临渭区	4	1	3	7	2	5	5	1	4
渭南市蒲城县	2		2	5	2	3	3	2	1
渭南市华县	4		4	6		6	8		8
延安市洛川县	2		2	6	1	5	6	2	4
榆林市绥德县				3	2	1	13	8	5
榆林市神木县	6	2	4	8	2	6	8	4	4
汉中市汉台区	1	1		5	5		6	6	
汉中市勉县				1	1		2		2
汉中市宁强县	2		2	6	5	1	5	3	2
安康市汉滨区	2	1	1	3		3	13	3	10
安康市石泉县	4	2	2	11	4	7	16	7	9
商洛市商州区	2		2	4	1	3	6		6
商洛市山阳县	6	1	5	5	1	4	11	1	10

4－51　6-14岁视力残疾人分年龄、性别、残疾等级的在校生接受义务教育情况

单位：人

年龄	残疾人		残疾一级							
			普通教育学校普通班		普通教育学校特教班		特殊教育学校		其他	
	男	女	男	女	男	女	男	女	男	女
总　计	**2**	**3**					**1**			
6岁										
7岁										
8岁	1	1								
9岁	1						1			
10岁										
11岁		1								
12岁										
13岁		1								
14岁										

4－51　续表 1

单位：人

年龄	残疾二级							
	普通教育学校普通班		普通教育学校特教班		特殊教育学校		其他	
	男	女	男	女	男	女	男	女
总　计								
6岁								
7岁								
8岁								
9岁								
10岁								
11岁								
12岁								
13岁								
14岁								

4－51 续表 2

单位：人

年龄	残疾三级							
	普通教育学校普通班		普通教育学校特教班		特殊教育学校		其他	
	男	女	男	女	男	女	男	女
总 计								
6岁								
7岁								
8岁								
9岁								
10岁								
11岁								
12岁								
13岁								
14岁								

4－51 续表 3

单位：人

年龄	残疾四级							
	普通教育学校普通班		普通教育学校特教班		特殊教育学校		其他	
	男	女	男	女	男	女	男	女
总 计	**1**	**1**						**1**
6岁								
7岁								
8岁	1							1
9岁								
10岁								
11岁		1						
12岁								
13岁								
14岁								

4－52　6-14岁听力残疾人分年龄、性别、残疾等级的在校生接受义务教育情况

单位：人

年　龄	残疾人		残疾一级							
			普通教育学校普通班		普通教育学校特教班		特殊教育学校		其他	
	男	女	男	女	男	女	男	女	男	女
总　计	**4**	**3**	**1**							
6岁	1									
7岁										
8岁	1									
9岁		2								
10岁										
11岁	1									
12岁		1								
13岁										
14岁	1		1							

4－52　续表 1

单位：人

年　龄	残疾二级							
	普通教育学校普通班		普通教育学校特教班		特殊教育学校		其他	
	男	女	男	女	男	女	男	女
总　计								
6岁								
7岁								
8岁								
9岁								
10岁								
11岁								
12岁								
13岁								
14岁								

4－52 续表 2

单位：人

年龄	残疾三级							
	普通教育学校普通班		普通教育学校特教班		特殊教育学校		其他	
	男	女	男	女	男	女	男	女
总　计	**2**							
6岁	1							
7岁								
8岁	1							
9岁								
10岁								
11岁								
12岁								
13岁								
14岁								

4－52 续表 3

单位：人

年龄	残疾四级							
	普通教育学校普通班		普通教育学校特教班		特殊教育学校		其他	
	男	女	男	女	男	女	男	女
总　计		**2**				**1**		
6岁								
7岁								
8岁								
9岁		2						
10岁								
11岁								
12岁						1		
13岁								
14岁								

4－53　6-14岁言语残疾人分年龄、性别、残疾等级的在校生接受义务教育情况

单位：人

年　龄	残疾人		残疾一级							
			普通教育学校普通班		普通教育学校特教班		特殊教育学校		其他	
	男	女	男	女	男	女	男	女	男	女
总　计	**7**	**2**		**1**						
6岁	2									
7岁										
8岁	1									
9岁	1									
10岁	2									
11岁		1								
12岁										
13岁										
14岁	1	1		1						

4－53　续表 1

单位：人

年　龄	残疾二级							
	普通教育学校普通班		普通教育学校特教班		特殊教育学校		其他	
	男	女	男	女	男	女	男	女
总　计								
6岁								
7岁								
8岁								
9岁								
10岁								
11岁								
12岁								
13岁								
14岁								

4－53 续表 2

单位：人

年 龄	残疾三级							
	普通教育学校普通班		普通教育学校 特教班		特殊教育学校		其他	
	男	女	男	女	男	女	男	女
总 计	**1**							
6岁								
7岁								
8岁								
9岁								
10岁								
11岁								
12岁								
13岁								
14岁	1							

4－53 续表 3

单位：人

年 龄	残疾四级							
	普通教育学校普通班		普通教育学校特教班		特殊教育学校		其他	
	男	女	男	女	男	女	男	女
总 计	**5**	**1**						
6岁	2							
7岁								
8岁								
9岁	1							
10岁	2							
11岁		1						
12岁								
13岁								
14岁								

4－54　6-14岁肢体残疾人分年龄、性别、残疾等级的在校生接受义务教育情况

单位：人

年　龄	残疾人		残疾一级							
			普通教育学校普通班		普通教育学校特教班		特殊教育学校		其他	
	男	女	男	女	男	女	男	女	男	女
总　计	**12**	**13**	**2**							
6岁										
7岁	2	2	1							
8岁		2								
9岁		2								
10岁	2	1								
11岁	1	3								
12岁	4	2	1							
13岁	1									
14岁	2	1								

4－54　续表 1

单位：人

年　龄	残疾二级							
	普通教育学校普通班		普通教育学校特教班		特殊教育学校		其他	
	男	女	男	女	男	女	男	女
总　计		**1**						
6岁								
7岁								
8岁								
9岁								
10岁		1						
11岁								
12岁								
13岁								
14岁								

4-54 续表 2

单位：人

年 龄	残疾三级							
	普通教育学校普通班		普通教育学校特教班		特殊教育学校		其他	
	男	女	男	女	男	女	男	女
总 计	**2**	**2**						
6岁								
7岁								
8岁								
9岁		1						
10岁	1							
11岁								
12岁								
13岁								
14岁	1	1						

4-54 续表 3

单位：人

年 龄	残疾四级							
	普通教育学校普通班		普通教育学校特教班		特殊教育学校		其他	
	男	女	男	女	男	女	男	女
总 计	**5**	**8**						
6岁								
7岁								
8岁		2						
9岁		1						
10岁	1							
11岁	1	3						
12岁	2	2						
13岁								
14岁	1							

4－55　6-14岁智力残疾人分年龄、性别、残疾等级的在校生接受义务教育情况

单位：人

年　龄	残疾人		残疾一级							
			普通教育学校普通班		普通教育学校特教班		特殊教育学校		其他	
	男	女	男	女	男	女	男	女	男	女
总　计	**29**	**19**			**1**		**1**			
6岁		2								
7岁										
8岁	1	1								
9岁	9	3			1					
10岁	6	3					1			
11岁	1	1								
12岁	6	6								
13岁	3	1								
14岁	3	2								

4－55　续表 1

单位：人

年　龄	残疾二级							
	普通教育学校普通班		普通教育学校特教班		特殊教育学校		其他	
	男	女	男	女	男	女	男	女
总　计	**4**	**3**						
6岁								
7岁								
8岁		1						
9岁	2							
10岁								
11岁								
12岁	2	2						
13岁								
14岁								

4－55 续表 2

单位：人

年 龄	残疾三级							
	普通教育学校普通班		普通教育学校特教班		特殊教育学校		其他	
	男	女	男	女	男	女	男	女
总 计	**6**	**4**						
6岁								
7岁								
8岁								
9岁	1							
10岁	1	1						
11岁	1							
12岁		1						
13岁	2							
14岁	1	2						

4－55 续表 3

单位：人

年 龄	残疾三级							
	普通教育学校普通班		普通教育学校特教班		特殊教育学校		其他	
	男	女	男	女	男	女	男	女
总 计	**12**	**5**		**3**				**1**
6岁								1
7岁								
8岁								
9岁	2	2		1				
10岁	3	2						
11岁		1						
12岁	4			2				
13岁	1							
14岁	2							

4－56　6-14岁精神残疾人分年龄、性别、残疾等级的在校生接受义务教育情况

单位：人

年　龄	残疾人		残疾一级							
			普通教育学校普通班		普通教育学校特教班		特殊教育学校		其他	
	男	女	男	女	男	女	男	女	男	女
总　计	**5**	**3**	**2**							
6岁		1								
7岁	2		1							
8岁										
9岁										
10岁										
11岁		1								
12岁	2		1							
13岁		1								
14岁	1									

4－56　续表 1

单位：人

年　龄	残疾二级							
	普通教育学校普通班		普通教育学校特教班		特殊教育学校		其他	
	男	女	男	女	男	女	男	女
总　计								
6岁								
7岁								
8岁								
9岁								
10岁								
11岁								
12岁								
13岁								
14岁								

4－56 续表 2

单位：人

年　龄	残疾三级							
	普通教育学校普通班		普通教育学校特教班		特殊教育学校		其他	
	男	女	男	女	男	女	男	女
总　计								
6岁								
7岁								
8岁								
9岁								
10岁								
11岁								
12岁								
13岁								
14岁								

4－56 续表 3

单位：人

年　龄	残疾四级							
	普通教育学校普通班		普通教育学校特教班		特殊教育学校		其他	
	男	女	男	女	男	女	男	女
总　计	**1**	**3**						
6岁		1						
7岁								
8岁								
9岁								
10岁								
11岁		1						
12岁	1							
13岁		1						
14岁								

4－57　6–14岁多重残疾人分年龄、性别、残疾等级的在校生接受义务教育情况

单位：人

年　龄	残疾人		残疾一级							
			普通教育学校普通班		普通教育学校特教班		特殊教育学校		其他	
	男	女	男	女	男	女	男	女	男	女
总　计	**26**	**18**	**3**				**2**	**3**		
6岁	3	3						1		
7岁	2	2								
8岁	1	2								
9岁	3	1								
10岁	3	3								
11岁		1						1		
12岁	6	3	1				1	1		
13岁	4	2	1				1			
14岁	4	1	1							

4－57　续表 1

单位：人

年　龄	残疾二级							
	普通教育学校普通班		普通教育学校特教班		特殊教育学校		其他	
	男	女	男	女	男	女	男	女
总　计	**2**	**2**						
6岁								
7岁								
8岁								
9岁	1	1						
10岁		1						
11岁								
12岁	1							
13岁								
14岁								

4－57 续表 2

单位：人

年 龄	残疾三级							
	普通教育学校普通班		普通教育学校特教班		特殊教育学校		其他	
	男	女	男	女	男	女	男	女
总 计	**4**	**2**						
6岁								
7岁								
8岁		1						
9岁	1							
10岁								
11岁								
12岁	2							
13岁	1							
14岁		1						

4－57 续表 3

单位：人

年 龄	残疾四级							
	普通教育学校普通班		普通教育学校特教班		特殊教育学校		其他	
	男	女	男	女	男	女	男	女
总 计	**3**							
6岁								
7岁								
8岁								
9岁								
10岁	2							
11岁								
12岁								
13岁								
14岁	1							

4－58　各地区6－14岁残疾人分城乡、残疾等级的在校生接受义务教育情况

单位：人

地　区	残疾人		残疾一级							
			普通教育学校普通班		普通教育学校特教班		特殊教育学校		其他	
	城镇	农村	城镇	农村	城镇	农村	城镇	农村	城镇	农村
总　计	**25**	**121**	**2**	**7**		**1**	**3**	**4**		
西安市新城区	3									
西安市碑林区	3		1				1			
西安市长安区	4	3	1			1				
西安市周至县		9		1				1		
宝鸡市扶风县		9								
宝鸡市千阳县		3								
咸阳市渭城区		2								
咸阳市乾县		9		2						
咸阳市旬邑县		10		1						
渭南市临渭区		4								
渭南市蒲城县	1	8								
渭南市华县		8						1		
延安市洛川县		10		1				1		
榆林市绥德县	2	3								
榆林市神木县		2								
汉中市汉台区	5						1			
汉中市勉县		3								
汉中市宁强县	1	4								
安康市汉滨区	1	7		2						
安康市石泉县	4	4					1			
商洛市商州区		15						1		
商洛市山阳县	1	8								

4－58 续表 1

单位：人

地　区	残疾二级							
	普通教育学校普通班		普通教育学校特教班		特殊教育学校		其他	
	城镇	农村	城镇	农村	城镇	农村	城镇	农村
总　计	**1**	**11**						
西安市新城区	1							
西安市碑林区								
西安市长安区								
西安市周至县								
宝鸡市扶风县								
宝鸡市千阳县								
咸阳市渭城区								
咸阳市乾县								
咸阳市旬邑县		2						
渭南市临渭区		1						
渭南市蒲城县		2						
渭南市华县								
延安市洛川县								
榆林市绥德县								
榆林市神木县								
汉中市汉台区								
汉中市勉县		2						
汉中市宁强县		1						
安康市汉滨区								
安康市石泉县		1						
商洛市商州区		2						
商洛市山阳县								

4－58 续表 2

单位：人

地 区	残疾三级							
	普通教育学校普通班		普通教育学校特教班		特殊教育学校		其他	
	城镇	农村	城镇	农村	城镇	农村	城镇	农村
总 计	**3**	**20**						
西安市新城区								
西安市碑林区								
西安市长安区	1							
西安市周至县		5						
宝鸡市扶风县		1						
宝鸡市千阳县								
咸阳市渭城区								
咸阳市乾县		1						
咸阳市旬邑县								
渭南市临渭区								
渭南市蒲城县		2						
渭南市华县		2						
延安市洛川县		2						
榆林市绥德县								
榆林市神木县		1						
汉中市汉台区								
汉中市勉县								
汉中市宁强县								
安康市汉滨区	1							
安康市石泉县	1	1						
商洛市商州区		3						
商洛市山阳县		2						

4－58 续表 3

单位：人

地　区	残疾四级							
	普通教育学校普通班		普通教育学校特教班		特殊教育学校		其他	
	城镇	农村	城镇	农村	城镇	农村	城镇	农村
总　计	**9**	**38**		**3**		**1**		**2**
西安市新城区								
西安市碑林区								
西安市长安区	2					1		
西安市周至县		1						
宝鸡市扶风县		4						
宝鸡市千阳县		1		1				
咸阳市渭城区								
咸阳市乾县		5						
咸阳市旬邑县		4						1
渭南市临渭区		1						
渭南市蒲城县		2						
渭南市华县		2		2				
延安市洛川县		3						
榆林市绥德县	1	2						
榆林市神木县								
汉中市汉台区	3							
汉中市勉县								
汉中市宁强县	1	2						1
安康市汉滨区		4						
安康市石泉县	2	1						
商洛市商州区		4						
商洛市山阳县		2						

4-59 各地区16岁及以上视力残疾人分城乡的参加社会保险情况

单位：人

地　区	残疾人			参加社会保险人数					
				养老保险			医疗保险		
	合计	城镇	农村	小计	城镇	农村	小计	城镇	农村
总　计	**572**	**139**	**433**	**24**	**20**	**4**	**213**	**38**	**175**
西安市新城区	17	17		7	7		11	11	
西安市碑林区	7	7		2	2		1	1	
西安市长安区	38	17	21	6	5	1	30	11	19
西安市周至县	20		20	2		2			
宝鸡市扶风县	19	3	16						
宝鸡市千阳县	17	1	16				16	1	15
咸阳市渭城区	17	8	9	3	3		3	3	
咸阳市乾县	25		25						
咸阳市旬邑县	35		35				27		27
渭南市临渭区	34	8	26	1		1	4	4	
渭南市蒲城县	16	6	10						
渭南市华县	18		18				16		16
延安市洛川县	22	2	20				22	2	20
榆林市绥德县	34	10	24						
榆林市神木县	24	2	22				23	2	21
汉中市汉台区	41	31	10	1	1				
汉中市勉县	38	2	36				36	2	34
汉中市宁强县	19	5	14						
安康市汉滨区	19	6	13	2	2		1	1	
安康市石泉县	39	11	28				23		23
商洛市商州区	34	2	32						
商洛市山阳县	39	1	38						

4-59 续表

单位：人

地 区	参加社会保险人数						未参加		
	工伤保险			失业保险					
	小计	城镇	农村	小计	城镇	农村	小计	城镇	农村
总 计							**350**	**95**	**255**
西安市新城区							4	4	
西安市碑林区							5	5	
西安市长安区							7	5	2
西安市周至县							18		18
宝鸡市扶风县							19	3	16
宝鸡市千阳县							1		1
咸阳市渭城区							14	5	9
咸阳市乾县							25		25
咸阳市旬邑县							8		8
渭南市临渭区							29	4	25
渭南市蒲城县							16	6	10
渭南市华县							2		2
延安市洛川县									
榆林市绥德县							34	10	24
榆林市神木县							1		1
汉中市汉台区							40	30	10
汉中市勉县							2		2
汉中市宁强县							19	5	14
安康市汉滨区							17	4	13
安康市石泉县							16	11	5
商洛市商州区							34	2	32
商洛市山阳县							39	1	38

4-60 各地区16岁及以上听力残疾人分城乡的参加社会保险情况

单位：人

地区	残疾人			参加社会保险人数					
				养老保险			医疗保险		
	合计	城镇	农村	小计	城镇	农村	小计	城镇	农村
总　计	**1562**	**670**	**892**	**312**	**302**	**10**	**662**	**340**	**322**
西安市新城区	286	286		194	194		183	183	
西安市碑林区	91	91		68	68		56	56	
西安市长安区	52	38	14	1	1		44	31	13
西安市周至县	48		48	1		1	2		2
宝鸡市扶风县	69	8	61	2		2			
宝鸡市千阳县	41	7	34				31	3	28
咸阳市渭城区	71	52	19	13	12	1	15	15	
咸阳市乾县	38		38						
咸阳市旬邑县	80		80	2		2	55		55
渭南市临渭区	65	16	49	9	9		11	9	2
渭南市蒲城县	59	26	33				16	16	
渭南市华县	70		70	1		1	59		59
延安市洛川县	21	6	15	2	1	1	18	5	13
榆林市绥德县	61	8	53	2		2	4	1	3
榆林市神木县	36	5	31				35	5	30
汉中市汉台区	57	52	5	10	10		7	7	
汉中市勉县	85	3	82				74	3	71
汉中市宁强县	56	17	39	4	4		2	2	
安康市汉滨区	78	13	65	1	1				
安康市石泉县	68	22	46	2	2		50	4	46
商洛市商州区	62	12	50						
商洛市山阳县	68	8	60						

4-60 续表

单位：人

地区	参加社会保险人数						未参加		
	工伤保险			失业保险					
	小计	城镇	农村	小计	城镇	农村	小计	城镇	农村
总 计	**1**	**1**		**1**	**1**		**855**	**292**	**563**
西安市新城区							91	91	
西安市碑林区							23	23	
西安市长安区							8	7	1
西安市周至县							45		45
宝鸡市扶风县							67	8	59
宝鸡市千阳县	1	1					10	4	6
咸阳市渭城区							50	32	18
咸阳市乾县							38		38
咸阳市旬邑县							25		25
渭南市临渭区							54	7	47
渭南市蒲城县							43	10	33
渭南市华县							11		11
延安市洛川县							1		1
榆林市绥德县							55	7	48
榆林市神木县				1	1		1		1
汉中市汉台区							46	41	5
汉中市勉县							11		11
汉中市宁强县							52	13	39
安康市汉滨区							77	12	65
安康市石泉县							17	17	
商洛市商州区							62	12	50
商洛市山阳县							68	8	60

4-61　各地区16岁及以上言语残疾人分城乡的参加社会保险情况

单位：人

地　区	残疾人			参加社会保险人数					
				养老保险			医疗保险		
	合计	城镇	农村	小计	城镇	农村	小计	城镇	农村
总　计	**46**	**14**	**32**	**4**	**4**		**16**	**5**	**11**
西安市新城区	3	3		1	1				
西安市碑林区	3	3		2	2		3	3	
西安市长安区	2		2				1		1
西安市周至县									
宝鸡市扶风县	1		1						
宝鸡市千阳县	1		1				1		1
咸阳市渭城区	1	1							
咸阳市乾县	1		1						
咸阳市旬邑县	1		1				1		1
渭南市临渭区	2		2						
渭南市蒲城县									
渭南市华县	1		1						
延安市洛川县									
榆林市绥德县	2		2						
榆林市神木县	2		2				2		2
汉中市汉台区	3	3		1	1		2	2	
汉中市勉县	2		2				2		2
汉中市宁强县	4	1	3						
安康市汉滨区	4		4						
安康市石泉县	6	1	5				4		4
商洛市商州区	5	2	3						
商洛市山阳县	2		2						

4-61 续表

单位：人

地　区	参加社会保险人数						未参加		
	工伤保险			失业保险					
	小计	城镇	农村	小计	城镇	农村	小计	城镇	农村
总　计							**29**	**8**	**21**
西安市新城区							2	2	
西安市碑林区									
西安市长安区							1		1
西安市周至县									
宝鸡市扶风县							1		1
宝鸡市千阳县									
咸阳市渭城区							1	1	
咸阳市乾县							1		1
咸阳市旬邑县									
渭南市临渭区							2		2
渭南市蒲城县									
渭南市华县							1		1
延安市洛川县									
榆林市绥德县							2		2
榆林市神木县									
汉中市汉台区							1	1	
汉中市勉县									
汉中市宁强县							4	1	3
安康市汉滨区							4		4
安康市石泉县							2	1	1
商洛市商州区							5	2	3
商洛市山阳县							2		2

4-62 各地区16岁及以上肢体残疾人分城乡的参加社会保险情况

单位：人

地区	残疾人			参加社会保险人数					
				养老保险			医疗保险		
	合计	城镇	农村	小计	城镇	农村	小计	城镇	农村
总计	**1143**	**319**	**824**	**52**	**44**	**8**	**317**	**103**	**214**
西安市新城区	30	30		10	10		9	9	
西安市碑林区	49	49		20	20		17	17	
西安市长安区	52	38	14	6	6		36	29	7
西安市周至县	39		39	2		2			
宝鸡市扶风县	53	8	45	1		1	1	1	
宝鸡市千阳县	31	8	23	2	1	1	25	5	20
咸阳市渭城区	54	35	19	3	3		3	3	
咸阳市乾县	73		73	1		1	1		1
咸阳市旬邑县	65		65				28		28
渭南市临渭区	54	8	46	1	1		4	3	1
渭南市蒲城县	133	21	112				2	2	
渭南市华县	67		67	1		1	1		1
延安市洛川县	39	7	32				35	5	30
榆林市绥德县	54	13	41						
榆林市神木县	81	19	62				78	17	61
汉中市汉台区	24	19	5	1	1		1	1	
汉中市勉县	37	4	33	1		1	34	4	30
汉中市宁强县	34	14	20						
安康市汉滨区	40	7	33						
安康市石泉县	66	30	36	2	2		42	7	35
商洛市商州区	30	7	23	1		1			
商洛市山阳县	38	2	36						

4-62 续表

单位：人

地区	参加社会保险人数						未参加		
	工伤保险			失业保险					
	小计	城镇	农村	小计	城镇	农村	小计	城镇	农村
总计	**3**	**3**		**3**	**3**		**803**	**200**	**603**
西安市新城区	1	1					20	20	
西安市碑林区				1	1		28	28	
西安市长安区							16	9	7
西安市周至县							37		37
宝鸡市扶风县							51	7	44
宝鸡市千阳县							5	3	2
咸阳市渭城区	1	1					47	28	19
咸阳市乾县							71		71
咸阳市旬邑县							37		37
渭南市临渭区							49	4	45
渭南市蒲城县							131	19	112
渭南市华县							65		65
延安市洛川县							4	2	2
榆林市绥德县							54	13	41
榆林市神木县							3	2	1
汉中市汉台区							22	17	5
汉中市勉县							3		3
汉中市宁强县				1	1		33	13	20
安康市汉滨区	1	1		1	1		38	5	33
安康市石泉县							22	21	1
商洛市商州区							29	7	22
商洛市山阳县							38	2	36

4-63 各地区16岁及以上智力残疾人分城乡的参加社会保险情况

单位：人

地区	残疾人			参加社会保险人数					
				养老保险			医疗保险		
	合计	城镇	农村	小计	城镇	农村	小计	城镇	农村
总　计	**247**	**32**	**215**	**1**	**1**		**58**	**4**	**54**
西安市新城区	6	6		1	1		1	1	
西安市碑林区	4	4							
西安市长安区	9	8	1				2	2	
西安市周至县	9		9						
宝鸡市扶风县	8	1	7						
宝鸡市千阳县	7	1	6				1		1
咸阳市渭城区	4	3	1				1	1	
咸阳市乾县	7		7						
咸阳市旬邑县	7		7						
渭南市临渭区	8	1	7						
渭南市蒲城县	3		3						
渭南市华县	32		32				21		21
延安市洛川县	5		5				5		5
榆林市绥德县	13	1	12						
榆林市神木县	15		15				13		13
汉中市汉台区	6	3	3						
汉中市勉县	17		17				8		8
汉中市宁强县	42	1	41						
安康市汉滨区	4	1	3						
安康市石泉县	12	1	11				6		6
商洛市商州区	8		8						
商洛市山阳县	21	1	20						

4–63 续表

单位：人

地 区	参加社会保险人数						未参加		
	工伤保险			失业保险					
	小计	城镇	农村	小计	城镇	农村	小计	城镇	农村
总 计							**188**	**27**	**161**
西安市新城区							4	4	
西安市碑林区							4	4	
西安市长安区							7	6	1
西安市周至县							9		9
宝鸡市扶风县							8	1	7
宝鸡市千阳县							6	1	5
咸阳市渭城区							3	2	1
咸阳市乾县							7		7
咸阳市旬邑县							7		7
渭南市临渭区							8	1	7
渭南市蒲城县							3		3
渭南市华县							11		11
延安市洛川县									
榆林市绥德县							13	1	12
榆林市神木县							2		2
汉中市汉台区							6	3	3
汉中市勉县							9		9
汉中市宁强县							42	1	41
安康市汉滨区							4	1	3
安康市石泉县							6	1	5
商洛市商州区							8		8
商洛市山阳县							21	1	20

4-64 各地区16岁及以上精神残疾人分城乡的参加社会保险情况

单位：人

地区	残疾人			参加社会保险人数					
				养老保险			医疗保险		
	合计	城镇	农村	小计	城镇	农村	小计	城镇	农村
总计	**328**	**84**	**244**	**8**	**8**		**81**	**21**	**60**
西安市新城区	10	10		1	1		2	2	
西安市碑林区	15	15		5	5		5	5	
西安市长安区	15	7	8				10	5	5
西安市周至县	14		14						
宝鸡市扶风县	16	2	14						
宝鸡市千阳县	16	2	14				8	1	7
咸阳市渭城区	7	7		1	1		1	1	
咸阳市乾县	13		13						
咸阳市旬邑县	15		15				5		5
渭南市临渭区	15	1	14						
渭南市蒲城县	27	1	26						
渭南市华县	15		15				1		1
延安市洛川县	8		8				7		7
榆林市绥德县	9	1	8	1	1				
榆林市神木县	6	2	4				6	2	4
汉中市汉台区	7	7							
汉中市勉县	19	1	18				17	1	16
汉中市宁强县	12	3	9						
安康市汉滨区	26	6	20				3	3	
安康市石泉县	25	9	16				16	1	15
商洛市商州区	32	9	23						
商洛市山阳县	6	1	5						

4-64 续表

单位：人

地区	参加社会保险人数						未参加		
	工伤保险			失业保险					
	小计	城镇	农村	小计	城镇	农村	小计	城镇	农村
总计	**1**	**1**					**243**	**59**	**184**
西安市新城区	1	1					6	6	
西安市碑林区							10	10	
西安市长安区							5	2	3
西安市周至县							14		14
宝鸡市扶风县							16	2	14
宝鸡市千阳县							8	1	7
咸阳市渭城区							5	5	
咸阳市乾县							13		13
咸阳市旬邑县							10		10
渭南市临渭区							15	1	14
渭南市蒲城县							27	1	26
渭南市华县							14		14
延安市洛川县							1		1
榆林市绥德县							8		8
榆林市神木县									
汉中市汉台区							7	7	
汉中市勉县							2		2
汉中市宁强县							12	3	9
安康市汉滨区							23	3	20
安康市石泉县							9	8	1
商洛市商州区							32	9	23
商洛市山阳县							6	1	5

4-65 各地区16岁及以上多重残疾人分城乡的参加社会保险情况

单位：人

地区	残疾人			参加社会保险人数					
				养老保险			医疗保险		
	合计	城镇	农村	小计	城镇	农村	小计	城镇	农村
总　计	**780**	**214**	**566**	**36**	**36**		**231**	**65**	**166**
西安市新城区	40	40		11	11		18	18	
西安市碑林区	35	35		16	16		9	9	
西安市长安区	34	23	11				26	16	10
西安市周至县	32		32						
宝鸡市扶风县	17	2	15				1		1
宝鸡市千阳县	21	3	18				10	1	9
咸阳市渭城区	28	13	15	3	3		1	1	
咸阳市乾县	10		10						
咸阳市旬邑县	42		42				12		12
渭南市临渭区	28	5	23				1	1	
渭南市蒲城县	35	12	23	1	1		4	4	
渭南市华县	23		23				13		13
延安市洛川县	9	3	6				8	2	6
榆林市绥德县	42	8	34				1	1	
榆林市神木县	31	5	26				28	5	23
汉中市汉台区	29	25	4	4	4		3	3	
汉中市勉县	85	3	82				52	2	50
汉中市宁强县	25	2	23						
安康市汉滨区	52	8	44				2	2	
安康市石泉县	69	16	53	1	1		40		40
商洛市商州区	40	5	35						
商洛市山阳县	53	6	47				2		2

4-65 续表

单位：人

地区	参加社会保险人数						未参加		
	工伤保险			失业保险					
	小计	城镇	农村	小计	城镇	农村	小计	城镇	农村
总　计	**3**	**3**		**1**	**1**		**536**	**136**	**400**
西安市新城区	1	1					22	22	
西安市碑林区				1	1		18	18	
西安市长安区							8	7	1
西安市周至县							32		32
宝鸡市扶风县							16	2	14
宝鸡市千阳县							11	2	9
咸阳市渭城区	1	1					25	10	15
咸阳市乾县							10		10
咸阳市旬邑县							30		30
渭南市临渭区							27	4	23
渭南市蒲城县							31	8	23
渭南市华县							10		10
延安市洛川县							1	1	
榆林市绥德县							41	7	34
榆林市神木县							3		3
汉中市汉台区							25	21	4
汉中市勉县							33	1	32
汉中市宁强县							25	2	23
安康市汉滨区	1	1					49	5	44
安康市石泉县							28	15	13
商洛市商州区							40	5	35
商洛市山阳县							51	6	45

4-66 各地区视力残疾人分城乡、残疾等级的领取低保金和救济情况

单位：人

地区	残疾人		残疾一级				残疾二级			
			领取低保人数		领取过救济人数		领取低保人数		领取过救济人数	
	城镇	农村	城镇	农村	城镇	农村	城镇	农村	城镇	农村
总计	**141**	**439**	**5**	**14**	**3**	**20**		**1**		**5**
西安市新城区	17									
西安市碑林区	8									
西安市长安区	17	21		1		1				
西安市周至县		21		2		2				
宝鸡市扶风县	3	17				1				
宝鸡市千阳县	1	16		1		1				
咸阳市渭城区	8	9								
咸阳市乾县		25								
咸阳市旬邑县		35								
渭南市临渭区	8	26								
渭南市蒲城县	6	10								
渭南市华县		18				3				
延安市洛川县	2	20		1	1	2				
榆林市绥德县	10	25			1	1		1		4
榆林市神木县	2	22		4		3				
汉中市汉台区	32	10	2	1	1					
汉中市勉县	2	36				2				
汉中市宁强县	5	15	1	3		2				
安康市汉滨区	6	15	1							
安康市石泉县	11	28	1							
商洛市商州区	2	32				1				1
商洛市山阳县	1	38		1		1				

4-66 续表

单位：人

地区	残疾三级				残疾四级			
	领取低保人数		领取过救济人数		领取低保人数		领取过救济人数	
	城镇	农村	城镇	农村	城镇	农村	城镇	农村
总 计	**1**		**2**	**3**	**8**	**6**	**5**	**25**
西安市新城区			1		1		1	
西安市碑林区								
西安市长安区							1	
西安市周至县								1
宝鸡市扶风县								2
宝鸡市千阳县								
咸阳市渭城区								
咸阳市乾县								
咸阳市旬邑县								2
渭南市临渭区					1			
渭南市蒲城县								
渭南市华县								1
延安市洛川县				2		2	1	12
榆林市绥德县	1		1		1		1	2
榆林市神木县					2	1		1
汉中市汉台区					2			
汉中市勉县								
汉中市宁强县								1
安康市汉滨区								
安康市石泉县								1
商洛市商州区				1	1	1	1	2
商洛市山阳县						2		

4-67 各地区听力残疾人分城乡、残疾等级的领取低保金和救济情况

单位：人

地区	残疾人		残疾一级				残疾二级			
			领取低保人数		领取过救济人数		领取低保人数		领取过救济人数	
	城镇	农村	城镇	农村	城镇	农村	城镇	农村	城镇	农村
总计	**673**	**901**	**1**	**1**	**1**	**3**	**4**	**4**	**2**	**6**
西安市新城区	286						1			
西安市碑林区	93				1					
西安市长安区	38	15								
西安市周至县		48								
宝鸡市扶风县	8	61								
宝鸡市千阳县	7	34						1		1
咸阳市渭城区	52	19								
咸阳市乾县		38								
咸阳市旬邑县		80								
渭南市临渭区	16	50								
渭南市蒲城县	26	34								
渭南市华县		71		1		1				
延安市洛川县	6	15							1	3
榆林市绥德县	8	53					1	2		2
榆林市神木县	5	31								
汉中市汉台区	52	5								
汉中市勉县	3	82								
汉中市宁强县	18	41	1			1				
安康市汉滨区	13	66					1		1	
安康市石泉县	22	46								
商洛市商州区	12	51					1	1		
商洛市山阳县	8	61				1				

4-67 续表

单位：人

地区	残疾三级				残疾四级			
	领取低保人数		领取过救济人数		领取低保人数		领取过救济人数	
	城镇	农村	城镇	农村	城镇	农村	城镇	农村
总　计	**17**	**10**	**5**	**23**	**21**	**7**	**2**	**12**
西安市新城区	2				11		1	
西安市碑林区					3		1	
西安市长安区						1		1
西安市周至县				2				2
宝鸡市扶风县				1				
宝鸡市千阳县		2		4				
咸阳市渭城区	2							
咸阳市乾县								
咸阳市旬邑县		1		1				
渭南市临渭区	2			1		1		1
渭南市蒲城县								
渭南市华县		1		2				
延安市洛川县	1		2	5	1	1		2
榆林市绥德县		1	2	2		1		2
榆林市神木县				1				2
汉中市汉台区					1			
汉中市勉县				1				1
汉中市宁强县	6	3				3		
安康市汉滨区	2				3			1
安康市石泉县	1			1	2			
商洛市商州区	1	2	1	2				
商洛市山阳县								

4-68 各地区言语残疾人分城乡、残疾等级的领取低保金和救济情况

单位：人

地　区	残疾人		残疾一级				残疾二级			
			领取低保人数		领取过救济人数		领取低保人数		领取过救济人数	
	城镇	农村	城镇	农村	城镇	农村	城镇	农村	城镇	农村
总　计	**16**	**46**	**1**					**1**		**2**
西安市新城区	3									
西安市碑林区	4									
西安市长安区		2								
西安市周至县		1								
宝鸡市扶风县		2								
宝鸡市千阳县		2								
咸阳市渭城区	1									
咸阳市乾县		4								
咸阳市旬邑县		3								
渭南市临渭区		2								
渭南市蒲城县		2								
渭南市华县		2								
延安市洛川县										
榆林市绥德县		2								
榆林市神木县		2						1		1
汉中市汉台区	3									
汉中市勉县		3								
汉中市宁强县	1	4	1							
安康市汉滨区		4								
安康市石泉县	2	5								1
商洛市商州区	2	4								
商洛市山阳县		2								

4-68 续表

单位：人

地区	残疾三级				残疾四级			
	领取低保人数		领取过救济人数		领取低保人数		领取过救济人数	
	城镇	农村	城镇	农村	城镇	农村	城镇	农村
总　计			**1**	**1**	**1**			**1**
西安市新城区					1			
西安市碑林区								
西安市长安区								
西安市周至县								
宝鸡市扶风县								
宝鸡市千阳县				1				
咸阳市渭城区								
咸阳市乾县								
咸阳市旬邑县								
渭南市临渭区								
渭南市蒲城县								
渭南市华县								
延安市洛川县								
榆林市绥德县								
榆林市神木县								
汉中市汉台区								
汉中市勉县								
汉中市宁强县								
安康市汉滨区								
安康市石泉县								
商洛市商州区			1					1
商洛市山阳县								

4-69 各地区肢体残疾人分城乡、残疾等级的领取低保金和救济情况

单位：人

地 区	残疾人		残疾一级				残疾二级			
			领取低保人数		领取过救济人数		领取低保人数		领取过救济人数	
	城镇	农村	城镇	农村	城镇	农村	城镇	农村	城镇	农村
总 计	**325**	**855**	**4**	**2**		**5**	**6**	**3**	**4**	**13**
西安市新城区	30									
西安市碑林区	49		1							
西安市长安区	40	14					1		1	
西安市周至县		43		1						
宝鸡市扶风县	8	46								2
宝鸡市千阳县	8	23						1		1
咸阳市渭城区	35	19					2		1	
咸阳市乾县		77				1				
咸阳市旬邑县		68								1
渭南市临渭区	8	47								
渭南市蒲城县	21	113								1
渭南市华县		69								1
延安市洛川县	8	34				1		1	1	
榆林市绥德县	15	43				1				
榆林市神木县	19	64					2		1	1
汉中市汉台区	19	5	1							
汉中市勉县	4	33								
汉中市宁强县	14	21	1	1			1	1		
安康市汉滨区	7	35				1				
安康市石泉县	31	39								
商洛市商州区	7	26	1							
商洛市山阳县	2	36				1				6

4-69 续表

单位：人

地区	残疾三级				残疾四级			
	领取低保人数		领取过救济人数		领取低保人数		领取过救济人数	
	城镇	农村	城镇	农村	城镇	农村	城镇	农村
总　计	**12**	**11**	**6**	**20**	**39**	**19**	**15**	**31**
西安市新城区			1		5		2	
西安市碑林区	2				8		2	
西安市长安区	1		1		3		1	
西安市周至县		4		1		3		2
宝鸡市扶风县	1		1			2		1
宝鸡市千阳县	2	1		1	1	1		1
咸阳市渭城区					1			
咸阳市乾县		1						1
咸阳市旬邑县		1		2		1		2
渭南市临渭区	1							1
渭南市蒲城县								
渭南市华县				2				
延安市洛川县			1	5	1		1	1
榆林市绥德县	1		1	1	4	1	3	6
榆林市神木县		1		2	3	1		2
汉中市汉台区	1		1		3		2	
汉中市勉县		1		2		1		
汉中市宁强县	2	1		1	5	1		1
安康市汉滨区					1	3	1	3
安康市石泉县	1	1		1	4	1	3	2
商洛市商州区						3		6
商洛市山阳县				2		1		2

4-70 各地区智力残疾人分城乡、残疾等级的领取低保金和救济情况

单位：人

地 区	残疾人		残疾一级				残疾二级			
			领取低保人数		领取过救济人数		领取低保人数		领取过救济人数	
	城镇	农村	城镇	农村	城镇	农村	城镇	农村	城镇	农村
总 计	**43**	**287**		**14**		**10**	**1**	**12**		**20**
西安市新城区	9									
西安市碑林区	4									
西安市长安区	9	2						1		1
西安市周至县		13								1
宝鸡市扶风县	1	13								
宝鸡市千阳县	1	9						1		
咸阳市渭城区	4	1								
咸阳市乾县		8								
咸阳市旬邑县		13								
渭南市临渭区	1	9								
渭南市蒲城县		8								
渭南市华县		46								
延安市洛川县		11								1
榆林市绥德县	2	14								
榆林市神木县	1	15		1		1		2		3
汉中市汉台区	5	3								
汉中市勉县		18				1				
汉中市宁强县	1	43		13		8		8		9
安康市汉滨区	2	5					1			
安康市石泉县	2	12								1
商洛市商州区		18								1
商洛市山阳县	1	26								3

4-70 续表

单位：人

地区	残疾三级				残疾四级			
	领取低保人数		领取过救济人数		领取低保人数		领取过救济人数	
	城镇	农村	城镇	农村	城镇	农村	城镇	农村
总　计	**4**	**12**	**4**	**22**	**3**	**2**	**1**	**12**
西安市新城区	1				2		1	
西安市碑林区	2		1					
西安市长安区					1			
西安市周至县				2				3
宝鸡市扶风县								
宝鸡市千阳县								
咸阳市渭城区			1					
咸阳市乾县								
咸阳市旬邑县		1		1				
渭南市临渭区								
渭南市蒲城县								
渭南市华县								
延安市洛川县								3
榆林市绥德县		1		2		1		2
榆林市神木县		7		5				1
汉中市汉台区								
汉中市勉县								
汉中市宁强县	1	2	1	2				
安康市汉滨区								
安康市石泉县		1		5		1		2
商洛市商州区								1
商洛市山阳县			1	5				

4−71 各地区精神残疾人分城乡、残疾等级的领取低保金和救济情况

单位：人

地区	残疾人		残疾一级				残疾二级			
			领取低保人数		领取过救济人数		领取低保人数		领取过救济人数	
	城镇	农村	城镇	农村	城镇	农村	城镇	农村	城镇	农村
总　计	**86**	**253**	**11**	**4**	**7**	**13**	**4**	**3**	**2**	**4**
西安市新城区	10		1		2					
西安市碑林区	15		2		2		2		1	
西安市长安区	7	8				1				
西安市周至县		14								
宝鸡市扶风县	2	15	1		1	2				
宝鸡市千阳县	2	14								
咸阳市渭城区	7	1	1		1					
咸阳市乾县		13				1				
咸阳市旬邑县		16								
渭南市临渭区	1	14	1							
渭南市蒲城县	1	26								
渭南市华县		16								
延安市洛川县		8				1				
榆林市绥德县	1	8								
榆林市神木县	2	4						1		1
汉中市汉台区	8		1				1			
汉中市勉县	1	18				2				
汉中市宁强县	3	9	2	2	1	2		2		2
安康市汉滨区	6	23					1		1	
安康市石泉县	10	17	1	2		2				
商洛市商州区	9	24	1			2				1
商洛市山阳县	1	5								

4-71 续表

单位：人

地区	残疾三级				残疾四级			
	领取低保人数		领取过救济人数		领取低保人数		领取过救济人数	
	城镇	农村	城镇	农村	城镇	农村	城镇	农村
总计	**3**		**1**	**3**	**2**	**7**	**3**	**14**
西安市新城区								
西安市碑林区	1							
西安市长安区						1		2
西安市周至县								
宝鸡市扶风县								
宝鸡市千阳县						1		1
咸阳市渭城区							1	
咸阳市乾县								
咸阳市旬邑县						1		1
渭南市临渭区								1
渭南市蒲城县								
渭南市华县				1				
延安市洛川县								1
榆林市绥德县				1		1		3
榆林市神木县								
汉中市汉台区								
汉中市勉县	1		1					1
汉中市宁强县						1		1
安康市汉滨区				1	1		1	
安康市石泉县	1					1		1
商洛市商州区					1		1	1
商洛市山阳县						1		1

4-72 各地区多重残疾人分城乡、残疾等级的领取低保金和救济情况

单位：人

地区	残疾人		残疾一级				残疾二级			
			领取低保人数		领取过救济人数		领取低保人数		领取过救济人数	
	城镇	农村	城镇	农村	城镇	农村	城镇	农村	城镇	农村
总　计	**229**	**619**	**16**	**22**	**10**	**56**	**7**	**6**	**2**	**17**
西安市新城区	43		5		1		1			
西安市碑林区	36		1		2		2		1	
西安市长安区	25	12	2		1					
西安市周至县		37		1		4		2		3
宝鸡市扶风县	2	18	1		1					
宝鸡市千阳县	3	20		2		4				
咸阳市渭城区	13	16	1							
咸阳市乾县		13				2				
咸阳市旬邑县		44								
渭南市临渭区	5	27	1				1			
渭南市蒲城县	13	28			1					
渭南市华县		27								
延安市洛川县	3	10				2			1	
榆林市绥德县	9	34		2		4				2
榆林市神木县	5	26		3		3		2		1
汉中市汉台区	28	4	2				1			
汉中市勉县	3	84		1		6				
汉中市宁强县	2	25	1	10		11		1		
安康市汉滨区	9	44	2		3	1				
安康市石泉县	18	56				8	2			6
商洛市商州区	5	41		2		8		1		3
商洛市山阳县	7	53		1	1	3				2

4-72 续表

单位：人

地区	残疾三级				残疾四级			
	领取低保人数		领取过救济人数		领取低保人数		领取过救济人数	
	城镇	农村	城镇	农村	城镇	农村	城镇	农村
总　计	**8**	**3**	**2**	**21**	**6**	**5**	**3**	**7**
西安市新城区	2				2			
西安市碑林区	1		1		2		1	
西安市长安区	2					1	1	1
西安市周至县						1		
宝鸡市扶风县				1				
宝鸡市千阳县							1	
咸阳市渭城区								
咸阳市乾县								
咸阳市旬邑县								
渭南市临渭区				1				
渭南市蒲城县								
渭南市华县								
延安市洛川县				1				
榆林市绥德县	1	1	1	5		1		2
榆林市神木县		1		1		1		2
汉中市汉台区	1				1			
汉中市勉县				1				
汉中市宁强县	1							
安康市汉滨区								
安康市石泉县		1		6	1	1		1
商洛市商州区				1				1
商洛市山阳县				4				

4－73 各地区残疾人分城乡的曾接受服务或扶助

单位：人次

地 区	合计		医疗服务与救助		辅助器具	
	城镇	农村	城镇	农村	城镇	农村
总 计	**2087**	**3975**	**661**	**862**	**138**	**84**
西安市新城区	496		150		31	
西安市碑林区	301		133		33	
西安市长安区	153	99	63	32	1	8
西安市周至县		211		93		8
宝鸡市扶风县	26	183	8	69	2	6
宝鸡市千阳县	30	133	18	38	3	1
咸阳市渭城区	131	74	31	24	10	8
咸阳市乾县		197		8		3
咸阳市旬邑县		269		74		2
渭南市临渭区	42	176	22	23	3	4
渭南市蒲城县	70	226	25	41		4
渭南市华县		283		147		8
延安市洛川县	22	135	4	20	1	2
榆林市绥德县	56	223	12	38	1	2
榆林市神木县	83	376	24	98	3	17
汉中市汉台区	379	73	120	23	34	5
汉中市勉县	13	280		10		
汉中市宁强县	45	161	10	14	2	
安康市汉滨区	75	242	21	54	6	6
安康市石泉县	107	209	19	46	6	
商洛市商州区	38	199	1	3	1	
商洛市山阳县	20	226		7	1	

4－73 续表 1

单位：人次

地 区	康复训练与服务		教育费用补助或减免		职业教育与培训	
	城镇	农村	城镇	农村	城镇	农村
总 计	**140**	**126**	**5**	**12**	**3**	**4**
西安市新城区	40				1	
西安市碑林区	34		1			
西安市长安区	4	6		1	1	
西安市周至县		6		5		1
宝鸡市扶风县		2				
宝鸡市千阳县	1	4	1	1		
咸阳市渭城区	3	1			1	
咸阳市乾县		7		1		
咸阳市旬邑县		9				
渭南市临渭区						
渭南市蒲城县	1	2				
渭南市华县		11		1		
延安市洛川县	1	1				
榆林市绥德县	2	7				
榆林市神木县	5	18		1		
汉中市汉台区	32	9	3			
汉中市勉县		1				
汉中市宁强县						1
安康市汉滨区	15	38				
安康市石泉县	2	1		1		
商洛市商州区		1		1		1
商洛市山阳县		2				1

4－73 续表 2

单位：人次

地区	就业安置或扶持		贫困残疾人救助与扶持		法律援助与服务	
	城镇	农村	城镇	农村	城镇	农村
总计	**14**	**3**	**185**	**375**	**2**	**5**
西安市新城区	3		37			
西安市碑林区	2		29			
西安市长安区	1		6	9		
西安市周至县				32		
宝鸡市扶风县			5	5		
宝鸡市千阳县		1	3	8		
咸阳市渭城区	1		5			
咸阳市乾县				17		
咸阳市旬邑县				5		
渭南市临渭区			1	4		
渭南市蒲城县			2	1		1
渭南市华县				16		
延安市洛川县			1	11		1
榆林市绥德县			7	36		
榆林市神木县		2	6	63		
汉中市汉台区	5		38	5	2	
汉中市勉县			1	16		3
汉中市宁强县			11	50		
安康市汉滨区	1		17	17		
安康市石泉县	1		12	43		
商洛市商州区			3	23		
商洛市山阳县			1	14		

4－73　续表 3

单位：人次

地　区	无障碍设施		信息无障碍		生活服务	
	城镇	农村	城镇	农村	城镇	农村
总　计	**6**	**19**	**5**	**16**	**91**	**117**
西安市新城区	1				4	
西安市碑林区					6	
西安市长安区	1				9	2
西安市周至县						
宝鸡市扶风县						1
宝鸡市千阳县					1	5
咸阳市渭城区			1			
咸阳市乾县		1				3
咸阳市旬邑县						1
渭南市临渭区						
渭南市蒲城县					1	
渭南市华县						1
延安市洛川县	1	16		10	1	
榆林市绥德县				1	6	26
榆林市神木县	3	2	2	5	14	69
汉中市汉台区					45	4
汉中市勉县						3
汉中市宁强县						
安康市汉滨区			2		3	
安康市石泉县					1	1
商洛市商州区						1
商洛市山阳县						

4－73 续表 4

单位：人次

地 区	文化服务		其他		未曾接受任何服务或扶助	
	城镇	农村	城镇	农村	城镇	农村
总 计	**23**	**20**	**88**	**121**	**726**	**2211**
西安市新城区	2		3		224	
西安市碑林区	1				62	
西安市长安区	1				66	41
西安市周至县						66
宝鸡市扶风县				1	11	99
宝鸡市千阳县				1	3	74
咸阳市渭城区					79	41
咸阳市乾县				1		156
咸阳市旬邑县						178
渭南市临渭区				2	16	143
渭南市蒲城县				1	41	176
渭南市华县				1		98
延安市洛川县	1	14	4	9	8	51
榆林市绥德县			4	6	24	107
榆林市神木县		1	21	79	5	21
汉中市汉台区	18	5	56	18	26	4
汉中市勉县					12	247
汉中市宁强县					22	96
安康市汉滨区				1	10	126
安康市石泉县					66	117
商洛市商州区				1	33	168
商洛市山阳县					18	202

4-74 各地区视力残疾人分城乡的曾接受服务或扶助

单位：人次

地　区	合计		医疗服务与救助		辅助器具	
	城镇	农村	城镇	农村	城镇	农村
总　计	**234**	**604**	**70**	**135**	**19**	**30**
西安市新城区	18		7			
西安市碑林区	13		6		1	
西安市长安区	23	37	8	16	1	8
西安市周至县		25		9		
宝鸡市扶风县	3	20	2	16		2
宝鸡市千阳县	1	17	1	12		
咸阳市渭城区	8	9				
咸阳市乾县		37		3		3
咸阳市旬邑县		37		10		1
渭南市临渭区	8	26				
渭南市蒲城县	7	12	5	4		1
渭南市华县		24		18		
延安市洛川县	4	52		3		2
榆林市绥德县	11	31	3	6		1
榆林市神木县	6	65		15		9
汉中市汉台区	93	30	31	10	17	2
汉中市勉县	2	36				
汉中市宁强县	5	15				
安康市汉滨区	18	33	6	11		1
安康市石泉县	11	28	1			
商洛市商州区	2	32				
商洛市山阳县	1	38		2		

4-74 续表 1

单位：人次

地区	康复训练与服务		教育费用补助或减免		职业教育与培训	
	城镇	农村	城镇	农村	城镇	农村
总计	**22**	**31**	**1**	**1**	**1**	
西安市新城区	1					
西安市碑林区	1		1			
西安市长安区	3	6			1	
西安市周至县				1		
宝鸡市扶风县						
宝鸡市千阳县						
咸阳市渭城区						
咸阳市乾县		7				
咸阳市旬邑县		1				
渭南市临渭区						
渭南市蒲城县		1				
渭南市华县						
延安市洛川县						
榆林市绥德县		3				
榆林市神木县						
汉中市汉台区	11	4				
汉中市勉县						
汉中市宁强县						
安康市汉滨区	6	9				
安康市石泉县						
商洛市商州区						
商洛市山阳县						

4-74 续表 2

单位：人次

地区	就业安置或扶持		贫困残疾人救助与扶持		法律援助与服务	
	城镇	农村	城镇	农村	城镇	农村
总 计	**2**		**24**	**68**		
西安市新城区			3			
西安市碑林区						
西安市长安区	1		1	3		
西安市周至县				5		
宝鸡市扶风县				1		
宝鸡市千阳县				1		
咸阳市渭城区						
咸阳市乾县				12		
咸阳市旬邑县						
渭南市临渭区			1			
渭南市蒲城县			1			
渭南市华县				5		
延安市洛川县			1	3		
榆林市绥德县			1	6		
榆林市神木县			2	18		
汉中市汉台区	1		8	1		
汉中市勉县						
汉中市宁强县			1	4		
安康市汉滨区			5	7		
安康市石泉县						
商洛市商州区				2		
商洛市山阳县						

4-74 续表 3

单位：人次

地区	无障碍设施		信息无障碍		生活服务	
	城镇	农村	城镇	农村	城镇	农村
总计	**3**	**18**	**1**	**16**	**11**	**20**
西安市新城区						
西安市碑林区					1	
西安市长安区					1	
西安市周至县						
宝鸡市扶风县						
宝鸡市千阳县						
咸阳市渭城区						
咸阳市乾县						
咸阳市旬邑县						
渭南市临渭区						
渭南市蒲城县						
渭南市华县						1
延安市洛川县	1	16		10	1	
榆林市绥德县				1		
榆林市神木县	2	2		5	2	16
汉中市汉台区					6	1
汉中市勉县						2
汉中市宁强县						
安康市汉滨区			1			
安康市石泉县						
商洛市商州区						
商洛市山阳县						

4-74 续表 4

单位：人次

地　区	文化服务		其他		未曾接受任何服务或扶助	
	城镇	农村	城镇	农村	城镇	农村
总　计	**8**	**16**	**13**	**13**	**59**	**256**
西安市新城区			1		6	
西安市碑林区	1				2	
西安市长安区					7	4
西安市周至县						10
宝鸡市扶风县					1	1
宝鸡市千阳县						4
咸阳市渭城区					8	9
咸阳市乾县						12
咸阳市旬邑县						25
渭南市临渭区					7	26
渭南市蒲城县					1	6
渭南市华县						
延安市洛川县	1	14		2		2
榆林市绥德县					7	14
榆林市神木县						
汉中市汉台区	6	2	12	10	1	
汉中市勉县					2	34
汉中市宁强县					4	11
安康市汉滨区				1		4
安康市石泉县					10	28
商洛市商州区					2	30
商洛市山阳县					1	36

4-75 各地区听力残疾人分城乡的曾接受服务或扶助

单位：人次

地　区	合计		医疗服务与救助		辅助器具	
	城镇	农村	城镇	农村	城镇	农村
总　计	**787**	**924**	**170**	**124**	**54**	**20**
西安市新城区	290		67			
西安市碑林区	126		38		24	
西安市长安区	38	15				
西安市周至县		52		9		6
宝鸡市扶风县	9	64	3	24	1	3
宝鸡市千阳县	9	34	6	3	2	
咸阳市渭城区	53	19			4	
咸阳市乾县		39		2		
咸阳市旬邑县		80		20		1
渭南市临渭区	19	51	11	16	3	2
渭南市蒲城县	26	34				1
渭南市华县		74		18		5
延安市洛川县	7	17	4	12	1	
榆林市绥德县	8	55	1	7		
榆林市神木县	5	33		2		
汉中市汉台区	119	9	35	2	11	1
汉中市勉县	3	82		2		
汉中市宁强县	18	42	5	6	2	
安康市汉滨区	14	66		1	1	1
安康市石泉县	23	46			3	
商洛市商州区	12	51			1	
商洛市山阳县	8	61			1	

4-75 续表 1

单位：人次

地 区	康复训练与服务		教育费用补助或减免		职业教育与培训	
	城镇	农村	城镇	农村	城镇	农村
总 计	**18**	**4**				**1**
西安市新城区						
西安市碑林区	10					
西安市长安区						
西安市周至县		1				
宝鸡市扶风县						
宝鸡市千阳县						
咸阳市渭城区						
咸阳市乾县						
咸阳市旬邑县		1				
渭南市临渭区						
渭南市蒲城县						
渭南市华县						
延安市洛川县	1					
榆林市绥德县						
榆林市神木县		1				
汉中市汉台区	7	1				
汉中市勉县						
汉中市宁强县						1
安康市汉滨区						
安康市石泉县						
商洛市商州区						
商洛市山阳县						

4-75 续表 2

单位：人次

地区	就业安置或扶持		贫困残疾人救助与扶持		法律援助与服务	
	城镇	农村	城镇	农村	城镇	农村
总计	**2**		**34**	**13**		
西安市新城区			14			
西安市碑林区			4			
西安市长安区						
西安市周至县				4		
宝鸡市扶风县						
宝鸡市千阳县						
咸阳市渭城区	1		2			
咸阳市乾县				1		
咸阳市旬邑县						
渭南市临渭区				1		
渭南市蒲城县						
渭南市华县						
延安市洛川县				2		
榆林市绥德县			1	2		
榆林市神木县						
汉中市汉台区			6			
汉中市勉县				1		
汉中市宁强县						
安康市汉滨区			6			
安康市石泉县	1		1	1		
商洛市商州区				1		
商洛市山阳县						

4-75 续表 3

单位：人次

地区	无障碍设施		信息无障碍		生活服务	
	城镇	农村	城镇	农村	城镇	农村
总计			**1**		**15**	**2**
西安市新城区						
西安市碑林区						
西安市长安区						
西安市周至县						
宝鸡市扶风县						
宝鸡市千阳县						
咸阳市渭城区			1			
咸阳市乾县						
咸阳市旬邑县						
渭南市临渭区						
渭南市蒲城县					1	
渭南市华县						
延安市洛川县						
榆林市绥德县						2
榆林市神木县						
汉中市汉台区					14	
汉中市勉县						
汉中市宁强县						
安康市汉滨区						
安康市石泉县						
商洛市商州区						
商洛市山阳县						

4-75 续表 4

单位：人次

地区	文化服务		其他		未曾接受任何服务或扶助	
	城镇	农村	城镇	农村	城镇	农村
总计	**5**	**1**	**26**	**28**	**462**	**731**
西安市新城区					209	
西安市碑林区					50	
西安市长安区					38	15
西安市周至县						32
宝鸡市扶风县					5	37
宝鸡市千阳县					1	31
咸阳市渭城区					45	19
咸阳市乾县						36
咸阳市旬邑县						58
渭南市临渭区					5	32
渭南市蒲城县					25	33
渭南市华县						51
延安市洛川县					1	3
榆林市绥德县					6	44
榆林市神木县			2	27	3	3
汉中市汉台区	5	1	24	1	17	3
汉中市勉县					3	79
汉中市宁强县					11	35
安康市汉滨区					7	64
安康市石泉县					18	45
商洛市商州区					11	50
商洛市山阳县					7	61

4-76 各地区言语残疾人分城乡的曾接受服务或扶助

单位：人次

地区	合计		医疗服务与救助		辅助器具	
	城镇	农村	城镇	农村	城镇	农村
总计	**25**	**50**	**7**	**9**	**1**	
西安市新城区	3					
西安市碑林区	6		3			
西安市长安区		2		2		
西安市周至县		1				
宝鸡市扶风县		2				
宝鸡市千阳县		4		1		
咸阳市渭城区	1					
咸阳市乾县		4				
咸阳市旬邑县		3				
渭南市临渭区		2				
渭南市蒲城县		2		1		
渭南市华县		3		1		
延安市洛川县						
榆林市绥德县		2				
榆林市神木县		2				
汉中市汉台区	9		3			
汉中市勉县		3		2		
汉中市宁强县	1	4				
安康市汉滨区		4				
安康市石泉县	2	5			1	
商洛市商州区	3	5	1	1		
商洛市山阳县		2		1		

4-76 续表 1

单位：人次

地区	康复训练与服务		教育费用补助或减免		职业教育与培训	
	城镇	农村	城镇	农村	城镇	农村
总计	**4**	**2**				
西安市新城区	1					
西安市碑林区	2					
西安市长安区						
西安市周至县						
宝鸡市扶风县						
宝鸡市千阳县						
咸阳市渭城区						
咸阳市乾县						
咸阳市旬邑县						
渭南市临渭区						
渭南市蒲城县						
渭南市华县		1				
延安市洛川县						
榆林市绥德县						
榆林市神木县						
汉中市汉台区	1					
汉中市勉县						
汉中市宁强县						
安康市汉滨区						
安康市石泉县						
商洛市商州区		1				
商洛市山阳县						

4-76 续表 2

单位：人次

地区	就业安置或扶持		贫困残疾人救助与扶持		法律援助与服务	
	城镇	农村	城镇	农村	城镇	农村
总计			**3**	**3**		
西安市新城区			1			
西安市碑林区						
西安市长安区						
西安市周至县						
宝鸡市扶风县						
宝鸡市千阳县				1		
咸阳市渭城区						
咸阳市乾县						
咸阳市旬邑县						
渭南市临渭区						
渭南市蒲城县						
渭南市华县						
延安市洛川县						
榆林市绥德县						
榆林市神木县						
汉中市汉台区			1			
汉中市勉县						
汉中市宁强县						
安康市汉滨区						
安康市石泉县				1		
商洛市商州区			1	1		
商洛市山阳县						

4-76 续表 3

单位：人次

地区	无障碍设施		信息无障碍		生活服务	
	城镇	农村	城镇	农村	城镇	农村
总计					**3**	**1**
西安市新城区						
西安市碑林区						
西安市长安区						
西安市周至县						
宝鸡市扶风县						
宝鸡市千阳县						1
咸阳市渭城区						
咸阳市乾县						
咸阳市旬邑县						
渭南市临渭区						
渭南市蒲城县						
渭南市华县						
延安市洛川县						
榆林市绥德县						
榆林市神木县						
汉中市汉台区					3	
汉中市勉县						
汉中市宁强县						
安康市汉滨区						
安康市石泉县						
商洛市商州区						
商洛市山阳县						

4-76 续表 4

单位：人次

地 区	文化服务		其他		未曾接受任何服务或扶助	
	城镇	农村	城镇	农村	城镇	农村
总 计			**1**		**6**	**35**
西安市新城区					1	
西安市碑林区					1	
西安市长安区						
西安市周至县						1
宝鸡市扶风县						2
宝鸡市千阳县						1
咸阳市渭城区					1	
咸阳市乾县						4
咸阳市旬邑县						3
渭南市临渭区						2
渭南市蒲城县						1
渭南市华县						1
延安市洛川县						
榆林市绥德县						2
榆林市神木县						2
汉中市汉台区			1			
汉中市勉县						1
汉中市宁强县					1	4
安康市汉滨区						4
安康市石泉县					1	4
商洛市商州区					1	2
商洛市山阳县						1

4-77 各地区肢体残疾人分城乡的曾接受服务或扶助

单位：人次

地 区	合计		医疗服务与救助		辅助器具	
	城镇	农村	城镇	农村	城镇	农村
总 计	**485**	**1060**	**206**	**321**	**40**	**27**
西安市新城区	79		29		21	
西安市碑林区	60		40		3	
西安市长安区	40	15	26	1		
西安市周至县		58		41		1
宝鸡市扶风县	9	50	3	27	1	1
宝鸡市千阳县	12	24	8	3	1	
咸阳市渭城区	43	24	29	17	4	5
咸阳市乾县		78		1		
咸阳市旬邑县		73		32		
渭南市临渭区	8	47	8	7		2
渭南市蒲城县	21	113	11	3		1
渭南市华县		82		67		3
延安市洛川县	8	35		2		
榆林市绥德县	17	45	3	6		1
榆林市神木县	57	184	19	59	3	7
汉中市汉台区	56	15	19	5	3	2
汉中市勉县	4	33		1		
汉中市宁强县	14	21	1			
安康市汉滨区	17	60	3	19	4	4
安康市石泉县	31	40	7	28		
商洛市商州区	7	26				
商洛市山阳县	2	37		2		

4-77 续表 1

单位：人次

地区	康复训练与服务		教育费用补助或减免		职业教育与培训	
	城镇	农村	城镇	农村	城镇	农村
总计	**49**	**58**	**1**	**4**	**1**	
西安市新城区	23				1	
西安市碑林区	2					
西安市长安区						
西安市周至县		4				
宝鸡市扶风县		2				
宝鸡市千阳县			1	1		
咸阳市渭城区	3					
咸阳市乾县				1		
咸阳市旬邑县		5				
渭南市临渭区						
渭南市蒲城县						
渭南市华县		1		1		
延安市洛川县						
榆林市绥德县						
榆林市神木县	5	16		1		
汉中市汉台区	9	3				
汉中市勉县						
汉中市宁强县						
安康市汉滨区	7	26				
安康市石泉县						
商洛市商州区						
商洛市山阳县		1				

4-77 续表 2

单位：人次

地 区	就业安置或扶持		贫困残疾人救助与扶持		法律援助与服务	
	城镇	农村	城镇	农村	城镇	农村
总 计	**5**	**2**	**51**	**100**	**2**	
西安市新城区	2		3			
西安市碑林区			10			
西安市长安区			1	1		
西安市周至县				10		
宝鸡市扶风县			3	2		
宝鸡市千阳县			2	4		
咸阳市渭城区			2			
咸阳市乾县						
咸阳市旬邑县				4		
渭南市临渭区				1		
渭南市蒲城县				1		
渭南市华县				8		
延安市洛川县				3		
榆林市绥德县			4	7		
榆林市神木县		2	4	24		
汉中市汉台区	2		7		2	
汉中市勉县				5		
汉中市宁强县			7	6		
安康市汉滨区	1		2	4		
安康市石泉县			5	3		
商洛市商州区			1	7		
商洛市山阳县				10		

4-77 续表 3

单位：人次

地 区	无障碍设施		信息无障碍		生活服务	
	城镇	农村	城镇	农村	城镇	农村
总 计					**14**	**32**
西安市新城区						
西安市碑林区						
西安市长安区						
西安市周至县						
宝鸡市扶风县						1
宝鸡市千阳县						
咸阳市渭城区						
咸阳市乾县						1
咸阳市旬邑县						
渭南市临渭区						
渭南市蒲城县						
渭南市华县						
延安市洛川县						
榆林市绥德县						
榆林市神木县					10	30
汉中市汉台区					4	
汉中市勉县						
汉中市宁强县						
安康市汉滨区						
安康市石泉县						
商洛市商州区						
商洛市山阳县						

4-77 续表 4

单位：人次

地 区	文化服务		其他		未曾接受任何服务或扶助	
	城镇	农村	城镇	农村	城镇	农村
总 计	**3**		**29**	**59**	**84**	**457**
西安市新城区						
西安市碑林区					5	
西安市长安区					13	13
西安市周至县						2
宝鸡市扶风县				1	2	16
宝鸡市千阳县						16
咸阳市渭城区					5	2
咸阳市乾县				1		74
咸阳市旬邑县						32
渭南市临渭区				2		35
渭南市蒲城县					10	108
渭南市华县						2
延安市洛川县			3	4	5	26
榆林市绥德县			3	4	7	27
榆林市神木县			16	42		3
汉中市汉台区	3		7	5		
汉中市勉县					4	27
汉中市宁强县					6	15
安康市汉滨区						7
安康市石泉县					19	9
商洛市商州区					6	19
商洛市山阳县					2	24

4-78 各地区智力残疾人分城乡的曾接受服务或扶助

单位：人次

地 区	合计		医疗服务与救助		辅助器具	
	城镇	农村	城镇	农村	城镇	农村
总 计	**69**	**341**	**26**	**46**		
西安市新城区	14		8			
西安市碑林区	7		4			
西安市长安区	17	5	5	2		
西安市周至县		16		4		
宝鸡市扶风县	1	13				
宝鸡市千阳县	1	9		1		
咸阳市渭城区	4	1				
咸阳市乾县		8				
咸阳市旬邑县		13				
渭南市临渭区	1	9				
渭南市蒲城县		8		2		
渭南市华县		47		10		
延安市洛川县		11		2		
榆林市绥德县	5	29	2	7		
榆林市神木县	1	36		9		
汉中市汉台区	11	9	4	3		
汉中市勉县		18				
汉中市宁强县	1	43	1			
安康市汉滨区	3	6	1	1		
安康市石泉县	2	12	1	3		
商洛市商州区		18				
商洛市山阳县	1	30		2		

4-78 续表 1

单位：人次

地 区	康复训练与服务		教育费用补助或减免		职业教育与培训	
	城镇	农村	城镇	农村	城镇	农村
总 计	**4**	**7**	**1**	**3**		**2**
西安市新城区	1					
西安市碑林区						
西安市长安区	1			1		
西安市周至县				2		1
宝鸡市扶风县						
宝鸡市千阳县		1				
咸阳市渭城区						
咸阳市乾县						
咸阳市旬邑县						
渭南市临渭区						
渭南市蒲城县						
渭南市华县						
延安市洛川县		1				
榆林市绥德县	1	3				
榆林市神木县						
汉中市汉台区			1			
汉中市勉县						
汉中市宁强县						
安康市汉滨区	1	1				
安康市石泉县						
商洛市商州区						
商洛市山阳县		1				1

4-78 续表 2

单位：人次

地 区	就业安置或扶持		贫困残疾人救助与扶持		法律援助与服务	
	城镇	农村	城镇	农村	城镇	农村
总 计			**10**	**71**		
西安市新城区			3			
西安市碑林区			2			
西安市长安区			2	1		
西安市周至县				5		
宝鸡市扶风县			1			
宝鸡市千阳县						
咸阳市渭城区						
咸阳市乾县						
咸阳市旬邑县						
渭南市临渭区						
渭南市蒲城县						
渭南市华县				2		
延安市洛川县				1		
榆林市绥德县				6		
榆林市神木县				12		
汉中市汉台区			2	3		
汉中市勉县				2		
汉中市宁强县				27		
安康市汉滨区						
安康市石泉县				8		
商洛市商州区				2		
商洛市山阳县				2		

4-78 续表 3

单位：人次

地 区	无障碍设施		信息无障碍		生活服务	
	城镇	农村	城镇	农村	城镇	农村
总 计	**1**				**10**	**26**
西安市新城区					1	
西安市碑林区					1	
西安市长安区	1				5	1
西安市周至县						
宝鸡市扶风县						
宝鸡市千阳县						
咸阳市渭城区						
咸阳市乾县						
咸阳市旬邑县						
渭南市临渭区						
渭南市蒲城县						
渭南市华县						
延安市洛川县						
榆林市绥德县					2	11
榆林市神木县						12
汉中市汉台区					1	2
汉中市勉县						
汉中市宁强县						
安康市汉滨区						
安康市石泉县						
商洛市商州区						
商洛市山阳县						

4-78 续表 4

单位：人次

地 区	文化服务		其他		未曾接受任何服务或扶助	
	城镇	农村	城镇	农村	城镇	农村
总 计	**2**	**2**	**1**	**3**	**14**	**181**
西安市新城区					1	
西安市碑林区						
西安市长安区	1				2	
西安市周至县						4
宝鸡市扶风县						13
宝鸡市千阳县				1	1	6
咸阳市渭城区					4	1
咸阳市乾县						8
咸阳市旬邑县						13
渭南市临渭区					1	9
渭南市蒲城县				1		5
渭南市华县				1		34
延安市洛川县						7
榆林市绥德县						2
榆林市神木县		1			1	2
汉中市汉台区	1	1	1		1	
汉中市勉县						16
汉中市宁强县						16
安康市汉滨区					1	4
安康市石泉县					1	1
商洛市商州区						16
商洛市山阳县					1	24

4-79 各地区精神残疾人分城乡的曾接受服务或扶助

单位：人次

地 区	合计		医疗服务与救助		辅助器具	
	城镇	农村	城镇	农村	城镇	农村
总 计	**125**	**293**	**53**	**108**		**1**
西安市新城区	14		8			
西安市碑林区	29		14			
西安市长安区	7	11	7	7		
西安市周至县		14		14		
宝鸡市扶风县	2	15				
宝鸡市千阳县	3	22	1	10		1
咸阳市渭城区	7	1				
咸阳市乾县		15				
咸阳市旬邑县		16				
渭南市临渭区	1	14				
渭南市蒲城县	1	27	1	22		
渭南市华县		24		16		
延安市洛川县		10		1		
榆林市绥德县	2	14	1	5		
榆林市神木县	3	4	2			
汉中市汉台区	19		6			
汉中市勉县	1	22		3		
汉中市宁强县	4	10	3	6		
安康市汉滨区	8	26	5	18		
安康市石泉县	14	19	5	4		
商洛市商州区	9	24		2		
商洛市山阳县	1	5				

4-79 续表 1

单位：人次

地区	康复训练与服务		教育费用补助或减免		职业教育与培训	
	城镇	农村	城镇	农村	城镇	农村
总 计	**10**	**10**	**1**			
西安市新城区						
西安市碑林区	8					
西安市长安区						
西安市周至县						
宝鸡市扶风县						
宝鸡市千阳县	1	2				
咸阳市渭城区						
咸阳市乾县						
咸阳市旬邑县						
渭南市临渭区						
渭南市蒲城县						
渭南市华县		7				
延安市洛川县						
榆林市绥德县						
榆林市神木县						
汉中市汉台区	1		1			
汉中市勉县		1				
汉中市宁强县						
安康市汉滨区						
安康市石泉县						
商洛市商州区						
商洛市山阳县						

4-79 续表 2

单位：人次

地区	就业安置或扶持		贫困残疾人救助与扶持		法律援助与服务	
	城镇	农村	城镇	农村	城镇	农村
总　计	**1**	**1**	**20**	**28**		**4**
西安市新城区			4			
西安市碑林区	1		5			
西安市长安区				3		
西安市周至县						
宝鸡市扶风县				1		
宝鸡市千阳县		1				
咸阳市渭城区			1			
咸阳市乾县				1		
咸阳市旬邑县				1		
渭南市临渭区				1		
渭南市蒲城县						1
渭南市华县				1		
延安市洛川县				2		1
榆林市绥德县				5		
榆林市神木县				1		
汉中市汉台区			2			
汉中市勉县			1	2		2
汉中市宁强县			1	2		
安康市汉滨区			1	3		
安康市石泉县			4	5		
商洛市商州区			1			
商洛市山阳县						

4-79 续表 3

单位：人次

地区	无障碍设施		信息无障碍		生活服务	
	城镇	农村	城镇	农村	城镇	农村
总计		**1**	**1**		**9**	**10**
西安市新城区					1	
西安市碑林区					1	
西安市长安区						
西安市周至县						
宝鸡市扶风县						
宝鸡市千阳县					1	4
咸阳市渭城区						
咸阳市乾县		1				1
咸阳市旬邑县						
渭南市临渭区						
渭南市蒲城县						
渭南市华县						
延安市洛川县						
榆林市绥德县						3
榆林市神木县			1			
汉中市汉台区					5	
汉中市勉县						1
汉中市宁强县						
安康市汉滨区					1	
安康市石泉县						1
商洛市商州区						
商洛市山阳县						

4-79 续表 4

单位：人次

地　区	文化服务		其他		未曾接受任何服务或扶助	
	城镇	农村	城镇	农村	城镇	农村
总　计			**4**	**1**	**26**	**129**
西安市新城区					1	
西安市碑林区						
西安市长安区						1
西安市周至县						
宝鸡市扶风县					2	14
宝鸡市千阳县						4
咸阳市渭城区					6	1
咸阳市乾县						12
咸阳市旬邑县						15
渭南市临渭区					1	13
渭南市蒲城县						4
渭南市华县						
延安市洛川县						6
榆林市绥德县			1			1
榆林市神木县						3
汉中市汉台区			3		1	
汉中市勉县						13
汉中市宁强县						2
安康市汉滨区					1	5
安康市石泉县					5	9
商洛市商州区				1	8	21
商洛市山阳县					1	5

4-80 各地区多重残疾人分城乡的曾接受服务或扶助

单位：人次

地区	合计		医疗服务与救助		辅助器具	
	城镇	农村	城镇	农村	城镇	农村
总计	**362**	**703**	**129**	**119**	**24**	**6**
西安市新城区	78		31		10	
西安市碑林区	60		28		5	
西安市长安区	28	14	17	4		
西安市周至县		45		16		1
宝鸡市扶风县	2	19		2		
宝鸡市千阳县	4	23	2	8		
咸阳市渭城区	15	20	2	7	2	3
咸阳市乾县		16		2		
咸阳市旬邑县		47		12		
渭南市临渭区	5	27	3			
渭南市蒲城县	15	30	8	9		1
渭南市华县		29		17		
延安市洛川县	3	10				
榆林市绥德县	13	47	2	7	1	
榆林市神木县	11	52	3	13		1
汉中市汉台区	72	10	22	3	3	
汉中市勉县	3	86		2		
汉中市宁强县	2	26		2		
安康市汉滨区	15	47	6	4	1	
安康市石泉县	24	59	5	11	2	
商洛市商州区	5	43				
商洛市山阳县	7	53				

4-80 续表 1

单位：人次

地区	康复训练与服务		教育费用补助或减免		职业教育与培训	
	城镇	农村	城镇	农村	城镇	农村
总 计	**33**	**14**	**1**	**4**	**1**	**1**
西安市新城区	14					
西安市碑林区	11					
西安市长安区						
西安市周至县		1		2		
宝鸡市扶风县						
宝鸡市千阳县		1				
咸阳市渭城区		1			1	
咸阳市乾县						
咸阳市旬邑县		2				
渭南市临渭区						
渭南市蒲城县	1	1				
渭南市华县		2				
延安市洛川县						
榆林市绥德县	1	1				
榆林市神木县		1				
汉中市汉台区	3	1	1			
汉中市勉县						
汉中市宁强县						
安康市汉滨区	1	2				
安康市石泉县	2	1		1		
商洛市商州区				1		1
商洛市山阳县						

4-80 续表 2

单位：人次

地区	就业安置或扶持		贫困残疾人救助与扶持		法律援助与服务	
	城镇	农村	城镇	农村	城镇	农村
总计	**4**		**43**	**92**		**1**
西安市新城区	1		9			
西安市碑林区	1		8			
西安市长安区			2	1		
西安市周至县				8		
宝鸡市扶风县			1	1		
宝鸡市千阳县			1	2		
咸阳市渭城区						
咸阳市乾县				3		
咸阳市旬邑县						
渭南市临渭区				1		
渭南市蒲城县			1			
渭南市华县						
延安市洛川县						
榆林市绥德县			1	10		
榆林市神木县				8		
汉中市汉台区	2		12	1		
汉中市勉县				6		1
汉中市宁强县			2	11		
安康市汉滨区			3	3		
安康市石泉县			2	25		
商洛市商州区				10		
商洛市山阳县			1	2		

4-80 续表 3

单位：人次

地区	无障碍设施		信息无障碍		生活服务	
	城镇	农村	城镇	农村	城镇	农村
总　计	**2**		**2**		**29**	**26**
西安市新城区	1				2	
西安市碑林区					3	
西安市长安区					3	1
西安市周至县						
宝鸡市扶风县						
宝鸡市千阳县						
咸阳市渭城区						
咸阳市乾县						1
咸阳市旬邑县						1
渭南市临渭区						
渭南市蒲城县						
渭南市华县						
延安市洛川县						
榆林市绥德县					4	10
榆林市神木县	1		1		2	11
汉中市汉台区					12	1
汉中市勉县						
汉中市宁强县						
安康市汉滨区			1		2	
安康市石泉县					1	
商洛市商州区						1
商洛市山阳县						

4-80 续表 4

单位：人次

地 区	文化服务		其他		未曾接受任何服务或扶助	
	城镇	农村	城镇	农村	城镇	农村
总 计	**5**	**1**	**14**	**17**	**75**	**422**
西安市新城区	2		2		6	
西安市碑林区					4	
西安市长安区					6	8
西安市周至县						17
宝鸡市扶风县					1	16
宝鸡市千阳县					1	12
咸阳市渭城区					10	9
咸阳市乾县						10
咸阳市旬邑县						32
渭南市临渭区					2	26
渭南市蒲城县					5	19
渭南市华县						10
延安市洛川县			1	3	2	7
榆林市绥德县				2	4	17
榆林市神木县			3	10	1	8
汉中市汉台区	3	1	8	2	6	1
汉中市勉县					3	77
汉中市宁强县						13
安康市汉滨区					1	38
安康市石泉县					12	21
商洛市商州区					5	30
商洛市山阳县					6	51

4-81 各地区视力残疾人分残疾等级的曾接受服务或扶助

单位：人次

地 区	医疗服务与救助				辅助器具			
	残疾一级	残疾二级	残疾三级	残疾四级	残疾一级	残疾二级	残疾三级	残疾四级
总 计	**64**	**17**	**14**	**110**	**15**	**6**	**1**	**27**
西安市新城区			1	6				
西安市碑林区	3	1	1	1				1
西安市长安区	4		2	18	1	1		7
西安市周至县	4		1	4				
宝鸡市扶风县	4		3	11				2
宝鸡市千阳县	9			4				
咸阳市渭城区								
咸阳市乾县	1	2				1	1	1
咸阳市旬邑县	4	3		3				1
渭南市临渭区								
渭南市蒲城县	2	1	2	4		1		
渭南市华县	7			11				
延安市洛川县	2		1		1			1
榆林市绥德县		4	1	4				1
榆林市神木县	4			11	6			3
汉中市汉台区	13	6		22	7	3		9
汉中市勉县								
汉中市宁强县								
安康市汉滨区	7		1	9				1
安康市石泉县			1					
商洛市商州区								
商洛市山阳县				2				

4-81 续表 1

单位：人次

地　区	康复训练与服务				教育费用补助或减免			
	残疾一级	残疾二级	残疾三级	残疾四级	残疾一级	残疾二级	残疾三级	残疾四级
总　计	**22**	**7**	**2**	**22**	**1**			**1**
西安市新城区				1				
西安市碑林区		1			1			
西安市长安区	1		1	7				
西安市周至县								1
宝鸡市扶风县								
宝鸡市千阳县								
咸阳市渭城区								
咸阳市乾县	7							
咸阳市旬邑县		1						
渭南市临渭区								
渭南市蒲城县				1				
渭南市华县								
延安市洛川县								
榆林市绥德县		2		1				
榆林市神木县								
汉中市汉台区	8	3		4				
汉中市勉县								
汉中市宁强县								
安康市汉滨区	6		1	8				
安康市石泉县								
商洛市商州区								
商洛市山阳县								

4-81 续表 2

单位：人次

地区	职业教育与培训				就业安置或扶持			
	残疾一级	残疾二级	残疾三级	残疾四级	残疾一级	残疾二级	残疾三级	残疾四级
总　计	**1**				**1**			**1**
西安市新城区								
西安市碑林区								
西安市长安区	1				1			
西安市周至县								
宝鸡市扶风县								
宝鸡市千阳县								
咸阳市渭城区								
咸阳市乾县								
咸阳市旬邑县								
渭南市临渭区								
渭南市蒲城县								
渭南市华县								
延安市洛川县								
榆林市绥德县								
榆林市神木县								
汉中市汉台区								1
汉中市勉县								
汉中市宁强县								
安康市汉滨区								
安康市石泉县								
商洛市商州区								
商洛市山阳县								

4-81 续表 3

单位：人次

地 区	贫困残疾人救助与扶持				法律援助与服务			
	残疾一级	残疾二级	残疾三级	残疾四级	残疾一级	残疾二级	残疾三级	残疾四级
总 计	**38**	**7**	**4**	**43**				
西安市新城区			1	2				
西安市碑林区								
西安市长安区	2		1	1				
西安市周至县	4			1				
宝鸡市扶风县	1							
宝鸡市千阳县	1							
咸阳市渭城区								
咸阳市乾县	8	3	1					
咸阳市旬邑县								
渭南市临渭区				1				
渭南市蒲城县				1				
渭南市华县	3			2				
延安市洛川县	1			3				
榆林市绥德县	1	4		2				
榆林市神木县	7			13				
汉中市汉台区	2			7				
汉中市勉县								
汉中市宁强县	4			1				
安康市汉滨区	4		1	7				
安康市石泉县								
商洛市商州区				2				
商洛市山阳县								

4-81 续表 4

单位：人次

地　区	无障碍设施				信息无障碍			
	残疾一级	残疾二级	残疾三级	残疾四级	残疾一级	残疾二级	残疾三级	残疾四级
总　计	**4**		**2**	**15**	**3**		**1**	**13**
西安市新城区								
西安市碑林区								
西安市长安区								
西安市周至县								
宝鸡市扶风县								
宝鸡市千阳县								
咸阳市渭城区								
咸阳市乾县								
咸阳市旬邑县								
渭南市临渭区								
渭南市蒲城县								
渭南市华县								
延安市洛川县	3		2	12	1		1	8
榆林市绥德县								1
榆林市神木县	1			3	1			4
汉中市汉台区								
汉中市勉县								
汉中市宁强县								
安康市汉滨区					1			
安康市石泉县								
商洛市商州区								
商洛市山阳县								

4-81 续表 5

单位：人次

地 区	生活服务				文化服务			
	残疾一级	残疾二级	残疾三级	残疾四级	残疾一级	残疾二级	残疾三级	残疾四级
总 计	**10**	**2**	**1**	**18**	**5**		**3**	**16**
西安市新城区								
西安市碑林区			1				1	
西安市长安区				1				
西安市周至县								
宝鸡市扶风县								
宝鸡市千阳县								
咸阳市渭城区								
咸阳市乾县								
咸阳市旬邑县								
渭南市临渭区								
渭南市蒲城县								
渭南市华县	1							
延安市洛川县				1	2		2	11
榆林市绥德县								
榆林市神木县	5			13				
汉中市汉台区	2	2		3	3			5
汉中市勉县	2							
汉中市宁强县								
安康市汉滨区								
安康市石泉县								
商洛市商州区								
商洛市山阳县								

4-81 续表 6

单位：人次

地区	其他				未曾接受任何服务或扶助			
	残疾一级	残疾二级	残疾三级	残疾四级	残疾一级	残疾二级	残疾三级	残疾四级
总计	**4**	**3**		**19**	**82**	**29**	**16**	**188**
西安市新城区				1		1		5
西安市碑林区					1	1		
西安市长安区					1		1	9
西安市周至县					2	2	1	5
宝鸡市扶风县								2
宝鸡市千阳县						2		2
咸阳市渭城区					4	1		12
咸阳市乾县							3	9
咸阳市旬邑县					8	2	1	14
渭南市临渭区					13			20
渭南市蒲城县					7			
渭南市华县								
延安市洛川县				2				2
榆林市绥德县					4	5	1	11
榆林市神木县								
汉中市汉台区	4	3		15				1
汉中市勉县					10	2	1	23
汉中市宁强县					3	6	1	5
安康市汉滨区				1	4			
安康市石泉县					13	4	3	18
商洛市商州区					6	2	2	22
商洛市山阳县					6	1	2	28

4-82 各地区听力残疾人分残疾等级的曾接受服务或扶助

单位：人次

地区	医疗服务与救助				辅助器具			
	残疾一级	残疾二级	残疾三级	残疾四级	残疾一级	残疾二级	残疾三级	残疾四级
总 计	**15**	**18**	**101**	**160**	**10**	**13**	**25**	**26**
西安市新城区		2	15	50				
西安市碑林区	3	1	10	24	2	1	9	12
西安市长安区								
西安市周至县		1	2	6	1	2	2	1
宝鸡市扶风县	1	2	15	9	1	1	2	
宝鸡市千阳县			7	2			2	
咸阳市渭城区							4	
咸阳市乾县		1		1				
咸阳市旬邑县			9	11	1			
渭南市临渭区	5	2	8	12	1	1	1	2
渭南市蒲城县								1
渭南市华县	2		9	7	2	1	2	
延安市洛川县		3	9	4		1		
榆林市绥德县	1	1	1	5				
榆林市神木县			2					
汉中市汉台区		4	8	25		3	2	7
汉中市勉县			1	1				
汉中市宁强县	3	1	5	2	1	1		
安康市汉滨区				1				2
安康市石泉县						1	1	1
商洛市商州区					1			
商洛市山阳县						1		

4-82 续表 1

单位：人次

地　区	康复训练与服务				教育费用补助或减免			
	残疾一级	残疾二级	残疾三级	残疾四级	残疾一级	残疾二级	残疾三级	残疾四级
总　计		**1**	**7**	**14**				
西安市新城区								
西安市碑林区			4	6				
西安市长安区								
西安市周至县				1				
宝鸡市扶风县								
宝鸡市千阳县								
咸阳市渭城区								
咸阳市乾县								
咸阳市旬邑县				1				
渭南市临渭区								
渭南市蒲城县								
渭南市华县								
延安市洛川县		1						
榆林市绥德县								
榆林市神木县			1					
汉中市汉台区			2	6				
汉中市勉县								
汉中市宁强县								
安康市汉滨区								
安康市石泉县								
商洛市商州区								
商洛市山阳县								

4-82 续表 2

单位：人次

地 区	职业教育与培训				就业安置或扶持			
	残疾一级	残疾二级	残疾三级	残疾四级	残疾一级	残疾二级	残疾三级	残疾四级
总 计			**1**			**1**	**1**	
西安市新城区								
西安市碑林区								
西安市长安区								
西安市周至县								
宝鸡市扶风县								
宝鸡市千阳县								
咸阳市渭城区						1		
咸阳市乾县								
咸阳市旬邑县								
渭南市临渭区								
渭南市蒲城县								
渭南市华县								
延安市洛川县								
榆林市绥德县								
榆林市神木县								
汉中市汉台区								
汉中市勉县								
汉中市宁强县			1					
安康市汉滨区								
安康市石泉县							1	
商洛市商州区								
商洛市山阳县								

4-82 续表 3

单位：人次

地 区	贫困残疾人救助与扶持				法律援助与服务			
	残疾一级	残疾二级	残疾三级	残疾四级	残疾一级	残疾二级	残疾三级	残疾四级
总 计	**1**	**5**	**15**	**26**				
西安市新城区		1	2	11				
西安市碑林区	1			3				
西安市长安区								
西安市周至县			2	2				
宝鸡市扶风县								
宝鸡市千阳县								
咸阳市渭城区		1		1				
咸阳市乾县				1				
咸阳市旬邑县								
渭南市临渭区			1					
渭南市蒲城县								
渭南市华县								
延安市洛川县			1	1				
榆林市绥德县		2	1					
榆林市神木县								
汉中市汉台区			3	3				
汉中市勉县			1					
汉中市宁强县								
安康市汉滨区		1	2	3				
安康市石泉县			1	1				
商洛市商州区			1					
商洛市山阳县								

4-82 续表 4

单位：人次

地 区	无障碍设施				信息无障碍			
	残疾一级	残疾二级	残疾三级	残疾四级	残疾一级	残疾二级	残疾三级	残疾四级
总 计								**1**
西安市新城区								
西安市碑林区								
西安市长安区								
西安市周至县								
宝鸡市扶风县								
宝鸡市千阳县								
咸阳市渭城区								1
咸阳市乾县								
咸阳市旬邑县								
渭南市临渭区								
渭南市蒲城县								
渭南市华县								
延安市洛川县								
榆林市绥德县								
榆林市神木县								
汉中市汉台区								
汉中市勉县								
汉中市宁强县								
安康市汉滨区								
安康市石泉县								
商洛市商州区								
商洛市山阳县								

4-82 续表 5

单位：人次

地 区	生活服务				文化服务			
	残疾一级	残疾二级	残疾三级	残疾四级	残疾一级	残疾二级	残疾三级	残疾四级
总 计		**1**	**3**	**13**		**1**	**3**	**2**
西安市新城区								
西安市碑林区								
西安市长安区								
西安市周至县								
宝鸡市扶风县								
宝鸡市千阳县								
咸阳市渭城区								
咸阳市乾县								
咸阳市旬邑县								
渭南市临渭区								
渭南市蒲城县			1					
渭南市华县								
延安市洛川县								
榆林市绥德县				2				
榆林市神木县								
汉中市汉台区		1	2	11		1	3	2
汉中市勉县								
汉中市宁强县								
安康市汉滨区								
安康市石泉县								
商洛市商州区								
商洛市山阳县								

4-82 续表 6

单位：人次

地区	其他				未曾接受任何服务或扶助			
	残疾一级	残疾二级	残疾三级	残疾四级	残疾一级	残疾二级	残疾三级	残疾四级
总计	**1**	**6**	**10**	**37**	**49**	**76**	**446**	**622**
西安市新城区						4	39	166
西安市碑林区							13	37
西安市长安区					3	4	16	30
西安市周至县							12	20
宝鸡市扶风县					2	1	17	22
宝鸡市千阳县					1	3	19	9
咸阳市渭城区					2	4	28	30
咸阳市乾县					1	2	16	17
咸阳市旬邑县					1	1	17	39
渭南市临渭区					2	5	21	9
渭南市蒲城县					1	5	27	25
渭南市华县						1	26	24
延安市洛川县					1		2	1
榆林市绥德县					3	7	24	16
榆林市神木县	1	3	6	19			4	2
汉中市汉台区		3	4	18			3	17
汉中市勉县					11	8	34	29
汉中市宁强县					2	2	24	18
安康市汉滨区					2	6	25	38
安康市石泉县						9	28	26
商洛市商州区					10	5	29	17
商洛市山阳县					7	9	22	30

4-83 各地区言语残疾人分残疾等级的曾接受服务或扶助

单位：人次

地区	医疗服务与救助				辅助器具			
	残疾一级	残疾二级	残疾三级	残疾四级	残疾一级	残疾二级	残疾三级	残疾四级
总计	**1**	**2**	**5**	**8**				**1**
西安市新城区								
西安市碑林区		1	1	1				
西安市长安区		1		1				
西安市周至县								
宝鸡市扶风县								
宝鸡市千阳县			1					
咸阳市渭城区								
咸阳市乾县								
咸阳市旬邑县								
渭南市临渭区								
渭南市蒲城县				1				
渭南市华县				1				
延安市洛川县								
榆林市绥德县								
榆林市神木县								
汉中市汉台区	1		1	1				
汉中市勉县			1	1				
汉中市宁强县								
安康市汉滨区								
安康市石泉县								1
商洛市商州区			1	1				
商洛市山阳县				1				

4-83 续表 1

单位：人次

地区	康复训练与服务				教育费用补助或减免			
	残疾一级	残疾二级	残疾三级	残疾四级	残疾一级	残疾二级	残疾三级	残疾四级
总计			**1**	**5**				
西安市新城区				1				
西安市碑林区			1	1				
西安市长安区								
西安市周至县								
宝鸡市扶风县								
宝鸡市千阳县								
咸阳市渭城区								
咸阳市乾县								
咸阳市旬邑县								
渭南市临渭区								
渭南市蒲城县								
渭南市华县				1				
延安市洛川县								
榆林市绥德县								
榆林市神木县								
汉中市汉台区				1				
汉中市勉县								
汉中市宁强县								
安康市汉滨区								
安康市石泉县								
商洛市商州区				1				
商洛市山阳县								

4-83 续表 2

单位：人次

地　区	职业教育与培训				就业安置或扶持			
	残疾一级	残疾二级	残疾三级	残疾四级	残疾一级	残疾二级	残疾三级	残疾四级
总　计								
西安市新城区								
西安市碑林区								
西安市长安区								
西安市周至县								
宝鸡市扶风县								
宝鸡市千阳县								
咸阳市渭城区								
咸阳市乾县								
咸阳市旬邑县								
渭南市临渭区								
渭南市蒲城县								
渭南市华县								
延安市洛川县								
榆林市绥德县								
榆林市神木县								
汉中市汉台区								
汉中市勉县								
汉中市宁强县								
安康市汉滨区								
安康市石泉县								
商洛市商州区								
商洛市山阳县								

4-83 续表 3

单位：人次

地区	贫困残疾人救助与扶持				法律援助与服务			
	残疾一级	残疾二级	残疾三级	残疾四级	残疾一级	残疾二级	残疾三级	残疾四级
总　计	**1**	**1**	**2**	**2**				
西安市新城区				1				
西安市碑林区								
西安市长安区								
西安市周至县								
宝鸡市扶风县								
宝鸡市千阳县			1					
咸阳市渭城区								
咸阳市乾县								
咸阳市旬邑县								
渭南市临渭区								
渭南市蒲城县								
渭南市华县								
延安市洛川县								
榆林市绥德县								
榆林市神木县								
汉中市汉台区	1							
汉中市勉县								
汉中市宁强县								
安康市汉滨区								
安康市石泉县		1						
商洛市商州区			1	1				
商洛市山阳县								

4-83 续表 4

单位：人次

地 区	无障碍设施				信息无障碍			
	残疾一级	残疾二级	残疾三级	残疾四级	残疾一级	残疾二级	残疾三级	残疾四级
总 计								
西安市新城区								
西安市碑林区								
西安市长安区								
西安市周至县								
宝鸡市扶风县								
宝鸡市千阳县								
咸阳市渭城区								
咸阳市乾县								
咸阳市旬邑县								
渭南市临渭区								
渭南市蒲城县								
渭南市华县								
延安市洛川县								
榆林市绥德县								
榆林市神木县								
汉中市汉台区								
汉中市勉县								
汉中市宁强县								
安康市汉滨区								
安康市石泉县								
商洛市商州区								
商洛市山阳县								

4-83 续表 5

单位：人次

地 区	生活服务				文化服务			
	残疾一级	残疾二级	残疾三级	残疾四级	残疾一级	残疾二级	残疾三级	残疾四级
总 计	**1**		**2**	**1**				
西安市新城区								
西安市碑林区								
西安市长安区								
西安市周至县								
宝鸡市扶风县								
宝鸡市千阳县			1					
咸阳市渭城区								
咸阳市乾县								
咸阳市旬邑县								
渭南市临渭区								
渭南市蒲城县								
渭南市华县								
延安市洛川县								
榆林市绥德县								
榆林市神木县								
汉中市汉台区	1		1	1				
汉中市勉县								
汉中市宁强县								
安康市汉滨区								
安康市石泉县								
商洛市商州区								
商洛市山阳县								

4-83 续表 6

单位：人次

地区	其他				未曾接受任何服务或扶助			
	残疾一级	残疾二级	残疾三级	残疾四级	残疾一级	残疾二级	残疾三级	残疾四级
总计			**1**		**15**	**4**	**4**	**18**
西安市新城区								1
西安市碑林区								1
西安市长安区								
西安市周至县					1			
宝鸡市扶风县					1			1
宝鸡市千阳县								1
咸阳市渭城区					1			
咸阳市乾县					2	1	1	
咸阳市旬邑县								3
渭南市临渭区					1	1		
渭南市蒲城县								1
渭南市华县							1	
延安市洛川县								
榆林市绥德县								2
榆林市神木县						1		1
汉中市汉台区			1					
汉中市勉县								1
汉中市宁强县					3			2
安康市汉滨区					3			1
安康市石泉县					1	1	2	1
商洛市商州区					2			1
商洛市山阳县								1

4-84 各地区肢体残疾人分残疾等级的曾接受服务或扶助

单位：人次

地　区	医疗服务与救助				辅助器具			
	残疾一级	残疾二级	残疾三级	残疾四级	残疾一级	残疾二级	残疾三级	残疾四级
总　计	**23**	**60**	**126**	**318**	**4**	**7**	**19**	**37**
西安市新城区		1	4	24		1	4	16
西安市碑林区	6	6	7	21	1	1		1
西安市长安区	3	3	4	17				
西安市周至县	3	3	12	23			1	
宝鸡市扶风县	1	12	5	12		1	1	
宝鸡市千阳县	2		3	6	1			
咸阳市渭城区		4	6	36			4	5
咸阳市乾县				1				
咸阳市旬邑县	2	1	12	17				
渭南市临渭区		2	4	9			1	1
渭南市蒲城县		2	2	10				1
渭南市华县	1	7	21	38		1	1	1
延安市洛川县			2					
榆林市绥德县		1	3	5	1			
榆林市神木县		11	26	41		1	5	4
汉中市汉台区	2	1	5	16	1		1	3
汉中市勉县	1							
汉中市宁强县				1				
安康市汉滨区	1	3	4	14		2	1	5
安康市石泉县	1	3	6	25				
商洛市商州区								
商洛市山阳县				2				

4-84 续表 1

单位：人次

地区	康复训练与服务				教育费用补助或减免			
	残疾一级	残疾二级	残疾三级	残疾四级	残疾一级	残疾二级	残疾三级	残疾四级
总　计	**2**	**8**	**25**	**72**			**1**	**4**
西安市新城区			2	21				
西安市碑林区				2				
西安市长安区								
西安市周至县			3	1				
宝鸡市扶风县		1		1				
宝鸡市千阳县								2
咸阳市渭城区				3				
咸阳市乾县								1
咸阳市旬邑县			3	2				
渭南市临渭区								
渭南市蒲城县								
渭南市华县			1					1
延安市洛川县								
榆林市绥德县								
榆林市神木县		2	7	12			1	
汉中市汉台区	1	1	3	7				
汉中市勉县								
汉中市宁强县								
安康市汉滨区	1	4	6	22				
安康市石泉县								
商洛市商州区								
商洛市山阳县				1				

4-84 续表 2

单位：人次

地区	职业教育与培训				就业安置或扶持			
	残疾一级	残疾二级	残疾三级	残疾四级	残疾一级	残疾二级	残疾三级	残疾四级
总　计			**1**			**1**	**1**	**5**
西安市新城区			1				1	1
西安市碑林区								
西安市长安区								
西安市周至县								
宝鸡市扶风县								
宝鸡市千阳县								
咸阳市渭城区								
咸阳市乾县								
咸阳市旬邑县								
渭南市临渭区								
渭南市蒲城县								
渭南市华县								
延安市洛川县								
榆林市绥德县								
榆林市神木县								2
汉中市汉台区								2
汉中市勉县								
汉中市宁强县								
安康市汉滨区						1		
安康市石泉县								
商洛市商州区								
商洛市山阳县								

4-84 续表 3

单位：人次

地区	贫困残疾人救助与扶持				法律援助与服务			
	残疾一级	残疾二级	残疾三级	残疾四级	残疾一级	残疾二级	残疾三级	残疾四级
总计	**8**	**18**	**37**	**88**			**1**	**1**
西安市新城区				3				
西安市碑林区	1		1	8				
西安市长安区			1	1				
西安市周至县	1		4	5				
宝鸡市扶风县			2	3				
宝鸡市千阳县		1	3	2				
咸阳市渭城区		1		1				
咸阳市乾县								
咸阳市旬邑县		1		3				
渭南市临渭区				1				
渭南市蒲城县		1						
渭南市华县	1	1	3	3				
延安市洛川县			2	1				
榆林市绥德县			3	8				
榆林市神木县		5	8	15				
汉中市汉台区			1	6			1	1
汉中市勉县		1	3	1				
汉中市宁强县	2	2	3	6				
安康市汉滨区	1			5				
安康市石泉县			1	7				
商洛市商州区	1			7				
商洛市山阳县	1	5	2	2				

4-84 续表 4

单位：人次

地区	无障碍设施				信息无障碍			
	残疾一级	残疾二级	残疾三级	残疾四级	残疾一级	残疾二级	残疾三级	残疾四级
总计								
西安市新城区								
西安市碑林区								
西安市长安区								
西安市周至县								
宝鸡市扶风县								
宝鸡市千阳县								
咸阳市渭城区								
咸阳市乾县								
咸阳市旬邑县								
渭南市临渭区								
渭南市蒲城县								
渭南市华县								
延安市洛川县								
榆林市绥德县								
榆林市神木县								
汉中市汉台区								
汉中市勉县								
汉中市宁强县								
安康市汉滨区								
安康市石泉县								
商洛市商州区								
商洛市山阳县								

4-84 续表 5

单位：人次

地区	生活服务				文化服务			
	残疾一级	残疾二级	残疾三级	残疾四级	残疾一级	残疾二级	残疾三级	残疾四级
总计	**1**	**7**	**11**	**27**			**1**	**2**
西安市新城区								
西安市碑林区								
西安市长安区								
西安市周至县								
宝鸡市扶风县				1				
宝鸡市千阳县								
咸阳市渭城区								
咸阳市乾县	1							
咸阳市旬邑县								
渭南市临渭区								
渭南市蒲城县								
渭南市华县								
延安市洛川县								
榆林市绥德县								
榆林市神木县		7	10	23				
汉中市汉台区			1	3			1	2
汉中市勉县								
汉中市宁强县								
安康市汉滨区								
安康市石泉县								
商洛市商州区								
商洛市山阳县								

4-84 续表 6

单位：人次

地区	其他				未曾接受任何服务或扶助			
	残疾一级	残疾二级	残疾三级	残疾四级	残疾一级	残疾二级	残疾三级	残疾四级
总　计	**3**	**13**	**27**	**45**	**17**	**43**	**116**	**365**
西安市新城区								
西安市碑林区							1	4
西安市长安区					2	3	4	17
西安市周至县								2
宝鸡市扶风县				1		2	2	14
宝鸡市千阳县					1	4	4	7
咸阳市渭城区							3	4
咸阳市乾县				1	2	5	15	52
咸阳市旬邑县						1	7	24
渭南市临渭区				2	1	5	4	25
渭南市蒲城县					1	13	27	77
渭南市华县								2
延安市洛川县	1	2	3	1	2	3	8	18
榆林市绥德县			1	6	1	1	5	27
榆林市神木县		10	22	26			1	2
汉中市汉台区	2	1	1	8				
汉中市勉县					6	1	13	11
汉中市宁强县						1	6	14
安康市汉滨区								7
安康市石泉县							6	22
商洛市商州区					1	1	5	18
商洛市山阳县						3	5	18

4-85 各地区智力残疾人分残疾等级的曾接受服务或扶助

单位：人次

地　区	医疗服务与救助				辅助器具			
	残疾一级	残疾二级	残疾三级	残疾四级	残疾一级	残疾二级	残疾三级	残疾四级
总　计	**8**	**10**	**32**	**22**				
西安市新城区		2	2	4				
西安市碑林区			3	1				
西安市长安区	1	1	4	1				
西安市周至县			3	1				
宝鸡市扶风县								
宝鸡市千阳县			1					
咸阳市渭城区								
咸阳市乾县								
咸阳市旬邑县								
渭南市临渭区								
渭南市蒲城县		1		1				
渭南市华县	3	3	2	2				
延安市洛川县		1		1				
榆林市绥德县	1	1	5	2				
榆林市神木县	1	1	6	1				
汉中市汉台区	1		2	4				
汉中市勉县								
汉中市宁强县			1					
安康市汉滨区	1		1					
安康市石泉县			1	3				
商洛市商州区								
商洛市山阳县			1	1				

4-85 续表 1

单位：人次

地区	康复训练与服务				教育费用补助或减免			
	残疾一级	残疾二级	残疾三级	残疾四级	残疾一级	残疾二级	残疾三级	残疾四级
总计	**2**	**3**	**4**	**2**	**1**		**2**	**1**
西安市新城区		1						
西安市碑林区								
西安市长安区			1		1			
西安市周至县							2	
宝鸡市扶风县								
宝鸡市千阳县		1						
咸阳市渭城区								
咸阳市乾县								
咸阳市旬邑县								
渭南市临渭区								
渭南市蒲城县								
渭南市华县								
延安市洛川县				1				
榆林市绥德县	1	1	2					
榆林市神木县								
汉中市汉台区								1
汉中市勉县								
汉中市宁强县								
安康市汉滨区	1		1					
安康市石泉县								
商洛市商州区								
商洛市山阳县				1				

4-85 续表 2

单位：人次

地区	职业教育与培训				就业安置或扶持			
	残疾一级	残疾二级	残疾三级	残疾四级	残疾一级	残疾二级	残疾三级	残疾四级
总　计			**2**					
西安市新城区								
西安市碑林区								
西安市长安区								
西安市周至县			1					
宝鸡市扶风县								
宝鸡市千阳县								
咸阳市渭城区								
咸阳市乾县								
咸阳市旬邑县								
渭南市临渭区								
渭南市蒲城县								
渭南市华县								
延安市洛川县								
榆林市绥德县								
榆林市神木县								
汉中市汉台区								
汉中市勉县								
汉中市宁强县								
安康市汉滨区								
安康市石泉县								
商洛市商州区								
商洛市山阳县			1					

4-85 续表 3

单位：人次

地区	贫困残疾人救助与扶持				法律援助与服务			
	残疾一级	残疾二级	残疾三级	残疾四级	残疾一级	残疾二级	残疾三级	残疾四级
总　计	**18**	**20**	**26**	**17**				
西安市新城区			1	2				
西安市碑林区			2					
西安市长安区	1	1		1				
西安市周至县		1	1	3				
宝鸡市扶风县			1					
宝鸡市千阳县								
咸阳市渭城区								
咸阳市乾县								
咸阳市旬邑县								
渭南市临渭区								
渭南市蒲城县								
渭南市华县	1	1						
延安市洛川县				1				
榆林市绥德县		1	3	2				
榆林市神木县	1	2	8	1				
汉中市汉台区	1		1	3				
汉中市勉县	1		1					
汉中市宁强县	13	12	2					
安康市汉滨区								
安康市石泉县		1	5	2				
商洛市商州区		1		1				
商洛市山阳县			1	1				

4-85 续表 4

单位：人次

地 区	无障碍设施				信息无障碍			
	残疾一级	残疾二级	残疾三级	残疾四级	残疾一级	残疾二级	残疾三级	残疾四级
总 计	**1**							
西安市新城区								
西安市碑林区								
西安市长安区	1							
西安市周至县								
宝鸡市扶风县								
宝鸡市千阳县								
咸阳市渭城区								
咸阳市乾县								
咸阳市旬邑县								
渭南市临渭区								
渭南市蒲城县								
渭南市华县								
延安市洛川县								
榆林市绥德县								
榆林市神木县								
汉中市汉台区								
汉中市勉县								
汉中市宁强县								
安康市汉滨区								
安康市石泉县								
商洛市商州区								
商洛市山阳县								

4-85 续表 5

单位：人次

地　区	生活服务				文化服务			
	残疾一级	残疾二级	残疾三级	残疾四级	残疾一级	残疾二级	残疾三级	残疾四级
总　计	**4**	**7**	**18**	**7**			**2**	**2**
西安市新城区		1						
西安市碑林区				1				
西安市长安区	1	1	3	1				1
西安市周至县								
宝鸡市扶风县								
宝鸡市千阳县								
咸阳市渭城区								
咸阳市乾县								
咸阳市旬邑县								
渭南市临渭区								
渭南市蒲城县								
渭南市华县								
延安市洛川县								
榆林市绥德县	1	2	7	3				
榆林市神木县	1	3	8					1
汉中市汉台区	1			2			2	
汉中市勉县								
汉中市宁强县								
安康市汉滨区								
安康市石泉县								
商洛市商州区								
商洛市山阳县								

4-85 续表 6

单位：人次

地 区	其他				未曾接受任何服务或扶助			
	残疾一级	残疾二级	残疾三级	残疾四级	残疾一级	残疾二级	残疾三级	残疾四级
总　计		**2**	**2**		**9**	**42**	**73**	**71**
西安市新城区								1
西安市碑林区								
西安市长安区					1			1
西安市周至县						1	3	
宝鸡市扶风县					1	1	4	7
宝鸡市千阳县		1				5		2
咸阳市渭城区						3	2	
咸阳市乾县					1		4	3
咸阳市旬邑县						3	5	5
渭南市临渭区						3	2	5
渭南市蒲城县		1				1	2	2
渭南市华县			1		1	6	14	13
延安市洛川县							2	5
榆林市绥德县								2
榆林市神木县							3	
汉中市汉台区			1					1
汉中市勉县						4	7	5
汉中市宁强县					5	6	4	1
安康市汉滨区						1	3	1
安康市石泉县							1	1
商洛市商州区						4	4	8
商洛市山阳县						4	13	8

4-86 各地区精神残疾人分残疾等级的曾接受服务或扶助

单位：人次

地区	医疗服务与救助				辅助器具			
	残疾一级	残疾二级	残疾三级	残疾四级	残疾一级	残疾二级	残疾三级	残疾四级
总　计	**37**	**17**	**24**	**83**				**1**
西安市新城区	5	1		2				
西安市碑林区	2	2	2	8				
西安市长安区	3	2	2	7				
西安市周至县	5		2	7				
宝鸡市扶风县								
宝鸡市千阳县	1		1	9				1
咸阳市渭城区								
咸阳市乾县								
咸阳市旬邑县								
渭南市临渭区								
渭南市蒲城县			3	20				
渭南市华县	4	4	3	5				
延安市洛川县				1				
榆林市绥德县				6				
榆林市神木县	1		1					
汉中市汉台区	4	2						
汉中市勉县	1			2				
汉中市宁强县	4	2		3				
安康市汉滨区	4	2	7	10				
安康市石泉县	1	2	3	3				
商洛市商州区	2							
商洛市山阳县								

4-86 续表 1

单位：人次

地 区	康复训练与服务				教育费用补助或减免			
	残疾一级	残疾二级	残疾三级	残疾四级	残疾一级	残疾二级	残疾三级	残疾四级
总 计	**4**	**4**	**4**	**8**				**1**
西安市新城区								
西安市碑林区	1	2	1	4				
西安市长安区								
西安市周至县								
宝鸡市扶风县								
宝鸡市千阳县			1	2				
咸阳市渭城区								
咸阳市乾县								
咸阳市旬邑县								
渭南市临渭区								
渭南市蒲城县								
渭南市华县	2	2	2	1				
延安市洛川县								
榆林市绥德县								
榆林市神木县								
汉中市汉台区	1							1
汉中市勉县				1				
汉中市宁强县								
安康市汉滨区								
安康市石泉县								
商洛市商州区								
商洛市山阳县								

4-86 续表 2

单位：人次

地 区	职业教育与培训				就业安置或扶持			
	残疾一级	残疾二级	残疾三级	残疾四级	残疾一级	残疾二级	残疾三级	残疾四级
总 计					**1**			**1**
西安市新城区								
西安市碑林区					1			
西安市长安区								
西安市周至县								
宝鸡市扶风县								
宝鸡市千阳县								1
咸阳市渭城区								
咸阳市乾县								
咸阳市旬邑县								
渭南市临渭区								
渭南市蒲城县								
渭南市华县								
延安市洛川县								
榆林市绥德县								
榆林市神木县								
汉中市汉台区								
汉中市勉县								
汉中市宁强县								
安康市汉滨区								
安康市石泉县								
商洛市商州区								
商洛市山阳县								

4-86 续表 3

单位：人次

地　区	贫困残疾人救助与扶持				法律援助与服务			
	残疾一级	残疾二级	残疾三级	残疾四级	残疾一级	残疾二级	残疾三级	残疾四级
总　计	**16**	**8**	**8**	**16**				**4**
西安市新城区	3	1						
西安市碑林区	2	2	1					
西安市长安区	1			2				
西安市周至县								
宝鸡市扶风县	1							
宝鸡市千阳县								
咸阳市渭城区				1				
咸阳市乾县	1							
咸阳市旬邑县				1				
渭南市临渭区				1				
渭南市蒲城县								1
渭南市华县			1					
延安市洛川县	1			1				1
榆林市绥德县			1	4				
榆林市神木县		1						
汉中市汉台区	1	1						
汉中市勉县	1		1	1				2
汉中市宁强县	2			1				
安康市汉滨区		2	1	1				
安康市石泉县	3	1	3	2				
商洛市商州区				1				
商洛市山阳县								

4-86 续表 4

单位：人次

地 区	无障碍设施				信息无障碍			
	残疾一级	残疾二级	残疾三级	残疾四级	残疾一级	残疾二级	残疾三级	残疾四级
总 计	**1**						**1**	
西安市新城区								
西安市碑林区								
西安市长安区								
西安市周至县								
宝鸡市扶风县								
宝鸡市千阳县								
咸阳市渭城区								
咸阳市乾县	1							
咸阳市旬邑县								
渭南市临渭区								
渭南市蒲城县								
渭南市华县								
延安市洛川县								
榆林市绥德县								
榆林市神木县							1	
汉中市汉台区								
汉中市勉县								
汉中市宁强县								
安康市汉滨区								
安康市石泉县								
商洛市商州区								
商洛市山阳县								

4-86 续表 5

单位：人次

地区	生活服务				文化服务			
	残疾一级	残疾二级	残疾三级	残疾四级	残疾一级	残疾二级	残疾三级	残疾四级
总计	**9**	**2**	**2**	**6**				
西安市新城区	1							
西安市碑林区	1							
西安市长安区								
西安市周至县								
宝鸡市扶风县								
宝鸡市千阳县	1			4				
咸阳市渭城区								
咸阳市乾县	1							
咸阳市旬邑县								
渭南市临渭区								
渭南市蒲城县								
渭南市华县								
延安市洛川县								
榆林市绥德县			1	2				
榆林市神木县								
汉中市汉台区	3	2						
汉中市勉县	1							
汉中市宁强县								
安康市汉滨区			1					
安康市石泉县	1							
商洛市商州区								
商洛市山阳县								

4-86 续表 6

单位：人次

地区	其他				未曾接受任何服务或扶助			
	残疾一级	残疾二级	残疾三级	残疾四级	残疾一级	残疾二级	残疾三级	残疾四级
总　计	**1**	**2**		**2**	**44**	**21**	**24**	**66**
西安市新城区					1			
西安市碑林区								
西安市长安区								1
西安市周至县								
宝鸡市扶风县					10	3	2	1
宝鸡市千阳县								4
咸阳市渭城区					2	1	2	2
咸阳市乾县					5	2		5
咸阳市旬邑县					5	1	2	7
渭南市临渭区					4	3	1	6
渭南市蒲城县							1	3
渭南市华县								
延安市洛川县						2	1	3
榆林市绥德县				1				1
榆林市神木县						1		2
汉中市汉台区	1	1		1	1			
汉中市勉县					2	2	4	5
汉中市宁强县							1	1
安康市汉滨区					1	1	2	2
安康市石泉县					3	3	3	5
商洛市商州区		1			10	2	3	14
商洛市山阳县							2	4

4-87 各地区多重残疾人分残疾等级的曾接受服务或扶助

单位：人次

地 区	医疗服务与救助				辅助器具			
	残疾一级	残疾二级	残疾三级	残疾四级	残疾一级	残疾二级	残疾三级	残疾四级
总 计	**110**	**42**	**57**	**39**	**13**	**3**	**8**	**6**
西安市新城区	10	2	8	11	2		3	5
西安市碑林区	11	5	6	6	3		2	
西安市长安区	9	2	5	5				
西安市周至县	7	4	4	1	1			
宝鸡市扶风县		1	1					
宝鸡市千阳县	9			1				
咸阳市渭城区	3	2	3	1	1	2	2	
咸阳市乾县	2							
咸阳市旬邑县	7	2	2	1				
渭南市临渭区	1	1	1					
渭南市蒲城县	10	2	5		1			
渭南市华县	6	3	4	4				
延安市洛川县								
榆林市绥德县	4	2	3				1	
榆林市神木县	3	2	7	4		1		
汉中市汉台区	15	4	4	2	2			1
汉中市勉县	1	1						
汉中市宁强县	2							
安康市汉滨区	7	1	2		1			
安康市石泉县	3	8	2	3	2			
商洛市商州区								
商洛市山阳县								

4-87 续表 1

单位：人次

地 区	康复训练与服务				教育费用补助或减免			
	残疾一级	残疾二级	残疾三级	残疾四级	残疾一级	残疾二级	残疾三级	残疾四级
总 计	**28**	**7**	**7**	**5**	**3**	**1**	**1**	
西安市新城区	7	1	3	3				
西安市碑林区	6	1	3	1				
西安市长安区								
西安市周至县	1				1		1	
宝鸡市扶风县								
宝鸡市千阳县	1							
咸阳市渭城区		1						
咸阳市乾县								
咸阳市旬邑县	2							
渭南市临渭区								
渭南市蒲城县	2							
渭南市华县	1	1						
延安市洛川县								
榆林市绥德县		2						
榆林市神木县				1				
汉中市汉台区	3	1			1			
汉中市勉县								
汉中市宁强县								
安康市汉滨区	2		1					
安康市石泉县	3					1		
商洛市商州区					1			
商洛市山阳县								

4-87 续表 2

单位：人次

地 区	职业教育与培训				就业安置或扶持			
	残疾一级	残疾二级	残疾三级	残疾四级	残疾一级	残疾二级	残疾三级	残疾四级
总 计	**2**				**2**		**1**	**1**
西安市新城区					1			
西安市碑林区								1
西安市长安区								
西安市周至县								
宝鸡市扶风县								
宝鸡市千阳县								
咸阳市渭城区	1							
咸阳市乾县								
咸阳市旬邑县								
渭南市临渭区								
渭南市蒲城县								
渭南市华县								
延安市洛川县								
榆林市绥德县								
榆林市神木县								
汉中市汉台区					1		1	
汉中市勉县								
汉中市宁强县								
安康市汉滨区								
安康市石泉县								
商洛市商州区	1							
商洛市山阳县								

4-87 续表 3

单位：人次

地 区	贫困残疾人救助与扶持				法律援助与服务			
	残疾一级	残疾二级	残疾三级	残疾四级	残疾一级	残疾二级	残疾三级	残疾四级
总 计	**70**	**24**	**27**	**14**		**1**		
西安市新城区	5	1	1	2				
西安市碑林区	2	1	2	3				
西安市长安区	2			1				
西安市周至县	3	4		1				
宝鸡市扶风县	1		1					
宝鸡市千阳县	2			1				
咸阳市渭城区								
咸阳市乾县	3							
咸阳市旬邑县								
渭南市临渭区			1					
渭南市蒲城县	1							
渭南市华县								
延安市洛川县								
榆林市绥德县	3	2	5	1				
榆林市神木县	3	1	2	2				
汉中市汉台区	8	2	2	1				
汉中市勉县	5	1				1		
汉中市宁强县	11	1	1					
安康市汉滨区	5		1					
安康市石泉县	9	8	8	2				
商洛市商州区	7	2	1					
商洛市山阳县		1	2					

4-87 续表 4

单位：人次

地区	无障碍设施				信息无障碍			
	残疾一级	残疾二级	残疾三级	残疾四级	残疾一级	残疾二级	残疾三级	残疾四级
总计		**1**	**1**		**1**		**1**	
西安市新城区		1						
西安市碑林区								
西安市长安区								
西安市周至县								
宝鸡市扶风县								
宝鸡市千阳县								
咸阳市渭城区								
咸阳市乾县								
咸阳市旬邑县								
渭南市临渭区								
渭南市蒲城县								
渭南市华县								
延安市洛川县								
榆林市绥德县								
榆林市神木县			1				1	
汉中市汉台区								
汉中市勉县								
汉中市宁强县								
安康市汉滨区					1			
安康市石泉县								
商洛市商州区								
商洛市山阳县								

4-87 续表 5

单位：人次

地区	生活服务				文化服务			
	残疾一级	残疾二级	残疾三级	残疾四级	残疾一级	残疾二级	残疾三级	残疾四级
总　计	**24**	**8**	**14**	**9**	**4**	**1**	**1**	
西安市新城区	1			1	2			
西安市碑林区	2	1						
西安市长安区	2		1	1				
西安市周至县								
宝鸡市扶风县								
宝鸡市千阳县								
咸阳市渭城区								
咸阳市乾县	1							
咸阳市旬邑县	1							
渭南市临渭区								
渭南市蒲城县								
渭南市华县								
延安市洛川县								
榆林市绥德县	4	4	5	1				
榆林市神木县	3	1	5	4				
汉中市汉台区	7	2	3	1	2	1	1	
汉中市勉县								
汉中市宁强县								
安康市汉滨区	2							
安康市石泉县				1				
商洛市商州区	1							
商洛市山阳县								

4-87 续表 6

单位：人次

地区	其他				未曾接受任何服务或扶助			
	残疾一级	残疾二级	残疾三级	残疾四级	残疾一级	残疾二级	残疾三级	残疾四级
总计	**10**	**7**	**7**	**7**	**266**	**70**	**100**	**61**
西安市新城区	1		1		1		2	3
西安市碑林区							2	2
西安市长安区					5	2	4	3
西安市周至县					10	3	1	3
宝鸡市扶风县					6	1	9	1
宝鸡市千阳县					6		4	3
咸阳市渭城区					10	2	4	3
咸阳市乾县					8	1		1
咸阳市旬邑县					22	1	7	2
渭南市临渭区					11	9	5	3
渭南市蒲城县					4	5	9	6
渭南市华县					3	2	2	3
延安市洛川县	2	1	1		8		1	
榆林市绥德县	1			1	8	4	7	2
榆林市神木县		4	4	5	6	1	2	
汉中市汉台区	6	2	1	1	1		1	5
汉中市勉县					54	6	12	8
汉中市宁强县					7	5	1	
安康市汉滨区					33	2	4	
安康市石泉县					14	8	8	3
商洛市商州区					16	10	4	5
商洛市山阳县					33	8	11	5

4－88 各地区残疾人分城乡的主要需求

单位：人次

地区	合计		医疗服务与救助		辅助器具	
	城镇	农村	城镇	农村	城镇	农村
总计	**3961**	**8473**	**947**	**2539**	**883**	**1473**
西安市新城区	1136		177		301	
西安市碑林区	527		158		118	
西安市长安区	380	213	70	60	86	40
西安市周至县		449		131		57
宝鸡市扶风县	62	442	22	151	13	110
宝鸡市千阳县	58	297	13	90	12	48
咸阳市渭城区	299	187	71	48	71	53
咸阳市乾县		471		139		76
咸阳市旬邑县		743		228		147
渭南市临渭区	61	291	30	96	15	51
渭南市蒲城县	145	470	25	113	37	68
渭南市华县		662		231		98
延安市洛川县	54	265	18	77	15	54
榆林市绥德县	131	527	36	160	25	108
榆林市神木县	101	476	29	148	16	50
汉中市汉台区	439	80	140	27	77	10
汉中市勉县	36	690	12	216	10	115
汉中市宁强县	75	260	30	90	7	22
安康市汉滨区	92	508	23	98	13	100
安康市石泉县	228	471	59	115	33	78
商洛市商州区	84	435	17	115	22	83
商洛市山阳县	53	536	17	206	12	105

4－88　续表 1

单位：人次

地　区	康复训练与服务		教育费用补助或减免		职业教育与培训	
	城镇	农村	城镇	农村	城镇	农村
总　计	**489**	**872**	**18**	**61**	**18**	**55**
西安市新城区	51		5		8	
西安市碑林区	139		1			
西安市长安区	83	38	1	4	4	1
西安市周至县		69		6		3
宝鸡市扶风县	7	56		8		1
宝鸡市千阳县	9	30			1	3
咸阳市渭城区	33	5	2		1	2
咸阳市乾县		23		6		4
咸阳市旬邑县		51		4		4
渭南市临渭区	3	11		1		3
渭南市蒲城县	32	103		6		
渭南市华县		95		2		10
延安市洛川县	7	27		6		4
榆林市绥德县	17	35	1	2	1	3
榆林市神木县	10	5		1		
汉中市汉台区	49	10	2			
汉中市勉县	3	44		2		
汉中市宁强县	1	8	1	2	1	2
安康市汉滨区	19	116		4	1	2
安康市石泉县	21	71	5	3	1	1
商洛市商州区	4	35		3		4
商洛市山阳县	1	40		1		8

4－88 续表 2

单位：人次

地 区	就业安置或扶持		贫困残疾人救助与扶持		法律援助与服务	
	城镇	农村	城镇	农村	城镇	农村
总 计	**72**	**133**	**709**	**2654**	**25**	**44**
西安市新城区	18		65		4	
西安市碑林区	1		59		2	
西安市长安区	9	6	72	53	4	
西安市周至县		16		160		1
宝鸡市扶风县	2	6	13	95	1	1
宝鸡市千阳县	3	9	6	82	1	2
咸阳市渭城区	2		75	51	1	2
咸阳市乾县		17		137		
咸阳市旬邑县		11		236		
渭南市临渭区	1		12	118		
渭南市蒲城县		1	42	116		6
渭南市华县		17		183		
延安市洛川县	1	5	11	82		1
榆林市绥德县	8	10	22	111	1	1
榆林市神木县	1	9	15	143		1
汉中市汉台区	8	3	129	23	7	2
汉中市勉县		3	6	234	1	22
汉中市宁强县	4	4	27	123		
安康市汉滨区	2	1	21	180		
安康市石泉县	10		82	195	1	
商洛市商州区	1	1	33	175		1
商洛市山阳县	1	14	19	157	2	4

4－88 续表 3

单位：人次

地 区	无障碍设施		信息无障碍		生活服务	
	城镇	农村	城镇	农村	城镇	农村
总 计	**272**	**8**	**62**	**5**	**353**	**504**
西安市新城区	254		51		184	
西安市碑林区	9		3		33	
西安市长安区	2			1	10	2
西安市周至县						4
宝鸡市扶风县					4	7
宝鸡市千阳县	2	1			8	18
咸阳市渭城区	2		6	1	25	22
咸阳市乾县				1		66
咸阳市旬邑县		4				53
渭南市临渭区						6
渭南市蒲城县					5	42
渭南市华县				1		19
延安市洛川县	2					7
榆林市绥德县		1			20	94
榆林市神木县	1	2	1	1	23	98
汉中市汉台区					19	2
汉中市勉县					3	48
汉中市宁强县						
安康市汉滨区					7	5
安康市石泉县			1		10	5
商洛市商州区					1	5
商洛市山阳县					1	1

4－88　续表 4

单位：人次

地　区	文化服务		其他		不选择	
	城镇	农村	城镇	农村	城镇	农村
总　计	**42**	**34**	**45**	**58**	**26**	**33**
西安市新城区	17				1	
西安市碑林区	4					
西安市长安区	7	1	30	7	2	
西安市周至县		1				1
宝鸡市扶风县		6		1		
宝鸡市千阳县	2	3		2	1	9
咸阳市渭城区	2	3	1		7	
咸阳市乾县				1		1
咸阳市旬邑县		1		2		2
渭南市临渭区		1		1		3
渭南市蒲城县		3	4	9		3
渭南市华县		5		1		
延安市洛川县						2
榆林市绥德县				2		
榆林市神木县	2	3	3	15		
汉中市汉台区	6	2	1	1	1	
汉中市勉县	1	1		3		2
汉中市宁强县		1		1	4	7
安康市汉滨区					6	2
安康市石泉县	1	2		1	4	
商洛市商州区		1	6	11		1
商洛市山阳县						

4-89 各地区视力残疾人分城乡的主要需求

单位：人次

地区	合计		医疗服务与救助		辅助器具	
	城镇	农村	城镇	农村	城镇	农村
总计	**345**	**1043**	**119**	**372**	**36**	**128**
西安市新城区	28		14		1	
西安市碑林区	20		7		2	
西安市长安区	42	63	13	21	4	16
西安市周至县		37		18		
宝鸡市扶风县	7	44	3	17	1	6
宝鸡市千阳县	1	40		16		6
咸阳市渭城区	22	27	7	8	7	3
咸阳市乾县		56		16		12
咸阳市旬邑县		96		33		22
渭南市临渭区	8	29	4	7		
渭南市蒲城县	17	24	4	10	2	3
渭南市华县		52		18		
延安市洛川县	6	59	2	15	2	18
榆林市绥德县	29	72	6	22	1	7
榆林市神木县	6	66	2	14		7
汉中市汉台区	96	30	32	10	15	3
汉中市勉县	6	104	2	30		
汉中市宁强县	10	29	5	14		4
安康市汉滨区	18	45	6	15		2
安康市石泉县	22	48	10	21		
商洛市商州区	5	77	1	29	1	14
商洛市山阳县	2	45	1	38		5

4-89 续表 1

单位：人次

地 区	康复训练与服务		教育费用补助或减免		职业教育与培训	
	城镇	农村	城镇	农村	城镇	农村
总 计	**45**	**88**	**1**	**1**	**1**	**4**
西安市新城区	1					
西安市碑林区	1		1			
西安市长安区	12	14				
西安市周至县						
宝鸡市扶风县	2	8		1		
宝鸡市千阳县						1
咸阳市渭城区						
咸阳市乾县		7				
咸阳市旬邑县		4				
渭南市临渭区						
渭南市蒲城县						
渭南市华县		1				
延安市洛川县		6				
榆林市绥德县	6	17			1	1
榆林市神木县		1				
汉中市汉台区	16	6				
汉中市勉县		5				
汉中市宁强县		1				
安康市汉滨区	6	11				2
安康市石泉县						
商洛市商州区	1	7				
商洛市山阳县						

4-89 续表 2

单位：人次

地区	就业安置或扶持		贫困残疾人救助与扶持		法律援助与服务	
	城镇	农村	城镇	农村	城镇	农村
总计	**3**	**4**	**107**	**348**	**2**	**4**
西安市新城区			11			
西安市碑林区			4			
西安市长安区		2	7	9	1	
西安市周至县				19		
宝鸡市扶风县			1	12		
宝鸡市千阳县		1		16		
咸阳市渭城区			7	8		2
咸阳市乾县				19		
咸阳市旬邑县				35		
渭南市临渭区			4	18		
渭南市蒲城县			6	10		
渭南市华县				17		
延安市洛川县			2	19		
榆林市绥德县	1		10	21		
榆林市神木县		1	2	21		
汉中市汉台区			29	9	1	1
汉中市勉县			2	36		
汉中市宁强县			5	10		
安康市汉滨区			5	14		
安康市石泉县	1		10	27		
商洛市商州区	1		1	27		
商洛市山阳县			1	1		1

4-89 续表 3

单位：人次

地区	无障碍设施		信息无障碍		生活服务	
	城镇	农村	城镇	农村	城镇	农村
总 计	**2**	**1**	**2**	**1**	**19**	**89**
西安市新城区					1	
西安市碑林区	1		2		2	
西安市长安区	1				2	1
西安市周至县						
宝鸡市扶风县						
宝鸡市千阳县						
咸阳市渭城区						6
咸阳市乾县						2
咸阳市旬邑县						2
渭南市临渭区						4
渭南市蒲城县					1	
渭南市华县				1		15
延安市洛川县						1
榆林市绥德县					4	4
榆林市神木县		1			2	21
汉中市汉台区					3	
汉中市勉县					2	32
汉中市宁强县						
安康市汉滨区					1	1
安康市石泉县					1	
商洛市商州区						
商洛市山阳县						

4-89 续表 4

单位：人次

地区	文化服务		其他		不选择	
	城镇	农村	城镇	农村	城镇	农村
总计		**1**	**4**	**2**	**4**	
西安市新城区						
西安市碑林区						
西安市长安区					2	
西安市周至县						
宝鸡市扶风县						
宝鸡市千阳县					1	
咸阳市渭城区					1	
咸阳市乾县						
咸阳市旬邑县						
渭南市临渭区						
渭南市蒲城县			4	1		
渭南市华县						
延安市洛川县						
榆林市绥德县						
榆林市神木县						
汉中市汉台区				1		
汉中市勉县		1				
汉中市宁强县						
安康市汉滨区						
安康市石泉县						
商洛市商州区						
商洛市山阳县						

4-90　各地区听力残疾人分城乡的主要需求

单位：人次

地　区	合计		医疗服务与救助		辅助器具	
	城镇	农村	城镇	农村	城镇	农村
总　计	**1785**	**2300**	**313**	**616**	**594**	**766**
西安市新城区	848		90		256	
西安市碑林区	238		85		93	
西安市长安区	113	44	6	8	35	10
西安市周至县		114		41		12
宝鸡市扶风县	17	128	7	49	8	59
宝鸡市千阳县	18	89	6	31	7	24
咸阳市渭城区	118	55	15	9	47	19
咸阳市乾县		90		35		31
咸阳市旬邑县		229		74		76
渭南市临渭区	29	110	15	43	13	45
渭南市蒲城县	52	76			26	34
渭南市华县		213		69		65
延安市洛川县	15	41	5	14	6	13
榆林市绥德县	24	159	8	51	8	53
榆林市神木县	15	92	5	29	5	27
汉中市汉台区	154	14	48	5	41	5
汉中市勉县	6	214	3	66	3	75
汉中市宁强县	22	59	9	23	6	13
安康市汉滨区	14	176		4	8	63
安康市石泉县	55	129	4	6	14	40
商洛市商州区	23	97		3	12	47
商洛市山阳县	24	171	7	56	6	55

4-90 续表 1

单位：人次

地 区	康复训练与服务		教育费用补助或减免		职业教育与培训	
	城镇	农村	城镇	农村	城镇	农村
总 计	**131**	**189**	**1**		**3**	**1**
西安市新城区	9				2	
西安市碑林区	55					
西安市长安区	32	9				
西安市周至县		21				
宝鸡市扶风县		6				
宝鸡市千阳县		1			1	
咸阳市渭城区	1					
咸阳市乾县						
咸阳市旬邑县						
渭南市临渭区	1	1				
渭南市蒲城县						
渭南市华县		40				
延安市洛川县	3	5				
榆林市绥德县						
榆林市神木县		2				
汉中市汉台区	17	1				
汉中市勉县		13				
汉中市宁强县		1	1			1
安康市汉滨区		47				
安康市石泉县	12	37				
商洛市商州区						
商洛市山阳县	1	5				

4-90 续表 2

单位：人次

地　区	就业安置或扶持		贫困残疾人救助与扶持		法律援助与服务	
	城镇	农村	城镇	农村	城镇	农村
总　计	**7**	**4**	**158**	**623**	**6**	**5**
西安市新城区	4		11			
西安市碑林区			1		1	
西安市长安区			9	10		
西安市周至县				39		
宝鸡市扶风县			2	14		
宝鸡市千阳县			3	30		1
咸阳市渭城区			22	13		
咸阳市乾县				16		
咸阳市旬邑县		1		74		
渭南市临渭区				20		
渭南市蒲城县			26	34		2
渭南市华县				39		
延安市洛川县			1	8		
榆林市绥德县				4		
榆林市神木县		2	2	30		1
汉中市汉台区		1	39	2	3	
汉中市勉县				59		1
汉中市宁强县			3	21		
安康市汉滨区			1	62		
安康市石泉县	3		19	46		
商洛市商州区			11	47		
商洛市山阳县			8	55	2	

4-90 续表 3

单位：人次

地区	无障碍设施		信息无障碍		生活服务	
	城镇	农村	城镇	农村	城镇	农村
总计	**249**	**3**	**55**	**1**	**204**	**77**
西安市新城区	246		49		164	
西安市碑林区			1		2	
西安市长安区					2	
西安市周至县						
宝鸡市扶风县						
宝鸡市千阳县	1					1
咸阳市渭城区	2		5	1	24	11
咸阳市乾县						6
咸阳市旬邑县		2				2
渭南市临渭区						
渭南市蒲城县						6
渭南市华县						
延安市洛川县						
榆林市绥德县					8	51
榆林市神木县		1			1	
汉中市汉台区					3	
汉中市勉县						
汉中市宁强县						
安康市汉滨区						
安康市石泉县						
商洛市商州区						
商洛市山阳县						

4-90 续表 4

单位：人次

地区	文化服务		其他		不选择	
	城镇	农村	城镇	农村	城镇	农村
总计	**21**	**2**	**29**	**9**	**14**	**4**
西安市新城区	16				1	
西安市碑林区						
西安市长安区	1		28	7		
西安市周至县						1
宝鸡市扶风县						
宝鸡市千阳县				1		
咸阳市渭城区	1	2			1	
咸阳市乾县				1		1
咸阳市旬邑县						
渭南市临渭区						1
渭南市蒲城县						
渭南市华县						
延安市洛川县						1
榆林市绥德县						
榆林市神木县	2					
汉中市汉台区	1		1		1	
汉中市勉县						
汉中市宁强县					3	
安康市汉滨区					5	
安康市石泉县					3	
商洛市商州区						
商洛市山阳县						

4-91 各地区言语残疾人分城乡的主要需求

单位：人次

地 区	合计		医疗服务与救助		辅助器具	
	城镇	农村	城镇	农村	城镇	农村
总 计	**38**	**110**	**11**	**34**	**2**	**4**
西安市新城区	8					
西安市碑林区	7		3			
西安市长安区		6		2		
西安市周至县		3		1		
宝鸡市扶风县		6		1		
宝鸡市千阳县		6		2		
咸阳市渭城区	3		1			
咸阳市乾县		10		2		
咸阳市旬邑县		6		2		
渭南市临渭区		4		2		
渭南市蒲城县		6		2		
渭南市华县		5		1		
延安市洛川县						
榆林市绥德县		6		1		
榆林市神木县		3		2		
汉中市汉台区	9		3		1	
汉中市勉县		7		3		1
汉中市宁强县	2	5	1	1		
安康市汉滨区		12		4		3
安康市石泉县	5	11	1	4	1	
商洛市商州区	4	8	2	2		
商洛市山阳县		6		2		

4-91 续表 1

单位：人次

地区	康复训练与服务		教育费用补助或减免		职业教育与培训	
	城镇	农村	城镇	农村	城镇	农村
总 计	**6**	**22**	**1**	**7**		**2**
西安市新城区	1					
西安市碑林区	4					
西安市长安区		2				
西安市周至县		1		1		
宝鸡市扶风县		1		1		
宝鸡市千阳县		1				
咸阳市渭城区	1					
咸阳市乾县		2		1		1
咸阳市旬邑县		2		1		
渭南市临渭区		2				
渭南市蒲城县		2		2		
渭南市华县		2				
延安市洛川县						
榆林市绥德县						1
榆林市神木县						
汉中市汉台区						
汉中市勉县				1		
汉中市宁强县						
安康市汉滨区		1				
安康市石泉县		2	1			
商洛市商州区		2				
商洛市山阳县		2				

4-91 续表 2

单位：人次

地区	就业安置或扶持		贫困残疾人救助与扶持		法律援助与服务	
	城镇	农村	城镇	农村	城镇	农村
总　计	**3**	**3**	**11**	**33**	**3**	**1**
西安市新城区	2		3		2	
西安市碑林区						
西安市长安区				2		
西安市周至县						
宝鸡市扶风县				1		1
宝鸡市千阳县				2		
咸阳市渭城区						
咸阳市乾县		1		2		
咸阳市旬邑县				1		
渭南市临渭区						
渭南市蒲城县						
渭南市华县				2		
延安市洛川县						
榆林市绥德县		2		2		
榆林市神木县				1		
汉中市汉台区	1		3		1	
汉中市勉县				2		
汉中市宁强县			1	3		
安康市汉滨区				4		
安康市石泉县			2	5		
商洛市商州区			2	4		
商洛市山阳县				2		

4-91 续表 3

单位：人次

地区	无障碍设施		信息无障碍		生活服务	
	城镇	农村	城镇	农村	城镇	农村
总计			**1**	**1**		**1**
西安市新城区						
西安市碑林区						
西安市长安区						
西安市周至县						
宝鸡市扶风县						
宝鸡市千阳县						1
咸阳市渭城区			1			
咸阳市乾县				1		
咸阳市旬邑县						
渭南市临渭区						
渭南市蒲城县						
渭南市华县						
延安市洛川县						
榆林市绥德县						
榆林市神木县						
汉中市汉台区						
汉中市勉县						
汉中市宁强县						
安康市汉滨区						
安康市石泉县						
商洛市商州区						
商洛市山阳县						

4-91 续表 4

单位：人次

地　区	文化服务		其他		不选择	
	城镇	农村	城镇	农村	城镇	农村
总　计				**1**		**1**
西安市新城区						
西安市碑林区						
西安市长安区						
西安市周至县						
宝鸡市扶风县				1		
宝鸡市千阳县						
咸阳市渭城区						
咸阳市乾县						
咸阳市旬邑县						
渭南市临渭区						
渭南市蒲城县						
渭南市华县						
延安市洛川县						
榆林市绥德县						
榆林市神木县						
汉中市汉台区						
汉中市勉县						
汉中市宁强县						1
安康市汉滨区						
安康市石泉县						
商洛市商州区						
商洛市山阳县						

4-92 各地区肢体残疾人分城乡的主要需求

单位：人次

地区	合计		医疗服务与救助		辅助器具	
	城镇	农村	城镇	农村	城镇	农村
总　计	**853**	**2168**	**221**	**649**	**141**	**323**
西安市新城区	86		25		24	
西安市碑林区	117		17		7	
西安市长安区	112	40	27	11	29	7
西安市周至县		127		21		34
宝鸡市扶风县	23	133	8	44	4	37
宝鸡市千阳县	24	68	3	18	4	14
咸阳市渭城区	102	57	34	19	10	18
咸阳市乾县		218		60		30
咸阳市旬邑县		202		68		21
渭南市临渭区	9	64	4	15	1	3
渭南市蒲城县	44	249	13	57	5	22
渭南市华县		139		67		16
延安市洛川县	24	97	8	31	4	19
榆林市绥德县	43	126	11	41	13	34
榆林市神木县	57	188	15	60	9	8
汉中市汉台区	57	15	16	5	5	1
汉中市勉县	12	77	3	21	4	14
汉中市宁强县	26	32	9	7	1	2
安康市汉滨区	21	87	2	21	5	5
安康市石泉县	70	97	24	36	11	20
商洛市商州区	21	62		16	5	8
商洛市山阳县	5	90	2	31		10

4-92 续表 1

单位：人次

地区	康复训练与服务		教育费用补助或减免		职业教育与培训	
	城镇	农村	城镇	农村	城镇	农村
总 计	**173**	**240**	**6**	**12**	**5**	**10**
西安市新城区	22		2		2	
西安市碑林区	40					
西安市长安区	22	7			1	
西安市周至县		26				
宝鸡市扶风县	2	13		1		
宝鸡市千阳县	4	13				1
咸阳市渭城区	22	3	2		1	
咸阳市乾县		7		3		
咸阳市旬邑县		24				
渭南市临渭区						
渭南市蒲城县	20	82		3		
渭南市华县		7				
延安市洛川县	4	3		1		3
榆林市绥德县	5	6	1	2		
榆林市神木县	6	1		1		
汉中市汉台区	12	2				
汉中市勉县	3	4				
汉中市宁强县	1	3				
安康市汉滨区	6	26				
安康市石泉县	1	3	1	1	1	1
商洛市商州区	3	7				1
商洛市山阳县		3				4

4-92 续表 2

单位：人次

地区	就业安置或扶持		贫困残疾人救助与扶持		法律援助与服务	
	城镇	农村	城镇	农村	城镇	农村
总计	**25**	**55**	**204**	**688**	**4**	**7**
西安市新城区	4		4			
西安市碑林区			28		1	
西安市长安区		2	29	13	1	
西安市周至县		4		42		
宝鸡市扶风县	1	3	6	32		
宝鸡市千阳县	3	4	2	13		
咸阳市渭城区	1		32	17		
咸阳市乾县		10		73		
咸阳市旬邑县		6		67		
渭南市临渭区			4	42		
渭南市蒲城县			5	52		
渭南市华县				49		
延安市洛川县		4	6	33		
榆林市绥德县	6	4	6	36	1	1
榆林市神木县	1	4	9	49		
汉中市汉台区	2	2	18	5		
汉中市勉县		2	1	30		2
汉中市宁强县	1		13	15		
安康市汉滨区	1		6	35		
安康市石泉县	4		26	33	1	
商洛市商州区			7	23		1
商洛市山阳县	1	10	2	29		3

4-92 续表 3

单位：人次

地区	无障碍设施		信息无障碍		生活服务	
	城镇	农村	城镇	农村	城镇	农村
总 计	**12**	**1**	**2**		**46**	**146**
西安市新城区	1		1		1	
西安市碑林区	7				15	
西安市长安区	1				2	
西安市周至县						
宝鸡市扶风县					2	3
宝鸡市千阳县	1	1			5	3
咸阳市渭城区						
咸阳市乾县						35
咸阳市旬邑县						16
渭南市临渭区						1
渭南市蒲城县					1	29
渭南市华县						
延安市洛川县	2					3
榆林市绥德县						1
榆林市神木县					14	49
汉中市汉台区					4	
汉中市勉县						4
汉中市宁强县						
安康市汉滨区					1	
安康市石泉县			1			1
商洛市商州区					1	1
商洛市山阳县						

4-92 续表 4

单位：人次

地 区	文化服务		其他		不选择	
	城镇	农村	城镇	农村	城镇	农村
总 计	**5**	**6**	**8**	**24**	**1**	**7**
西安市新城区						
西安市碑林区	2					
西安市长安区						
西安市周至县						
宝鸡市扶风县						
宝鸡市千阳县	2	1				
咸阳市渭城区						
咸阳市乾县						
咸阳市旬邑县						
渭南市临渭区				1		2
渭南市蒲城县		3		1		
渭南市华县						
延安市洛川县						
榆林市绥德县				1		
榆林市神木县		1	3	15		
汉中市汉台区						
汉中市勉县	1					
汉中市宁强县					1	5
安康市汉滨区						
安康市石泉县		1		1		
商洛市商州区			5	5		
商洛市山阳县						

4-93 各地区智力残疾人分城乡的主要需求

单位：人次

地区	合计		医疗服务与救助		辅助器具	
	城镇	农村	城镇	农村	城镇	农村
总 计	**111**	**692**	**31**	**191**	**1**	**4**
西安市新城区	25		9		1	
西安市碑林区	9		4			
西安市长安区	25	6	3	1		
西安市周至县		38		8		
宝鸡市扶风县	3	36	1	10		1
宝鸡市千阳县	3	21	1	4		1
咸阳市渭城区	6	2				
咸阳市乾县		24		6		
咸阳市旬邑县		35		3		
渭南市临渭区	3	15	1	3		
渭南市蒲城县		13		5		
渭南市华县		133		37		
延安市洛川县		28		7		1
榆林市绥德县	6	41	2	9		
榆林市神木县	3	45	1	15		
汉中市汉台区	15	9	5	3		
汉中市勉县		33		11		
汉中市宁强县	2	70	1	25		
安康市汉滨区	5	11	2	3		
安康市石泉县	5	21	1	1		
商洛市商州区		42		14		1
商洛市山阳县	1	69		26		

4-93 续表 1

单位：人次

地 区	康复训练与服务		教育费用补助或减免		职业教育与培训	
	城镇	农村	城镇	农村	城镇	农村
总 计	**16**	**98**	**2**	**19**		**26**
西安市新城区	3		1			
西安市碑林区						
西安市长安区	3	1		1		
西安市周至县		6		3		2
宝鸡市扶风县		7		3		
宝鸡市千阳县	1	5				
咸阳市渭城区	2	1				
咸阳市乾县		1		1		3
咸阳市旬邑县		8		2		3
渭南市临渭区	1	1				2
渭南市蒲城县		2				
渭南市华县		20		2		10
延安市洛川县		7		3		1
榆林市绥德县	1	4				
榆林市神木县	1					
汉中市汉台区	1		1			
汉中市勉县						
汉中市宁强县		1		1		
安康市汉滨区	2	5				
安康市石泉县	1	8				
商洛市商州区		8		2		1
商洛市山阳县		13		1		4

4-93 续表 2

单位：人次

地 区	就业安置或扶持		贫困残疾人救助与扶持		法律援助与服务	
	城镇	农村	城镇	农村	城镇	农村
总 计	**9**	**36**	**29**	**233**		**2**
西安市新城区	1		8			
西安市碑林区			3			
西安市长安区	6	1	5	1		
西安市周至县		8		11		
宝鸡市扶风县			1	8		
宝鸡市千阳县		1		4		
咸阳市渭城区				1		
咸阳市乾县		4		5		
咸阳市旬邑县		1		8		
渭南市临渭区			1	9		
渭南市蒲城县				3		
渭南市华县		15		39		
延安市洛川县				6		
榆林市绥德县		1	1	13		
榆林市神木县		1	1	14		
汉中市汉台区	1		5	3		
汉中市勉县		1		17		2
汉中市宁强县			1	42		
安康市汉滨区			1	3		
安康市石泉县	1		1	12		
商洛市商州区				12		
商洛市山阳县		3	1	22		

4-93 续表 3

单位：人次

地区	无障碍设施		信息无障碍		生活服务	
	城镇	农村	城镇	农村	城镇	农村
总计					**13**	**55**
西安市新城区					2	
西安市碑林区					2	
西安市长安区					3	
西安市周至县						
宝鸡市扶风县					1	3
宝鸡市千阳县					1	4
咸阳市渭城区						
咸阳市乾县						4
咸阳市旬邑县						8
渭南市临渭区						
渭南市蒲城县						1
渭南市华县						4
延安市洛川县						2
榆林市绥德县					2	14
榆林市神木县						13
汉中市汉台区					2	1
汉中市勉县						1
汉中市宁强县						
安康市汉滨区						
安康市石泉县						
商洛市商州区						
商洛市山阳县						

4-93 续表 4

单位：人次

地区	文化服务		其他		不选择	
	城镇	农村	城镇	农村	城镇	农村
总计	**7**	**17**	**1**	**5**	**2**	**6**
西安市新城区						
西安市碑林区						
西安市长安区	5	1				
西安市周至县						
宝鸡市扶风县		4				
宝鸡市千阳县		1				1
咸阳市渭城区	1		1		2	
咸阳市乾县						
咸阳市旬邑县				1		1
渭南市临渭区						
渭南市蒲城县						2
渭南市华县		5		1		
延安市洛川县						1
榆林市绥德县						
榆林市神木县		2				
汉中市汉台区		2				
汉中市勉县						1
汉中市宁强县		1				
安康市汉滨区						
安康市石泉县	1					
商洛市商州区		1		3		
商洛市山阳县						

4-94 各地区精神残疾人分城乡的主要需求

单位：人次

地区	合计		医疗服务与救助		辅助器具	
	城镇	农村	城镇	农村	城镇	农村
总 计	**213**	**592**	**78**	**233**	**2**	**3**
西安市新城区	24		9			
西安市碑林区	38		15			
西安市长安区	17	20	6	8	1	
西安市周至县		33		14		
宝鸡市扶风县	6	45	2	15		1
宝鸡市千阳县	4	25		7		
咸阳市渭城区	17	3	6	1	1	
咸阳市乾县		39		13		
咸阳市旬邑县		48		16		
渭南市临渭区	2	22	1	11		
渭南市蒲城县	2	44	1	26		
渭南市华县		45		16		1
延安市洛川县		15		2		
榆林市绥德县	2	22	1	7		
榆林市神木县	5	7	2	4		
汉中市汉台区	24		8			
汉中市勉县	3	45	1	18		
汉中市宁强县	9	23	3	9		
安康市汉滨区	13	55	6	23		
安康市石泉县	26	38	7	15		
商洛市商州区	18	49	9	23		1
商洛市山阳县	3	14	1	5		

4-94 续表 1

单位：人次

地区	康复训练与服务		教育费用补助或减免		职业教育与培训	
	城镇	农村	城镇	农村	城镇	农村
总计	**25**	**58**	**2**	**8**	**2**	**3**
西安市新城区	1					
西安市碑林区	11					
西安市长安区				2	1	1
西安市周至县		1				
宝鸡市扶风县	1	13		1		
宝鸡市千阳县	2	2				1
咸阳市渭城区	4	1				1
咸阳市乾县						
咸阳市旬邑县		1		1		
渭南市临渭区						
渭南市蒲城县	1	7				
渭南市华县		13				
延安市洛川县		3				
榆林市绥德县						
榆林市神木县	1					
汉中市汉台区	1		1			
汉中市勉县		6				
汉中市宁强县					1	
安康市汉滨区	2	4		4		
安康市石泉县	1	2	1			
商洛市商州区		1				
商洛市山阳县		4				

4-94 续表 2

单位：人次

地　区	就业安置或扶持		贫困残疾人救助与扶持		法律援助与服务	
	城镇	农村	城镇	农村	城镇	农村
总　计	**11**	**12**	**64**	**203**	**4**	**12**
西安市新城区			9			
西安市碑林区	1		10			
西安市长安区	1	1	5	8	1	
西安市周至县				13		1
宝鸡市扶风县	1	2	2	13		
宝鸡市千阳县		2		3	1	1
咸阳市渭城区			4		1	
咸阳市乾县				13		
咸阳市旬邑县				16		
渭南市临渭区			1	10		
渭南市蒲城县				5		1
渭南市华县				15		
延安市洛川县		1		8		1
榆林市绥德县		1		8		
榆林市神木县				3		
汉中市汉台区	4		8			
汉中市勉县			1	12	1	8
汉中市宁强县	3	4	2	9		
安康市汉滨区	1	1	3	23		
安康市石泉县			9	16		
商洛市商州区			9	23		
商洛市山阳县			1	5		

4-94 续表 3

单位：人次

地　区	无障碍设施		信息无障碍		生活服务	
	城镇	农村	城镇	农村	城镇	农村
总　计		**1**			**21**	**43**
西安市新城区					4	
西安市碑林区					1	
西安市长安区					1	
西安市周至县						3
宝鸡市扶风县						
宝鸡市千阳县					1	3
咸阳市渭城区						
咸阳市乾县						13
咸阳市旬邑县						13
渭南市临渭区						1
渭南市蒲城县						
渭南市华县						
延安市洛川县						
榆林市绥德县		1			1	5
榆林市神木县					2	
汉中市汉台区					2	
汉中市勉县						1
汉中市宁强县						
安康市汉滨区					1	
安康市石泉县					7	4
商洛市商州区						
商洛市山阳县					1	

4-94 续表 4

单位：人次

地区	文化服务		其他		不选择	
	城镇	农村	城镇	农村	城镇	农村
总计	**2**	**3**		**7**	**2**	**6**
西安市新城区	1					
西安市碑林区						
西安市长安区	1					
西安市周至县		1				
宝鸡市扶风县						
宝鸡市千阳县		1				5
咸阳市渭城区					1	
咸阳市乾县						
咸阳市旬邑县				1		
渭南市临渭区						
渭南市蒲城县				5		
渭南市华县						
延安市洛川县						
榆林市绥德县						
榆林市神木县						
汉中市汉台区						
汉中市勉县						
汉中市宁强县				1		
安康市汉滨区						
安康市石泉县		1			1	
商洛市商州区						1
商洛市山阳县						

4-95 各地区多重残疾人分城乡的主要需求

单位：人次

地 区	合计		医疗服务与救助		辅助器具	
	城镇	农村	城镇	农村	城镇	农村
总 计	**616**	**1568**	**174**	**444**	**107**	**245**
西安市新城区	117		30		19	
西安市碑林区	98		27		16	
西安市长安区	71	34	15	9	17	7
西安市周至县		97		28		11
宝鸡市扶风县	6	50	1	15		6
宝鸡市千阳县	8	48	3	12	1	3
咸阳市渭城区	31	43	8	11	6	13
咸阳市乾县		34		7		3
咸阳市旬邑县		127		32		28
渭南市临渭区	10	47	5	15	1	3
渭南市蒲城县	30	58	7	13	4	9
渭南市华县		75		23		16
延安市洛川县	9	25	3	8	3	3
榆林市绥德县	27	101	8	29	3	14
榆林市神木县	15	75	4	24	2	8
汉中市汉台区	84	12	28	4	15	1
汉中市勉县	9	210	3	67	3	25
汉中市宁强县	4	42	2	11		3
安康市汉滨区	21	122	7	28		27
安康市石泉县	45	127	12	32	7	18
商洛市商州区	13	100	5	28	4	12
商洛市山阳县	18	141	6	48	6	35

4-95 续表 1

单位：人次

地 区	康复训练与服务		教育费用补助或减免		职业教育与培训	
	城镇	农村	城镇	农村	城镇	农村
总 计	**93**	**177**	**5**	**14**	**7**	**9**
西安市新城区	14		2		4	
西安市碑林区	28					
西安市长安区	14	5	1	1	2	
西安市周至县		14		2		1
宝鸡市扶风县	2	8		1		1
宝鸡市千阳县	2	8				
咸阳市渭城区	3					1
咸阳市乾县		6		1		
咸阳市旬邑县		12				1
渭南市临渭区	1	7		1		1
渭南市蒲城县	11	10		1		
渭南市华县		12				
延安市洛川县		3		2		
榆林市绥德县	5	8				1
榆林市神木县	2	1				
汉中市汉台区	2	1				
汉中市勉县		16		1		
汉中市宁强县		2		1		1
安康市汉滨区	3	22			1	
安康市石泉县	6	19	2	2		
商洛市商州区		10		1		2
商洛市山阳县		13				

4-95 续表 2

单位：人次

地 区	就业安置或扶持		贫困残疾人救助与扶持		法律援助与服务	
	城镇	农村	城镇	农村	城镇	农村
总 计	**14**	**19**	**136**	**526**	**6**	**13**
西安市新城区	7		19		2	
西安市碑林区			13			
西安市长安区	2		17	10	1	
西安市周至县		4		36		
宝鸡市扶风县		1	1	15	1	
宝鸡市千阳县		1	1	14		
咸阳市渭城区	1		10	12		
咸阳市乾县		2		9		
咸阳市旬邑县		3		35		
渭南市临渭区	1		2	19		
渭南市蒲城县		1	5	12		3
渭南市华县		2		22		
延安市洛川县	1		2	8		
榆林市绥德县	1	2	5	27		
榆林市神木县		1	1	25		
汉中市汉台区			27	4	2	1
汉中市勉县			2	78		9
汉中市宁强县			2	23		
安康市汉滨区			5	39		
安康市石泉县	1		15	56		
商洛市商州区		1	3	39		
商洛市山阳县		1	6	43		

4-95 续表 3

单位：人次

地区	无障碍设施		信息无障碍		生活服务	
	城镇	农村	城镇	农村	城镇	农村
总计	**9**	**2**	**2**	**2**	**50**	**93**
西安市新城区	7		1		12	
西安市碑林区	1				11	
西安市长安区				1		1
西安市周至县						1
宝鸡市扶风县					1	1
宝鸡市千阳县					1	6
咸阳市渭城区					1	5
咸阳市乾县						6
咸阳市旬邑县		2				12
渭南市临渭区						
渭南市蒲城县					3	6
渭南市华县						
延安市洛川县						1
榆林市绥德县					5	19
榆林市神木县	1		1	1	4	15
汉中市汉台区					5	1
汉中市勉县					1	10
汉中市宁强县						
安康市汉滨区					4	4
安康市石泉县					2	
商洛市商州区						4
商洛市山阳县						1

4-95 续表 4

单位：人次

地 区	文化服务		其他		不选择	
	城镇	农村	城镇	农村	城镇	农村
总 计	**7**	**5**	**3**	**10**	**3**	**9**
西安市新城区						
西安市碑林区	2					
西安市长安区			2			
西安市周至县						
宝鸡市扶风县		2				
宝鸡市千阳县				1		3
咸阳市渭城区		1			2	
咸阳市乾县						
咸阳市旬邑县		1				1
渭南市临渭区		1				
渭南市蒲城县				2		1
渭南市华县						
延安市洛川县						
榆林市绥德县				1		
榆林市神木县						
汉中市汉台区	5					
汉中市勉县				3		1
汉中市宁强县						1
安康市汉滨区					1	2
安康市石泉县						
商洛市商州区			1	3		
商洛市山阳县						

4-96　各地区视力残疾人分残疾等级的主要需求

单位：人次

地　区	医疗服务与救助				辅助器具			
	残疾一级	残疾二级	残疾三级	残疾四级	残疾一级	残疾二级	残疾三级	残疾四级
总　计	**120**	**46**	**30**	**295**	**32**	**14**	**11**	**107**
西安市新城区		1	1	12				1
西安市碑林区	3	2	1	1		1		1
西安市长安区	5	1	3	25	2	1	2	15
西安市周至县	6	2	2	8				
宝鸡市扶风县	4		3	13	1			6
宝鸡市千阳县	8	2		6	3	1		2
咸阳市渭城区	3	1		11	1	1		8
咸阳市乾县	1	2	3	10		1	4	7
咸阳市旬邑县	11	4	1	17	6	1	1	14
渭南市临渭区	2			9				
渭南市蒲城县	8	1	2	3	4			1
渭南市华县	7			11				
延安市洛川县	3		2	12	3		2	15
榆林市绥德县	3	9	2	14	1	5		2
榆林市神木县	2			14	6			1
汉中市汉台区	13	6		23	2	2		14
汉中市勉县	8	2	1	21				
汉中市宁强县	7	6		6			1	3
安康市汉滨区	11		1	9	1			1
安康市石泉县	5	4	4	18				
商洛市商州区	4	2	2	22	2			13
商洛市山阳县	6	1	2	30		1	1	3

4-96 续表 1

单位：人次

地区	康复训练与服务				教育费用补助或减免			
	残疾一级	残疾二级	残疾三级	残疾四级	残疾一级	残疾二级	残疾三级	残疾四级
总　计	**45**	**10**	**8**	**70**	**1**			**1**
西安市新城区				1				
西安市碑林区	1				1			
西安市长安区	2		2	22				
西安市周至县								
宝鸡市扶风县	2		2	6				1
宝鸡市千阳县								
咸阳市渭城区								
咸阳市乾县	7							
咸阳市旬邑县	2	1		1				
渭南市临渭区								
渭南市蒲城县								
渭南市华县	1							
延安市洛川县	1			5				
榆林市绥德县	3	6	1	13				
榆林市神木县				1				
汉中市汉台区	11	3		8				
汉中市勉县	4			1				
汉中市宁强县			1					
安康市汉滨区	8		1	8				
安康市石泉县								
商洛市商州区	3		1	4				
商洛市山阳县								

4-96　续表 2

单位：人次

地　区	职业教育与培训				就业安置或扶持			
	残疾一级	残疾二级	残疾三级	残疾四级	残疾一级	残疾二级	残疾三级	残疾四级
总　计	**3**			**2**	**1**		**1**	**5**
西安市新城区								
西安市碑林区								
西安市长安区							1	1
西安市周至县								
宝鸡市扶风县								
宝鸡市千阳县	1							1
咸阳市渭城区								
咸阳市乾县								
咸阳市旬邑县								
渭南市临渭区								
渭南市蒲城县								
渭南市华县								
延安市洛川县								
榆林市绥德县	1			1	1			
榆林市神木县								1
汉中市汉台区								
汉中市勉县								
汉中市宁强县								
安康市汉滨区	1			1				
安康市石泉县								1
商洛市商州区								1
商洛市山阳县								

4-96 续表 3

单位：人次

地　区	贫困残疾人救助与扶持				法律援助与服务			
	残疾一级	残疾二级	残疾三级	残疾四级	残疾一级	残疾二级	残疾三级	残疾四级
总　计	**149**	**48**	**24**	**234**	**4**			**2**
西安市新城区		1	1	9				
西安市碑林区	3	1						
西安市长安区	4	1	1	10	1			
西安市周至县	7	2	2	8				
宝鸡市扶风县	4		2	7				
宝鸡市千阳县	8	2		6				
咸阳市渭城区	4	1		10	1			1
咸阳市乾县	8	3	2	6				
咸阳市旬邑县	12	5	1	17				
渭南市临渭区	10			12				
渭南市蒲城县	9	1	2	4				
渭南市华县	6			11				
延安市洛川县	4		2	15				
榆林市绥德县	4	11	2	14				
榆林市神木县	8			15				
汉中市汉台区	12	6		20	1			1
汉中市勉县	12	2	1	23				
汉中市宁强县	4	6	1	4				
安康市汉滨区	10		1	8				
安康市石泉县	13	4	4	16				
商洛市商州区	6	2	2	18				
商洛市山阳县	1			1	1			

4-96 续表 4

单位：人次

地 区	无障碍设施				信息无障碍			
	残疾一级	残疾二级	残疾三级	残疾四级	残疾一级	残疾二级	残疾三级	残疾四级
总 计	**2**			**1**	**1**		**1**	**1**
西安市新城区								
西安市碑林区	1				1		1	
西安市长安区	1							
西安市周至县								
宝鸡市扶风县								
宝鸡市千阳县								
咸阳市渭城区								
咸阳市乾县								
咸阳市旬邑县								
渭南市临渭区								
渭南市蒲城县								
渭南市华县								1
延安市洛川县								
榆林市绥德县								
榆林市神木县				1				
汉中市汉台区								
汉中市勉县								
汉中市宁强县								
安康市汉滨区								
安康市石泉县								
商洛市商州区								
商洛市山阳县								

4-96 续表 5

单位：人次

地区	生活服务				文化服务			
	残疾一级	残疾二级	残疾三级	残疾四级	残疾一级	残疾二级	残疾三级	残疾四级
总计	**41**	**4**	**3**	**60**				**1**
西安市新城区				1				
西安市碑林区	1		1					
西安市长安区	1			2				
西安市周至县								
宝鸡市扶风县								
宝鸡市千阳县								
咸阳市渭城区	3			3				
咸阳市乾县				2				
咸阳市旬邑县	1			1				
渭南市临渭区	2			2				
渭南市蒲城县	1							
渭南市华县	6			9				
延安市洛川县	1							
榆林市绥德县	2	2	1	3				
榆林市神木县	8			15				
汉中市汉台区		1		2				
汉中市勉县	12	1	1	20				1
汉中市宁强县								
安康市汉滨区	2							
安康市石泉县	1							
商洛市商州区								
商洛市山阳县								

4-96 续表 6

单位：人次

地 区	其他				不选择			
	残疾一级	残疾二级	残疾三级	残疾四级	残疾一级	残疾二级	残疾三级	残疾四级
总 计	**2**		**1**	**3**	**1**			**3**
西安市新城区								
西安市碑林区								
西安市长安区								2
西安市周至县								
宝鸡市扶风县								
宝鸡市千阳县					1			
咸阳市渭城区								1
咸阳市乾县								
咸阳市旬邑县								
渭南市临渭区								
渭南市蒲城县	2		1	2				
渭南市华县								
延安市洛川县								
榆林市绥德县								
榆林市神木县								
汉中市汉台区				1				
汉中市勉县								
汉中市宁强县								
安康市汉滨区								
安康市石泉县								
商洛市商州区								
商洛市山阳县								

4-97 各地区听力残疾人分残疾等级的主要需求

单位：人次

地 区	医疗服务与救助				辅助器具			
	残疾一级	残疾二级	残疾三级	残疾四级	残疾一级	残疾二级	残疾三级	残疾四级
总 计	**43**	**65**	**348**	**473**	**53**	**101**	**506**	**700**
西安市新城区		3	25	62		7	54	195
西安市碑林区	3	1	21	60	3	1	25	64
西安市长安区	1		2	11	1	4	16	24
西安市周至县	1	3	14	23	1	2	2	7
宝鸡市扶风县	1	3	24	28	3	3	30	31
宝鸡市千阳县	1	3	24	9	1	3	22	5
咸阳市渭城区		2	10	12	2	4	29	31
咸阳市乾县	1	2	15	17	1	3	12	15
咸阳市旬邑县	2	1	24	47	2	1	26	47
渭南市临渭区	7	6	27	18	7	7	27	17
渭南市蒲城县					1	5	28	26
渭南市华县	2	2	35	30	2	1	34	28
延安市洛川县	1	3	10	5		4	10	5
榆林市绥德县	4	8	26	21	4	9	26	22
榆林市神木县	1	3	9	21	1	3	11	17
汉中市汉台区		4	10	39		4	8	34
汉中市勉县	10	8	28	23	8	8	33	29
汉中市宁强县	1	3	18	10	1	1	12	5
安康市汉滨区	2			2		7	26	38
安康市石泉县		2	3	5		10	27	17
商洛市商州区			1	2	10	5	29	15
商洛市山阳县	5	8	22	28	5	9	19	28

4-97 续表 1

单位：人次

地区	康复训练与服务				教育费用补助或减免			
	残疾一级	残疾二级	残疾三级	残疾四级	残疾一级	残疾二级	残疾三级	残疾四级
总 计	**11**	**21**	**115**	**173**				**1**
西安市新城区			1	8				
西安市碑林区	2	1	14	38				
西安市长安区	3	4	13	21				
西安市周至县		1	10	10				
宝鸡市扶风县	1	1	3	1				
宝鸡市千阳县			1					
咸阳市渭城区			1					
咸阳市乾县								
咸阳市旬邑县								
渭南市临渭区		1		1				
渭南市蒲城县								
渭南市华县		1	18	21				
延安市洛川县		1	5	2				
榆林市绥德县								
榆林市神木县			1	1				
汉中市汉台区			2	16				
汉中市勉县	2		3	8				
汉中市宁强县	1							1
安康市汉滨区		4	17	26				
安康市石泉县		6	25	18				
商洛市商州区								
商洛市山阳县	2	1	1	2				

4-97 续表 2

单位：人次

地 区	职业教育与培训				就业安置或扶持			
	残疾一级	残疾二级	残疾三级	残疾四级	残疾一级	残疾二级	残疾三级	残疾四级
总 计			**2**	**2**			**1**	**10**
西安市新城区				2				4
西安市碑林区								
西安市长安区								
西安市周至县								
宝鸡市扶风县								
宝鸡市千阳县			1					
咸阳市渭城区								
咸阳市乾县								
咸阳市旬邑县								1
渭南市临渭区								
渭南市蒲城县								
渭南市华县								
延安市洛川县								
榆林市绥德县								
榆林市神木县								2
汉中市汉台区								1
汉中市勉县								
汉中市宁强县			1					
安康市汉滨区								
安康市石泉县							1	2
商洛市商州区								
商洛市山阳县								

4-97 续表 3

单位：人次

地　区	贫困残疾人救助与扶持				法律援助与服务			
	残疾一级	残疾二级	残疾三级	残疾四级	残疾一级	残疾二级	残疾三级	残疾四级
总　计	**54**	**71**	**309**	**347**	**1**	**1**	**2**	**7**
西安市新城区			2	9				
西安市碑林区				1				1
西安市长安区	2	1	4	12				
西安市周至县	1	3	14	21				
宝鸡市扶风县	2	1	10	3				
宝鸡市千阳县	1	3	20	9			1	
咸阳市渭城区	2	2	15	16				
咸阳市乾县	1		7	8				
咸阳市旬邑县	2	1	24	47				
渭南市临渭区	4	4	11	1				
渭南市蒲城县	1	5	28	26			1	1
渭南市华县	2	2	21	14				
延安市洛川县	1	3	4	1				
榆林市绥德县		1	2	1				
榆林市神木县	1	2	11	18				1
汉中市汉台区		4	7	30				3
汉中市勉县	10	6	25	18				1
汉中市宁强县	4	2	9	9				
安康市汉滨区	2	7	22	32				
安康市石泉县		10	29	26				
商洛市商州区	11	4	26	17				
商洛市山阳县	7	10	18	28	1	1		

4-97 续表 4

单位：人次

地　区	无障碍设施				信息无障碍			
	残疾一级	残疾二级	残疾三级	残疾四级	残疾一级	残疾二级	残疾三级	残疾四级
总　计		**6**	**51**	**195**		**1**	**15**	**40**
西安市新城区		6	48	192		1	10	38
西安市碑林区								1
西安市长安区								
西安市周至县								
宝鸡市扶风县								
宝鸡市千阳县				1				
咸阳市渭城区			2				5	1
咸阳市乾县								
咸阳市旬邑县				2				
渭南市临渭区								
渭南市蒲城县								
渭南市华县								
延安市洛川县								
榆林市绥德县								
榆林市神木县			1					
汉中市汉台区								
汉中市勉县								
汉中市宁强县								
安康市汉滨区								
安康市石泉县								
商洛市商州区								
商洛市山阳县								

4-97 续表 5

单位：人次

地 区	生活服务				文化服务			
	残疾一级	残疾二级	残疾三级	残疾四级	残疾一级	残疾二级	残疾三级	残疾四级
总 计	**7**	**16**	**77**	**181**		**1**	**5**	**17**
西安市新城区		4	21	139			1	15
西安市碑林区			2					
西安市长安区		1		1			1	
西安市周至县								
宝鸡市扶风县								
宝鸡市千阳县			1					
咸阳市渭城区	2	2	20	11			2	1
咸阳市乾县			4	2				
咸阳市旬邑县				2				
渭南市临渭区								
渭南市蒲城县	1		4	1				
渭南市华县								
延安市洛川县								
榆林市绥德县	4	9	24	22				
榆林市神木县				1		1		1
汉中市汉台区			1	2			1	
汉中市勉县								
汉中市宁强县								
安康市汉滨区								
安康市石泉县								
商洛市商州区								
商洛市山阳县								

4-97 续表 6

单位：人次

地区	其他				不选择			
	残疾一级	残疾二级	残疾三级	残疾四级	残疾一级	残疾二级	残疾三级	残疾四级
总计	**2**	**3**	**13**	**20**		**1**	**6**	**11**
西安市新城区								1
西安市碑林区								
西安市长安区	2	2	12	19				
西安市周至县								1
宝鸡市扶风县								
宝鸡市千阳县			1					
咸阳市渭城区						1		
咸阳市乾县		1						1
咸阳市旬邑县								
渭南市临渭区							1	
渭南市蒲城县								
渭南市华县								
延安市洛川县							1	
榆林市绥德县								
榆林市神木县								
汉中市汉台区				1			1	
汉中市勉县								
汉中市宁强县							1	2
安康市汉滨区							1	4
安康市石泉县							1	2
商洛市商州区								
商洛市山阳县								

4-98 各地区言语残疾人分残疾等级的主要需求

单位：人次

地 区	医疗服务与救助				辅助器具			
	残疾一级	残疾二级	残疾三级	残疾四级	残疾一级	残疾二级	残疾三级	残疾四级
总 计	**12**	**6**	**6**	**21**	**3**			**3**
西安市新城区								
西安市碑林区			1	2				
西安市长安区		1		1				
西安市周至县	1							
宝鸡市扶风县	1							
宝鸡市千阳县			1	1				
咸阳市渭城区	1							
咸阳市乾县	1	1						
咸阳市旬邑县				2				
渭南市临渭区	1	1						
渭南市蒲城县				2				
渭南市华县				1				
延安市洛川县								
榆林市绥德县				1				
榆林市神木县		1		1				
汉中市汉台区	1		1	1	1			
汉中市勉县			1	2				1
汉中市宁强县	1			1				
安康市汉滨区	3			1	2			1
安康市石泉县	1	2	1	1				1
商洛市商州区	1		1	2				
商洛市山阳县				2				

4-98 续表 1

单位：人次

地　区	康复训练与服务				教育费用补助或减免			
	残疾一级	残疾二级	残疾三级	残疾四级	残疾一级	残疾二级	残疾三级	残疾四级
总　计	**5**	**4**	**5**	**14**	**1**		**1**	**6**
西安市新城区				1				
西安市碑林区		1	1	2				
西安市长安区		1		1				
西安市周至县	1				1			
宝鸡市扶风县				1				1
宝鸡市千阳县				1				
咸阳市渭城区	1							
咸阳市乾县		1	1				1	
咸阳市旬邑县				2				1
渭南市临渭区	1	1						
渭南市蒲城县				2				2
渭南市华县			1	1				
延安市洛川县								
榆林市绥德县								
榆林市神木县								
汉中市汉台区								
汉中市勉县								1
汉中市宁强县								
安康市汉滨区	1							
安康市石泉县			2					1
商洛市商州区	1			1				
商洛市山阳县				2				

4–98 续表 2

单位：人次

地 区	职业教育与培训				就业安置或扶持			
	残疾一级	残疾二级	残疾三级	残疾四级	残疾一级	残疾二级	残疾三级	残疾四级
总 计			**1**	**1**	**1**			**5**
西安市新城区								2
西安市碑林区								
西安市长安区								
西安市周至县								
宝鸡市扶风县								
宝鸡市千阳县								
咸阳市渭城区								
咸阳市乾县			1		1			
咸阳市旬邑县								
渭南市临渭区								
渭南市蒲城县								
渭南市华县								
延安市洛川县								
榆林市绥德县				1				2
榆林市神木县								
汉中市汉台区								1
汉中市勉县								
汉中市宁强县								
安康市汉滨区								
安康市石泉县								
商洛市商州区								
商洛市山阳县								

4-98 续表 3

单位：人次

地　区	贫困残疾人救助与扶持				法律援助与服务			
	残疾一级	残疾二级	残疾三级	残疾四级	残疾一级	残疾二级	残疾三级	残疾四级
总　计	**13**	**3**	**7**	**21**	**1**		**1**	**2**
西安市新城区				3				2
西安市碑林区								
西安市长安区		1		1				
西安市周至县								
宝鸡市扶风县	1				1			
宝鸡市千阳县			1	1				
咸阳市渭城区								
咸阳市乾县	2							
咸阳市旬邑县				1				
渭南市临渭区								
渭南市蒲城县								
渭南市华县			1	1				
延安市洛川县								
榆林市绥德县				2				
榆林市神木县				1				
汉中市汉台区	1		1	1			1	
汉中市勉县			1	1				
汉中市宁强县	3			1				
安康市汉滨区	3			1				
安康市石泉县	1	2	2	2				
商洛市商州区	2		1	3				
商洛市山阳县				2				

4-98 续表 4

单位：人次

地区	无障碍设施				信息无障碍			
	残疾一级	残疾二级	残疾三级	残疾四级	残疾一级	残疾二级	残疾三级	残疾四级
总　计					**2**			
西安市新城区								
西安市碑林区								
西安市长安区								
西安市周至县								
宝鸡市扶风县								
宝鸡市千阳县								
咸阳市渭城区					1			
咸阳市乾县					1			
咸阳市旬邑县								
渭南市临渭区								
渭南市蒲城县								
渭南市华县								
延安市洛川县								
榆林市绥德县								
榆林市神木县								
汉中市汉台区								
汉中市勉县								
汉中市宁强县								
安康市汉滨区								
安康市石泉县								
商洛市商州区								
商洛市山阳县								

4-98 续表 5

单位：人次

地区	生活服务				文化服务			
	残疾一级	残疾二级	残疾三级	残疾四级	残疾一级	残疾二级	残疾三级	残疾四级
总　计			**1**					
西安市新城区								
西安市碑林区								
西安市长安区								
西安市周至县								
宝鸡市扶风县								
宝鸡市千阳县			1					
咸阳市渭城区								
咸阳市乾县								
咸阳市旬邑县								
渭南市临渭区								
渭南市蒲城县								
渭南市华县								
延安市洛川县								
榆林市绥德县								
榆林市神木县								
汉中市汉台区								
汉中市勉县								
汉中市宁强县								
安康市汉滨区								
安康市石泉县								
商洛市商州区								
商洛市山阳县								

4-98 续表 6

单位：人次

地 区	其他				不选择			
	残疾一级	残疾二级	残疾三级	残疾四级	残疾一级	残疾二级	残疾三级	残疾四级
总 计				**1**				**1**
西安市新城区								
西安市碑林区								
西安市长安区								
西安市周至县								
宝鸡市扶风县				1				
宝鸡市千阳县								
咸阳市渭城区								
咸阳市乾县								
咸阳市旬邑县								
渭南市临渭区								
渭南市蒲城县								
渭南市华县								
延安市洛川县								
榆林市绥德县								
榆林市神木县								
汉中市汉台区								
汉中市勉县								
汉中市宁强县								1
安康市汉滨区								
安康市石泉县								
商洛市商州区								
商洛市山阳县								

4-99 各地区肢体残疾人分残疾等级的主要需求

单位：人次

地 区	医疗服务与救助				辅助器具			
	残疾一级	残疾二级	残疾三级	残疾四级	残疾一级	残疾二级	残疾三级	残疾四级
总 计	**34**	**94**	**196**	**546**	**28**	**70**	**123**	**243**
西安市新城区		1	5	19		1	4	19
西安市碑林区	3	2	4	8	1	1	1	4
西安市长安区	3	4	8	23	5	6	7	18
西安市周至县	1	2	3	15	3	3	10	18
宝鸡市扶风县	1	14	9	28	1	13	6	21
宝鸡市千阳县	2	4	4	11	2	3	5	8
咸阳市渭城区		5	9	39		1	6	21
咸阳市乾县	3	1	9	47	1	4	9	16
咸阳市旬邑县	2	3	19	44	1	3	10	7
渭南市临渭区	1	4	2	12		1	3	
渭南市蒲城县		12	16	42	1	7	6	13
渭南市华县	1	7	20	39		4	6	6
延安市洛川县	3	5	13	18	3	5	6	9
榆林市绥德县	1	2	9	40	1	2	10	34
榆林市神木县		10	24	41		4	6	7
汉中市汉台区	2	1	5	13			2	4
汉中市勉县	5	1	11	7	5	2	8	3
汉中市宁强县	2	2	2	10		1		2
安康市汉滨区	1	3	5	14		3	2	5
安康市石泉县	1	2	12	45	1	2	10	18
商洛市商州区	1	1	1	13	2	1	4	6
商洛市山阳县	1	8	6	18	1	3	2	4

4-99 续表 1

单位：人次

地区	康复训练与服务				教育费用补助或减免			
	残疾一级	残疾二级	残疾三级	残疾四级	残疾一级	残疾二级	残疾三级	残疾四级
总　计	**22**	**40**	**78**	**273**		**1**	**6**	**11**
西安市新城区		1	3	18				2
西安市碑林区	4	5	7	24				
西安市长安区	3	3	5	18				
西安市周至县	2	1	11	12				
宝鸡市扶风县		5	3	7			1	
宝鸡市千阳县	3	5	2	7				
咸阳市渭城区		3	3	19		1		1
咸阳市乾县			2	5				3
咸阳市旬邑县	1		6	17				
渭南市临渭区								
渭南市蒲城县	1	11	20	70			2	1
渭南市华县				7				
延安市洛川县			2	5			1	
榆林市绥德县	1		2	8				3
榆林市神木县		1	2	4			1	
汉中市汉台区	2	1	3	8				
汉中市勉县	3		1	3				
汉中市宁强县				4				
安康市汉滨区	1	3	3	25				
安康市石泉县	1		1	2			1	1
商洛市商州区			1	9				
商洛市山阳县		1	1	1				

4-99 续表 2

单位：人次

地区	职业教育与培训				就业安置或扶持			
	残疾一级	残疾二级	残疾三级	残疾四级	残疾一级	残疾二级	残疾三级	残疾四级
总　计			**4**	**11**	**1**	**3**	**15**	**61**
西安市新城区				2				4
西安市碑林区								
西安市长安区				1				2
西安市周至县							1	3
宝鸡市扶风县							1	3
宝鸡市千阳县				1	1	1	2	3
咸阳市渭城区				1				1
咸阳市乾县							2	8
咸阳市旬邑县								6
渭南市临渭区								
渭南市蒲城县								
渭南市华县								
延安市洛川县			2	1			1	3
榆林市绥德县						1	1	8
榆林市神木县							2	3
汉中市汉台区							1	3
汉中市勉县								2
汉中市宁强县								1
安康市汉滨区						1		
安康市石泉县				2			1	3
商洛市商州区				1				
商洛市山阳县			2	2			3	8

4-99 续表 3

单位：人次

地区	贫困残疾人救助与扶持				法律援助与服务			
	残疾一级	残疾二级	残疾三级	残疾四级	残疾一级	残疾二级	残疾三级	残疾四级
总　计	**34**	**81**	**206**	**571**	**2**	**2**	**5**	**2**
西安市新城区			1	3				
西安市碑林区	3	1	7	17	1			
西安市长安区	3	4	5	30		1		
西安市周至县	3	3	11	25				
宝鸡市扶风县	1	8	6	23				
宝鸡市千阳县		1	5	9				
咸阳市渭城区		5	8	36				
咸阳市乾县	3	5	14	51				
咸阳市旬邑县	2	3	19	43				
渭南市临渭区	1	5	8	32				
渭南市蒲城县	1	6	16	34				
渭南市华县	1	6	18	24				
延安市洛川县	3	5	14	17				
榆林市绥德县	2	1	6	33	1		1	
榆林市神木县		8	18	32				
汉中市汉台区	2	1	4	16				
汉中市勉县	2	2	16	11			1	1
汉中市宁强县	2	3	5	18				
安康市汉滨区	2	4	6	29				
安康市石泉县		3	11	45				1
商洛市商州区	2		4	24			1	
商洛市山阳县	1	7	4	19		1	2	

4-99 续表 4

单位：人次

地 区	无障碍设施				信息无障碍			
	残疾一级	残疾二级	残疾三级	残疾四级	残疾一级	残疾二级	残疾三级	残疾四级
总 计	**2**	**3**	**2**	**6**				**2**
西安市新城区			1					1
西安市碑林区	1	2		4				
西安市长安区			1					
西安市周至县								
宝鸡市扶风县								
宝鸡市千阳县	1	1						
咸阳市渭城区								
咸阳市乾县								
咸阳市旬邑县								
渭南市临渭区								
渭南市蒲城县								
渭南市华县								
延安市洛川县				2				
榆林市绥德县								
榆林市神木县								
汉中市汉台区								
汉中市勉县								
汉中市宁强县								
安康市汉滨区								
安康市石泉县								1
商洛市商州区								
商洛市山阳县								

4-99 续表 5

单位：人次

地区	生活服务				文化服务			
	残疾一级	残疾二级	残疾三级	残疾四级	残疾一级	残疾二级	残疾三级	残疾四级
总　计	**7**	**22**	**53**	**110**		**1**	**1**	**9**
西安市新城区				1				
西安市碑林区	2	4	3	6				2
西安市长安区	1		1					
西安市周至县								
宝鸡市扶风县		1	1	3				
宝鸡市千阳县			3	5				3
咸阳市渭城区								
咸阳市乾县	2	5	5	23				
咸阳市旬邑县			3	13				
渭南市临渭区				1				
渭南市蒲城县		2	9	19		1		2
渭南市华县								
延安市洛川县			2	1				
榆林市绥德县				1				
榆林市神木县		10	23	30				1
汉中市汉台区				4				
汉中市勉县	2		1	1			1	
汉中市宁强县								
安康市汉滨区				1				
安康市石泉县			1					1
商洛市商州区			1	1				
商洛市山阳县								

4-99 续表 6

单位：人次

地 区	其他				不选择			
	残疾一级	残疾二级	残疾三级	残疾四级	残疾一级	残疾二级	残疾三级	残疾四级
总 计	**1**	**4**	**8**	**19**			**4**	**4**
西安市新城区								
西安市碑林区								
西安市长安区								
西安市周至县								
宝鸡市扶风县								
宝鸡市千阳县								
咸阳市渭城区								
咸阳市乾县								
咸阳市旬邑县								
渭南市临渭区				1				2
渭南市蒲城县		1						
渭南市华县								
延安市洛川县								
榆林市绥德县				1				
榆林市神木县		3	6	9				
汉中市汉台区								
汉中市勉县								
汉中市宁强县							4	2
安康市汉滨区								
安康市石泉县			1					
商洛市商州区	1		1	8				
商洛市山阳县								

4-100　各地区智力残疾人分残疾等级的主要需求

单位：人次

地　区	医疗服务与救助				辅助器具			
	残疾一级	残疾二级	残疾三级	残疾四级	残疾一级	残疾二级	残疾三级	残疾四级
总　计	**23**	**45**	**81**	**73**		**1**	**2**	**2**
西安市新城区		2	2	5			1	
西安市碑林区			3	1				
西安市长安区	1	1	1	1				
西安市周至县		1	4	3				
宝鸡市扶风县	1	1	4	5			1	
宝鸡市千阳县		4	1			1		
咸阳市渭城区								
咸阳市乾县	1		2	3				
咸阳市旬邑县			1	2				
渭南市临渭区			1	3				
渭南市蒲城县		2	1	2				
渭南市华县	4	8	14	11				
延安市洛川县		1	1	5				1
榆林市绥德县	1	2	5	3				
榆林市神木县	1	3	11	1				
汉中市汉台区	1		2	5				
汉中市勉县	1	2	5	3				
汉中市宁强县	11	9	5	1				
安康市汉滨区	1	1	3					
安康市石泉县				2				
商洛市商州区		4	2	8				1
商洛市山阳县		4	13	9				

4-100 续表 1

单位：人次

地 区	康复训练与服务				教育费用补助或减免			
	残疾一级	残疾二级	残疾三级	残疾四级	残疾一级	残疾二级	残疾三级	残疾四级
总 计	**7**	**26**	**38**	**43**	**2**	**6**	**3**	**10**
西安市新城区		1		2		1		
西安市碑林区								
西安市长安区	3		1		1			
西安市周至县		1	4	1			2	1
宝鸡市扶风县		1	2	4			1	2
宝鸡市千阳县		4		2				
咸阳市渭城区		1	2					
咸阳市乾县			1					1
咸阳市旬邑县		1	4	3		2		
渭南市临渭区				2				
渭南市蒲城县		2						
渭南市华县	2	7	4	7	1			1
延安市洛川县		1	2	4				3
榆林市绥德县	1		2	2				
榆林市神木县			1					
汉中市汉台区				1				1
汉中市勉县								
汉中市宁强县				1		1		
安康市汉滨区	1	1	4	1				
安康市石泉县		1	4	4				
商洛市商州区		3	3	2		1		1
商洛市山阳县		2	4	7		1		

4-100 续表 2

单位：人次

地区	职业教育与培训				就业安置或扶持			
	残疾一级	残疾二级	残疾三级	残疾四级	残疾一级	残疾二级	残疾三级	残疾四级
总 计	**2**	**5**	**11**	**8**	**1**	**9**	**24**	**11**
西安市新城区								1
西安市碑林区								
西安市长安区					1	1	3	2
西安市周至县			1	1		1	4	3
宝鸡市扶风县								
宝鸡市千阳县						1		
咸阳市渭城区								
咸阳市乾县	1		1	1			3	1
咸阳市旬邑县		1	1	1		1		
渭南市临渭区		1		1				
渭南市蒲城县								
渭南市华县	1	2	4	3		3	10	2
延安市洛川县			1					
榆林市绥德县							1	
榆林市神木县							1	
汉中市汉台区							1	
汉中市勉县						1		
汉中市宁强县								
安康市汉滨区								
安康市石泉县								1
商洛市商州区		1						
商洛市山阳县			3	1		1	1	1

4-100 续表 3

单位：人次

地 区	贫困残疾人救助与扶持				法律援助与服务			
	残疾一级	残疾二级	残疾三级	残疾四级	残疾一级	残疾二级	残疾三级	残疾四级
总 计	**28**	**55**	**108**	**71**	**1**		**1**	
西安市新城区		2	2	4				
西安市碑林区			2	1				
西安市长安区	1		4	1				
西安市周至县		2	6	3				
宝鸡市扶风县	1		4	4				
宝鸡市千阳县		3	1					
咸阳市渭城区			1					
咸阳市乾县			3	2				
咸阳市旬邑县		1	4	3				
渭南市临渭区		3	2	5				
渭南市蒲城县		1		2				
渭南市华县	4	9	16	10				
延安市洛川县		1	2	3				
榆林市绥德县		2	8	4				
榆林市神木县	1	3	10	1				
汉中市汉台区	1		2	5				
汉中市勉县	1	3	8	5	1		1	
汉中市宁强县	18	18	7					
安康市汉滨区	1		3					
安康市石泉县		1	7	5				
商洛市商州区		3	3	6				
商洛市山阳县		3	13	7				

4-100 续表 4

单位：人次

地区	无障碍设施				信息无障碍			
	残疾一级	残疾二级	残疾三级	残疾四级	残疾一级	残疾二级	残疾三级	残疾四级
总 计								
西安市新城区								
西安市碑林区								
西安市长安区								
西安市周至县								
宝鸡市扶风县								
宝鸡市千阳县								
咸阳市渭城区								
咸阳市乾县								
咸阳市旬邑县								
渭南市临渭区								
渭南市蒲城县								
渭南市华县								
延安市洛川县								
榆林市绥德县								
榆林市神木县								
汉中市汉台区								
汉中市勉县								
汉中市宁强县								
安康市汉滨区								
安康市石泉县								
商洛市商州区								
商洛市山阳县								

4-100 续表 5

单位：人次

地 区	生活服务				文化服务			
	残疾一级	残疾二级	残疾三级	残疾四级	残疾一级	残疾二级	残疾三级	残疾四级
总 计	**5**	**14**	**28**	**21**	**1**	**3**	**5**	**15**
西安市新城区				2				
西安市碑林区			2					
西安市长安区			1	2	1	1	2	2
西安市周至县								
宝鸡市扶风县	1		2	1				4
宝鸡市千阳县		5						1
咸阳市渭城区						1		
咸阳市乾县	1		2	1				
咸阳市旬邑县		3	3	2				
渭南市临渭区								
渭南市蒲城县				1				
渭南市华县		1	1	2				5
延安市洛川县				2				
榆林市绥德县	1	2	8	5				
榆林市神木县	1	3	8	1			2	
汉中市汉台区	1			2			1	1
汉中市勉县			1					
汉中市宁强县								1
安康市汉滨区								
安康市石泉县								1
商洛市商州区						1		
商洛市山阳县								

4-100 续表 6

单位：人次

地 区	其他				不选择			
	残疾一级	残疾二级	残疾三级	残疾四级	残疾一级	残疾二级	残疾三级	残疾四级
总 计			**5**	**1**		**5**	**1**	**2**
西安市新城区								
西安市碑林区								
西安市长安区								
西安市周至县								
宝鸡市扶风县								
宝鸡市千阳县						1		
咸阳市渭城区			1			2		
咸阳市乾县								
咸阳市旬邑县			1					1
渭南市临渭区								
渭南市蒲城县						1	1	
渭南市华县			1					
延安市洛川县								1
榆林市绥德县								
榆林市神木县								
汉中市汉台区								
汉中市勉县						1		
汉中市宁强县								
安康市汉滨区								
安康市石泉县								
商洛市商州区			2	1				
商洛市山阳县								

4-101 各地区精神残疾人分残疾等级的主要需求

单位：人次

地区	医疗服务与救助				辅助器具			
	残疾一级	残疾二级	残疾三级	残疾四级	残疾一级	残疾二级	残疾三级	残疾四级
总计	**87**	**36**	**47**	**141**	**1**	**1**	**1**	**2**
西安市新城区	6	1		2				
西安市碑林区	3	2	2	8				
西安市长安区	3	2	2	7				1
西安市周至县	5		2	7				
宝鸡市扶风县	11	3	2	1			1	
宝鸡市千阳县			1	6				
咸阳市渭城区	2	1	2	2				1
咸阳市乾县	6	2		5				
咸阳市旬邑县	5	1	2	8				
渭南市临渭区	4	3		5				
渭南市蒲城县			4	23				
渭南市华县	4	4	3	5	1			
延安市洛川县				2				
榆林市绥德县			1	7				
榆林市神木县	1	2	1	2				
汉中市汉台区	5	2		1				
汉中市勉县	5	2	5	7				
汉中市宁强县	4	2	1	5				
安康市汉滨区	5	3	9	12				
安康市石泉县	7	3	5	7				
商洛市商州区	11	3	3	15		1		
商洛市山阳县			2	4				

4-101 续表 1

单位：人次

地区	康复训练与服务				教育费用补助或减免			
	残疾一级	残疾二级	残疾三级	残疾四级	残疾一级	残疾二级	残疾三级	残疾四级
总　计	**24**	**14**	**16**	**29**	**2**	**2**		**6**
西安市新城区	1							
西安市碑林区	1	2	1	7				
西安市长安区						1		1
西安市周至县				1				
宝鸡市扶风县	11	3				1		
宝鸡市千阳县	1		1	2				
咸阳市渭城区	2		2	1				
咸阳市乾县								
咸阳市旬邑县			1					1
渭南市临渭区								
渭南市蒲城县			1	7				
渭南市华县	3	3	3	4				
延安市洛川县	1	2						
榆林市绥德县								
榆林市神木县	1							
汉中市汉台区		1						1
汉中市勉县	1	2	2	1				
汉中市宁强县								
安康市汉滨区	1		3	2	2			2
安康市石泉县	1	1		1				1
商洛市商州区			1					
商洛市山阳县			1	3				

4-101 续表 2

单位：人次

地 区	职业教育与培训				就业安置或扶持			
	残疾一级	残疾二级	残疾三级	残疾四级	残疾一级	残疾二级	残疾三级	残疾四级
总 计			**1**	**4**	**7**	**7**	**1**	**8**
西安市新城区								
西安市碑林区					1			
西安市长安区				2		1		1
西安市周至县								
宝鸡市扶风县						1	1	1
宝鸡市千阳县				1				2
咸阳市渭城区			1					
咸阳市乾县								
咸阳市旬邑县								
渭南市临渭区								
渭南市蒲城县								
渭南市华县								
延安市洛川县								1
榆林市绥德县								1
榆林市神木县								
汉中市汉台区					3	1		
汉中市勉县								
汉中市宁强县				1	3	2		2
安康市汉滨区						2		
安康市石泉县								
商洛市商州区								
商洛市山阳县								

4-101 续表 3

单位：人次

地区	贫困残疾人救助与扶持				法律援助与服务			
	残疾一级	残疾二级	残疾三级	残疾四级	残疾一级	残疾二级	残疾三级	残疾四级
总　计	**85**	**33**	**40**	**109**	**5**	**2**	**3**	**6**
西安市新城区	7	1		1				
西安市碑林区	3	2	2	3				
西安市长安区	3	2	1	7	1			
西安市周至县	4		2	7	1			
宝鸡市扶风县	11	1	2	1				
宝鸡市千阳县			1	2	1			1
咸阳市渭城区	2	1		1			1	
咸阳市乾县	6	2		5				
咸阳市旬邑县	5	1	2	8				
渭南市临渭区	4	2	1	4				
渭南市蒲城县				5				1
渭南市华县	4	3	3	5				
延安市洛川县	1	2	1	4		1		
榆林市绥德县			1	7				
榆林市神木县		1		2				
汉中市汉台区	5	2		1				
汉中市勉县	4	1	4	4	2	1	2	4
汉中市宁强县	4	2	1	4				
安康市汉滨区	4	3	8	11				
安康市石泉县	7	4	6	8				
商洛市商州区	11	3	3	15				
商洛市山阳县			2	4				

4-101 续表 4

单位：人次

地区	无障碍设施				信息无障碍			
	残疾一级	残疾二级	残疾三级	残疾四级	残疾一级	残疾二级	残疾三级	残疾四级
总　计				**1**				
西安市新城区								
西安市碑林区								
西安市长安区								
西安市周至县								
宝鸡市扶风县								
宝鸡市千阳县								
咸阳市渭城区								
咸阳市乾县								
咸阳市旬邑县								
渭南市临渭区								
渭南市蒲城县								
渭南市华县								
延安市洛川县								
榆林市绥德县				1				
榆林市神木县								
汉中市汉台区								
汉中市勉县								
汉中市宁强县								
安康市汉滨区								
安康市石泉县								
商洛市商州区								
商洛市山阳县								

4-101 续表 5

单位：人次

地　区	生活服务				文化服务			
	残疾一级	残疾二级	残疾三级	残疾四级	残疾一级	残疾二级	残疾三级	残疾四级
总　计	**23**	**6**	**10**	**25**	**2**	**1**		**2**
西安市新城区	2	1		1	1			
西安市碑林区	1							
西安市长安区				1				1
西安市周至县	2		1		1			
宝鸡市扶风县								
宝鸡市千阳县			1	3				1
咸阳市渭城区								
咸阳市乾县	6	2		5				
咸阳市旬邑县	4	1	1	7				
渭南市临渭区				1				
渭南市蒲城县								
渭南市华县								
延安市洛川县								
榆林市绥德县			1	5				
榆林市神木县	1		1					
汉中市汉台区	2							
汉中市勉县	1							
汉中市宁强县								
安康市汉滨区			1					
安康市石泉县	4	2	4	1		1		
商洛市商州区								
商洛市山阳县				1				

4-101 续表 6

单位：人次

地区	其他				不选择			
	残疾一级	残疾二级	残疾三级	残疾四级	残疾一级	残疾二级	残疾三级	残疾四级
总计	**1**		**1**	**5**	**1**			**7**
西安市新城区								
西安市碑林区								
西安市长安区								
西安市周至县								
宝鸡市扶风县								
宝鸡市千阳县								5
咸阳市渭城区								1
咸阳市乾县								
咸阳市旬邑县	1							
渭南市临渭区								
渭南市蒲城县				5				
渭南市华县								
延安市洛川县								
榆林市绥德县								
榆林市神木县								
汉中市汉台区								
汉中市勉县								
汉中市宁强县			1					
安康市汉滨区								
安康市石泉县								1
商洛市商州区					1			
商洛市山阳县								

4-102 各地区多重残疾人分残疾等级的主要需求

单位：人次

地 区	医疗服务与救助				辅助器具			
	残疾一级	残疾二级	残疾三级	残疾四级	残疾一级	残疾二级	残疾三级	残疾四级
总 计	**297**	**104**	**131**	**86**	**161**	**45**	**86**	**60**
西安市新城区	6	3	8	13	2	1	8	8
西安市碑林区	8	4	7	8	5		4	7
西安市长安区	12	2	4	6	9	3	6	6
西安市周至县	13	8	4	3	6	2	2	1
宝鸡市扶风县	5	2	8	1	2	1	3	
宝鸡市千阳县	12		2	1	1		2	1
咸阳市渭城区	7	3	6	3	7	2	6	4
咸阳市乾县	6	1			2	1		
咸阳市旬邑县	19	2	8	3	17	2	7	2
渭南市临渭区	7	6	5	2	2		2	
渭南市蒲城县	7	4	7	2	3	2	5	3
渭南市华县	7	5	5	6	6	2	3	5
延安市洛川县	8	1	2		3	1	2	
榆林市绥德县	12	9	12	4	4	5	7	1
榆林市神木县	7	6	9	6	3	3	2	2
汉中市汉台区	16	4	5	7	7		3	6
汉中市勉县	48	7	10	5	20		4	4
汉中市宁强县	8	3	2		2	1		
安康市汉滨区	30	1	4		22	1	4	
安康市石泉县	14	14	9	7	8	8	6	3
商洛市商州区	15	10	4	4	6	4	1	5
商洛市山阳县	30	9	10	5	24	6	9	2

4-102 续表 1

单位：人次

地 区	康复训练与服务				教育费用补助或减免			
	残疾一级	残疾二级	残疾三级	残疾四级	残疾一级	残疾二级	残疾三级	残疾四级
总 计	**133**	**37**	**66**	**34**	**11**	**4**	**3**	**1**
西安市新城区	5	1	5	3	2			
西安市碑林区	8	4	9	7				
西安市长安区	5	2	6	6	1			1
西安市周至县	7	4	2	1	1		1	
宝鸡市扶风县	4	1	4	1	1			
宝鸡市千阳县	8		1	1				
咸阳市渭城区		2	1					
咸阳市乾县	5			1	1			
咸阳市旬邑县	9	1	1	1				
渭南市临渭区	3	1	3	1		1		
渭南市蒲城县	7	3	9	2	1			
渭南市华县	6	2	1	3				
延安市洛川县	3				2			
榆林市绥德县	6	2	4	1				
榆林市神木县			1	2				
汉中市汉台区	3							
汉中市勉县	11	1	2	2		1		
汉中市宁强县	2				1			
安康市汉滨区	18	1	6					
安康市石泉县	9	9	6	1	1	1	2	
商洛市商州区	8	2				1		
商洛市山阳县	6	1	5	1				

4-102 续表 2

单位：人次

地　区	职业教育与培训				就业安置或扶持			
	残疾一级	残疾二级	残疾三级	残疾四级	残疾一级	残疾二级	残疾三级	残疾四级
总　计	**10**	**1**	**3**	**2**	**23**	**5**	**4**	**1**
西安市新城区	3			1	6			1
西安市碑林区								
西安市长安区	1			1			2	
西安市周至县			1		2	2		
宝鸡市扶风县	1				1			
宝鸡市千阳县					1			
咸阳市渭城区	1				1			
咸阳市乾县					2			
咸阳市旬邑县	1				2	1		
渭南市临渭区			1			1		
渭南市蒲城县					1			
渭南市华县					1	1		
延安市洛川县							1	
榆林市绥德县	1				2		1	
榆林市神木县					1			
汉中市汉台区								
汉中市勉县								
汉中市宁强县	1							
安康市汉滨区			1					
安康市石泉县					1			
商洛市商州区	1	1			1			
商洛市山阳县					1			

4-102 续表 3

单位：人次

地 区	贫困残疾人救助与扶持				法律援助与服务			
	残疾一级	残疾二级	残疾三级	残疾四级	残疾一级	残疾二级	残疾三级	残疾四级
总 计	**357**	**108**	**123**	**74**	**15**	**1**	**2**	**1**
西安市新城区	9	1	2	7	2			
西安市碑林区	7	3	3					
西安市长安区	13	3	4	7			1	
西安市周至县	19	9	4	4				
宝鸡市扶风县	4	2	9	1	1			
宝鸡市千阳县	12		2	1				
咸阳市渭城区	12	3	5	2				
咸阳市乾县	7	1		1				
咸阳市旬邑县	21	2	9	3				
渭南市临渭区	8	7	4	2				
渭南市蒲城县	7	2	5	3	3			
渭南市华县	6	5	6	5				
延安市洛川县	8	1	1					
榆林市绥德县	13	8	7	4				
榆林市神木县	9	5	8	4				
汉中市汉台区	15	4	5	7	2	1		
汉中市勉县	55	7	11	7	7		1	1
汉中市宁强县	18	5	2					
安康市汉滨区	39	1	4					
安康市石泉县	25	22	16	8				
商洛市商州区	22	10	5	5				
商洛市山阳县	28	7	11	3				

4-102 续表 4

单位：人次

地区	无障碍设施				信息无障碍			
	残疾一级	残疾二级	残疾三级	残疾四级	残疾一级	残疾二级	残疾三级	残疾四级
总　计	**4**	**1**	**4**	**2**	**1**	**1**	**2**	
西安市新城区	1	1	3	2			1	
西安市碑林区	1							
西安市长安区						1		
西安市周至县								
宝鸡市扶风县								
宝鸡市千阳县								
咸阳市渭城区								
咸阳市乾县								
咸阳市旬邑县	2							
渭南市临渭区								
渭南市蒲城县								
渭南市华县								
延安市洛川县								
榆林市绥德县								
榆林市神木县			1		1		1	
汉中市汉台区								
汉中市勉县								
汉中市宁强县								
安康市汉滨区								
安康市石泉县								
商洛市商州区								
商洛市山阳县								

4-102 续表 5

单位：人次

地 区	生活服务				文化服务			
	残疾一级	残疾二级	残疾三级	残疾四级	残疾一级	残疾二级	残疾三级	残疾四级
总 计	**73**	**17**	**33**	**20**	**4**	**2**	**4**	**2**
西安市新城区	4	2	3	3				
西安市碑林区	1	3	4	3	1			1
西安市长安区	1							
西安市周至县	1							
宝鸡市扶风县	1		1				2	
宝鸡市千阳县	7							
咸阳市渭城区	3		1	2				1
咸阳市乾县	5			1				
咸阳市旬邑县	9	1	2		1			
渭南市临渭区							1	
渭南市蒲城县	2	1	3	3				
渭南市华县								
延安市洛川县	1							
榆林市绥德县	7	5	10	2				
榆林市神木县	5	4	6	4				
汉中市汉台区	3	1	1	1	2	2	1	
汉中市勉县	9		1	1				
汉中市宁强县								
安康市汉滨区	8							
安康市石泉县	2							
商洛市商州区	3		1					
商洛市山阳县	1							

4-102 续表 6

单位：人次

地 区	其他				不选择			
	残疾一级	残疾二级	残疾三级	残疾四级	残疾一级	残疾二级	残疾三级	残疾四级
总 计	**7**	**2**	**4**		**6**	**3**	**1**	**2**
西安市新城区								
西安市碑林区								
西安市长安区			2					
西安市周至县								
宝鸡市扶风县								
宝鸡市千阳县			1				1	2
咸阳市渭城区					2			
咸阳市乾县								
咸阳市旬邑县					1			
渭南市临渭区								
渭南市蒲城县	2					1		
渭南市华县								
延安市洛川县								
榆林市绥德县			1					
榆林市神木县								
汉中市汉台区								
汉中市勉县	3				1			
汉中市宁强县						1		
安康市汉滨区					2	1		
安康市石泉县								
商洛市商州区	2	2						
商洛市山阳县								

第五部分　社区和住户基本情况

5－1　调查社区基本情况

地　区	调查社区(个)			社区人口情况		社区残疾人情况(人)			
	合计	居委会	村委会	户数(户)	人口(人)	残疾人	持证残疾人	享受定期救助人数	享受临时救助人数
总　计	**176**	**57**	**119**	**137018**	**450527**	**10311**	**2897**	**1775**	**1669**
西安市新城区	8	8		17055	59672	533	406	161	56
西安市碑林区	8	8		16968	54880	306	258	203	66
西安市长安区	8	5	3	1108	3670	106	12	4	10
西安市周至县	8		8	3191	14078	352	35	29	26
宝鸡市扶风县	8	1	7	4659	19052	283	47	16	63
宝鸡市千阳县	8	2	6	6702	19741	416	117	103	101
咸阳市渭城区	8	6	2	10930	41315	261	88	65	56
咸阳市乾县	8		8	3333	14691	673	192	44	98
咸阳市旬邑县	8		8	2295	9079	522	125	44	94
渭南市临渭区	8	2	6	4535	16353	500	135	75	126
渭南市蒲城县	8	2	6	5629	20004	1283	188	41	124
渭南市华县	8		8	3475	13201	564	117	24	50
延安市洛川县	8	2	6	936	3800	159	57	13	39
榆林市绥德县	8	2	6	3392	7616	142	32	38	50
榆林市神木县	8	2	6	11037	29683	600	148	200	82
汉中市汉台区	8	6	2	10974	31484	190	57	25	46
汉中市勉县	8	1	7	4068	13154	396	36	17	104
汉中市宁强县	8	2	6	8668	25057	325	113	114	41
安康市汉滨区	8	2	6	3642	11664	299	93	67	32
安康市石泉县	8	3	5	6313	19051	1403	396	291	206
商洛市商州区	8	2	6	4883	11025	285	80	43	26
商洛市山阳县	8	1	7	3225	12257	713	165	158	173

5-1 续表

单位：个

地 区	社区残疾人基层组织建设情况				
	有残疾人协会(小组)的社区	有残疾人专职委员会的社区	有康复站的社区	有社区康复协调员的社区	有无障碍设施的社区(居委会)
总 计	**46**	**57**	**33**	**33**	**24**
西安市新城区	8	8	7	7	7
西安市碑林区	6	7	3	5	4
西安市长安区	2	1	1		1
西安市周至县	2	2			
宝鸡市扶风县					
宝鸡市千阳县			1		
咸阳市渭城区	7	7	5	7	5
咸阳市乾县					
咸阳市旬邑县	1	1	1	2	
渭南市临渭区	1	1	1		1
渭南市蒲城县	5	5		1	
渭南市华县					
延安市洛川县	2	8	8	8	
榆林市绥德县	6	6		1	
榆林市神木县	3	1	4		
汉中市汉台区	1				2
汉中市勉县					
汉中市宁强县					2
安康市汉滨区	2	2			
安康市石泉县		8	2	2	2
商洛市商州区					
商洛市山阳县					

5－2 各地区调查社区公共服务机构的覆盖情况

单位：个

地 区	距离法律服务所(司法所)				距离特教学校(班)			
	0公里	1－2公里	3－5公里	5公里以上	0公里	1－2公里	3－5公里	5公里以上
总 计	**34**	**55**	**40**	**47**	**2**	**10**	**11**	**153**
西安市新城区		8				1	3	4
西安市碑林区	5	3			1			7
西安市长安区	1	6	1			2		6
西安市周至县		2	5	1	1			7
宝鸡市扶风县	2	2	3	1				8
宝鸡市千阳县	2	1	5					8
咸阳市渭城区	3	2		3		2	3	3
咸阳市乾县		3	1	4				8
咸阳市旬邑县		2	2	4				8
渭南市临渭区	2	1	4	1			2	6
渭南市蒲城县		4	4					8
渭南市华县	1	4	3			1	1	6
延安市洛川县	2		2	4				8
榆林市绥德县	1	1	1	5				8
榆林市神木县	5		1	2				8
汉中市汉台区	2	1		5				8
汉中市勉县	1	4	1	2				8
汉中市宁强县	1	1	2	4				8
安康市汉滨区		5	2	1		3	1	4
安康市石泉县	3	1		4				8
商洛市商州区	2	2	1	3		1	1	6
商洛市山阳县	1	2	2	3				8

5－2 续表

单位：个

地 区	距离文化活动站(室)				距离卫生室(所、站)			
	0公里	1－2公里	3－5公里	5公里以上	0公里	1－2公里	3－5公里	5公里以上
总 计	**70**	**34**	**22**	**50**	**126**	**28**	**10**	**12**
西安市新城区	8				8			
西安市碑林区	6	2			5	3		
西安市长安区	3	4	1		5	3		
西安市周至县		1	2	5	7		1	
宝鸡市扶风县	2	2	1	3	7			1
宝鸡市千阳县	1	3	4		5	3		
咸阳市渭城区	7	1			7	1		
咸阳市乾县		3	2	3	3	2	1	2
咸阳市旬邑县		1	1	6	3	3	1	1
渭南市临渭区	2	1	4	1	7			1
渭南市蒲城县	6			2	8			
渭南市华县	3	4	1		8			
延安市洛川县	2			6	4	2	2	
榆林市绥德县	2		1	5	3	1	2	2
榆林市神木县	5	1	1	1	5	1	1	1
汉中市汉台区	6			2	8			
汉中市勉县		5	1	2	7		1	
汉中市宁强县	3			5	5			3
安康市汉滨区	2	2	3	1	4	4		
安康市石泉县	8				8			
商洛市商州区	4	2		2	7		1	
商洛市山阳县		2		6	2	5		1

5－2a 各地区调查城镇社区公共服务机构的覆盖情况

单位：个

地 区	距离法律服务所(司法所)				距离特教学校(班)			
	0公里	1－2公里	3－5公里	5公里以上	0公里	1－2公里	3－5公里	5公里以上
总 计	**27**	**22**	**2**	**7**	**1**	**8**	**9**	**40**
西安市新城区		8				1	3	4
西安市碑林区	5	3			1			7
西安市长安区	1	4				2		3
西安市周至县								
宝鸡市扶风县	1							1
宝鸡市千阳县	2							2
咸阳市渭城区	3	2		1		2	3	1
咸阳市乾县								
咸阳市旬邑县								
渭南市临渭区	2						2	
渭南市蒲城县		1	1					2
渭南市华县								
延安市洛川县	2							2
榆林市绥德县	1			1				2
榆林市神木县	2							2
汉中市汉台区	2			5				7
汉中市勉县	1							1
汉中市宁强县	1	1						2
安康市汉滨区		2				2		
安康市石泉县	3							3
商洛市商州区		1	1			1	1	
商洛市山阳县	1							1

5－2a 续表

单位：个

地 区	距离文化活动站(室)				距离卫生室(所、站)			
	0公里	1－2公里	3－5公里	5公里以上	0公里	1－2公里	3－5公里	5公里以上
总 计	**45**	**9**	**1**	**3**	**52**	**6**		
西安市新城区	8				8			
西安市碑林区	6	2			5	3		
西安市长安区	3	2			3	2		
西安市周至县								
宝鸡市扶风县		1			1			
宝鸡市千阳县	1	1			2			
咸阳市渭城区	5	1			5	1		
咸阳市乾县								
咸阳市旬邑县								
渭南市临渭区	1		1		2			
渭南市蒲城县	2				2			
渭南市华县								
延安市洛川县	1			1	2			
榆林市绥德县	2				2			
榆林市神木县	2				2			
汉中市汉台区	6			1	7			
汉中市勉县		1			1			
汉中市宁强县	2				2			
安康市汉滨区	1	1			2			
安康市石泉县	3				3			
商洛市商州区	2				2			
商洛市山阳县				1	1			

5－2b 各地区调查农村社区公共服务机构的覆盖情况

单位：个

地 区	距离法律服务所(司法所)				距离特教学校(班)			
	0公里	1－2公里	3－5公里	5公里以上	0公里	1－2公里	3－5公里	5公里以上
总 计	**7**	**33**	**38**	**40**	**1**	**2**	**2**	**113**
西安市新城区								
西安市碑林区								
西安市长安区		2	1					3
西安市周至县		2	5	1	1			7
宝鸡市扶风县	1	2	3	1				7
宝鸡市千阳县		1	5					6
咸阳市渭城区				2				2
咸阳市乾县		3	1	4				8
咸阳市旬邑县		2	2	4				8
渭南市临渭区		1	4	1				6
渭南市蒲城县		3	3					6
渭南市华县	1	4	3			1	1	6
延安市洛川县			2	4				6
榆林市绥德县		1	1	4				6
榆林市神木县	3		1	2				6
汉中市汉台区		1						1
汉中市勉县		4	1	2				7
汉中市宁强县			2	4				6
安康市汉滨区		3	2	1		1	1	4
安康市石泉县		1		4				5
商洛市商州区	2	1		3				6
商洛市山阳县		2	2	3				7

5－2b 续表

单位：个

地　区	距离文化活动站(室)				距离卫生室(所、站)			
	0公里	1－2公里	3－5公里	5公里以上	0公里	1－2公里	3－5公里	5公里以上
总　计	**25**	**25**	**21**	**47**	**74**	**22**	**10**	**12**
西安市新城区								
西安市碑林区								
西安市长安区		2	1		2	1		
西安市周至县		1	2	5	7		1	
宝鸡市扶风县	2	1	1	3	6			1
宝鸡市千阳县		2	4		3	3		
咸阳市渭城区	2				2			
咸阳市乾县		3	2	3	3	2	1	2
咸阳市旬邑县		1	1	6	3	3	1	1
渭南市临渭区	1	1	3	1	5			1
渭南市蒲城县	4			2	6			
渭南市华县	3	4	1		8			
延安市洛川县	1			5	2	2	2	
榆林市绥德县			1	5	1	1	2	2
榆林市神木县	3	1	1	1	3	1	1	1
汉中市汉台区				1	1			
汉中市勉县		4	1	2	6		1	
汉中市宁强县	1			5	3			3
安康市汉滨区	1	1	3	1	2	4		
安康市石泉县	5				5			
商洛市商州区	2	2		2	5		1	
商洛市山阳县		2		5	1	5		1

5－3 调查农村社区的收入水平与公共服务机构覆盖情况

单位：个、人

2005年本村人均收入	社区个数	社区享受定期救助人数	社区享受临时救助人数	距离法律服务所(司法所)			
				0公里	1－2公里	3－5公里	5公里以上
总 计	**118**	**732**	**1061**	**7**	**33**	**38**	**40**
1000元以下	16	69	123	2	5	4	5
1000–1500元	54	382	601		12	16	26
1500–2000元	29	224	254	2	9	13	5
2000–2500元	10	40	45	1	5	2	2
2500–3000元	2	6	8	1			1
3000–3500元	2	2	8			1	1
3500–4000元	2	1	3		1	1	
4000–4500元	2	5	3	1	1		
4500–5000元							
5000元以上	1	3	16			1	

5－3 续表 1

单位：个

2005年本村人均收入	距离特教学校(班)				距离文化活动站(室)			
	0公里	1－2公里	3－5公里	5公里以上	0公里	1－2公里	3－5公里	5公里以上
总 计	**1**	**2**	**2**	**113**	**25**	**25**	**21**	**47**
1000元以下				16	4	2	1	9
1000–1500元			2	52	11	10	9	24
1500–2000元				29	5	7	8	9
2000–2500元	1	2		7	2	4	2	2
2500–3000元				2	1			1
3000–3500元				2	1			1
3500–4000元				2		1	1	
4000–4500元				2	1	1		
4500–5000元								
5000元以上				1				1

5－3 续表 2

单位：个

2005年本村人均收入	距离卫生室(所、站)			
	0公里	1－2公里	3－5公里	5公里以上
总 计	**74**	**22**	**10**	**12**
1000元以下	10	3	2	1
1000–1500元	33	7	5	9
1500–2000元	19	8		2
2000–2500元	6	2	2	
2500–3000元	2			
3000–3500元	1	1		
3500–4000元	1	1		
4000–4500元	2			
4500–5000元				
5000元以上			1	

5－4 各地区调查户2005年人均收入

地　区	总人口(人)	总户数(户)	2005年度调查户人均收入(元)	按人均收入分组的户数(户)			
				0－683元	684－944元	945－2000元	2001－3000元
总　计	**73425**	**22727**	**3257**	**1837**	**1096**	**7602**	**3455**
西安市新城区	3630	1421	6877	1	5	58	139
西安市碑林区	3226	1158	7814	4	5	91	100
西安市长安区	3621	1083	4627	12	8	219	206
西安市周至县	2997	865	1617	102	81	450	137
宝鸡市扶风县	3055	875	2101	53	40	443	184
宝鸡市千阳县	3703	1098	3442	21	18	328	253
咸阳市渭城区	4001	1274	4441	22	30	290	151
咸阳市乾县	3362	873	1189	270	134	349	65
咸阳市旬邑县	3276	881	1598	104	85	470	120
渭南市临渭区	3257	950	2519	27	22	412	196
渭南市蒲城县	3232	955	2322	39	37	372	229
渭南市华县	3286	1036	2345	47	45	472	228
延安市洛川县	3492	899	4750	69	25	155	116
榆林市绥德县	3155	915	1758	201	71	420	103
榆林市神木县	3234	1066	4468	85	37	267	153
汉中市汉台区	3448	1234	4532	49	32	278	158
汉中市勉县	3223	1048	2676	115	49	352	186
汉中市宁强县	3142	909	1958	148	78	399	125
安康市汉滨区	3352	1068	2571	145	84	403	141
安康市石泉县	3583	1127	2936	48	41	425	202
商洛市商州区	3072	971	2170	112	66	420	145
商洛市山阳县	3078	1021	1622	163	103	529	118

5－4 续表

地 区	按人均收入分组的户数(户)						
	3001－4000元	4001－5000元	5001－6000元	6001－7000元	7001－10000元	10001－20000元	20000元以上
总 计	**2333**	**1664**	**977**	**731**	**1769**	**1105**	**158**
西安市新城区	166	155	199	92	332	243	31
西安市碑林区	109	106	103	79	245	269	47
西安市长安区	135	112	70	51	165	94	11
西安市周至县	47	27	5	4	9	3	
宝鸡市扶风县	80	33	11	14	12	4	1
宝鸡市千阳县	143	93	49	51	104	34	4
咸阳市渭城区	172	151	81	81	195	88	13
咸阳市乾县	31	9	3	6	6		
咸阳市旬邑县	53	22	13	8	4	2	
渭南市临渭区	136	69	39	10	32	6	1
渭南市蒲城县	141	70	28	11	25	3	
渭南市华县	126	70	19	10	11	7	1
延安市洛川县	99	114	50	60	132	69	10
榆林市绥德县	51	27	14	8	13	6	1
榆林市神木县	116	102	46	47	101	92	20
汉中市汉台区	156	120	79	67	178	109	8
汉中市勉县	145	74	40	34	35	14	4
汉中市宁强县	63	36	12	13	28	7	
安康市汉滨区	88	72	26	19	58	27	5
安康市石泉县	147	111	42	42	54	15	
商洛市商州区	85	62	32	17	22	10	
商洛市山阳县	44	29	16	7	8	3	1

5－4a 各地区城镇调查户2005年人均收入

地 区	总人口(人)	总户数(户)	2005年度调查户人均收入(元)	按人均收入分组的户数(户)			
				0－683元	684－944元	945－2000元	2001－3000元
总 计	**25839**	**8976**	**5397**	**160**	**121**	**1401**	**1150**
西安市新城区	3630	1421	6877	1	5	58	139
西安市碑林区	3226	1158	7814	4	5	91	100
西安市长安区	2318	765	5655	5	3	106	117
西安市周至县							
宝鸡市扶风县	380	99	2288	7	5	54	13
宝鸡市千阳县	1275	417	5191	1	3	59	54
咸阳市渭城区	3030	1034	5245	9	14	157	113
咸阳市乾县							
咸阳市旬邑县							
渭南市临渭区	834	275	3597	6	2	57	48
渭南市蒲城县	800	312	3747	1	2	36	66
渭南市华县							
延安市洛川县	808	236	7190	1	2	20	28
榆林市绥德县	890	262	2322	29	11	123	35
榆林市神木县	899	326	7020	4	1	38	26
汉中市汉台区	3020	1108	4787	47	27	234	127
汉中市勉县	579	213	4305	7	2	23	45
汉中市宁强县	767	238	3279	17	11	63	43
安康市汉滨区	876	291	5121	3	3	49	47
安康市石泉县	1215	398	4134	2	5	75	68
商洛市商州区	975	324	3111	9	7	108	67
商洛市山阳县	317	99	1932	7	13	50	14

5－4a 续表

地 区	按人均收入分组的户数(户)						
	3001－4000元	4001－5000元	5001－6000元	6001－7000元	7001－10000元	10001－20000元	20000元以上
总 计	**1197**	**1031**	**733**	**552**	**1490**	**1001**	**140**
西安市新城区	166	155	199	92	332	243	31
西安市碑林区	109	106	103	79	245	269	47
西安市长安区	83	82	60	49	157	92	11
西安市周至县							
宝鸡市扶风县	14	1	1	1	2		1
宝鸡市千阳县	62	50	31	37	89	28	3
咸阳市渭城区	146	143	79	79	194	88	12
咸阳市乾县							
咸阳市旬邑县							
渭南市临渭区	59	43	29	5	23	3	
渭南市蒲城县	99	50	24	8	23	3	
渭南市华县							
延安市洛川县	22	21	10	20	59	45	8
榆林市绥德县	25	16	8	5	5	4	1
榆林市神木县	38	45	21	23	53	66	11
汉中市汉台区	131	114	73	66	173	108	8
汉中市勉县	45	30	16	23	16	5	1
汉中市宁强县	34	21	7	12	24	6	
安康市汉滨区	39	45	17	16	46	21	5
安康市石泉县	79	65	32	27	32	13	
商洛市商州区	41	40	22	9	14	7	
商洛市山阳县	5	4	1	1	3		1

5－4b 各地区农村调查户2005年人均收入

地 区	总人口(人)	总户数(户)	2005年度调查户人均收入(元)	按人均收入分组的户数(户)			
				0－683元	684－944元	945－2000元	2001－3000元
总 计	**47586**	**13751**	**2095**	**1677**	**975**	**6201**	**2305**
西安市新城区							
西安市碑林区							
西安市长安区	1303	318	2799	7	5	113	89
西安市周至县	2997	865	1617	102	81	450	137
宝鸡市扶风县	2675	776	2075	46	35	389	171
宝鸡市千阳县	2428	681	2524	20	15	269	199
咸阳市渭城区	971	240	1931	13	16	133	38
咸阳市乾县	3362	873	1189	270	134	349	65
咸阳市旬邑县	3276	881	1598	104	85	470	120
渭南市临渭区	2423	675	2148	21	20	355	148
渭南市蒲城县	2432	643	1853	38	35	336	163
渭南市华县	3286	1036	2345	47	45	472	228
延安市洛川县	2684	663	4016	68	23	135	88
榆林市绥德县	2265	653	1537	172	60	297	68
榆林市神木县	2335	740	3485	81	36	229	127
汉中市汉台区	428	126	2730	2	5	44	31
汉中市勉县	2644	835	2320	108	47	329	141
汉中市宁强县	2375	671	1531	131	67	336	82
安康市汉滨区	2476	777	1669	142	81	354	94
安康市石泉县	2368	729	2322	46	36	350	134
商洛市商州区	2097	647	1732	103	59	312	78
商洛市山阳县	2761	922	1587	156	90	479	104

5－4b 续表

地 区	按人均收入分组的户数(户)						
	3001－4000元	4001－5000元	5001－6000元	6001－7000元	7001－10000元	10001－20000元	20000元以上
总 计	**1136**	**633**	**244**	**179**	**279**	**104**	**18**
西安市新城区							
西安市碑林区							
西安市长安区	52	30	10	2	8	2	
西安市周至县	47	27	5	4	9	3	
宝鸡市扶风县	66	32	10	13	10	4	
宝鸡市千阳县	81	43	18	14	15	6	1
咸阳市渭城区	26	8	2	2	1		1
咸阳市乾县	31	9	3	6	6		
咸阳市旬邑县	53	22	13	8	4	2	
渭南市临渭区	77	26	10	5	9	3	1
渭南市蒲城县	42	20	4	3	2		
渭南市华县	126	70	19	10	11	7	1
延安市洛川县	77	93	40	40	73	24	2
榆林市绥德县	26	11	6	3	8	2	
榆林市神木县	78	57	25	24	48	26	9
汉中市汉台区	25	6	6	1	5	1	
汉中市勉县	100	44	24	11	19	9	3
汉中市宁强县	29	15	5	1	4	1	
安康市汉滨区	49	27	9	3	12	6	
安康市石泉县	68	46	10	15	22	2	
商洛市商州区	44	22	10	8	8	3	
商洛市山阳县	39	25	15	6	5	3	

5－5 各地区有残疾人调查户2005年人均收入

地 区	有残疾人的调查户(户)	有残疾人调查户总人口(人)	残疾人数(人)	2005年度有残疾人的调查户人均收入(元)	按人均收入分组的户数(户)		
					0－683元	684－944元	945－2000元
总 计	**4324**	**14803**	**4913**	**2344**	**720**	**307**	**1663**
西安市新城区	329	907	398	5353		3	22
西安市碑林区	191	576	209	5417		4	27
西安市长安区	183	654	210	4046	8	2	51
西安市周至县	161	611	177	1215	32	23	89
宝鸡市扶风县	165	626	196	1528	29	14	91
宝鸡市千阳县	133	463	140	2638	7	6	55
咸阳市渭城区	160	565	185	2994	7	6	61
咸阳市乾县	167	677	178	1065	76	24	49
咸阳市旬邑县	216	808	259	1461	37	19	117
渭南市临渭区	197	729	214	2266	9	6	98
渭南市蒲城县	249	952	288	1970	22	11	114
渭南市华县	217	734	249	1863	24	17	117
延安市洛川县	102	434	117	3156	16	4	24
榆林市绥德县	199	646	224	1389	87	20	61
榆林市神木县	178	551	198	2559	38	10	63
汉中市汉台区	164	506	174	2916	25	11	49
汉中市勉县	246	804	287	1873	55	17	109
汉中市宁强县	174	650	202	1306	52	26	64
安康市汉滨区	211	715	235	1692	52	23	88
安康市石泉县	269	885	299	2455	22	14	127
商洛市商州区	198	647	233	1559	54	23	82
商洛市山阳县	215	663	241	1169	68	24	105

5－5 续表

地　区	按人均收入分组的户数(户)							
	2001－3000元	3001－4000元	4001－5000元	5001－6000元	6001－7000元	7001－10000元	10001－20000元	20000元以上
总　计	**547**	**317**	**221**	**166**	**86**	**198**	**92**	**7**
西安市新城区	43	49	43	55	25	64	24	1
西安市碑林区	24	30	23	18	11	29	24	1
西安市长安区	33	15	15	8	6	31	13	1
西安市周至县	10	4	3					
宝鸡市扶风县	23	5	1		1	1		
宝鸡市千阳县	32	9	6	8	1	6	3	
咸阳市渭城区	19	22	15	7	4	12	6	1
咸阳市乾县	10	3	2		3			
咸阳市旬邑县	27	7	4	4	1			
渭南市临渭区	38	20	11	8	3	2	1	1
渭南市蒲城县	48	30	16	4		4		
渭南市华县	37	9	6	4	2	1		
延安市洛川县	17	16	10	4	4	5	1	1
榆林市绥德县	13	7	4	1	1	4	1	
榆林市神木县	25	12	3	5	2	12	8	
汉中市汉台区	22	17	12	8	4	11	5	
汉中市勉县	24	14	9	8	4	5	1	
汉中市宁强县	21	3	3	2	1	2		
安康市汉滨区	17	11	8	3	1	3	4	1
安康市石泉县	39	21	19	13	8	5	1	
商洛市商州区	15	10	6	4	3	1		
商洛市山阳县	10	3	2	2	1			

5－5a　各地区城镇有残疾人调查户2005年人均收入

地　区	有残疾人的调查户(户)	有残疾人调查户总人口(人)	残疾人数(人)	2005年度有残疾人的调查户人均收入(元)	按人均收入分组的户数(户)		
					0－683元	684－944元	945－2000元
总　计	**1338**	**4045**	**1513**	**4275**	**58**	**34**	**263**
西安市新城区	329	907	398	5353		3	22
西安市碑林区	191	576	209	5417		4	27
西安市长安区	115	387	136	5043	2	2	23
西安市周至县							
宝鸡市扶风县	19	89	24	1573	3	2	10
宝鸡市千阳县	22	71	22	5130			2
咸阳市渭城区	105	320	120	3966	4	2	27
咸阳市乾县							
咸阳市旬邑县							
渭南市临渭区	35	108	39	3674			5
渭南市蒲城县	60	162	67	3673			4
渭南市华县							
延安市洛川县	16	63	19	3960		1	3
榆林市绥德县	43	137	45	2074	11	2	15
榆林市神木县	33	84	34	6451			7
汉中市汉台区	138	402	147	3137	24	8	37
汉中市勉县	12	32	13	4506	1		3
汉中市宁强县	37	127	44	2303	4	6	9
安康市汉滨区	36	116	43	3742	2	1	11
安康市石泉县	92	291	96	3497			30
商洛市商州区	36	105	37	2555	4	1	16
商洛市山阳县	19	68	20	1559	3	2	12

5－5a 续表

地 区	按人均收入分组的户数(户)							
	2001－3000元	3001－4000元	4001－5000元	5001－6000元	6001－7000元	7001－10000元	10001－20000元	20000元以上
总 计	**193**	**185**	**146**	**135**	**64**	**169**	**86**	**5**
西安市新城区	43	49	43	55	25	64	24	1
西安市碑林区	24	30	23	18	11	29	24	1
西安市长安区	16	9	10	6	6	27	13	1
西安市周至县								
宝鸡市扶风县	2	2						
宝鸡市千阳县	4	2	4	7		2	1	
咸阳市渭城区	13	16	13	7	4	12	6	1
咸阳市乾县								
咸阳市旬邑县								
渭南市临渭区	8	7	6	7	1	1		
渭南市蒲城县	15	22	11	4		4		
渭南市华县								
延安市洛川县	3	4	1		2	2		
榆林市绥德县	6	3	2	1	1	1	1	
榆林市神木县	2	2	1	4	2	8	7	
汉中市汉台区	15	15	12	8	4	10	5	
汉中市勉县		2	1	1	2	2		
汉中市宁强县	11	1	1	2	1	2		
安康市汉滨区	6	3	4	2		2	4	1
安康市石泉县	18	14	12	10	5	2	1	
商洛市商州区	6	3	2	3		1		
商洛市山阳县	1	1						

5－5b 各地区农村有残疾人调查户2005年人均收入

地 区	有残疾人的调查户(户)	有残疾人调查户总人口(人)	残疾人数(人)	2005年度有残疾人的调查户人均收入(元)	按人均收入分组的户数(户)		
					0－683元	684－944元	945－2000元
总 计	**2986**	**10758**	**3400**	**1618**	**662**	**273**	**1400**
西安市新城区							
西安市碑林区							
西安市长安区	68	267	74	2603	6		28
西安市周至县	161	611	177	1215	32	23	89
宝鸡市扶风县	146	537	172	1521	26	12	81
宝鸡市千阳县	111	392	118	2187	7	6	53
咸阳市渭城区	55	245	65	1724	3	4	34
咸阳市乾县	167	677	178	1065	76	24	49
咸阳市旬邑县	216	808	259	1461	37	19	117
渭南市临渭区	162	621	175	2021	9	6	93
渭南市蒲城县	189	790	221	1621	22	11	110
渭南市华县	217	734	249	1863	24	17	117
延安市洛川县	86	371	98	3019	16	3	21
榆林市绥德县	156	509	179	1205	76	18	46
榆林市神木县	145	467	164	1859	38	10	56
汉中市汉台区	26	104	27	2062	1	3	12
汉中市勉县	234	772	274	1764	54	17	106
汉中市宁强县	137	523	158	1064	48	20	55
安康市汉滨区	175	599	192	1295	50	22	77
安康市石泉县	177	594	203	1945	22	14	97
商洛市商州区	162	542	196	1366	50	22	66
商洛市山阳县	196	595	221	1124	65	22	93

5－5b 续表

地 区	按人均收入分组的户数(户)							
	2001－3000元	3001－4000元	4001－5000元	5001－6000元	6001－7000元	7001－10000元	10001－20000元	20000元以上
总 计	**354**	**132**	**75**	**31**	**22**	**29**	**6**	**2**
西安市新城区								
西安市碑林区								
西安市长安区	17	6	5	2		4		
西安市周至县	10	4	3					
宝鸡市扶风县	21	3	1		1	1		
宝鸡市千阳县	28	7	2	1	1	4	2	
咸阳市渭城区	6	6	2					
咸阳市乾县	10	3	2		3			
咸阳市旬邑县	27	7	4	4	1			
渭南市临渭区	30	13	5	1	2	1	1	1
渭南市蒲城县	33	8	5					
渭南市华县	37	9	6	4	2	1		
延安市洛川县	14	12	9	4	2	3	1	1
榆林市绥德县	7	4	2			3		
榆林市神木县	23	10	2	1		4	1	
汉中市汉台区	7	2				1		
汉中市勉县	24	12	8	7	2	3	1	
汉中市宁强县	10	2	2					
安康市汉滨区	11	8	4	1	1	1		
安康市石泉县	21	7	7	3	3	3		
商洛市商州区	9	7	4	1	3			
商洛市山阳县	9	2	2	2	1			

5-6 各地区调查户的住房状况

单位：户、平方米

地　区	总户数	人均住房面积	住房结构				
			钢筋混凝土	混合结构	砖木结构	木、竹、草结构	其他
总　计	**22727**	**26.78**	**1623**	**10610**	**4397**	**1383**	**4714**
西安市新城区	1421	17.11	55	1278	87	1	
西安市碑林区	1158	23.27	148	964	46		
西安市长安区	1083	27.2	5	1026	38	11	3
西安市周至县	865	30.65	10	229	326	258	42
宝鸡市扶风县	875	34.9	19	657	140	3	56
宝鸡市千阳县	1098	24.99	340	225	278	241	14
咸阳市渭城区	1274	30.72	80	1174	17		3
咸阳市乾县	873	21.93	6	206	611	1	49
咸阳市旬邑县	881	20.57	10	189	526	4	152
渭南市临渭区	950	26.99	60	502	376	9	3
渭南市蒲城县	955	23.6	72	539	309	35	
渭南市华县	1036	29.51		682	309		45
延安市洛川县	899	28.71	66	91	4	1	737
榆林市绥德县	915	22.12	1	76	12		826
榆林市神木县	1066	26.72	181	185	163	11	526
汉中市汉台区	1234	28.85	3	997	121	113	
汉中市勉县	1048	31.61	2	525	135	29	357
汉中市宁强县	909	24.02	58	304	46	24	477
安康市汉滨区	1068	31.42	192	273	148	2	453
安康市石泉县	1127	32.77	242	185	409	171	120
商洛市商州区	971	24	21	195	287	468	
商洛市山阳县	1021	27.63	52	108	9	1	851

5-6 续表

单位：户

地 区	住房来源			
	自有	租赁	借用	其他来源
总 计	**19953**	**2260**	**396**	**118**
西安市新城区	738	660	18	5
西安市碑林区	855	286	16	1
西安市长安区	843	178	18	44
西安市周至县	854	1	9	1
宝鸡市扶风县	863	8	4	
宝鸡市千阳县	1011	75	12	
咸阳市渭城区	1193	71	4	6
咸阳市乾县	863	2	8	
咸阳市旬邑县	863	1	17	
渭南市临渭区	882	23	44	1
渭南市蒲城县	935	16	4	
渭南市华县	997	9	29	1
延安市洛川县	814	65	18	2
榆林市绥德县	793	40	71	11
榆林市神木县	835	191	21	19
汉中市汉台区	1022	170	42	
汉中市勉县	925	111	11	1
汉中市宁强县	853	47	7	2
安康市汉滨区	958	93	13	4
安康市石泉县	976	135	12	4
商洛市商州区	907	57	6	1
商洛市山阳县	973	21	12	15

5-6a 各地区城镇调查户的住房状况

单位：户、平方米

地 区	总户数	人均住房面积	住房结构				
			钢筋混凝土	混合结构	砖木结构	木、竹、草结构	其他
总 计	**8976**	**24.94**	**1135**	**6335**	**649**	**211**	**646**
西安市新城区	1421	17.11	55	1278	87	1	
西安市碑林区	1158	23.27	148	964	46		
西安市长安区	765	25.82	4	750	8	2	1
西安市周至县							
宝鸡市扶风县	99	41.62	5	65	26	3	
宝鸡市千阳县	417	24.47	337	37	20	23	
咸阳市渭城区	1034	29.86	43	989	1		1
咸阳市乾县							
咸阳市旬邑县							
渭南市临渭区	275	19.57	58	217			
渭南市蒲城县	312	20.02	11	300	1		
渭南市华县							
延安市洛川县	236	26.02	64	89			83
榆林市绥德县	262	20.84	1	29	3		229
榆林市神木县	326	23.04	41	40	52	1	192
汉中市汉台区	1108	28.21	3	909	107	89	
汉中市勉县	213	27.62		174	27		12
汉中市宁强县	238	25.64	56	131	11	23	17
安康市汉滨区	291	24.53	112	123	56		
安康市石泉县	398	37.36	173	65	115	21	24
商洛市商州区	324	21.32	17	173	86	48	
商洛市山阳县	99	27.87	7	2	3		87

5-6a 续表

单位：户

地 区	住房来源			
	自有	租赁	借用	其他来源
总 计	**6613**	**2088**	**192**	**83**
西安市新城区	738	660	18	5
西安市碑林区	855	286	16	1
西安市长安区	530	176	15	44
西安市周至县				
宝鸡市扶风县	96	2	1	
宝鸡市千阳县	343	71	3	
咸阳市渭城区	953	71	4	6
咸阳市乾县				
咸阳市旬邑县				
渭南市临渭区	224	13	38	
渭南市蒲城县	307	3	2	
渭南市华县				
延安市洛川县	171	64	1	
榆林市绥德县	205	36	16	5
榆林市神木县	162	132	14	18
汉中市汉台区	897	169	42	
汉中市勉县	118	93	2	
汉中市宁强县	190	44	3	1
安康市汉滨区	198	85	6	2
安康市石泉县	262	128	7	1
商洛市商州区	270	52	2	
商洛市山阳县	94	3	2	

5-6b 各地区农村调查户的住房状况

单位：户、平方米

地区	总户数	人均住房面积	住房结构				
			钢筋混凝土	混合结构	砖木结构	木、竹、草结构	其他
总计	**13751**	**27.78**	**488**	**4275**	**3748**	**1172**	**4068**
西安市新城区							
西安市碑林区							
西安市长安区	318	29.66	1	276	30	9	2
西安市周至县	865	30.65	10	229	326	258	42
宝鸡市扶风县	776	33.94	14	592	114		56
宝鸡市千阳县	681	25.26	3	188	258	218	14
咸阳市渭城区	240	33.41	37	185	16		2
咸阳市乾县	873	21.93	6	206	611	1	49
咸阳市旬邑县	881	20.57	10	189	526	4	152
渭南市临渭区	675	29.55	2	285	376	9	3
渭南市蒲城县	643	24.77	61	239	308	35	
渭南市华县	1036	29.51		682	309		45
延安市洛川县	663	29.52	2	2	4	1	654
榆林市绥德县	653	22.62		47	9		597
榆林市神木县	740	28.13	140	145	111	10	334
汉中市汉台区	126	33.37		88	14	24	
汉中市勉县	835	32.49	2	351	108	29	345
汉中市宁强县	671	23.5	2	173	35	1	460
安康市汉滨区	777	33.85	80	150	92	2	453
安康市石泉县	729	30.42	69	120	294	150	96
商洛市商州区	647	25.25	4	22	201	420	
商洛市山阳县	922	27.6	45	106	6	1	764

5-6b 续表

单位：户

地 区	住房来源			
	自有	租赁	借用	其他来源
总 计	**13340**	**172**	**204**	**35**
西安市新城区				
西安市碑林区				
西安市长安区	313	2	3	
西安市周至县	854	1	9	1
宝鸡市扶风县	767	6	3	
宝鸡市千阳县	668	4	9	
咸阳市渭城区	240			
咸阳市乾县	863	2	8	
咸阳市旬邑县	863	1	17	
渭南市临渭区	658	10	6	1
渭南市蒲城县	628	13	2	
渭南市华县	997	9	29	1
延安市洛川县	643	1	17	2
榆林市绥德县	588	4	55	6
榆林市神木县	673	59	7	1
汉中市汉台区	125	1		
汉中市勉县	807	18	9	1
汉中市宁强县	663	3	4	1
安康市汉滨区	760	8	7	2
安康市石泉县	714	7	5	3
商洛市商州区	637	5	4	1
商洛市山阳县	879	18	10	15

5-7 各地区有残疾人调查户的住房状况

单位：户、平方米

地 区	总户数	人均住房面积	住房结构				
			钢筋混凝土	混合结构	砖木结构	木、竹、草结构	其他
总 计	**4324**	**24.26**	**198**	**1695**	**1006**	**369**	**1056**
西安市新城区	329	17.1	12	291	26		
西安市碑林区	191	20.99	16	162	13		
西安市长安区	183	25.58		165	10	8	
西安市周至县	161	24.96		30	57	60	14
宝鸡市扶风县	165	27.97	4	107	40		14
宝鸡市千阳县	133	23.57	17	16	46	49	5
咸阳市渭城区	160	28.56	14	143	2		1
咸阳市乾县	167	19.73	1	35	117		14
咸阳市旬邑县	216	20.44	1	31	135	1	48
渭南市临渭区	197	24.88	11	80	103	3	
渭南市蒲城县	249	21.2	13	123	97	16	
渭南市华县	217	25.59		124	81		12
延安市洛川县	102	27.03	4	4	1	1	92
榆林市绥德县	199	20.77		13	4		182
榆林市神木县	178	25.58	16	20	33	6	103
汉中市汉台区	164	28.27		114	16	34	
汉中市勉县	246	27.66	1	74	32	13	126
汉中市宁强县	174	19.9	6	41	12	5	110
安康市汉滨区	211	29.85	25	36	29	1	120
安康市石泉县	269	29.5	49	49	105	39	27
商洛市商州区	198	22.46	4	18	43	133	
商洛市山阳县	215	26.14	4	19	4		188

5-7 续表

单位：户

地 区	住房来源			
	自有	租赁	借用	其他来源
总 计	**3947**	**250**	**100**	**27**
西安市新城区	205	119	4	1
西安市碑林区	162	27	2	
西安市长安区	164	7	3	9
西安市周至县	158		2	1
宝鸡市扶风县	165			
宝鸡市千阳县	127	3	3	
咸阳市渭城区	157	3		
咸阳市乾县	166		1	
咸阳市旬邑县	214		2	
渭南市临渭区	192	1	3	1
渭南市蒲城县	245	2	2	
渭南市华县	200	3	13	1
延安市洛川县	97	2	3	
榆林市绥德县	161	5	29	4
榆林市神木县	154	13	8	3
汉中市汉台区	147	11	6	
汉中市勉县	234	7	5	
汉中市宁强县	171	2	1	
安康市汉滨区	200	8	2	1
安康市石泉县	239	25	4	1
商洛市商州区	187	8	2	1
商洛市山阳县	202	4	5	4

5-7a 各地区城镇有残疾人调查户的住房状况

单位：户、平方米

地区	总户数	人均住房面积	住房结构				
			钢筋混凝土	混合结构	砖木结构	木、竹、草结构	其他
总计	**1338**	**23.65**	**122**	**937**	**133**	**52**	**94**
西安市新城区	329	17.1	12	291	26		
西安市碑林区	191	20.99	16	162	13		
西安市长安区	115	25.68		110	3	2	
西安市周至县							
宝鸡市扶风县	19	30.06		15	4		
宝鸡市千阳县	22	23.45	16		5	1	
咸阳市渭城区	105	28.29	10	95			
咸阳市乾县							
咸阳市旬邑县							
渭南市临渭区	35	19.69	10	25			
渭南市蒲城县	60	19.61	2	58			
渭南市华县							
延安市洛川县	16	30.27	4	3			9
榆林市绥德县	43	19.81		4	2		37
榆林市神木县	33	22.8	1	4	5		23
汉中市汉台区	138	28.32		96	14	28	
汉中市勉县	12	40.16		11	1		
汉中市宁强县	37	21.37	6	19	5	4	3
安康市汉滨区	36	26.75	12	12	12		
安康市石泉县	92	33.97	31	18	28	10	5
商洛市商州区	36	25.8	1	14	14	7	
商洛市山阳县	19	26.91	1		1		17

5-7a 续表

单位：户

地 区	住房来源			
	自有	租赁	借用	其他来源
总 计	**1067**	**220**	**35**	**16**
西安市新城区	205	119	4	1
西安市碑林区	162	27	2	
西安市长安区	97	6	3	9
西安市周至县				
宝鸡市扶风县	19			
宝鸡市千阳县	18	3	1	
咸阳市渭城区	102	3		
咸阳市乾县				
咸阳市旬邑县				
渭南市临渭区	32	1	2	
渭南市蒲城县	59		1	
渭南市华县				
延安市洛川县	15	1		
榆林市绥德县	31	4	6	2
榆林市神木县	20	6	4	3
汉中市汉台区	121	11	6	
汉中市勉县	11	1		
汉中市宁强县	35	2		
安康市汉滨区	28	6	1	1
安康市石泉县	65	24	3	
商洛市商州区	30	5	1	
商洛市山阳县	17	1	1	

5-7b 各地区农村有残疾人调查户的住房状况

单位：户、平方米

地 区	总户数	人均住房面积	住房结构				
			钢筋混凝土	混合结构	砖木结构	木、竹、草结构	其他
总 计	**2986**	**24.49**	**76**	**758**	**873**	**317**	**962**
西安市新城区							
西安市碑林区							
西安市长安区	68	25.43		55	7	6	
西安市周至县	161	24.96		30	57	60	14
宝鸡市扶风县	146	27.63	4	92	36		14
宝鸡市千阳县	111	23.6	1	16	41	48	5
咸阳市渭城区	55	28.92	4	48	2		1
咸阳市乾县	167	19.73	1	35	117		14
咸阳市旬邑县	216	20.44	1	31	135	1	48
渭南市临渭区	162	25.78	1	55	103	3	
渭南市蒲城县	189	21.52	11	65	97	16	
渭南市华县	217	25.59		124	81		12
延安市洛川县	86	26.48		1	1	1	83
榆林市绥德县	156	21.03		9	2		145
榆林市神木县	145	26.08	15	16	28	6	80
汉中市汉台区	26	28.08		18	2	6	
汉中市勉县	234	27.14	1	63	31	13	126
汉中市宁强县	137	19.54		22	7	1	107
安康市汉滨区	175	30.46	13	24	17	1	120
安康市石泉县	177	27.31	18	31	77	29	22
商洛市商州区	162	21.81	3	4	29	126	
商洛市山阳县	196	26.06	3	19	3		171

5-7b 续表

单位：户

地 区	住房来源			
	自有	租赁	借用	其他来源
总 计	**2880**	**30**	**65**	**11**
西安市新城区				
西安市碑林区				
西安市长安区	67	1		
西安市周至县	158		2	1
宝鸡市扶风县	146			
宝鸡市千阳县	109		2	
咸阳市渭城区	55			
咸阳市乾县	166		1	
咸阳市旬邑县	214		2	
渭南市临渭区	160		1	1
渭南市蒲城县	186	2	1	
渭南市华县	200	3	13	1
延安市洛川县	82	1	3	
榆林市绥德县	130	1	23	2
榆林市神木县	134	7	4	
汉中市汉台区	26			
汉中市勉县	223	6	5	
汉中市宁强县	136		1	
安康市汉滨区	172	2	1	
安康市石泉县	174	1	1	1
商洛市商州区	157	3	1	1
商洛市山阳县	185	3	4	4

5-8 各地区调查户家用电器拥有和用电状况

单位：户、度

地 区	总户数	有家用电器户数						户月均生活用电量
		彩色电视机	电冰箱	洗衣机	电话	电脑	无上述家电	
总 计	**22727**	**16764**	**5200**	**10867**	**15156**	**1557**	**3667**	**37**
西安市新城区	1421	1253	890	958	1192	310	78	60
西安市碑林区	1158	1114	879	928	996	418	14	88
西安市长安区	1083	929	417	783	902	104	51	57
西安市周至县	865	575	15	456	516	4	148	20
宝鸡市扶风县	875	584	28	478	637	11	116	25
宝鸡市千阳县	1098	756	147	308	748	25	209	19
咸阳市渭城区	1274	1236	705	1074	1075	232	10	59
咸阳市乾县	873	512	8	376	411	5	233	22
咸阳市旬邑县	881	675	5	173	406		149	16
渭南市临渭区	950	726	185	610	627	42	120	32
渭南市蒲城县	955	781	104	684	664	18	61	32
渭南市华县	1036	771	47	472	650	1	171	27
延安市洛川县	899	776	195	406	753	38	55	37
榆林市绥德县	915	576	39	147	338	1	263	17
榆林市神木县	1066	810	253	385	827	34	151	30
汉中市汉台区	1234	991	544	843	962	192	116	76
汉中市勉县	1048	606	67	295	657	17	281	22
汉中市宁强县	909	533	92	271	498	23	268	19
安康市汉滨区	1068	616	285	296	648	38	292	44
安康市石泉县	1127	730	184	549	718	34	271	35
商洛市商州区	971	607	85	270	501	9	277	21
商洛市山阳县	1021	607	26	105	430	1	333	15

5-8a 各地区城镇调查户家用电器拥有和用电状况

单位：户、度

地 区	总户数	有家用电器户数						户月均生活用电量
		彩色电视机	电冰箱	洗衣机	电话	电脑	无上述家电	
总 计	**8976**	**7964**	**4656**	**6242**	**7395**	**1502**	**470**	**62**
西安市新城区	1421	1253	890	958	1192	310	78	60
西安市碑林区	1158	1114	879	928	996	418	14	88
西安市长安区	765	690	385	559	680	100	17	67
西安市周至县								
宝鸡市扶风县	99	89	12	84	70	6	5	42
宝鸡市千阳县	417	376	138	261	385	24	14	28
咸阳市渭城区	1034	1004	683	885	909	228	6	66
咸阳市乾县								
咸阳市旬邑县								
渭南市临渭区	275	264	164	218	219	40	8	45
渭南市蒲城县	312	289	91	189	244	17	3	34
渭南市华县								
延安市洛川县	236	222	129	178	221	37	3	67
榆林市绥德县	262	182	23	71	94	1	59	22
榆林市神木县	326	296	165	216	308	26	10	49
汉中市汉台区	1108	907	535	761	878	189	96	81
汉中市勉县	213	158	35	98	173	9	25	31
汉中市宁强县	238	209	74	155	198	20	11	38
安康市汉滨区	291	249	218	213	228	36	16	107
安康市石泉县	398	323	159	258	307	33	49	55
商洛市商州区	324	277	73	181	243	8	33	31
商洛市山阳县	99	62	3	29	50		23	20

5-8b 各地区农村调查户家用电器拥有和用电状况

单位：户、度

地　区	总户数	有家用电器户数						户月均生活用电量
		彩色电视机	电冰箱	洗衣机	电话	电脑	无上述家电	
总 计	**13751**	**8800**	**544**	**4625**	**7761**	**55**	**3197**	**21**
西安市新城区								
西安市碑林区								
西安市长安区	318	239	32	224	222	4	34	33
西安市周至县	865	575	15	456	516	4	148	20
宝鸡市扶风县	776	495	16	394	567	5	111	23
宝鸡市千阳县	681	380	9	47	363	1	195	14
咸阳市渭城区	240	232	22	189	166	4	4	32
咸阳市乾县	873	512	8	376	411	5	233	22
咸阳市旬邑县	881	675	5	173	406		149	16
渭南市临渭区	675	462	21	392	408	2	112	26
渭南市蒲城县	643	492	13	495	420	1	58	31
渭南市华县	1036	771	47	472	650	1	171	27
延安市洛川县	663	554	66	228	532	1	52	26
榆林市绥德县	653	394	16	76	244		204	14
榆林市神木县	740	514	88	169	519	8	141	22
汉中市汉台区	126	84	9	82	84	3	20	37
汉中市勉县	835	448	32	197	484	8	256	20
汉中市宁强县	671	324	18	116	300	3	257	12
安康市汉滨区	777	367	67	83	420	2	276	20
安康市石泉县	729	407	25	291	411	1	222	24
商洛市商州区	647	330	12	89	258	1	244	17
商洛市山阳县	922	545	23	76	380	1	310	15

5-9 各地区有残疾人户家用电器拥有和用电状况

单位：户、度

地 区	总户数	有家用电器户数						户月均生活用电量
		彩色电视机	电冰箱	洗衣机	电话	电脑	无上述家电	
总 计	**4324**	**2734**	**758**	**1648**	**2334**	**138**	**1165**	**30**
西安市新城区	329	311	249	230	272	46	10	63
西安市碑林区	191	185	132	140	146	35	5	72
西安市长安区	183	149	67	115	135	10	15	54
西安市周至县	161	102	1	74	80		42	19
宝鸡市扶风县	165	89	1	71	97	2	41	21
宝鸡市千阳县	133	68	9	13	69	1	44	15
咸阳市渭城区	160	153	62	122	124	12	2	47
咸阳市乾县	167	76		61	66	1	66	20
咸阳市旬邑县	216	147		29	75		61	14
渭南市临渭区	197	136	22	114	111	2	39	26
渭南市蒲城县	249	192	22	168	171	3	24	30
渭南市华县	217	141	13	82	104		59	25
延安市洛川县	102	78	8	31	67		15	29
榆林市绥德县	199	92	5	17	59		87	13
榆林市神木县	178	104	30	35	103	1	51	22
汉中市汉台区	164	101	45	83	100	7	40	49
汉中市勉县	246	102	6	49	109	1	107	16
汉中市宁强县	174	89	11	38	72	2	77	14
安康市汉滨区	211	91	34	31	100	4	90	32
安康市石泉县	269	145	35	109	141	11	91	30
商洛市商州区	198	84	6	27	62		100	16
商洛市山阳县	215	99		9	71		99	14

5-9a 各地区城镇有残疾人户家用电器拥有和用电状况

单位：户、度

地 区	总户数	有家用电器户数						户月均生活用电量
		彩色电视机	电冰箱	洗衣机	电话	电脑	无上述家电	
总 计	**1338**	**1161**	**690**	**838**	**1022**	**131**	**111**	**56**
西安市新城区	329	311	249	230	272	46	10	63
西安市碑林区	191	185	132	140	146	35	5	72
西安市长安区	115	103	61	78	97	10	3	69
西安市周至县								
宝鸡市扶风县	19	18	1	13	12	1	1	40
宝鸡市千阳县	22	19	7	10	19	1	2	28
咸阳市渭城区	105	100	60	82	88	11	1	57
咸阳市乾县								
咸阳市旬邑县								
渭南市临渭区	35	31	21	27	30	1	3	47
渭南市蒲城县	60	56	19	29	48	3	1	34
渭南市华县								
延安市洛川县	16	15	3	7	14			57
榆林市绥德县	43	21	3	7	17		15	16
榆林市神木县	33	30	19	22	29	1	1	48
汉中市汉台区	138	90	44	69	85	7	32	52
汉中市勉县	12	10	2	7	10		1	22
汉中市宁强县	37	33	8	24	29		4	33
安康市汉滨区	36	30	25	24	27	4	5	99
安康市石泉县	92	72	30	51	65	11	14	51
商洛市商州区	36	25	6	13	22		9	25
商洛市山阳县	19	12		5	12		4	30

5-9b 各地区农村有残疾人户家用电器拥有和用电状况

单位：户、度

地区	总户数	有家用电器户数						户月均生活用电量
		彩色电视机	电冰箱	洗衣机	电话	电脑	无上述家电	
总计	**2986**	**1573**	**68**	**810**	**1312**	**7**	**1054**	**18**
西安市新城区								
西安市碑林区								
西安市长安区	68	46	6	37	38		12	30
西安市周至县	161	102	1	74	80		42	19
宝鸡市扶风县	146	71		58	85	1	40	18
宝鸡市千阳县	111	49	2	3	50		42	12
咸阳市渭城区	55	53	2	40	36	1	1	26
咸阳市乾县	167	76		61	66	1	66	20
咸阳市旬邑县	216	147		29	75		61	14
渭南市临渭区	162	105	1	87	81	1	36	22
渭南市蒲城县	189	136	3	139	123		23	29
渭南市华县	217	141	13	82	104		59	25
延安市洛川县	86	63	5	24	53		15	24
榆林市绥德县	156	71	2	10	42		72	12
榆林市神木县	145	74	11	13	74		50	17
汉中市汉台区	26	11	1	14	15		8	32
汉中市勉县	234	92	4	42	99	1	106	16
汉中市宁强县	137	56	3	14	43	2	73	9
安康市汉滨区	175	61	9	7	73		85	18
安康市石泉县	177	73	5	58	76		77	19
商洛市商州区	162	59		14	40		91	14
商洛市山阳县	196	87		4	59		95	12

主要统计指标解释

总抚养比 指人口总体中非劳动年龄人口数与劳动年龄人口数之比。通常用百分比表示。说明每 100 名劳动年龄人口大致要负担多少名非劳动年龄人口。用于从人口角度反映人口与经济发展的基本关系。计算公式为:

$$GDR = \frac{P_{0-14} + P_{65+}}{P_{15-64}} \times 100\%$$

其中: GDR 为总抚养比;

P_{0-14} 为 0 ~ 14 岁少年儿童人口数;

P_{65+} 为 65 岁及以上的老年人口数;

P_{15-64} 为 15 ~ 64 岁劳动年龄人口数。

老年抚养比 指人口中老年人口数与劳动年龄人口数之比。通常用百分比表示。用以表明每 100 名劳动年龄人口要负担多少名老年人。老年人口抚养比是从经济角度反映人口老化社会后果的指标之一。计算公式为:

$$ODR = \frac{P_{65+}}{P_{15-64}} \times 100\%$$

其中: ODR 为老年人口抚养比;

P_{65+} 为 65 岁及以上的老年人口数;

P_{15-64} 为 15 ~ 64 岁劳动年龄人口数。

少儿抚养比 也称少年儿童抚养系数。指某一人口中少年儿童人口数与劳动年龄人口数之比。通常用百分比表示。以反映每 100 名劳动年龄人口要负担多少名少年儿童。计算公式为:

$$CDR = \frac{P_{0-14}}{P_{15-64}} \times 100\%$$

其中: CDR 为少年儿童抚养比;

P_{0-14} 为 0 ~ 14 岁少年儿童人口数;

P_{15-64} 为 15 ~ 64 岁劳动年龄人口数。

文盲人口 指 15 岁及以上不识字或识字很少的人口。根据《住户调查表》指标“R8.是否识字”登记为“2.否”的数据汇总。

经济活动人口 指 15 岁及以上参加或未参加社会经济活动的人口。包括在业人口和不在业人口。

在业人口和不在业人口分别根据《住户调查表》指标“R11.当前是否有工作”的登记数据汇总。

职业状况 指 15 岁及以上在业人口所从事的社会劳动工作种类。本资料中职业分类参照国家分类标准《职业分类与代码》(GB/T 6565-1999),将全国职业分类划分为大类和中类。

未工作状况 指 15 岁及以上不在业人口的未工作状况。根据《住户调查表》指标“R13.当前未工作状况”的登记数据汇总。

致残主要原因 根据被调查残疾人从《残疾人调查表》“C4.致残主要原因”多个选项中选出的主要两项合并汇总。

曾接受服务或扶助 根据被调查残疾人从《残疾人调查表》“T6.曾接受过何种服务或扶助”的 14 个选项中选出的主要三项合并汇总。

主要需求 根据被调查残疾人从《残疾人调查表》“T7. 本人主要需求”的 14 个选项中选出的主要三项合并汇总。

附　录

附录 1

陕西省第二次全国残疾人抽样调查主要数据公报

经国务院批准，我国进行了第二次全国残疾人抽样调查。在第二次全国残疾人抽样调查领导小组统一领导下，按照全国统一的调查方案，陕西省第二次全国残疾人抽样调查领导小组组织实施了我省的调查。经过两年多的充分准备，我省于 2006 年 4 月 1 日开始全面调查，通过调查工作人员的艰苦努力，调查的各项任务已基本完成。现将初步汇总的主要数据公布如下：

一、调查的基本情况

本次调查采取分层、多阶段、整群概率比例抽样方法，在我省抽取 22 个县（市、区），88 个乡（镇、街道），共 176 个调查小区，平均每个调查小区 410 人左右。

本次调查标准时间为 2006 年 4 月 1 日零时，入户调查时间自 2006 年 4 月 1 日起至 5 月 31 日结束。在省政府和各抽中县（市、区）政府直接领导下，组织了 22 个调查队、284 名调查员、178 名各科医生、22 名统计员以及 1400 名陪调员，逐户进行询问登记、筛查和残疾评定，现已全部完成入户调查、复查和调查质量的核查工作。

我省共调查了 22727 户、73425 人，调查的抽样比为 1.97‰。入户见面 61037 人，占调查总人数的 83.13%；按照《第二次全国残疾人抽样调查残疾筛查方法》，7 岁以上疑似残疾人筛出率为 16.93%，疑似残疾人检查率达到 99.43%。

二、残疾人数及其比例

根据调查初步汇总，被调查户中有残疾人的家庭共 4324 户，确定视力、听力、言语、肢体、智力、精神和多重残疾共 4913 人。其中，视力残疾 580 人，听力残疾 1574 人，言语残疾 62 人，肢体残疾 1180 人，智力残疾 330 人，精神残疾 339 人，多重残疾 848 人。

本次调查结果显示，我省残疾人占总人口的比例为 6.69%。据此推算 2006 年 4 月 1 日零时我省各类残疾人的总数为 249.0 万人。各类残疾人的人数及各占残疾人总人数的比重分别是：视力残疾 29.4 万人，占 11.81%；听力残疾 79.8 万人，占 32.05%；言语残疾 3.1 万人，占 1.24%；肢体残疾 59.8 万人，占 24.01%；智力残疾 16.7 万人，占 6.71%；精神残疾 17.2 万人，占 6.91%；多重残疾 43.0 万人，占 17.27%。

与 1987 年第一次全国残疾人抽样调查比较，我省残疾人口总量增加，残疾人比例上升，残疾类别结构变动。引起这一变化的因素有，两次调查间人口增长与结构变动、社会与环境变化、残疾标准修订等，更深入的分析有待于在详细数据汇总和更全面的资料收集后进行。

三、调查质量评价

在入户调查、复查完毕后，我省按照《事后质量核查工作细则》进行核查，核查结果符合调查方案要求。经对调查实施过程和数据质量进行综合评估，本次调查是一次成功的调查，数据真实可信。调查获得的丰富数据，将为我省经济社会和残疾人事业的发展提供可靠依据。

注：

1.本公报为初步汇总数。

2.本次调查登记对象为具有中华人民共和国国籍并居住在中华人民共和国境内大陆的常住人口，残疾人按照《第二次全国残疾人抽样调查残疾标准》评定。

附录 2

第二次全国残疾人抽样调查方案

（国务院 2005 年 11 月 4 日批准）

为贯彻国务院办公厅《关于开展第二次全国残疾人抽样调查的通知》（国办发[2004]73 号），根据《中华人民共和国统计法》、《中华人民共和国残疾人保障法》，制定本方案。

一、组织领导

第二次全国残疾人抽样调查工作在国务院和地方各级人民政府的领导下，按照全国统一部署、部门分工协作、地方分级负责、各方共同参与的原则组织实施。

（一）国务院成立第二次全国残疾人抽样调查领导小组，由有关部门负责人组成，负责这次残疾人抽样调查工作的全面领导与部署。领导小组下设第二次全国残疾人抽样调查办公室，负责这次抽样调查的组织实施工作。

（二）第二次全国残疾人抽样调查办公室成立专家委员会，协助制定和审核调查的重要技术文件，提供决策建议和技术咨询。

（三）各省、自治区、直辖市和被抽中县（市、区）成立残疾人抽样调查领导小组和办公室，负责本地区的残疾人抽样调查工作。

被抽中县（市、区）要做好调查队组建、经费落实和现场组织工作。

被抽中县（市、区）所在地（市）成立相应的领导或工作机构，帮助、督促本地区被抽中县（市、区）做好调查队组建、经费落实和现场调查组织等工作。

各级残疾人抽样调查领导小组组长是本次调查工作的全面负责人,办公室主任是本次调查的具体负责人。

二、调查目的

通过调查，掌握全国和各省、自治区、直辖市各类残疾人的数量、结构、地区分布、致残原因、家庭状况及其康复、教育、劳动就业和参与社会生活等情况，为国家制定经济和社会发展规划，以及有关残疾人的法律法规、政策和规划提供可靠的依据，促进残疾人事业与国民经济和社会协调发展。

三、调查对象

此次调查的对象是具有中华人民共和国国籍，并在被抽中调查小区内常住的人（指自然人，下同）。

调查采用按常住人口登记的原则，以户为单位填报，只调查家庭户，不调查集体户，单身居住独自生活的也作为一个家庭户进行登记。

此次不调查中国人民解放军现役军人和武装警察（包括军队管理的离退休干部）。

应当在本调查小区进行登记的人包括:

1. 居住本调查小区，户口在本乡、镇、街道;
2. 居住本调查小区半年以上，户口在外乡、镇、街道;
3. 居住本调查小区不满半年，离开户口所在地半年以上;
4. 居住本调查小区，户口待定。

常住户口虽然在本乡、镇、街道，但已离开本乡、镇、街道半年以上的人，不属于本调查小区的调查对象。

此次调查的重点是残疾人。残疾人是指在心理、生理、人体结构上，某种组织、功能丧失或者不正常，全部或部分丧失以正常方式从事某种活动能力的人。残疾类别包括：视力残疾、听力残疾、言语残疾、肢体残疾、智力残疾、精神残疾。凡有两种及两种以上残疾的人，列为多重残疾。残疾评定标准和方法按照第二次全国残疾人抽样调查专家委员会重新修订的《残疾标准》及相关方法实施。

四、调查内容

第二次全国残疾人抽样调查使用三种调查表，一是《住户调查表》,二是《残疾人调查表》，三是《社区调查表》。调查项目共有 52 个，调查样本人群的家庭及其个人的状况，重点调查残疾人的致残原因、生活状况及其主要需求。

五、调查的范围、规模和标准时间

第二次全国残疾人抽样调查在 31 个省、自治区、直辖市同时进行，设计总样本量为 260 万人。

调查的标准时间为：2006 年 4 月 1 日 0 时。

六、样本的设计和抽取

此次调查以全国为总体，各省、自治区、直辖市为次总体，采用分层、多阶段、整群、概率比例抽样方法。各省、自治区、直辖市的调查样本量，由第二次全国残疾人抽样调查领导小组确定分配。

各省、自治区、直辖市根据第二次全国残疾人抽样调查办公室规定的分层原则，结合本地的实际情况，对第一级的县（市、区）进行科学、合理的分层，编制抽样框，由第二次全国残疾人抽样调查办公室与各省、自治区、直辖市共同抽取一级样本单位。

各省、自治区、直辖市按照第二次全国残疾人抽样调查办公室规定的抽样原则和要求，制定本省抽样实施方案，经第二次全国残疾人抽样调查办公室审核后，抽取县级以下样本单位，并将具体的抽取步骤和抽中单位名称一起报第二次全国残疾人抽样调查办公室审定。

七、调查队的组建、培训与试点

（一）被抽中县（市、区）都要按照规定组建调查队。调查队在县级残疾人抽样调查领导小组领导下开展调查工作。

调查队由队长、调查副队长、医务副队长、调查员、各科医生和统计员组成。调查队组成人员要具备一定的工作经验，责任心强，身体条件胜任调查工作。调查工作人员必须稳定，在调查工作未结束前，不得变动。

调查队实行责任制，明确职责分工，加强团结协作。

（二）第二次全国残疾人抽样调查办公室负责省级调查业务骨干和医生的系统培训，使之成为省级培训班的教员；各省、自治区、直辖市残疾人抽样调查办公室负责本地区调查队的培训。

（三）第二次全国残疾人抽样调查办公室组织不同层次的试点，检验调查方案的科学性和可操作性，锻炼和提高省级骨干组织调查的实际能力和现场登记的水平。

各省、自治区、直辖市在正式调查前，要结合培训安排被抽中县（市、区）调查队的业务骨干参加试点调查，试点调查不能代替正式调查。

八、现场登记和复查

此次调查的现场登记和复查工作，从 2006 年 4 月 1 日开始到 5 月 31 日以前结束。

现场登记和复查工作要求做到：坚持入户调查，努力提高见面率；积极动员被调查人如实申报，做到不重复，不遗漏；认真询问、筛查和检查评定，提高准确度；搞好自查、互查和议查，最大限度地控制调查误差。

各调查小区要由熟悉当地情况、责任心强的同志担任陪调员，组成陪调组，协同调查员和医生入户，做好宣传、摸底、现场调查登记和复查工作。

（一）摸底工作

调查前的摸底工作，是做好入户调查登记的基础。调查员要提前进入调查小区，在陪调员的协助下摸清本调查小区范围内需要调查的户数、人口数，重点摸清疑似残疾人和 0—6 岁的儿童人数，编制好《调查底册》。

各省、自治区、直辖市残疾人抽样调查办公室将摸底汇总数据于2006年3月25日前报送到第二次全国残疾人抽样调查办公室。

（二）现场登记

1. 入户调查。调查员根据《调查底册》入户，按照《住户调查表》的登记项目，逐人逐项询问，填写《住户调查表》；对7岁及以上人群，按照残疾筛查问卷逐人询问、筛查，并对筛查出的疑似残疾人填写《7岁及以上人群筛查交接单》；对0~6岁的儿童，填写《0-6岁儿童健康检查记录表》。

2. 残疾检查评定。各科医生根据调查员筛查出的《7岁及以上人群筛查交接单》和《0-6岁儿童健康检查记录表》，采取设站与入户相结合的方式逐人检查、评定，对确诊的残疾人，填写《残疾评定记录表》和《残疾人调查表》。

调查期间，医生应对确诊的残疾人进行医疗、康复指导。

（三）复查

调查队组织调查员和医生按照规定的方法进行全面复查。复查采取自查、互查和议查三种形式进行。

调查员和医生每天应对当日调查填写的调查表进行自查。

每个调查小区登记结束后，调查员应分小组对《住户调查表》进行互查和逻辑检查；各科医生要对自己填写的《残疾评定记录表》、《残疾人调查表》进行综合分析检查。

在现场调查登记中和小区调查登记结束后，调查队都要按照规定的方法进行议查，重点议查疑似残疾人的漏筛。

复查中发现的有疑问的人和户，要进一步核查，发现差错，经核实后，予以改正。

（四）调查的后续工作

各级残疾人抽样调查办公室负责收集、汇总调查中残疾人亟待解决的问题，报当地人民政府或有关部门酌处。

九、事后质量核查

现场登记和复查工作结束后，各省、自治区、直辖市残疾人抽样调查办公室应按照全国统一规定的事后质量核查办法和要求，选调高素质的调查员作为核查人员，组建事后质量核查队，对事后质量核查的调查小区，重新入户进行调查登记，计算全国的调查误差。核查人员不得在原来的调查小区参加质量核查工作。

全国统一组织的事后质量核查结果将作为评估第二次全国残疾人抽样调查数据质量的主要依据之一。

十、调查数据的处理

（一）快速汇总

各地按照第二次全国残疾人抽样调查办公室统一规定，对调查的主要数据进行逐级快速汇总。

1. 各县（市、区）残疾人抽样调查办公室将调查数据快速汇总结果于2006年6月5日前报送到省级残疾人抽样调查办公室。

2. 各省、自治区、直辖市残疾人抽样调查办公室将各县（市、区）上报的数据，经审核无误后汇总，将结果于2006年6月15日前报送到第二次全国残疾人抽样调查办公室。

3. 第二次全国残疾人抽样调查办公室负责汇总全国调查主要数据，并对数据进行分析评估后发布公报。

（二）电子计算机数据处理

第二次全国残疾人抽样调查办公室负责制定本次调查的数据处理方案。

1. 省级残疾人抽样调查办公室对调查表进行验收后，组织编码员按照统一规定的标准进行编码。编码前要对编码员进行统一的培训。

编码资料经全面复核、验收合格后，方可交付录入。

2. 第二次全国残疾人抽样调查办公室组织对调查资料进行电子计算机数据处理，对调查的全部数据进行录入汇总，建立国家级和省级残疾人数据库。

3. 调查数据的全面汇总和处理工作，于 2007 年底前全部完成。

4. 本次调查的原始资料由各省、自治区、直辖市残疾人抽样调查办公室保管。

十一、调查数据的分析研究

对本次调查获得的不同数据进行分析研究，撰写综合分析报告；同时，对调查数据反映出的有关残疾人的突出问题，制定专题研究课题，邀请政府有关部门、大专院校和国内外研究机构共同研究开发。研究结果以专题报告、论文集形式发表或出版。

全国和各省、自治区、直辖市残疾人抽样调查领导小组组织专人分析研究调查资料，就制定残疾人的法规、方针、政策和工作规划提出建议，供政府和各有关部门研究处理。

十二、宣传工作

各省、自治区、直辖市和被抽中县（市、区）要依靠各级宣传部门，按照第二次全国残疾人抽样调查办公室制定的宣传提纲和宣传口径，利用各种宣传媒体和多种宣传形式，积极开展残疾人抽样调查的宣传活动，在 2006 年 3 月中旬要掀起宣传高潮，以取得广大群众和社会对现场调查的支持与配合。

十三、调查经费

根据国务院要求，第二次全国残疾人抽样调查经费由中央和地方财政共同负担。各级财政应根据需要，统筹安排经费，以保证这次残疾人抽样调查各项工作的顺利开展。

残疾人抽样调查办公室要严格按照专款专用的原则，加强调查经费的管理使用，杜绝挤占挪用。

十四、总结表彰

各级残疾人抽样调查机构要认真做好调查的总结工作，各省、自治区、直辖市于 2006 年 12 月底前将调查业务技术总结和现场调查工作总结报送第二次全国残疾人抽样调查办公室；第二次全国残疾人抽样调查领导小组于 2007 年 11 月底前向国务院报送第二次全国残疾人抽样调查工作总结。

第二次全国残疾人抽样调查领导小组将于 2007 年初表彰调查工作先进单位和个人。

十五、实施本方案的文件

为保证全国按照统一标准、统一要求、高质量地搞好本次调查工作，第二次全国残疾人抽样调查领导小组统一制定各种文件、表格和工作细则。

（一）《第二次全国残疾人抽样调查残疾标准》包括：视力残疾标准、听力残疾标准、言语残疾标准、肢体残疾标准、智力残疾标准和精神残疾标准。

（二）调查、统计表格包括：《住户调查表》、《残疾人调查表》（主表）；《社区调查表》、《失查疑似残疾人登记表》；《7 岁及以上人群残疾筛查问卷》、《0-6 岁儿童健康体检记录表》、《残疾评定记录表》、《调查底册》；过录、快速汇总和计算机汇总等统计用表；调查各个环节的交接用表。

（三）工作细则包括：《调查登记和复查工作细则》、《质量控制和验收工作细则》、《摸底工作细则》、《快速汇总工作细则》、《编码工作细则》、《抽样方案》、《数据处理方案》、《资料装订、包装、运输、管理工作细则》等。

（四）填表说明包括：《住户调查表》、《残疾人调查表》、《社区调查表》、《残疾评定记录表》等填表说明。

（五）工作手册包括：《调查工作手册》、《调查员手册》、《医生手册》。

附录 3

第二次全国残疾人抽样调查残疾标准

（国务院 2005 年 11 月 4 日批准）

视力残疾标准

一、视力残疾的定义

视力残疾，是指由于各种原因导致双眼视力低下并且不能矫正或视野缩小，以致影响其日常生活和社会参与。

视力残疾包括盲及低视力。

二、视力残疾的分级

类　　别	级别	最佳矫正视力
盲	一级	无光感~＜0.02；或视野半径＜5 度
	二级	0.02~＜0.05；或视野半径＜10 度
低视力	三级	0.05~＜0.1
	四级	0.1~＜0.3

〔注〕

1. 盲或低视力均指双眼而言，若双眼视力不同，则以视力较好的一眼为准。如仅有单眼为盲或低视力，而另一眼的视力达到或优于 0.3，则不属于视力残疾范畴。
2. 最佳矫正视力是指以适当镜片矫正所能达到的最好视力或针孔视力。
3. 以注视点为中心，视野半径＜10 度者，不论其视力如何均属于盲。

听力残疾标准

一、听力残疾的定义

听力残疾，是指人由于各种原因导致双耳不同程度的永久性听力障碍，听不到或听不清周围环境声及言语声，以致影响日常生活和社会参与。

二、听力残疾的分级

听力残疾一级：

听觉系统的结构和功能方面极重度损伤，较好耳平均听力损失≥91 dB HL，在无助听设备帮助下，不能依靠听觉进行言语交流，在理解和交流等活动上极度受限，在参与社会生活方面存在极严重障碍。

听力残疾二级：

听觉系统的结构和功能重度损伤，较好耳平均听力损失在 81 ~ 90 dB HL 之间，在无助听设备帮助下，在理解和交流等活动上重度受限，在参与社会生活方面存在严重障碍。

听力残疾三级：

听觉系统的结构和功能中重度损伤，较好耳平均听力损失在 61 ~ 80 dB HL 之间，在无助听设备帮助下，在理解和交流等活动上中度受限，在参与社会生活方面存在中度障碍。

听力残疾四级:

听觉系统的结构和功能中度损伤，较好耳平均听力损失在 41 ~ 60dB HL 之间，在无助听设备帮助下，在理解和交流等活动上轻度受限，在参与社会生活方面存在轻度障碍。

言语残疾标准

一、言语残疾的定义

言语残疾，是指由于各种原因导致的不同程度的言语障碍，经治疗一年以上不愈或病程超过两年者,而不能或难以进行正常的言语交往活动，以致影响日常生活和社会参与（3 岁以下不定残）。

言语残疾包括:

1. 失语：是指由于大脑言语区域以及相关部位损伤所导致的获得性言语功能丧失或受损。

2. 运动性构音障碍：是指由于神经肌肉病变导致构音器官的运动障碍，主要表现为不会说话、说话费力、发声和发音不清等。

3. 器官结构异常所致的构音障碍：是指构音器官形态结构异常所致的构音障碍。其代表为腭裂以及舌或颌面部术后造成的构音障碍。主要表现为不能说话、鼻音过重、发音不清等。

4. 发声障碍（嗓音障碍）：是指由于呼吸及喉存在器质性病变导致的失声、发声困难、声音嘶哑等。

5. 儿童言语发育迟滞：指儿童在生长发育过程中其言语发育落后于实际年龄的状态。主要表现不会说话、说话晚、发音不清等。

6. 听力障碍所致的语言障碍：是指由于听觉障碍所致的言语障碍。主要表现为不会说话或者发音不清。

7. 口吃：是指言语的流畅性障碍。常表现为在说话的过程中拖长音、重复、语塞并伴有面部及其他行为变化等。

二、言语残疾的分级

言语残疾一级:

无任何言语功能或语音清晰度 ≤ 10%，言语表达能力等级测试未达到一级测试水平，不能进行任何言语交流。

言语残疾二级:

具有一定的发声及言语能力。语音清晰度在 11% ~ 25%之间，言语表达能力等级测试未达到二级测试水平。

言语残疾三级:

可以进行部分言语交流。语音清晰度在 26% ~ 45%之间，言语表达能力等级测试未达到三级测试水平。

言语残疾四级:

能进行简单会话，但用较长句或长篇表达困难。语音清晰度在 46% ~ 65%之间，言语表达能力等级测试未达到四级测试水平。

肢体残疾标准

一、肢体残疾的定义

肢体残疾，是指人体运动系统的结构、功能损伤造成四肢残缺或四肢、躯干麻痹(瘫痪)、畸形等而致人体运动功能不同程度丧失以及活动受限或参与的局限。

肢体残疾包括:

1. 上肢或下肢因伤、病或发育异常所致的缺失、畸形或功能障碍;

2. 脊柱因伤、病或发育异常所致的畸形或功能障碍;

3. 中枢、周围神经因伤、病或发育异常造成躯干或四肢的功能障碍。

二、肢体残疾的分级

肢体残疾一级：不能独立实现日常生活活动。

1. 四肢瘫：四肢运动功能重度丧失；
2. 截瘫：双下肢运动功能完全丧失；
3. 偏瘫：一侧肢体运动功能完全丧失；
4. 单全上肢和双小腿缺失；
5. 单全下肢和双前臂缺失；
6. 双上臂和单大腿（或单小腿）缺失；
7. 双全上肢或双全下肢缺失；
8. 四肢在不同部位缺失；
9. 双上肢功能极重度障碍或三肢功能重度障碍。

肢体残疾二级：基本上不能独立实现日常生活活动。

1. 偏瘫或截瘫，残肢保留少许功能（不能独立行走）；
2. 双上臂或双前臂缺失；
3. 双大腿缺失；
4. 单全上肢和单大腿缺失；
5. 单全下肢和单上臂缺失；
6. 三肢在不同部位缺失（除外一级中的情况）；
7. 二肢功能重度障碍或三肢功能中度障碍。

肢体残疾三级：能部分独立实现日常生活活动。

1. 双小腿缺失；
2. 单前臂及其以上缺失；
3. 单大腿及其以上缺失；
4. 双手拇指或双手拇指以外其他手指全缺失；
5. 二肢在不同部位缺失（除外二级中的情况）；
6. 一肢功能重度障碍或二肢功能中度障碍。

肢体残疾四级：基本上能独立实现日常生活活动。

1. 单小腿缺失；
2. 双下肢不等长，差距在 5 厘米以上（含 5 厘米）；
3. 脊柱强（僵）直；
4. 脊柱畸形，驼背畸形大于 70 度或侧凸大于 45 度；
5. 单手拇指以外其他四指全缺失；
6. 单侧拇指全缺失；
7. 单足跗跖关节以上缺失；
8. 双足趾完全缺失或失去功能；
9. 侏儒症（身高不超过 130 厘米的成年人）；
10. 一肢功能中度障碍或两肢功能轻度障碍；
11. 类似上述的其他肢体功能障碍。

智力残疾标准

一、智力残疾的定义

智力残疾，是指智力显著低于一般人水平，并伴有适应行为的障碍。此类残疾是由于神经系统结构、

2.住旅馆或租借房屋的常住户，一律按现住房的实际情况填写其住房面积。

3.居住在工作场所的户，住房面积应该填写其居住房间的建筑面积。

4.合住在同一所住房里的住户，其建筑面积为各户所独立使用的房间面积加上公共使用面积（包括厨房、厕所、门厅、阳台等）的一部分；两户合用的面积，各按二分之一计算，三户合用的面积，各按三分之一计算；以此类推。

5.属于本小区调查对象，但居无定所的常住户（如进城的流动人口）睡在桥下、公园和车站等地方的人，其住房面积填“0”平方米。

H5.本户住房建筑结构：指本户住房建筑的结构（指承重结构，如承重墙、梁、柱等）所用的建筑材料。本栏目设有五个标准答案。

1.钢筋混凝土：指承重的主要构件是用钢筋混凝土建造的住房。包括薄壳结构、大模板现浇结构及使用滑模、升板等建造的钢筋混凝土结构的房屋。

2.混合结构：指承重的主要构件是用钢筋混凝土和砖、木建造的房屋。如一幢房屋的梁是用钢筋混凝土制成，以砖墙为承重墙，或者梁使用木材建造，柱是使用钢筋混凝土。

3.砖木结构：是指承重的主要构件是砖和木材。如一幢房屋是木制房架、砖墙、木柱建造的。

4.木、竹、草结构：指房屋的主要建筑材料为木、竹、草。如一幢房屋是木（竹）制房架、草顶。

5.其他：不属于上述结构类型的房屋都归此类。如砖拱结构、窑洞、蒙古包等。

H6.本户住房来源：指本户获取住房的途径，包括拥有全部产权或部分产权。本栏目设有四个标准答案，可根据住房的拥有情况，据实圈填。

1.自有：指本户住房的产权属于本户私人所有。既包括城镇和农村中私人自建的房屋，也包括私人从单位或房地产开发单位购买的房屋，还包括继承的私有遗产房等情况。

2.租赁：指本户住房属于交纳房租费后获有使用权。既包括由单位作为福利分配给本单位职工、产权归单位所有、个人交纳少量房租费的住房，也包括从市场上租用的房屋。

3.借用：指不用交房租费，临时借住单位或亲朋好友的房屋。

4.其他：指不属于以上几种房屋产权性质的住房，圈填此项。

H7.上年度本户全部收入：指被调查户2005年度全部经济收入，包括工薪收入、经营性净收入、财产性收入、转移性收入（如保险、奖金、抚恤金、资助、出租房收入等）。农村的全部收入包括各种农作物、养殖等实物收获，并要将实物折算成人民币，根据全户所有人的合计收入是多少就填报多少。但是，家中雇佣保姆和非亲属的经济收入不包括在内。

对亲属供养情况收入的计算，如果供养人与被供养人在同一户居住，供养费不计入总收入；如果不在同一户，供养费应计入被供养人所在户的总收入中。

H8.本户拥有的主要家电：本栏属于多选栏目，共列出五种家庭常用的主要电器名称。可根据被调查户拥有（指拥有所有权或使用权）并能使用的家用电器分别圈填。彩色电视机，不包括黑白电视机；电冰箱包括单门、双门和多门的；洗衣机包括全自动和半自动（含双缸和单缸的）；电话包括有线电话和无线电话（手机）；电脑指电子计算机。

H9.本户月均生活用电量：根据本户的月平均用电量填报。如果只知道用电费用，可根据当地每度电价换算成用电度数。

附录 7

第二次全国残疾人抽样调查《残疾人调查表》填写说明

一、填写注意事项

（一）《残疾人调查表》由医生填写，填表人员要严格按照规定填写，保证本表的工整与清洁。

（二）本表要求使用铅笔填写，字迹要端正清楚，不得潦草模糊。不得用同音异体字；简化字必须按国家公布的《简化字总表》书写；阿拉伯数字必须按“0 1 2 3 4 5 6 7 8 9”的正体书写，不得用自由体。

（三）填表人员根据评定结果填写表中相关项目，不能遗漏。

（四）填表人员要对被调查的残疾人及家庭申报的情况严格保密，不得对外提供。

二、填写顺序

依据诊断情况完成《残疾评定记录表》的填报后，再开始填报《残疾人调查表》，填写要逐项进行，不得漏填或重复。填写顺序如下：

第一步：《残疾人调查表》的上沿部分“本户编号”、“本人行号”、“本户住址”和“残疾人姓名”、“性别”、“年龄”、“户主姓名”等项均对照《残疾评定记录表》的上沿内容。

第二步：本表中“C1.残疾类别”、“C2.残疾等级”、“C3.残疾发现时间”和“C4.致残主要原因”等按诊断残疾的实际情况填写。

第三步：遇到两种或两种以上残疾人，即多重残疾则复选填报。

第四步：“T1.残疾人活动和参与评定”、“T2.康复建议”、“T3.是否持有残疾人证”、“T4.接受教育情况”、“T5.社会保障情况”、“T6.曾接受何种服务或辅助”及“T7.本人主要需求”等逐项询问判断填写，遇多重残疾由最后诊断确诊某种残疾的医生填写。

第五步：本表下沿部分，完成逐项填写后，“本户包括住户调查表”、“医生”、“申报人”及“填报日期”均按《残疾评定记录表》的下沿内容填写完整。

另外，本表每个项目下面的方格为编码格，填写人员不得填写，由专业编码人员处理。

三、填写说明

C1.残疾类别

分为视力残疾、听力残疾、言语残疾、肢体残疾、智力残疾和精神残疾等六类。填表时在诊断确定为残疾后，请在残疾类别的左面编号上圈填，如多重残疾，则复选。例如，诊断为“视力残疾”，应圈填为（1.）视力残疾。

C2.残疾等级

各类残疾均分为四个等级。填表时，请在相应的残疾等级编号上圈填。例如：诊断为听力三级，应圈填为（3.）三级。

C3.残疾发现时间

残疾发生时间是指发现残疾或出现残疾的年份，如“1999 年”。针对 0～6 岁的儿童来说，是指发现残疾的时间；而针对其他人则为出现残疾的时间。填表时，请将残疾发现时间填在年前面的横线上。

C4.致残主要原因（选择主要致残原因不超过两项）

致残主要原因是指导致主要致残的原因，选择主要致残原因不超过两项。填表时请在相应项目前的编号上圈填。如填表人的致残原因在表中没有列出，请在“其他”前的编号上圈填。按照不同类别分为以下几类：

视力残疾

01.遗传、先天异常或发育障碍	05.角膜病	09.弱视
02.白内障	06.视神经病变	10.外伤
03.青光眼	07.视网膜、色素膜病变	11.中毒
04.沙眼	08.屈光不正	12.其他
		13.原因不明

听力残疾

01.遗传	06.中耳炎	11.药物中毒
02.母孕期病毒感染	07.老年性耳聋	12.创伤或意外伤害
03.传染性疾病	08.早产和低体重	13.噪声和爆震
04.自身免疫缺陷性疾病	09. 新生儿窒息	14.其他
05.全身性疾病	10. 高胆红素血症	15.原因不明

言语残疾

01.唐氏综合征	08.脑出血	15.脊髓侧索硬化
02.脑性瘫痪	09.脑炎	16.脑外伤
03.新生儿病理性黄疸	10.脑囊虫病	17.产伤
04.早产、低体重和过期产	11.喉、舌疾病术后	18.孤独症
05.腭裂	12.听力障碍	19.癫痫
06.智力低下	13.帕金森氏病	20.CO 中毒
07.脑梗死	14.多发性硬化	21.其他
		22.原因不明

肢体残疾

01.脑性瘫痪	08.肿瘤	15.脑外伤
02.发育畸形	09.骨关节病	16.其他外伤
03.侏儒症	10.地方病	17.结核性感染
04.其他先天性或发育性障碍	11.脊髓疾病	18.化脓性感染
05.脊髓灰质炎	12.工伤	19.中毒
06.脑血管疾病	13.交通事故	20.其他
07.周围血管疾病	14.脊髓损伤	21.原因不明

智力残疾

01.遗传	07.发育畸形	13.其他外伤
02.脑疾病	08.营养不良	14.中毒与过敏反应
03.内分泌障碍	09.母孕期外伤及物理伤害	15.不良社会文化因素
04.惊厥性疾病	10.产伤	16.其他
05.新生儿窒息	11.工伤	17.原因不明
06.早产、低体重和过期产	12.交通事故	

精神残疾

01.痴呆	06.分裂情感性障碍	11.人格障碍
02.其它器质性精神障碍	07.其它精神病性障碍	12.孤独症
03.使用精神活性物质所致的障碍	08.心境障碍	13.癫痫
04.精神分裂症	09.神经症性障碍	14.其他
05.妄想性障碍	10.行为综合征	15.原因不明

T1.残疾人活动和参与评定（18 岁以上填报）

T1.残疾人活动和参与评定（18 岁以上填报）					
理解和交流	身体移动	生活自理	与人相处	生活活动	社会参与
1.无障碍/无适用 2.轻度障碍 3.中度障碍 4.重度障碍 5.极重度障碍/不能完成	1.无障碍/无适用 2.轻度障碍 3.中度障碍 4.重度障碍 5.极重度障碍/不能完成	1.无障碍/无适用 2.轻度障碍 3.中度障碍 4.重度障碍 5.极重度障碍/不能完成	1.无障碍/无适用 2.轻度障碍 3.中度障碍 4.重度障碍 5.极重度障碍/不能完成	1.无障碍/无适用 2.轻度障碍 3.中度障碍 4.重度障碍 5.极重度障碍/不能完成	1.无障碍/无适用 2.轻度障碍 3.中度障碍 4.重度障碍 5.极重度障碍/不能完成

活动是由个体执行一项任务或行动，它代表了功能的个体方面。当个体在进行活动时可能遇到的困难，即是活动受限制，它根据完成活动时的质和量从轻微到严重偏差的变化范围。

参与是指投入到一种生活情景中，它代表了功能的社会方面，是衡量残疾程度的重要指标。

分六大类:理解和交流、身体移动、生活自理、与人相处、生活活动和社会参与。其中各类均有五种程度：无障碍、轻度障碍、中度障碍、重度障碍、极重度障碍。填表时请依据《残疾评定记录表》结果在相应项目前的数值上圈填。

T2.今后康复建议

康复形式：即残疾人实现康复的基本途径，包括以下三种：机构康复，延伸服务（上门服务），社区、家庭康复。

1.机构康复：指在康复中心、综合医院设置的康复科室等机构中，以门诊和住院的形式提供的康复服务途径。

2.延伸服务（上门服务）：延伸服务是指由康复机构派专业人员到实地，为康复对象提供专业性康复服务的途径。

3.社区和家庭康复：社区、家庭康复是指在社区和家庭为残疾人采取的康复措施，这些措施是利用和依靠社区和家庭的人力资源而进行的，包括依靠残疾人及其家庭成员和社会。

康复内容

指实现残疾人康复的方法或手段，包括：医疗服务、辅助器具、康复训练与服务等。

康复形式仅能选择其中一项圈填。选择康复形式后，康复内容至少选择一项圈填。填表时请在相应项目前的编号上圈填。

T3.是否持有残疾人证

指被调查人是否持有当地残联核发的残疾人证。填表时请在相应项目前的编号上圈填。

T4.接受义务教育情况(在校生填报)

1.普通教育学校普通班：指在普通义务教育学校随班就读。

2.普通教育学校特教班：指在普通义务教育学校专门为视力、听力言语、智力残疾和多重残疾人开办的特殊教育班中接受教育。

3.特殊教育学校：指在专门为视力、听力言语、智力残疾和多重残疾人开办的提供义务教育的学校。

4.其他：指通过社区服务、送教上门等多种形式接受教育。

填表时请在相应项目前的编号上圈填。

T5.社会保障情况

指被调查人是否纳入了社会保险、当地居民最低生活保障或集中供养、五保供养、临时救济、定期补助、残联系统专项补助等社会保障范围。

1.参加社会保险情况：指调查时被调查人是否参加了养老、医疗、工伤、失业等社会保险。此栏至少填写一项。

2.是否领取低保金：指调查时被调查人是否被纳入当地居民最低生活保障范围领取最低生活保障金。

3.是否领取过救济：指被调查人在调查标准时间前一年（即2005年4月1日至2006年4月1日）内是否享受当地民政、残联等部门所给予的集中供养、五保供养、临时救济、定期补助、残联系统专项补助等。

填表时请在相应项目前的编号上圈填。

T6.曾接受过何种服务或扶助(填报最主要三项)

指被调查人曾经接受过的当地残联、民政或其他部门、组织提供的康复、教育、就业、生活等方面的服务或扶助。选最主要的三项圈填。填表时请在相应项目前的编号上圈填。

01.医疗服务辅助：医疗服务指通过医院或专门医疗机构采用手术或其他诊断形式帮助残疾人恢复或补偿功能，提高生活自理和社会适应能力等。

医疗救助：指政府和社会对因病而无经济能力进行治疗的贫困残疾人实施专项医疗帮助和支持的行为。在农村开展新型农村合作医疗的地区，资助残疾人缴纳个人应负担的全部或部分资金，参加当地合作医疗，享受合作医疗待遇；因患大病经合作医疗补助后个人负担医疗费用过高的，再给予补助；尚未开展新型农村合作医疗的地区，对因患病难以负担费用的残疾人，给予适当医疗救助；对患国家所规定的特种传染病的残疾人，其救治费用按有关规定给予补助。在城市，通过发动社会力量资助、城市医疗救助基金给予适当补助、医疗机构自愿减免有关费用等多种形式对患病而无力承担治疗费用的贫困残疾人给予医疗救助。

02.辅助器具：（在我国习惯称为残疾人用品用具），是指供残疾人个人使用的能够补偿、减轻或替代因残疾造成的身体功能缺失或障碍的产品和器械。

用于肢体残疾人的辅助器具有：假肢、轮椅、手摇轮椅车、电动动轮、机动轮椅车、助行架、腋杖、肘杖、多脚手杖、单脚手杖、握笔器、取物器、穿衣辅助、用餐辅助、刷牙辅助、梳头辅具等；用于听力残疾人的辅助器具有：助听器、语言训练器、骨导电话、闪光门铃等；用于视力残疾人的辅助器具有：助视器、电子语音报时器、盲文写字板、盲文打字机、盲文阅读器、盲杖等。

03.康复训练与服务：指残联、卫生或其他部门为残疾人及其亲友提供的包括肢残人功能、智残人能力、盲人行走导向、聋儿听力语言、助视器配用、精神病防治康复等多方面的培训、训练指导、康复护理、心理疏导、残疾预防知识普及、健康教育、科学与安全意识宣传及相关的咨询转介等多种康复训练与服务。

04.教育费用补助或减免(6岁以上填报)：指政府、教育部门、残联系统或其他部门，组织减免残疾人或其子女就学的费用或提供的补助金。

05.职业教育与培训(12 岁以上填报)：残疾人或其子女在各级各类职业学校或培训机构中接受学历教育（包括初等、中等和高等职业教育）或短期的职业培训。

06.就业安置与扶持(16岁以上填报)：指残疾人就业服务机构或其他社会机构提供的职业指导、就业安置或扶持扶助等服务。

07.贫困残疾人救助与扶持：

救助是指纳入当地居民最低生活保障或享受集中供养、五保供养、临时救济、定期补助、残联系统专项补助等。

扶持是指各级政府扶贫办、妇联、共青团、残联及社会团体等有关部门或信用社、扶贫社等开展的帮助贫困残疾人筹措资金、落实优惠政策、选项目、学技术等多种形式的带动贫困残疾人脱贫活动，包括扶贫经济实体、扶贫基地辐射带动到户；党员、干部、助残志愿者结对包户帮带活动；残疾人联合会利用康复扶贫贷款开展残疾人专项扶贫活动等。

08.法律援助与服务：指各级政府法律援助机构、各级司法行政部门、各级残疾人维权机构、公证机构和基层法律服务机构、律师、民间法律援助组织、法律专业网站和志愿者等为残疾人提供的免费法律服务、贫困残疾人诉讼费或其他费用减免缓、法律咨询、转介服务和法律帮助等。

09.无障碍设施：指为保障残疾人、老年人、伤病人、儿童和其他社会成员的通行安全和使用便利，在道路、公共建筑、居住建筑和居住区等建设工程中配套建设的服务设施。

10.信息无障碍：指公共传媒应使残疾人能够无障碍地获得信息，进行交流，如影视作品、电视节目的字幕和解说，电视手语，盲人有声读物，针对不同障碍的残疾人开发适合不同需要的通信技术和产品等。

11.生活服务：指社区组织、志愿者等为残疾人提供的不定期的日常生活服务，如日常家务的协助、代办等。

12.文化服务：指各级政府文化行政部门、各文化机构、基层组织、社会团体、志愿者等为残疾人提供或组织的旨在解决残疾人精神文化需求、提高残疾人素质的各项文化艺术活动及相应服务。如送书上门，爱心赠书，盲文及有声读物的借阅，参与社会文化活动时享受的便利、优惠服务等。

13.其他：除以上十四种之外的服务或扶助，圈填为“其他”。

14.未曾接受过何种服务或扶助。

T7.本人主要需求

指被调查人需要的康复、教育、就业、生活等方面的服务或扶助，选最主要的三项圈填。指标解释参见T6。填表时请在相应项目前的编号上圈填。

附录 8

第二次全国残疾人抽样调查社区（村、居委会）调查表

表　　号：残调 3 表
制表机关：第二次全国残疾人抽样调查办公室
批准机关：国家统计局
批准文号：国统函【2005】227 号
有效期截止时间：2006 年 6 月 30 日

地　址：＿＿＿＿省（自治区.直辖市）＿＿＿＿县（市.区）＿＿＿＿乡（镇.街道）＿＿＿＿社区（村、居委会）

地址码：

一、类别	二、总户数	三、总人口数	残疾人情况				残疾人组织情况		十、社区内无障碍设施
			四、残疾人数	五、持证残疾人数	六、享受定期救助人数	七、享受临时救助人数	八、残疾人协会（小组）	九、残疾人专职委员	
1. 社区（居委会） 2.村委会	＿＿＿户	＿＿＿人	＿＿人	＿＿人	＿＿人	＿＿人	1.有 2.无	1.有 2.无	1.有 2.无

十一、康复站	十二、社区康复协调员	各项公共服务机构覆盖情况（距本社区、村委会公里数）				十七、上年度本村人均收入
		十三、法律服务所（司法所）	十四、特教学校（班）	十五、文化活动站（室）	十六、卫生室（所、站）	
1.有 2.无	1.有 2.无	＿＿＿公里	＿＿＿公里	＿＿＿公里	＿＿＿公里	＿＿＿元

填表人（签字）：＿＿＿＿　　　　填报时间：＿＿＿年＿＿月＿＿日

附录 9

第二次全国残疾人抽样调查《社区（村、居委会）调查表》填写说明

《第二次全国残疾人抽样调查社区（村、居委会）调查表》（简称《社区调查表》），是为了获取调查小区所在社区的有关基础数据而制定的。数据可以反映残疾人生活的环境与条件，是本次调查数据的重要组成部分。

本表的填写要求:

一、本表以被抽中调查小区所在的社区（居委会）或村委会为单位，由陪调组组长负责收集资料，并在调查队长的指导下填报。

二、表中第十栏只由社区（居委会）填报，第十七栏只由村委会填报，其余项目栏社区（居委会）和村委会都填报。

三、指标解释:

1. “总户数”、“总人口数”，为 2005 年末社区（村、居委会）所辖范围内的常住人口统计数（如果确实没有常住人口数据，才能使用其他人口数据填报）。

2. “残疾人数”，为社区和村委会掌握的残疾人数（包括持证残疾人和无证的残疾人）。

3. “持证残疾人数”，指社区和村委会掌握的持有残联系统发放的残疾证的人数。

4. “享受定期救助人数”，指上一年度民政、残联等部门给予的居民最低生活保障、集中供养、五保供养等定期性救助人数。

5. “享受临时救助人数”，指上一年度民政、残联等部门给予的临时性费用减免、临时救济等形式的救助人数。

6. “社区内无障碍设施”，是本社区范围内是否设有坡道、盲道等无障碍设施。

7. “残疾人康复站”，指社区（村、居委会）依托社区服务中心学校、幼儿园、福利企业事业单位、工疗站、残疾人活动场所的等现有机构和设施，建立的满足残疾人全面康复需求的社区康复站。

8. “社区康复协调员” 指社区（村、居委会）配备的专（兼）职人员，可会同社区卫生服务机构调查康复需求，建立康复服务档案，向残疾人提供康复服务信息和转介服务，协调组织社区内有关机构、人员为残疾人提供康复服务和相应支持。

9. “卫生室（所、站）”，在农村指卫生室（所、站），在城市指社区卫生服务中心（站）。

四、“十三”至“十六”栏是指本社区（村、居委会）距最近的、可使用或能提供服务的各项公共服务机构的公里数。凡是本社区（村、居委会）范围内有的，填写“0”公里；若周围没有或不知道，则填写“无”。

附录 10

陕西省第二次全国残疾人抽样调查抽样实施方案

一．全省概况

按 2004 年的行政规划，陕西有 10 个地级市，一个农业示范区。10 个地市下属 24 个市辖区、3 个县级市、80 个县，共 107 个县级单位（农业示范区抽样按市辖区对待）。

据第五次人口普查数据，全省总人口为 3604.77 万人。全省人口中，居住在市镇的人口为 1162.88 万人，占总人口的 32.26%；居住在乡村的人口为 2441.89 万人，占总人口的 67.74%。

陕西地理地形自然形成三大块：关中平原、陕南秦巴山区和陕北黄土高原。三块之间多以半山区连接，界限分明，特点各异。关中平原居集了全省 60%的人口，也是全省经济相对集中和发达的地区。

全省残疾人抽样调查的样本设计和抽样，以 2004 年的行政区划和 2004 年的人口统计数为抽样框的基础资料（人口的地区分布见附表）。

二．样本数量

据第二次全国残疾人抽样调查抽样方案，这次调查全国为总体，省以次总体进行样本设计。

这次调查的主要指标为残疾人数、残疾人占总人口比例、各类疾人占总人口的比例。为了保证这次调查对陕西有较高的代表性，我们设定主要调查指标的置信度为 95%（t=1.96），残疾人占总人口比例的允许误差为 2.5‰，相对误差为 4.92%；各类残疾人比例允许误差控制在 1‰~2‰，相对误差控制在 20%以内。全省样本总量为 7.04 万人，占总人口的 1.9‰。

按照样本设计，全省抽取 22 个县级单位，占全省一级抽样框 107 个单位的 20%。二级以下样本的抽取采用 4 × 2 × 1 的模式，即在每个被抽中县级单位（县、市、市辖市）中抽取 4 个乡级单位（乡、镇、街道）；在被抽中乡级单位中抽取 2 个村级单位（村民委员会、居民委员会）；在每个被抽中村级单位中根据人口规模，按 400 人左右划分若干个调查小区，随机抽取 1 个调查小区。

按照以上抽样模式，全省共抽取 88 个乡级单位，176 个村级单位，176 个调查小区。

抽样比：第一级单位抽样比为 20%，二级以下单位抽样比为变数（不固定），但其乘积是常数，等于总抽样比。调查小区的人口规模为常数（400 人左右），这就保证了每个人被抽中的机会是相等的。所以，这次抽样最终样本为等概率样本（自加权样本）。

陕西总抽样比为 0.0019，即为每一层每个人的中选概率都为 1.9‰。

三．分层情况

(一)分层原则

对第一级样本的县级单位进行分层，原则是：尽可能使层内各单位之间调查指标的差异小，层间调查指标的差异大，以便降低总体的抽样误差。对二级样本的乡级单位进行分层，按乡、镇、街道划类，以达到控制样本人口城乡比例，使其尽量与本县级单位的比例一致，以提高对总体的代表性。

(二)分层指标

根据分层原则和陕西的具体情况，对县级单位采用二次分层方法分层。第一次按城乡分层，将地级以上城市的辖区和县级市划分为一层，称为“市（区）层”；县划分为一层，称为“县层”。第二次分层，将市（区）层按经济发展状况进行分层，将县层按地理地形特征进行分层。地理分布、地形特征不同，其社会经济发展状况差异也比较显著，这些标志与调查指标都为较强相关关系。

(三)分层结果

为了使抽出的样本有较高的代表性，将全省一级抽样框内的 107 个县级单位共分为 11 层：

1. 市（区）层：细分为“经济发达”、“经济较发达”、“经济欠发达”三个层（以下简称为“城市1层”、“城市2层”、“城市3层”）。

城市1层：本层共7个县级单位，总人口为3518476人，含西安市的6个区，延安市的1个区。

城市2层：本层共12个县级单位，总人中5460422人，含西安市的3个区，铜川市1个区，宝鸡市2个区，咸阳市2个区，汉中市1个区，榆林市1个区，渭南市的韩城市和杨凌示范区。

城市3层：本层共8个县级单位，总人口4265243人，含铜川的2个区，宝鸡市的1个区，渭南市的1区1市（华阴市），安康市1个区，商洛市1个区和咸阳市的兴平市。

2. 县层：细分为“关中平原”、“渭北高原”、“半平原半山区”、“秦岭山区”、“巴山山区”、“汉江盆地”、“陕北高原”、“长城沿线”八个层（以下按此排序，简称“县层1”、“县层2”……）。

县层1：本层共9个县级单位，总人口4215483人，含西安市的3个县，宝鸡市1个县，咸阳市3个县，渭南市2个县。

县层2：本层共10个县级单位，总人口4951723人，含宝鸡市的3个县，咸阳市的2个县，渭南市的5个县。

县层3：本层共12个县级单位，总人口2767624人，含西安市的1个县，宝鸡市的3个县，咸阳市的5个县，渭南市的1个县，延安市1个县，商洛市1个县。

县层4：本层共11个县级单位，总人口2136187人，含宝鸡市的2个县，汉中市3个县，安康市1个县，商洛市5个县。

县层5：本层共10个县级单位，总人口2538523人，含汉中市2个县，安康市8个县。

县层6：本层共5个县级单位，总人口2319457人，含汉中市的5个县。

县层7：本层共18个县级单位，总人口3059578人，含延安市的11个县，榆林市6个县，铜川市1个县。

县层8：本层共5个县级单位，总人口1511669人，含榆林市的5个县。

(一)各层样本数量分配

每层调查的样本人数，均按该层人口数占全省总人口的比例分配。城市层人口占全省总人口36%，该层调查的样本人口也就占全省样本总量的36%，即为25344人；县层人口占全省总人口64%，该层调查的样本人口也占全省样本总量的64%，即为45056人。

四．抽样方法

以全省为总体，采用分层、多级、概率比例、整群的抽样方法（PPS抽样）。

陕西采用四级抽样方法。即省抽取县、县级市、市辖区（县级单位），称为一级样本；从被抽中的县级单位抽取乡、镇、街道（乡级单位），称为二级样本；从被抽中乡级单位抽取村（居）委会（村级单位），称为三级样本；从被抽中村级单位抽取调查小区，称为四级样本。

按照上述抽样方法，编制相应的四级抽样框。第一级抽样框是县级单位，由省调查办公室负责编制；第二级抽样框是被抽中县级单位的乡级单位，第三级抽样框是被抽中乡级单位内的村级单位，第四级抽样框是被抽中村级单位内的调查小区。二级以下抽样框由县级调查办公室负责编制，报省审定。

五．各阶段样本抽取方法

按照抽样设计，使用等概率抽样模式。

（一）．一级样本的抽取方法

根据省上编制的分层抽样框抽取县级单位。

具体步骤：

1. 在层内各单位按人口数量多少由大到小降序排队，

以各层累计人口数为分母，本层应抽县级单位数位为分子，计算抽样组距。

2. 计算各层抽中点数据。在1—抽样组距之间，用查随机数码表等方法选择随机起点。

3. 等距抽取样本单位。若随机起点小于人口累计栏中第一个单位，则第一个单位被抽中；用随机起点加抽样组距，确定下一个被抽中的单位。以此类推，抽取所需的样本单位数。

（二）二级样本的抽取方法

按 4×2×1 抽样模式，在被抽中县级单位抽取 4 个乡级单位。

1. 按照乡、镇、街道三层人口合计数占总人口比例分配各层样本数量，四舍五入取整。

2. 计算各层抽中点数据。

在各层计算抽样组距（层人口合计数/本层样本分配数=组距）。选取 1—组距之间随机数作为抽样的随机起点。

3. 抽取各层乡级样本。

乡级单位抽取方法同第一级抽样方法。

（三）三级样本的抽取方法

1. 确定样本数量

按照抽样模式，在每一个抽中乡应抽取 2 个村（居）委会。

2. 计算组距

全乡总人口除 2 就可得到组距。

3. 选择随机起点。

在 1—组距之间，用查随机数码表或抽签的方法，选择一个随机数。

4. 计算抽中点数据，抽出村级样本。

选择的随机数落在那个村的人口累计数中，该村就被抽中。随机数加组距，即可选出第二个村样本。

（四）四级样本的抽取方法

1. 样本单位和样本数量

在被抽中的村（居）委会各抽取 1 个调查小区。

2. 村级单位的合并。

凡抽中村级单位人口规模小于 350 人，以接壤和临近为原则，选择 1 个村级单位与其合并。

3. 划分调查小区

用村（居）委会人口数除以 400 人，可得到划分的调查小区数。再利用该村级单位的平面图，以道路为界进行划分。划分好的调查小区人口规模应在 350-450 人之间。

4. 抽取调查小区样本

给每个调查小区编升序加 1 序号，在序号范围内使用简单随机抽样方法（例如抓阄）抽取样本。

附表：

2004 年人口的地区分布

序 号	地 区	户籍人口（万人）	比重（%）
1	西安市	725	19. 7
2	铜川市	84	2. 3
3	宝鸡市	369	10. 0
4	咸阳市	490	13. 3
5	渭南市	537	14. 6
6	延安市	209	5. 7
7	榆林市	337	9. 2
8	汉中市	374	10. 2
9	安康市	295	8. 0
10	商洛市	241	6. 6
11	杨凌示范区	14	0. 4
合 计		3674	100. 0

注:

抽样的具体说明

一、抽样方法说明

按照第二次全国残疾人抽样调查抽样设计，陕西采用四级抽样方法。在省抽县、县抽乡、乡抽村、村抽调查小区时，在各层内，将各单位人口数按降序排队，计算累计人口数，在人口累计栏中等距抽选样本单位。由于使用调查时点的人口数字编制抽样框实际上不可能做到，因此我们使用 2004 年末人口统计数字作为当前人口分布的估计度量。所以，我们采用的具体抽样方法为 PPES 抽样（与估计人口规模成比例的抽样方法）。

二. 县级单位抽样结果

全省抽中县级单位如下表:

全省抽中的县级单位

一次层	二次层		抽中县级单位	
	标　志	市（区）数（个）	小计（个）	名　　称
市（区）	经济发达	7	2	新城区、碑林区
	经济较发达	12	3	汉台区、渭城区、长安区
	经济欠发达	8	3	汉滨区、临渭区、商州区
县	关中平原	9	2	周至县、华县
	渭北高原	10	3	蒲城县、乾县、扶风县
	半平原半山区	12	2	旬邑县、千阳县
	秦岭山区	11	1	山阳县
	巴山山区	10	2	宁强县、石泉县
	汉江盆地	5	1	勉县
	陕北高原	18	2	绥德县、洛川县
	长城沿线	5	1	神木县
合　　计		107	22	

附录 11

陕西省第二次全国残疾人抽样调查领导小组名单

组　长	张　伟	省政府副省长
副组长	杨志刚	省政府副秘书长
	刘兴堂	省政府办公厅助理巡视员
	洪康喜	省残联理事长
	王俊民	省统计局巡视员
	郭青凡	省民政厅副厅长
	黄立勋	省卫生厅副厅长
	周彬县	省财政厅副厅长
成　员	明建宇	省残联副理事长
	何积育	省发改委社会处副处级干事
	李根民	省教育厅基础教育处副处长
	惠恒磊	省公安厅治安局副局长
	刘红春	省财政厅社保处处长
	校　梅	省财政厅社保处主任科员
	齐　荣	省民政厅农保办副主任
	杨志俊	省统计局人口处处长
	马富春	省卫生厅医政处副处长
	朱超英	省计生委计划资金处副处长
	陈威武	省劳动和社会保障厅就业处处长
	肖慧团	省委宣传部副部长
	崔志伟	省妇联组织部副部长

陕西省第二次全国残疾人抽样调查办公室人员名单

主　　任	明建宇(兼)	省残联副理事长
副 主 任	管　彪	省残联维权部
	杨志俊	省统计局人口处处长
	齐　荣	省民政厅农保办副主任
	马富春	省卫生厅医政处副处长
	张慧秦	省残联办公室副主任

工作人员　杨金玉　颜世芳　张未来　乔　瑾　张鹏飞　樊小桂　于国强　罗经耀　张阿维　安建增　徐　红　刘　璠　杨自立　仲　奎　张孝如　闵大伟　姚　莉　兰永平　云　霞　蒙刚海　王春霞　屈金萍　王凤兰

残疾评定专家　闫立民　王　敏　陈　岩　伏　炜　楚美芳　彭　涛　孙　斌　郝　静

附录 12

陕西省第二次全国残疾人抽样调查样本县(市、区)领导小组，办公室主任、副主任，调查队名单

西安市

领导小组	组　长	张道宏	市政府副市长
	副组长	秦鸿学	市政府副秘书长
		蔡续明	市残联理事长
		王文权	市统计局副局长
		王晓军	市民政局党委委员、老龄委办公室主任
		王改正	市卫生局助理巡视员
		杨广亭	市财政局副局长
		易　静	市残联副理事长
	成　员	徐　楠	市发改委社会处处长
		韩　新	市教育局基础教育处副处长
		费　林	市公安局治安管理局副局长
		袁　来	市民政局社会福利处副处长
		金　渝	市统计局人口社会处处长
		杨　军	市财政局社会保障处干部
		王红艳	市卫生局医政处副处长
		谢艾平	市计生委计划资金处处长
		张丽娅	市劳动和社会保障局工伤保险处副处长
		王学军	团市委宣传部部长
		李长英	市妇联权益部部长
		何永国	市残联组织联络处处长

宝鸡市

领导小组	组　长	张玉忠	市政府副市长
	副组长	李耀虎	市政府副秘书长
	成　员	王恩长	市残联理事长
		李海珠	市统计局局长
		王哲市	卫生局副局长
		刘玲侠	市民政局副局长
		刘雅玲	市财政局副局长
办公室	主　任	王恩长(兼)	

咸阳市

领导小组	组　长	李三原	市委常委、常务副市长
	副组长	韩晓长	市政府副秘书长

		赵书学	市残联理事长
		贺建权	市统计局副局长
		张志云	市财政局副局长
		段建民	市民政局副局长
		米振海	市卫生局副局长
办公室	**主　任**	李　琦	市残联副理事长

渭南市

领导小组	**组　长**	刘宝琴	市政府副市长
	副组长	雷民康	市政府秘书长、办公室主任
		董智辉	市残联理事长
	成　员	王志彬	市统计局副局长
		吴庭海	市财政局副局长
		孙希平	市卫生局副局长
		张占军	市民政局党组成员、双拥办副主任
		任　辉	市残联副理事长
办公室	**主　任**	任　辉(兼)	

延安市

领导小组	**组　长**	李文浩	市政府副市长
	副组长	刘亚那	市政府副秘书长
		张茂盛	市残联理事长
	成　员	谢金光	市统计局纪检员
		张文勋	市勘界办主任
		王汉林	市卫生局副局长
		贾仲升	市计委副主任
		王志富	市教育局副局长
		李延庆	市公安局副局长
		裴小元	市财政局副局长
		高文清	市劳动保障局副局长
		陈耀忠	团市委党组成员
		惠彦荣	市计生局副局长
		李丹梅	市妇联副主席
办公室	**主　任**	张茂盛(兼)	

榆林市

领导小组	**组　长**	井剑萍	市政府副市长
	副组长	苗保柱	市政府办公室助理调研员
		苏锁林	市残联理事长
	成　员	刘世平	市民政局副局长
		刘明胜	市卫生局副局长
		刘锦林	市统计局副局长

		贾仲廉	市财政局副局长
		李刘春	发展改革委副主任
		常少明	市教育局副局长
		郝雄义	市公安局副局长
		杨怀智	市计生局副局长
		刘保林	市劳动局副局长
		温建刚	团市委副书记
		贺和平	市妇联副主席
		延　平	市残联副理事长
办公室	主　任	延　平(兼)	

汉中市

领导小组	组　长	郑宗林	市政府副市长
	副组长	李树模	市政府副秘书长
		范汉文	市残联理事长
		唐彩云	市统计局副局长
		康　麟	市民政局副局长
		刘建忠	市卫生局副局长
		王世强	市财政局副局长
办公室	主　任	何长兴	市残联副理事长

安康市

领导小组	组　长	关业林	市人民政府副市长
	副组长	马晓旬	市人民政府副秘书长
		李仿华	市残联理事长
		廖贤平	市财政局副局长
		范振荣	市统计局调研员
		胡洪斌	市民政局副局长
		吴树山	市卫生局副局长
	成　员	邓玉忠	市残联副理事长
		孙麟国	市发改委纪检组长
		骆春雷	市教育局基础教育科副科长
		余祖琴	市公安局基层基础科科长
		刘一彪	市民政局社会救济救灾科科长
		张　艳	市统计局农调队队长
		胡国庆	市财政局社保科科长
		杨　彬	市卫生局医政科科长
		陈　萍	市计生局计划资金科科长
		樊光星	市劳动和社会保障局就业科科长
		苗　萌	团市委组宣部部长
		唐友春	市妇联维权科副主任科员
办公室	主　任	李仿华(兼)	

商洛市

领导小组	组　长	李进权	市政府副市长
	副组长	陈知武	市政府副秘书长
		郭玉强	市残联理事长
		罗群英	市统计局副局长
		周文军	市民政局副局长
		张斗成	市卫生局副局长
		唐高民	市财政局副局长
办公室	主　任	陈志斌	市残联副理事长

西安市新城区

领导小组	组　长	王　厚	区政府副区长
	副组长	薛小奇	区政府办公室主任
		李安立	区残联理事长
办公室	主　任	穆　伟	区残联副理事长
调查队	队　长	穆　伟(兼)	
	副队长	杨安国	区统计局
	成　员	全　明　单翠莲　傅　钢　白　茹　王世杰　刘彦荣　陈新玲　苗　锐　孙　宁　高凌云　郭彩玲　卢　萍　邵淑杰　崔志温　吴西贤　师福玉　王金玲　李孟生　张惠珍　姚　洁　秦军强　魏　洁	

西安市碑林区

领导小组	组　长	杨　庆	区政府副区长
	副组长	王　鹏	区残联理事长
		戴　扬	区政府办公室副主任
		张　庆	区民政局副局长
		王养莲	区卫生局副局长
		马红绪	区财政局副局长
		周慧云	区统计局副局长
办公室	主　任	石　芮	区残联副理事长
调查队	队　长	石　芮(兼)	
	副队长	卢　刚	区残联工作人员
	成　员	张晓辉　高长青　刘安平　李加耘　刘红岗　邓俊昌　杨焕芳　车　楠　周建华　余振江　王　风　刘凯红　李惠成　宋莱利　李增相　苗小青　马桂莲　王瑞菊　吕继东　夏彩艳　霍秀荣	

西安市长安区

领导小组	组　长	贺乐军	副区长
	副组长	马兴民	区政府办副主任
		张　萍	区残联理事长
办公室	主　任	王小虎	区残联副理事长
调查队	队　长	王小虎(兼)	

	副队长	刘春浩	区残联
	成　员	李永毅　夏小燕　李淑绒　文　博　周尚文　汤永宁　刘　丹　李小利　姜晓林　候　敏　陈林征　刘民侠　贾民静　张　礼　孙　娟　李　娟　刘卫锋　封雷霆　刘春浩　刘　丹　王茜红　柏燕妮	

西安市周至县

领导小组	组　长	魏金城	县政府副县长
	副组长	马　闯	县政府办副主任
		李　勇	县残联理事长
		李拴林	县统计局副局长
		杨新效	县卫生局副局长
		杨周利	县财政局副局长
		李俊峰	县民政局纪检组长
办公室	主　任	何周来	县残联副理事长
调查队	队　长	何周来(兼)	
	副队长	王晓春	县统计局
	成　员	王海潮　管依群　王晓祥　侯小建　尚　敏　马乐群　楚小玲　侯静波　王晓春　段小利　任聪霞　赵　洁　刘艳歌　杨奕肖　朱亚红　刘天寿　郭齐全　王少飞　李丽云　司永乐　王素德　赵玉玲	

宝鸡市扶风县

领导小组	组　长	叶培哲	县政府副县长
	副组长	姚文亚	县政府办副主任
		李文祥	县民政局副局长
		颜琼峰	县统计局副局长
		王平安	县卫生局副局长
		董增科	县财政局副局长
办公室	主　任	李连兴	
调查队	队　长	肖锁应	县残联
	副队长	李天社	县司法局
	成　员	梁红忠　梁希恒　赵　晔　王抗震　赵玉峰　马春辉　樊苏平　董治平　李天社　李永辉　乌旭东　刘　静　倪建红　王变香　王亚娟　李春利　李保利　王春红　田升虎　史永刚　杨西川　呼延小红	

宝鸡市千阳县

领导小组	组　长	田虎成	县委常委、常务副县长
	副组长	林金芳	县政府办公室副主任
		何宝谦	县残联理事长
		李润霞	县统计局副局长
		白金玉	县卫生局副局长
		王惠琴	县民政局副局长
		李明辉	县财政局副局长

办公室	主任	何宝谦(兼)	
	副主任	张三功	县残联副理事长
		张永强	县农调队队长
调查队	队长	何宝谦(兼)	
	副队长	张三功(兼)	
	成员	樊冬梅 沙宝贤 兰启科 张晓春 陈建平 张晓莉 王佩军 何宝谦 张三功 王宝琦 李维岗 张晓春 王军让 王永求 张引奎 任志杰 张龙 李小琴 杨红丽 李玉仓 周峰 任拴虎	

咸阳市渭城区

领导小组	组长	严接乐	区政府副区长
	副组长	白梓辰	区政府办公室副主任
		刘孟林	区残联理事长
		程爱芳	区统计局副局长
		王文军	区民政局副局长
		王勇区	卫生局副局长
		李宝琦	区财政局副局长
办公室	主任	刘孟林(兼)	
	副主任	薛艳	区残联副理事长
调查队	队长	左忠	区残联
	副队长	吕学敏	区残联
	成员	郭忠民 李志洲 王军萍 韦彦峰 刘亚红 薛荣 张虹 王东生 吕学敏 曹元生 吴小兵 张峰 张鹏 杨浩 孙凤丽 袁莹 赵翠花 任君德 高红军 杨辉 郭群年 谢庆焱	

咸阳市乾县

领导小组	组长	侯建明	县政府副县长
	副组长	刘小刚	县政府办副主任
		董积民	县残联理事长
		陈沛霞	县统计局副局长
		罗俊杰	县卫生局副局长
		许增光	县财政局副局长
		王雄伟	县民政局副局长
办公室	主任	董积民(兼)	
	副主任	刘永安	县残联副理事长
调查队	队长	董积民(兼)	
	副队长	刘永安(兼)	
	成员	曾权宽 吴燕 司振辉 孙秀英 杨军 王雷 张妮 马秋涛 陈沛霞 南用利 周争军 苏荣国 吕大鹏 史青 王军利 王义敏 席再弟 严萍 马建伟 张力勋 杨亚萍 田怡	

咸阳市旬邑县

领导小组	组长	陈先利	县政府副县长
	副组长	刘富群	县政府办公室主任
		王笃群	县残联理事长
办公室	主任	王笃群(兼)	
	副主任	杨小军	县统计局副局长
调查队	队长	王笃群(兼)	
	副队长	王　斌	县残联办公室主任
	成员	刘天正　祁丽丽　门永锋　门晓龙　梁建峰　蒙继旺　董　鹏　徐　立　樊晓林　罗米琴　武玉珍　王　斌　杨志全　李小平　于吉利　王改民　何玉荣　肖战民　姬三星　李卫军　文秦生　和黎明	

渭南市临渭区

领导小组	组长	张　斐	区政府副区长
	副组长	王小奇	区政府办公室主任
		王元定	区残联理事长
		肖　鹏	区统计局局长
		弋经建	区民政局局长
		杜育民	区卫生局局长
		张纪平	区财政局局长
办公室	主任	王元定(兼)	
调查队	队长	王元定(兼)	
	副队长	杨　炜	区残联副理事长
	成员	韩曙生　权明霞　田维新　李卫平　张建良　杨李雅　张菊香　张　鸿　尚晓区　王祥娃　李拴思　曹玉萍　田长江　张春成　景朝华　贾和平　张建民　郭争民　呼照虎　张国才　张波涛	

渭南市蒲城县

领导小组	组长	刘志稳	县委常委
	副组长	徐小刚	县政府办公室主任
		左军明	县财政局副局长
		晁德全	县残联理事长
		冯寿昌	县统计局副局长
		王乐兴	县民政局副局长
		党焕芹	县卫生局副局长
办公室	主任	晁德全(兼)	
调查队	队长	晁德全(兼)	
	副队长	杨　盼	县民政局干事
	成员	万跃斌　张晓莉　宁淑婷　于功宁　王敏红　屈峥嵘　耿宝胜　张振红　王银瑛　苏金朋　王文静　鲁建平　李　宁　惠小平　陈建华　鱼双平　王宏斌　王天良　叶吉龙　姜金阳　田　永　张凤莉	

渭南市华县

领导小组	组　长	杨森明	县政府常务副县长
	副组长	林　跃	县政府副县长
		车宏伟	县政府办公室主任
		刘志贵	县残联理事长
		雷念长	县统计局副局长
		相保明	县民政局副局长
		郭宏欣	县卫生局副局长
		戴西云	县财政局副局长
办公室	主　任	刘志贵(兼)	
	副主任	胡维和	县残联办公室主任
调查队	队　长	刘志贵(兼)	
	副队长	郝鹏远	县残联
	成　员	薛爱国　李佳坤　王志荣　朱　方　秦海平　杨　峰　刘拥军　杨晓峰　郝鹏远　李四民　李芝芳　吕　萍　范淑芬　吉晓琳　董卫荣　刘水芹　杨雪利　石　莹　郭军虎　李晓玲　潘梦贤　王社运	

延安市洛川县

领导小组	组　长	张拴林	县政府副县长
	副组长	王宏卫	县财政局副局长
		康文亮	县残联理事长
		白春平	县政府法制办副主任
		刘云锋	县统计局副局长
		段延军	县卫生局副局长
		张爱玲	县民政局纪检员
办公室	主　任	康文亮(兼)	
调查队	队　长	韩亚芹	县残联副理事长
	副队长	吴玲玲	县残联
	成　员	刘石柱　高红斌　路小霞　屈延峰　李海涛　周建学　郭新春　王　荣　吕生耀　吴玲玲　王利云　张文忠　贾天厚　周建学　樊君丽　屈天明　孟杨峰　赵海锋　刘海菊　王晓军　张建国　郑健全　解军锋	

榆林市绥德县

领导小组	组　长	柳建国	县政府副县长
	副组长	胡东风	县残联理事长
		强宝东	县卫生局局长
		马胞站	县民政局局长
		马　林	县统计局局长
		张飞跃	县财政局副局长
		蒲尚宏	县政府办副主任
办公室	主　任	胡东风(兼)	
调查队	队　长	胡东风(兼)	

副队长 延永飞 县统计局
成 员 马金魁 鲍伟忠 柳巧红 马 健 常 真 王玉春 张彩虹 田晓民 马秀丽 刘二用 薛红艳 郑保红 汪宝平 赵 娟 王舒云 侯建平 薛汉泽 安海岗 崔海胜 冯克楠 薛小红 党润生

榆林市神木县

领导小组 组 长 白治厚 县政府助理调研员
副组长 王瑞明 县政府办公室主任
乔万乐 县民政局局长
李文卿 县统计局局长
白支堂 县卫生局局长
刘日华 县财政局局长
白忠厚 县残联理事长
办公室 主 任 白忠厚(兼)
副主任 高利云 县残联
调查队 队 长 白忠厚(兼)
副队长 高利云(兼)
成 员 王智亮 王玉梅 王利平 杜亚东 郝发发 牛明明 高祥则 侯林和 白忠厚 屈海峡 刘 慧 王香娥 张顺田 孟光先 高会伟 王凤莲 訾荣亭 贾海利 王 雄 刘延军 麻建军 张 峰

汉中市汉台区

领导小组 组 长 张永莲 区政府副区长
副组长 刘汉文 区政府办公室主任
李明海 区残联理事长
叶 驰 区统计局局长
代福荣 区民政局局长
李宇岗 区卫生局局长
办公室 主 任 李明海(兼)
副主任 夏廷中 区民政局局长
苏宝成 区残联办公室主任
调查队 队 长 侯明镜 区统计局调研员
副队长 夏廷中(兼)
成 员 王正亮 赵建民 王 芳 屈 惠 李燕妮 黄 江 韩 娟 韩 静 夏廷忠 苏宝成 马玉明 李泛琴 王 鹏 王 乐 曾亚萍 蒲贵荣 霍沛福 唐保利 李 娜 许地波 周保兰 代小云

汉中市勉县

领导小组 组 长 杜崇哲 县政府副县长
副组长 招俊华 县政府办主任
董建平 县残联理事长
郝惠平 县统计局副局长

		吴清章	县民政局副局长
		杨　立	县卫生局副局长
		康　勇	县财政局副局长
办公室	主　任	唐润民	县残联副理事长
调查队	队　长	唐润民(兼)	
	副队长	邱宏伟	县残联
	成　员	陈玉坤　张文晓　陈　涛　王　慧　晏洪生　廖途晨　郭建宏　李文力　唐润民　余保民　于春艳　邱宏伟　蒲应祥　何玉娟　唐兴贵　王晓林　杨红永　交建明　鲁平安　王鸿雁　张　华　郭会军	

汉中市宁强县

领导小组	组　长	李宏春	县政府副县长
	副组长	刘林森	县统计局局长
		蒲敏廷	县残联副理事长
办公室	主　任	蒲敏廷(兼)	
调查队	队　长	蒲敏廷(兼)	
	副队长	赵　强	县残联干部
	成　员	薛金元　鱼进波　吴正强　杜亚娟　张永普　沈国德　严天顺　赵　强　张晓荣　陈柏荣　肖云芳　刘长青　黄兴学　文建军　云兆清　周开林　何登民　谷　妮　陈大文　王兴平　周瑞红	

安康市汉滨区

领导小组	组　长	金小平	区政府副区长
	副组长	唐志玖	区政府办副主任
		陈建华	区残联理事长
		艾全新	区统计局副局长
		刘继文	区民政局副局长
		陈先新	区卫生局副局长
		李成宝	区财政局副局长
办公室	主　任	胡佰贵	区残联副理事长
调查队	队　长	胡佰贵(兼)	
	副队长	房　婕	区残联
	成　员	杨胜林　魏代金　唐环胜　张小飞　江　斌　张龙康　曾修忠　成英荣　张善义　董晓智　李　梅　陆洪芳　房　婕　陈　浩　陈朝全　武楷钧　罗　明　海　方　张珠前　刘金凤　张　浩　章进杰	

安康市石泉县

领导小组	组　长	刘福全	县政府副县长
	副组长	赵以刚	县政府办公室主任
		代显军	县残联理事长
办公室	主　任	李远军	县残联副理事长
调查队	队　长	李远军(兼)	

	副队长	刘元庆	县统计局副局长
	成 员	张秋华 杨兴隆 张 倩 徐世群 陈 瑛 李远军 张嗣香 郭先玲 蔡立东 刘元庆 张学全 张吉彩 蒋坤华 黄 花 张安柱 武 松 刘延武 张龙春 刘荣新 李清林 张宁勇 罗路芝 何昊昕	

商洛市商州区

领导小组	组 长	赵 强	区委常委、常务副区长
	副组长	张建军	区政府办公室副主任
		刘章厚	区残联理事长
		王 力	区统计局副局长
		郭焕祥	区民政局副局长
		张建斌	区卫生局副局长
		王建民	区财政局副局长
办公室	主 任	陈锁劳	县残联副理事长
调查队	队 长	陈锁劳(兼)	
	副队长	王 力(兼)	
	成 员	刘建国 白志敏 李国柱 刘爱霞 王建康 刘冰华 王卓峰 陈根印 任宏波 王 力 王 强 李汇匣 张桢慧 李勇军 张 州 王红霞 王清利 闵海峰 南崇运 寻朝英 王 仓 李 斌 郭高鹏	

商洛市山阳县

领导小组	组 长	王应武	县政府副县长
	副组长	宋承林	县政府办公室主任
		任兴志	县残联理事长
		黄朝君	县统计局局长
		张建平	县民政局副局长
		曹作亭	县卫生局副局长
办公室	主 任	任兴志(兼)	
	副主任	朱仁艳	县残联副理事长
		蔺德芳	县统计局副局长
调查队	队 长	任兴志(兼)	
	副队长	张晓莉	县残联
	成 员	刘忠良 白宏兴 叶万全 王 俊 韩 锋 阮辉莲 张水民 张 婷 吴小锋 赵国平 陶立明 宁江早 蒋正林 薛 军 张会军 郭智明 阮雄英 张晓莉 任瑞霞 管秀娥 赵明振 张书怀	